记
号

<small>IMAIRIKI</small>

真知 卓思 洞见

青铜资本

刘三解　著

帝制
中国经济的
源代码

北京科学技术出版社

图书在版编目（CIP）数据

青铜资本 / 刘三解著 . — 北京：北京科学技术出
版社，2023.9
ISBN 978-7-5714-3045-0

Ⅰ.①青⋯ Ⅱ.①刘⋯ Ⅲ.①古代社会—研究—中国
Ⅳ.①K220.7

中国国家版本馆 CIP 数据核字（2023）第 079751 号

选题策划：记　号
策划编辑：马春华
责任编辑：武环静
责任校对：贾　荣
封面设计：何　睦
图文制作：刘永坤
责任印制：张　良
出 版 人：曾庆宇
出版发行：北京科学技术出版社
社　　址：北京西直门南大街 16 号
邮政编码：100035
电　　话：0086-10-66135495（总编室）　0086-10-66113227（发行部）
网　　址：www.bkydw.cn
印　　刷：北京华联印刷有限公司
开　　本：710 mm × 1000 mm 1/16
字　　数：368 千字
印　　张：28.5
版　　次：2023 年 9 月第 1 版
印　　次：2023 年 9 月第 1 次印刷
ISBN 978-7-5714-3045-0

定　　价：108.00 元

推荐语

朱嘉明

著名经济学家

《青铜资本：帝制中国经济的源代码》，仅书名就足以令读者生出好奇、关注和思考。全书十七章，自春秋中晚期东周第十二任君主周景王（前545—前520年在位），到西汉汉武帝元狩四年（前119），作者将400余年宫廷政治、地缘政治、经济、产业、财政、货币、资本等诸多历史加以融合，揭示了这些历史之间的关联性，特别突出了青铜铸币的起源、演变和内在机制，最终展现了一部跨越朝代的多维"断代史"。本书在架构和史料方面也多有突破，证明中国自春秋以降，货币制度和货币思想已经相当成熟，政府具有货币政策意识。例如，秦朝确立和实施明确的法币制度，汉武帝确定的"五铢钱"制度已经近乎完备的法币模式，故"五铢钱"具有悠长历史。汉武帝是运用货币手段度过财政危机并强化集权的统治者。当然，在这400年间，民间经济和自由铸币并未根绝，构成了历史的多元化和自下而上的生命力。

宋 杰

首都师范大学
教授

纵论周秦西汉的货币流通领域，阐明华夏古代铜钱制度形成的统一之路，请读《青铜资本：帝制中国经济的源代码》。

葛承雍

中华炎黄文化
研究会副会长

在浩如烟海的货币史文章中，很少有探讨或解释货币在朝代更替中的作用的，更没有解读青铜货币影响历史走向的。

在古典时代的中国，货币有哪几种？为何同时期地中海文明纷纷选择金银作为主要铸币材料，中国却选择了青铜铸币？当时的货币交易究竟有多庞大？西汉铸造的铜币高达二百余亿枚，支撑起何等庞大的古典经济。如此规模的货币量背后，又隐藏着怎样的社会结构与区层关系？

刘三解试图以货币为锁匙，以经济为孔道，为研究、窥探古代中国的社会、经济、人群诸多问题提供一条新思路。虽然这本《青铜资本：帝制中国经济的源代码》观点还有待学术界商榷认可，但其观点大胆新颖且举证翔实、推论过程严谨，值得带着与之探讨之心翻阅。

马 勇

中国社会科学
院研究员

货币是社会得以正常运转的工具，也是历史演化的一个极为重要的因素。最近几百年的白银资本改变了中国，重塑了世界。这方面的研究成果已经不少，对我们重新理解中国历史极为重要。但在白银资本之前，对于中国社会是如何运转的，货币的产生、演化及其意义，研究者也有不少，许多成果对于理解古代中国极具启发，当然还有进一步深化的空间。青年学者刘三解厚积薄发，继《秦砖》《汉瓦》，又推出这部极为厚重的《青铜资本：帝制中国经济的源代码》，对于我们重新理解中国古代社会的日常、运转，提供了新的视角与思考。该书资料丰富，行文流畅，逻辑自洽，不仅保留了传统历史学研究的人文精神，而且融入了更多的科学分析与方法。

张 帆
北京大学教授

从货币制度的角度解读两周秦汉社会变化和王朝兴衰，视野开阔，见解敏锐。

夏 春
银科控股及方德金控首席经济学家

以财政和金融视角来解码中国历史发展的书籍不少，资深历史学者刘三解在此书中独辟蹊径，从铜币与金银在不同地域和不同规模的交易流通中的流动性和非对称性差异来分析中华帝国的兴衰，读来令人耳目一新，与《货币制度的世界史》一书对照阅读相得益彰。我一直强调经济学对货币和财富的理解缺乏历史的深度，此书可以部分弥补这一缺憾。

聂辉华
中国人民大学经济学院教授

货币是历朝历代实现国家统治的最重要工具之一。本书详尽地梳理了中国古代货币的起源和变迁，解释了从贝币到铜币，再到金银币的历史演进过程。与此同时，本书还介绍了从柏拉图到亚当·斯密，从管仲到晁错的货币观点。本书既是一部中国古代货币简史，又是一部货币思想简史。最终，作者试图解释，为什么中国古代没有形成货币意义上的统一大市场。本书史料详尽，分析缜密，其内容和观点对于今天构建统一大市场具有启迪价值。

推荐序一

李炜光

著名财政学家，天津财经大学教授

亚当·斯密说，人天生具有交换的倾向，具有彼此公平交易的欲望和本领，这是人与其他动物相区分的重要标志。他在《国富论》第二章中写道："我从来没有见过两条狗会公平审慎地交换骨头，也从未见过一个动物以肢体或语言示意：'这是我的，那是你的，我想与你做个交易。'"斯密是哲学家，他对人性的判断无疑是正确的。人类迟早会发明出货币，并且实际上，货币出现确实很早，至少比国家要早得多。历史学家估计，应该有上万年乃至数万年的历史了。

经济学家认为，货币产生于人类早期的经济生活中自发的和自由的市场过程。人们在物物交换的框架中面临着需求的双重巧合（double coincidence of wants）和物品的不可分割性（indivisibilities）两个交易难以达成的关键要素。人们在交易的不便之中探寻方法和机会，依靠想象力和创造力，发现了某种可以使交易过程变得简明和高效的商品，当这种"最有用的"商品作为交易媒介（medium of exchange）被人们广泛应用于交易过程并逐渐形成"集体意向性"（collective intentionality）的时候，货币（money）就诞生了。货币的出现是人类文明史和人类经济社会发展历程中的一个巨大飞跃。

如果将马克思所说的货币的五个功能——价值尺度、流通手段、贮藏手段、支付手段和世界货币联系起来观察，可以发现它们之间彼此联系、相互影响，每种功能背后都有一段长长的历史演变过程。同时，马克思还进一步认为，货币本质上体现的不仅是物与物之间的关系，还是一种"社会关系"。法国历史学家布罗代尔也说，货币介入到全部的经济关系和社会关系中。货币与人类社会生活的几乎所有方面有关，与几乎所有重大的政治事件有关。或许就是因为这个缘故，凯恩斯在《货币论》中指出："如果以货币为主线，重新撰写经济史，那将是相当激动人心的。"撰写这样一部货币史或者说货币角度的经济史的难度可想而知，而刘三解先生的新著《青铜资本：帝制中国经济的源代码》，恰恰就是这样一部以货币为主线撰写的中国经济史。

苏格兰经济学家麦克劳德（Henry Dunning Macleod）认为，货币的基本性质就体现在它是一种债："它的基本用途就是衡量和记录债，并帮助债从一个人的手中转移到另一个人的手中。只要是为了这个目的，不管采用何种手段，也不管它是金、银、纸还是其他任何东西，它就是货币。"中国经济学家韦森也指出，把货币的本质看作一种可转让的债或可转让的信用，"是对货币本身最深刻的理解"。从公元前500年到现在，任何国家和政府发行的铸币、纸币等，"实际上都是向全社会发的一种债，是一种欠债"。他还引用柏格雷的话予以强调："货币的基础是政府的负债，而政府借钱，主要是为了支付战争经费。"[1]

"货币是债"的思想在本书所叙秦国-秦朝的货币史中得到了有力的证明。秦帝国的基本政策是耕战，力图把每个人牢牢束缚在土地上，禁锢在编织严密的邻里组织中，但同时又实行"轻罪重罚"的法制约束，结果在帝国内部制造了成百万远离土地、远离乡里组织的流动人口，组

---

[1] 韦森：《货币的本质再反思》，载《财经问题研究》，2016年第10期。

成了一支脱离专为维稳而设计的"什伍"连坐体系的劳作大军。因无法用货币兑现日益累积下来的政府债务，刑徒成了帝国最难控制的政治经济变量，这就是书中反复提到的"刑徒经济"，并一针见血地指出秦国货币的本质就是"一般债务凭证"，秦民与县廷、县廷与县廷、县廷与皇帝之间，形成了一系列的"债务关系"，原来被束缚得如铁桶一般的社会就因这个因素的影响而快速松弛下来。

以往的研究者们总是把秦朝的二世而亡归结于皇帝个人的残暴和独断专行，而忽略了秦朝为运作其皇权专制体制而必须支付巨额费用这个财政性因素。它所承担的制度费用，远远超出了当时社会的承受能力，货币供给远远不能满足财政和市场两方面的需要。秦之速亡，亡于它无法支付庞大无比的制度费用，亡在它难以继续背负沉重的货币欠债，亡在农民、手工业者、商人、刑徒、士兵等所有人的利益都受到损害。秦之速亡，并非亡于苛政，而是亡于它的经济萧条。这是只有从货币史的角度进行分析才有可能得出的结论。

货币兼具"社会性"和"中心性"特性，如《人类货币史》的作者戴维·欧瑞尔（David Orrell）和罗曼·克鲁帕提（Roman Chlupaty）所指出的："货币和文字都是用符号描述世界的方式，二者均为沟通工具，因而从根本上具有社会性，并且在个人与国家的关系中处于中心地位。"[1]货币与文字一样，是人类最早的发明之一，至少早于国家的产生，二者密切相关。这两个同时兼备的基本特性，在本书所叙汉代货币史中有很好的体现。

汉初接受秦朝的教训，转而实行"清静无为"的政策，不再利用帝国强大的组织调动力量反复征用民力，人们受到的干扰少了许多，有了

---

[1]［加］戴维·欧瑞尔、［捷］罗曼·克鲁帕提：《人类货币史》，前言，朱婧译，中信出版集团股份有限公司，2017年。

更多的生产和生活的自由，这就出现了汉代的国家规模虽然跟秦朝相差不多，但费用支出规模却相对较低的格局，这就给"刑徒经济"的退出创造了条件。无为而治的国策在汉前期70年间总体上获得了巨大成功。在这个政策大背景下，国家盐铁官营政策中的一部分分利权，由中央下沉到了郡国，也是由于这个原因，商品经济的发展因国家重获统一和经济上的放任主义得到了一定的恢复。

问题在于，中央政府在此期间失却了山海之利的专有权，也就无法垄断货币铸造权并从中获利，所以汉文帝时期不得不实行"令民纵得自铸钱"的政策，承认民间私铸货币的既成事实，只不过附加了一条"四铢钱"为"法钱"的规定。可是钱禁一放松，地方的政治经济方面的话语权随之也大为上升，这便与中央集权的皇权体制发生了矛盾，此后发生汉景帝时期的"七国之乱"以及汉武帝出台一系列集权措施也就不难理解了。

秦帝国是一个事实上的中央集权科层制国家，这一点福山早就指出过，而西汉则是同时包含科层制和封建制的国家，这种体制给汉武帝之前的政治带来了很大的麻烦。汉武帝时期于是着手克服制度弊端，设计出一种全新的政治秩序，相权之外设立中朝制度，使得专制皇权向绝对化方向发展。政策上无为向有为转化，同时取消行之已久的盐铁经营特许制度，由中央政府自行经营盐铁事业，实行对经济资源实施全面管制的体制，地方郡国并行制因缺乏实质性权力而逐渐消亡。接下来，国家赋税的基本结构也随之发生了变化，汉朝财政在很大程度上实现了货币化。从春秋战国时代到秦朝的适应战时体制的、以实物和力役结合的赋税结构，转换为实物、力役和货币三位一体的结构，书中提到的"货币财政"就是从这里起步的。

将实物与人力征收转换为货币，是需要借力于市场的。由于实行国家的专利垄断，盐铁及许多乡村和城镇居民生产经营和生活所需之物，都转入钱、物交易的轨道，且价格不断升高，其他物品都不得不转换为钱与物的交易。在货币财政的带动下，汉代的商业经营活动和市场也繁盛起来，货币的"社会性"由此得到体现。人民的生活和生产活动，几乎全部被卷入了市场，这才有了国家财政来源于货币的部分大为增加的现实，相当大一部分实物和力役之征转换为货币之征。货币进入财政系统的好处是更加灵活和富有商业气息，合乎商品货币经济的发展方向，同时也是"货币在个人与国家关系中处于中心地位"的集中体现。"京师之钱累巨万，贯朽而不可校"，应是当时国家财政经济状况的真实反映。

盐铁业归国家经营，因而汉朝以最快的速度获取了对匈奴的作战经费，伴随着权力向社会经济生活全面渗透，接着发生的事必然是，既然盐铁资源已转为中央控制，收回民间铸币权也就顺理成章了，从而也就为五铢钱的登场铺平了道路。五铢钱以迫使其他货币退出为目的，因此它必须保持面值与实际价值相符，以区别于其他货币。五铢钱的法定面值与其所含金属量的实际价值相当接近，形制甚为精巧，加上铜材已被国家垄断和严厉地法禁，仿造既难，又无利可图，对盗铸者可谓釜底抽薪，有利于五铢钱法定地位的稳固。所以作者在书中充分肯定了五铢钱的地位和作用。

五铢钱是中国铸币的代表，其发行成功，其他杂牌货币自然退出流通领域，铸币所具有的便于携带、不易损坏、可有效降低交易成本的特点充分发挥出来，因而得到市场的认可，得以持久而广泛地流通，并且使政府征税也变得便利起来。西汉货币自此进入一个较长时间的稳定期，这对于进一步促进商品货币经济的发展和奠定稳固的国家财政基础无疑是大有益处的。

迈克尔·曼（Michael Mann）认为，一个帝国欲维持自身的生存，必须从其臣民那里取得"强制性合作"（compulsory cooperation）和"强制性普及"（coerced diffusion），即同质性的生活方式和文化在帝国疆域内的精英层面得以普及。在他的论述中，罗马帝国是达到了这个层次的，但正如著名学者赵鼎新在《东周战争与儒法国家》中指出的，帝制中国在强制性普及方面达到了比罗马帝国更高的层次，而本书的研究更可进一步证明，在货币方面，这种强制性合作和强制性普及表现得更加突出。

在中国历史上，特别是汉武帝时代以后，货币总是与国家权力紧密结合的。货币作为一个国家税收单位的时候，才具有真实的意义，中国的货币经济也就比其他民族和国家具有更多的强制性合作和强制性普及的意义。作者在第四章中谈到周王室、晋国回赐诸侯国铸币，允许在以洛阳为中心的王畿或晋国都城附近购买物资代替贡物，以制造物资需求，再由洛阳、新绛的商人远赴各国贩运物资，王都则可以无成本地获得商人的租税和远方的物资，由此形成了一个全新的"官商利益共同体"。作者认为，这种标识地名的青铜铸币，就是一种仅限于王都和目标地兑现的"支付凭证"。这种货币的首要目的不是自由流通，为民间交易提供便利的通货，而是为了更顺畅、更经济地获取财政收入，应属于马克斯·韦伯所说的"行政货币"。作者在这里给我们展示的，是国家权力之手而不是市场的无形之手支配着货币运行的方向，到战国晚期，齐、魏、楚等国不约而同地出现了兑换定值的行政货币，自此行政货币才开始全面向民间渗透。

这种倚仗政治强权通行的强制性合作和强制性普及的货币特性，在秦和汉武帝以后的历史时期中表现得就更加明显了。秦的货币信用完全凭借政府强制，西汉货币则多次出现彭信威指出的"减重"问题，甚至相对规范的五铢钱在汉末也发生了"减边"现象，始作俑者也是不受制约的政府权力。也是这个原因，中国历史上的政府经常会成为货币经济的削弱、破坏的力量，战乱严重时甚至还会退回到物物交换的阶段。当然，货币经济发展的历史和规律性也表明，这种削弱和消除只是一种暂时的现象，货币终究还是会回归人们的经济生活中，如魏晋时期北方十六国的情形。

朱嘉明先生在《从自由到垄断：中国货币经济两千年》中指出："货币经济、私有产权和商品市场经济的相互依存支撑了中国传统货币经济的运行，并决定了财富的存在方式、拥有方式和分配方式。"[①]比起政治和其他若干领域的定于一尊、极权专制来，中国传统货币经济虽然总体上带有较强的政府主导和强制性，也有另一面的表现，即仍然保留了一定的多元、多样、区域化的特点，市场、多方合作和共同治理与货币的联系也并未全然中断。这是我们观察理解中国货币经济的另一个不可或缺的视点。本书所叙春秋战国和汉武帝改制之前的七十年，就是货币多元、因地而异、急剧变化、彼此竞争却不乏合作的时代。这种合作与竞争为货币经济注入了新的生命力，使得中国的传统货币经济的具体表现形态多有变化，但总体上却呈现出一种制度的"超常稳定性"，并成为一种"独特的历史现象"[②]。

在叙事方法上，本书作者采用的是一种颇为考究的将政治体制与货币发展演化结合起来的写法，同时又将国家的财政税收政策穿插其中，三者相互印证和互动，呈现在读者眼前的，是一种立体的和颇为讲究逻辑推理的社会和制度变迁的过程。作者的这种研究思路比单纯就货币而论货币的著述显然高明了不少。在他笔下，货币为经，财政为纬，政治军事体制为纲。事无巨细，环环相扣，一一涉及到位。且作者叙事常"漫出"货币视界，把与货币相关的问题放在更宽广的视野中，如在第十三章中对汉文帝诏书的评价："他所表露的关注都是关于'人'的细节，他把'民'当作'人'，他由家族的家长、小集团的首领升格为天下

[①] 朱嘉明：《从自由到垄断：中国货币经济两千年（上）》，远流出版事业股份有限公司，2012年，第14页。

[②] 朱嘉明：《从自由到垄断：中国货币经济两千年（上）》，远流出版事业股份有限公司，2012年，第14页。

的共主，所有汉朝人的皇帝。"我相信读者会跟我有同样的感觉，本书作者对古代文献和当代学术研究成果的把握、运用和分析能力是相当出色和值得赞扬的。

我以前就知道凯恩斯的"如果以货币为主线，重新撰写经济史"这句话，但一直不大理解其中的含义，当我读过这部著作后多少有了一点感悟。作者所关注的春秋战国至汉武帝时期，是中国历史模式形成的关键阶段，也是货币历史发展的重要时期，这个时期的货币经济已经具有了决定中国的未来走向和命运的价值。通过对货币史的梳理分析，可以更加深刻地解释国家与社会关系演变的历史奥妙，视角、分析侧重点都不一样，也就能得出不一样的结论。那么，作者致力于探寻的蕴藏在中国货币史里的"帝制中国经济的源代码"到底是什么呢？

中国在世界几大文明古国中有着最为显著的"强国家传统"①，由于这个原因，与欧洲不同的是，商人阶级在中国的帝国体制中并不具有重要的政治地位②，秦汉以后一直到帝制中国终结时的近代都是如此。所谓"强国家传统"在中国货币史上表现得尤为突出，中国历史上的货币和商品货币经济也就因时常受到来自政治权力的干扰而难以正常发挥作用和影响。

但货币终归是市场创造的而不是国家创造的，其价值是在市场交易中自然而然形成的，只要这种价值存在，就应该受到尊重，不应受到来自政府权力或其他强权的干扰和威胁，不能完全根据政府的意愿而任意改变。按照洛克的理解，货币应当属于一个更高的领域——自然，货币应当具有潜在的政治哲学的意义③。可以看出，作者在写作中一直在试图

---

① 赵鼎新：《东周战争与儒法国家》，夏江旗译，北京联合出版公司，2020年，第1页。
② 参见赵鼎新：《东周战争与儒法国家》，夏江旗译，北京联合出版公司，2020年，第2页。
③ 参见薛金福、詹志方：《货币的力量》，电子工业出版社，2012年，第22页。

揭示货币的这层最基本的意义。

货币天生就有朝向统合、单一方向走的特性，越是固定权威单位发行的统一货币就越受欢迎。所以战国时期各国的各式货币在客观上也有助推统一的效用，这也是阅读本书后的感悟之一。先是各国内部趋于一体化，继而整体上走向统一的态势愈加明显。已有研究表明，秦国自西向东征服六国的过程，与黄金和圆形方孔钱币的流通范围一步步扩大的态势基本一致。在此过程中，秦国常以黄金贿赂各国政要以瓦解其国力，也是货币统一趋势加速秦统一天下进程的表现。如今，这种对货币统一价值的认识仍未过时，有进一步研究的理论价值。现代社会未能解决的另一个问题是，货币究竟发行到什么规模、什么程度就会进入危险区，这是现代经济学仍未拿出有充分说服力答案的疑难问题，所以相关理论和政策的探讨也在进行中，而货币史的研究能在其中起到意想不到的作用。

理论上说，货币在个人与国家的关系中处于中心地位，但这必须以货币具有起码的独立性为前提。作者的研究表明，至少在中国，货币常常是缺乏独立性而作为国家的制度和政策存在的，是国家支配性权力的一种。当代也有经济学家持近似观点，如小卡尔·门格尔（Karl Menger）和詹姆士·托宾（James Tobin）等认为，货币本身就是作为一种社会制度（social institution）而存在的。

作者比较善于由货币的历史演化推理出某些影响至今的奥秘，如其在"前言"中指出的颇有启示意义的一点："中国人真正摆脱诸如代币、票证、价格双轨制等一物多价的非对称性交易的时间，不过短短30年，前现代经济形态距离我们一点都不遥远。"虽是货币角度，却是一种大历史观的应用，对中国历史上治乱兴衰的大问题做出解释。

我与作者素未谋面，但此前读过他的《秦砖》，近日又获赠他的新著《汉瓦》，在佩服他的博学多产之余也向他提出，这部货币史若只写到汉武帝，便是中国货币史的"半部书"。《大学》曰："物有本末，事有终始，知所先后，则近道矣"，所以我建议他继续写下去，一直写到大航海时代明清时期货币经济与世界货币经济的合流，写到中国近代货币国家化的制度更张。他似乎点头同意了，所以读者诸君可以跟我一样，期待着作者继续中国货币演变史后半程的写作，撰写完成一部属于三解的、以货币为主线的完整的中国经济史。

推荐序二

杨斌

澳门大学历史系教授

《青铜资本：帝制中国经济的源代码》是一本另辟蹊径的中国史著作。它以中国早期货币的演变为切入点，上溯至商周时期，在汉武帝时戛然收尾，别出心裁地解剖了中国专制制度的形成、特点、局限与失败。此书引证丰富，辨析缜密，知识渊博，用力极深。考古发现、出土简帛与上古典籍，书中随处可见，颇费心血。

全书一开始便提出了黑田明伸（东京大学东洋文化研究所教授）总结的中华帝国市场经济之"非均衡模式"，也就是"地域通货"与"地域间通货"并行的双重结构（见"前言"）。简单地说，前者是铜钱世界，后者是（黄金）白银世界，两者在中华帝国形成初期就没有合流成一个统一的市场，以后当然也没有。

在秦汉大一统的专制政权下，虽然区域市场内部的小额交易数量惊人，非常活跃，但跨区域的常态化的大额交易却局限于上层的社会精英手中。这一方面形成了政治权力塑造商业的模式，使得商业成为政权的附庸与工具，高面值的金银货币也即成为一小撮人敛财的捷径；另一方面商业失去了与市场和资本的结合，无法服务于大众，低面值的铜钱苟且偷生，不能催化技术革命与价格革命（见"结语"）。正是在这样的情况下，商业、资本、技术得不到市场的培育，无法发生现代社会产生所必需的化学变化，只能停留在朝代更替的物理循环当中。这是很有力量的分析。以笔者的理解，这就形成了具有中国特色的"市场在政府之内"这个传统，而不是"政府在市场之中"。

《青铜资本》有许多"三解（解疑、解颐和解语）"之处。如货币不可与财富混为一谈，因此上古中国的海贝并不是货币；如秦政以控制交易双方的人身安全来迫使他们自愿接受政府的债务转移；又如岳麓秦简记载了从老百姓中遴选、奔赴边徼镇压盗匪的"奔警"；而吕后时期禁止"盗铸钱"也就是禁止民间铸钱，更值得一说。在中国的传统当中，铸钱是政权的特权和禁脔为其合法性之象征，王朝由此垄断了货币的来源、生产与流通，在某种程度上也就控制了市场。国家垄断铸币这个中国人认为理所当然的事，在古代世界的许多地区和社会则并非如此，后者呈现了与秦政中国大不一样的市场和市场经济。

为什么一定要了解货币史？

"如果以货币为主线，重新撰写经济史，那将是相当激动人心的。"[1]

——凯恩斯《货币论》

1994年，日本东京大学东洋文化研究所教授黑田明伸出版了他的专著《中华帝国的结构与世界经济》。在这一著作中，他从清代货币制度史的角度梳理了封建中国晚期的经济结构，他发现，尽管基本上在封建中国范围内的经济活动非常活跃，但是，有一个"地域通货"与"地域间通货"的双重结构。在这个双重结构下，农产品的交换使用地域通货（铜钱），而地方市场上的支付安排则依赖于白银，白银适于作为资产来积累。结果，封建中国晚期从来没有建立起一个基于一价原理支配的均衡市场的经济体系。通过将它与以集中的价格和单一通货体系为特征的

---

[1]［美］凯恩斯：《货币论（下卷）》，蔡谦、范定九、王祖廉译，商务印书馆，1986年，第127页。原文为："假如我们能够根据这些看法，把远古以来的经济史重新写过，对以下的事情作一揣测，那倒是一件很有意思的工作。"

"世界经济"比较，黑田明伸将中华帝国的市场经济称为"市场经济的非均衡模式"。①

在《货币制度的世界史》一书中，黑田明伸教授将上述观察拓展到了全球范围，从市场、通货制度角度将东西方历史类型化，提出了以中国为代表的，涵盖东亚日本、朝鲜，东南亚的菲律宾、印度尼西亚、文莱、越南，远达马六甲的铜钱世界与之外的金银币世界是两个使用不同类型"手交货币"②的经济体系，铜钱世界最大的特点就是对"一价原理"或称"对称性交易"原则的违背。一个典型的案例是，20世纪初的中国长江流域某地的农民在出卖自己的产品时，买方商人要支付价值1300文铜钱的1枚银币，农民却要求用1000文铜钱来支付，也就是说，在高面额货币与低面额货币的实际兑换中存在着多种定价逻辑。③通俗地解释，1元等于10角，但在实际交易中它的购买力却低于10枚1角硬币，这也打破了"物无二价"的基本原则，同一件商品以银币衡量是一个价格，以铜钱衡量是另一个价格，两个价格又各自受通货供需因素的影响，两种通货在市场中的角色也无法互换。为了解释这种矛盾，黑田明伸教授将货币区分为"地域流动性"和"地域间结算通货"。"地域流动性"的舞台是小农经营构成的农村，受农业季节性限制，农产品销售的通货需求在收获季形成周期高峰，这也是人类历史上所有货币制度最底层的存在形式，满足交易需求的通货并不限于法币，实物货币、集团内人与人的信用（如记账、钱票等）或是手交货币都可以成为备选，只是其功能

---

① ［日］黑田明伸：《货币制度的世界史——解读"非对称性"》，何平译，中国人民大学出版社，2007年，"译者前言"第11页。
② 手交货币：从一方转入另一方的手交（hand-to-hand）货币。［日］黑田明伸：《货币制度的世界史——解读"非对称性"》，何平译，中国人民大学出版社，2007年，第4页。
③ ［日］黑田明伸：《货币制度的世界史——解读"非对称性"》，何平译，中国人民大学出版社，2007年，第2页。

范围基于地域，价格生成机制也受限于地域。在此基础上的是"地域间结算通货"，顾名思义是为了满足地域间交易而诞生的货币，它最大的价值并不是替代"地域流动性"，而是在各自分割的地域市场之间建立一个可兑换、可转移的货币通道。问题是，面向近代中国数以十万计的"地域流动性"兑换，"地域间结算通货"的价格产生机制只能随行就市，制造出数以十万计的兑换比价，这种乱象在近代国门洞开之后非但没有改善，反而由于小农生产的市场化程度提升，更加频繁地利用本地市场，激发本地市场去创造和组织"地域流动性"，阻击"地域间结算通货"向下的渗透。

在此条件下，对称性交易尚且是一种奢望，近代西方所代表的"世界经济"的基本特征——单一通货、集中价格基础上建构的近代金融体系和信用机制在中国就是无根之木。真正彻底的改观已经是人民币通行之后，我们亲身经历的全球化进程之中，当我们从市场、通货的角度考察中国历史就会发现，时至今日，中国人真正摆脱诸如代币、票证、价格双轨制等一物多价的非对称性交易的时间，不过短短的30年，前现代经济形态距离我们一点都不遥远。

如果我们将观察的尺度拉得更长，如凯恩斯所说，以货币为主线来探讨中国经济史，就会发现，由于各种"地域流动性"的多元存在，就连科学测算各个时代的通货总量都是不可能完成的任务。基于货币总量增减与物价涨跌之间呈正相关的线性关系的"货币数量论"自然无从着手，意味着我们赖以分析货币、价格、经济三者关系的关键工具完全失效，这就从根本上撼动了中国货币史、经济史的认知大厦。那么问题来了：①黑田明伸教授提出的"市场经济的非均衡模式"究竟始于何时？②铜钱的世界和金银币的世界在何时真正形成？③究竟是什么原因促成了两个世界的彻底分流？

这三个问题的答案都离不开一个人物——汉武帝。

汉武帝元朔三年（前126年），奉命出使西域的张骞回到了长安，这次长达13年的出使历程中，张骞亲身到达了大宛、大月氏、大夏、康居等四国，又根据传闻信息了解了接壤的五六个大国，一并将地理、物产、风土汇报给了汉武帝。①其中，一个名为"罽宾"的国家"以金银为钱，文为骑马，幕为人面"。②罽宾国大致位置在印度西北部，包括阿富汗的喀布尔地区，曾被亚历山大大帝和之后的希腊化王国巴特克利亚统治。钱币是希腊式货币的变种，确切分类是印度－斯基泰人国王的货币，典型特征是国王骑马/希腊保护神。邻近罽宾的乌弋山离国又有不同，"其钱独文为人头，幕为骑马"。③这是希腊－巴克特里亚钱币中最常见的"国王头像/骑马的狄俄斯库里兄弟（希腊神话中的双子座）"。④另一个叫"安息"的国家明确以银为钱，没有提黄金，"文独为王面，幕为夫人面。王死辄更铸钱"。⑤安息又称帕提亚，地处伊朗高原，是曾与古罗马争霸的400年帝国，它的货币也延续了希腊式货币的传统，一面是国王头像，背面往往是神像或君权神授的场景，早期为希腊神祇，如宙斯等，后期有东方神祇提喀，最常见的却是代表游牧传统的牧人授弓坐像。所谓"夫人面"则多有争议，因为《史记·大宛列传》并无此语，是《汉书·西域传》新增的词句，符合条件的只有公元前2年即位的安息王弗拉阿塔克斯的铸币，他在背面添加了母亲（兼妻子）穆萨的头像，应该

①［汉］班固：《汉书》卷六十一《张骞李广利传》，"张骞"条，中华书局，1962年，第2689页。

②［汉］班固：《汉书》卷九十六上《西域传上》，"罽宾国"条，中华书局，1962年，第3884页。

③［汉］班固：《汉书》卷九十六上《西域传上》，"乌弋山离国"条，中华书局，1962年，第3888页。

④杨巨平：《传闻还是史实——汉史记载中有关西域希腊化国家与城市的信息》，载《西域研究》，2019年第3期。

⑤［汉］班固：《汉书》卷九十六上《西域传上》，"安息"条，中华书局，1962年，第3889、3890页。

不是张骞使团带回的讯息，而是两汉之交流传的新故事，才由班固增补进了史书。[①]

显而易见，当张骞回归长安时，西亚、中亚以"枚"为单位使用的金银货币对于汉武帝而言已经不陌生，青铜铸币的世界已经与金银铸币的世界直接接触。也正是在这一年，汉武帝元朔三年（前126年）[②]，汉武帝与公卿开始议论"更钱造币以赡用"[③]，具体措施之一就是"黄金为上，白金为中，赤金为下"的币制改革，黄金就是我们熟悉的黄金，白金则是银锡所造，赤金则是红铜。在汉武帝一朝，白金币的创制最早，铸造时间为元朔六年（前123年），次年，即元狩元年（前122年）汉武帝"获白麟"后，分赐诸侯王，至元狩四年（前119年）冬，"白金三品"正式成为市场流通的货币。赤金币的铸造次之，元鼎二年（前115年）行"赤侧钱"（《汉书》作"赤仄钱"），特点就是以赤铜为外郭。黄金币铸造最晚，到太始三年（前94年）才更铸麟趾金、裹蹄金以协祥瑞，分赐诸侯王，并未进入市场流通。

其中，既是金银材质，又曾进入市场流通的货币，只有"白金三品"，形状分别是圆形、方形、椭圆形，纹饰分别为龙、马、龟。其中龙币称"白选"（《汉书·食货志》作"撰"），也最为特殊。甘肃灵台县康家沟村等地出土的实物显示，龙币形状内凹外鼓，外表面饰有龙纹，背面有两个方形戳记，应为篆字"少"，代表少府所出，靠近外沿处有一圈符号。这圈符号，自1913年郑文焯在《腊丁金盘文》一文中率先提出应为希腊字母之后，学界多有关注：一派观点认为是汉武帝所仿外文，因希腊化货币常有"万王之王""爱希腊者""施恩者"之类的赞美之词；

---

① 李铁生：《帕提亚（安息）币初探》，见《全疆钱币研究讨论会论文集》，2004年，第37~47页。
② 时间考据详见第十七章"汉武帝的敌人"一节。
③ [汉] 司马迁：《史记》卷三十《平准书》，中华书局，1959年，第1425页。

一派观点认为是计数、天文、祭祀相关的符号。古文字学家黄锡全教授在将甘肃灵台县出土的272件龙纹铅饼上的符号拆解后发现，共有符号32个，淘汰重复的，剩余单符16个，接近古希腊24字母者有9个（16符），接近早期拉丁21字母者有6个（13符），能用中国古代数字解释的只有三四个（10余符），确有外文的可能。[①]不过，由于字母连缀为单词后解读存在困难，也有学者提出新说："龙纹币上的符号与西安交大汉墓天象图，不仅二十八宿方位完全相同，而且西安交大汉墓天象图中的日、月之位，在龙纹币上则似是用两个戳印'少'字来表示。"[②]这种解释当然也有破绽，若符号为二十八宿连线，却难以对照识别，且"少"字戳印在马纹币和龟纹币的正面、背面均有出现，其上并无日、月的位置。

综上所述，汉武帝受到张骞的西域见闻影响而计划改铸金银币的可能性很大。此后，他陆续铸造了黄金（麟趾金、裹蹄金）、白金（白金三品）、赤金币（赤侧钱/赤仄钱）也是事实，并有过短暂的白金币、赤金币的流通尝试。只是由于种种原因，两种货币信用崩塌，最终代之以青铜铸造的"五铢钱"和定值称量黄金（1斤黄金=1万钱）的二元货币体系。元狩五年（前118年），终结了长达200余年的半两钱流通，开启了绵延700余年的五铢钱时代。[③]至此，以"枚"为单位的流通性金银铸币基本绝迹，昙花一现的"白金三品"也成为长达2000多年的圆形方孔青铜铸币时代的小插曲。

直到金章宗承安二年（1197年）铸造银币承安宝货，白银铸币才又一次出现，行用不过3年，在承安五年（1200年）被迫停铸。又过了300年，地理大发现带来的舶来白银终于敲开了青铜货币世界的大门，曾经

---

① 黄锡全：《"白金三品"篆文及有关问题略议》，载《中国钱币》，2003年第3期。

② 姜宝莲：《汉代"白金三品"货币及其相关问题》，载《考古》，2020年第10期。

③ 半两钱兴于秦惠文君二年（前336年），终于汉武帝元狩五年（前118年）。五铢钱起于汉武帝元狩五年（前118年），终于唐高祖武德四年（621年）。

壁垒分明的东西货币圈再次交汇。不过，顽强的青铜铸币一直到近代仍是法定货币，白银只是作为大额的称量货币流通。事实上，仍是"乾隆通宝""光绪通宝"在定义白银的价值，直到鸦片战争之后，进口银圆和自铸银圆固然畅行无阻，却长期与银两并行。中国真正完成与金银币世界的对接，要到1933年国民政府发布"废两改元令"之后。当时世界的主要国家已纷纷进入"金本位纸币"时代，中国的经济仍旧承受着无处不在的"非对称交易"的磋磨，直到中华人民共和国建立，人民币彻底统一了市场，方才创造了今时今日与"世界经济"接轨的要素之一——"单一通货"的物质基础。问题是，各种形式的小农经济，长期的政治文化传统，并非一朝一夕所能改变，各种基于地域市场的本地通货仍旧被自发创造，票证、代币、兑换券乃至实物交换，一直与建立集中的价格和单一通货体系的现代化进程并行不悖，直到改革开放。

这一切，其实早在公元前2世纪，汉武帝在尝试失败之后放弃以"枚"为单位的金银铸币方案时，就已经确定了剧本，黑田明伸教授所观察的清代经济样本与时下我们触目所及的现代化迷局，都只是这个剧本的分幕。在这出长达2000多年的戏剧之中，货币当然不是主角，却是贯穿情节的主线，更是无数变革的见证者。

正因如此，本书并没有重新撰写中国经济史的雄心壮志，也无意以史册之中"流水的演员"故事为纲目，而是回归历史的原初，一寸寸摸索中国经济这个"铁打的舞台"轮廓，探寻货币变迁中暗藏的文明伏脉，挖掘汉武帝创建"市场经济的非均衡模式"的根源，为"历史何以至此"这个经典问题提供一个反常识却不反科学的答案。

目　录

序　章

历史的十字路口

铜钱世界与金银币世界的对峙

> "金银天然不是货币，但货币天然是金银。"[1]
>
> ——马克思《政治经济学批判》

早在2000多年前，古希腊哲学家柏拉图和亚里士多德就开始讨论货币的概念，柏拉图在《理想国》中顺便提及了货币是为便利交换而设计的一种"符号"；亚里士多德则在《政治学》和《尼各马可伦理学》中多角度地阐述了他对货币的理解，正如熊彼特在《经济分析史》中所描述的："亚里士多德老老实实把欲望及其满足作为他经济分析的基础，从自给自足的家庭经济出发，接着谈到分工、物物交换以及为了克服直接交换的困难而使用的货币——这里他恰好混淆了财富与货币而受到苛责。"[2]亚里士多德口中的货币，首先是一种商品，只是由于它为交换行为带来明显的方便而诱导人们默契地或通过立法行为来选择它作为交换的媒介，所以，金属，尤其是金银，比其他商品更适合担当这个角色，这也是古希腊诸城邦的现实。而柏拉图却明确反对使用金银，认为国内的货币拿到国外是无用的，这无疑隐含着一个特殊的认识范式，那就是货币的价值原则上与币材无关。

---

① [德]卡尔·马克思、[英]弗里德里希·恩格斯：《马克思恩格斯全集》(第13卷)，中共中央马克思恩格斯列宁斯大林著作编译局译，人民出版社，1998年，第145页。
② [美]约瑟夫·熊彼特：《经济分析史》(第一卷)，朱泱、孙鸿敞、李宏、陈锡龄译，商务印书馆，1991年，第97页。

　　遗憾的是，柏拉图对货币的讨论很有限，而亚里士多德的研究则系统得多，一方面，"他使货币的发展遵循一种所谓的历史的顺序，从没有货币的情况或阶段开始"①。这种追根溯源的表述方式虽然没有直接的事实依据，但符合人们的经验常识，影响相当深远，一直到十八、十九世纪的亚当·斯密②、大卫·李嘉图③、卡尔·马克思等经济学家，仍在延续他的物物交换解释。另一方面，亚里士多德对货币存在的基础，"交换的正义"即"定价道德"着墨颇多。他赞许公正的交换，反对价格垄断，认为"公正交换"的标准就是交换物价值的相等。这个价值并非我们耳熟能详的劳动价值概念，而是在充分市场竞争环境下产生的正常竞争价格。简言之，当甲以鞋子换取乙的面包时，鞋子和面包各自乘以其正常竞争价格，结果应正好相等，这恰恰是马克思主义"等价交换"概念的滥觞。亚里士多德对这一原则的坚持，使他注意到货币的另一个重要职能："货币是使得所有物品可以衡量和可以平等化的唯一尺度。"④至此，"十九世纪的教科书列举的货币的四种传统职能，有三种都可以追溯到亚里士多德那里"⑤。具体来说，就是交易媒介、价值尺度和价值贮藏，100多年后的现代货币五大职能，仍是在此基础上的拓展，即价值尺度、流通手段、贮藏手段、支付手段、世界货币。

　　很明显，古希腊的亚里士多德等哲学家对货币的表述更接近于今人所熟悉的范式，从货币的性质、起源到原理、功用都有分门别类的解释；

---

① ［美］约瑟夫·熊彼特：《经济分析史（第一卷）》，朱泱、孙鸿敞、李宏、陈锡龄译，商务印书馆，1991年，第102页。
② 亚当·斯密，英国经济学家、哲学家，强调自由市场、自由贸易及劳动分工，被誉为古典经济学之父、现代经济学之父。
③ 大卫·李嘉图，英国政治经济学家，古典政治经济学的杰出代表和集大成者。
④ ［古希腊］亚里士多德：《尼各马可伦理学》，廖申白译注，商务印书馆，2003年，第144页。
⑤ ［美］约瑟夫·熊彼特：《经济分析史（第一卷）》，朱泱、孙鸿敞、李宏、陈锡龄译，商务印书馆，1991年，第101页。

而中国古代的货币理论则一鳞半爪，不成体系，直到1831年清人王瑬《钞币刍言》①的出版才有了第一部专门货币论著。此前的货币思想散见于子书、史书、奏议、笔记、书信，甚至诗词、墓志中，简言之，有具体思考而无系统理论。这些思考也往往集中在"用"的层面，如"子母相权、轻重之术、虚实相权、称提之术"②等。具体来说，就是利用不同种类、区域的货币、商品价格差，通过调整货币流通量来满足市场对货币的需求，进而达成增加财政收入或干预物价、调节生产的目的。这种思想的源头可以追溯到战国、秦、汉之际成书的《管子》一书，其中对货币的性质和起源的探讨，影响相当深远。

《管子》中说，"黄金刀币，民之通施"③"黄金刀布者，民之通货也"④，"刀布者，沟渎也"⑤。其中，通施、通货、沟渎正是对货币流通手段职能的不同表述。对于货币的起源和职能，该书采取了一种类似亚里士多德"假设历史"的手法进行叙述。美玉、黄金、珍珠出产在距周都7800里的边荒之地，由于山川阻隔、舟车难通，得之不易而价格高昂。"先王"借助它们的贵重，以珠玉为上币，黄金为中币，刀布为下币。这三种"币"，握着不能取暖，食之不能果腹，"先王"用它们来保存财物、管理民事、治理天下。⑥之所以说"假设历史"，就在于"先王"的时代

---

① 1837年修改后更名为《钱币刍言》。
② 马涛、宋丹：《论中国古代货币思想的特点》，载《经济思想史评论》，2010年第2期。
③ 黎翔凤：《管子校注》卷二十二《国蓄第七十三》，梁运华整理，中华书局，2004年，第1259页。
④ 黎翔凤：《管子校注》卷二十四《轻重乙第八十一》，梁运华整理，中华书局，2004年，第1451页。
⑤ 黎翔凤：《管子校注》卷二十三《揆度第七十八》，梁运华整理，中华书局，2004年，第1382页。
⑥ 黎翔凤：《管子校注》卷二十二《国蓄第七十三》："先王为其途之远，其至之难，故托用于其重，以珠玉为上币，以黄金为中币，以刀布为下币。三币握之则非有补于暖也，食之则非有补于饱也，先王以守财物，以御民事，而平天下也。"梁运华整理，中华书局，2004年，第1279页。

不确定性与"刀布"的时代确定性之间存在矛盾。考古证据显示，作为齐文化圈的特色，刀币铸行时间始自春秋晚期，不但夏、商、西周三代的"先王"用不上，就算是《管子》托名的作者管仲也不太可能见过刀币。[①]这意味着，"先王"的时代至早不会超过春秋中期未铸行刀币时，至迟不会晚于秦统一后废刀币行圜钱，所以，我们有理由猜测这是秦汉之际作者对战国时代制度的追述。

　　这段话透露出的认知图景相对明晰：①美玉、黄金、珍珠首先是商品，且是奢侈品；②没有叙述既不是奢侈品，且价值较低的刀布成为下币的理由；③币之所以为币，主因是"先王"的意志，也就是由权力决定；④币的作用是财富贮藏和支付手段的组合，引申作用是"治国、平天下"的工具；⑤币的范围包括"珠玉、黄金、刀布"，而"通货、通施、沟渎"（交易媒介）的范围则只有"黄金、刀布（币）"或"刀布"，币的范围大于"通货、通施"，更大于"沟渎"。

　　黄金的存在展示了战国时代中国与古希腊的共同点，以贵金属担当交易媒介；但又有明显的区别，亚里士多德、色诺芬、普林尼都提到，贵金属尤其适合充当通货和用来铸造硬币，亚里士多德更系统性地指出"像其他物品一样，货币的价值也不是始终不变的。但它比其他的物品要稳定些"。[②]贵金属无疑最符合这种需求，这种价值理论正是卡尔·马克思"金银天然不是货币，但货币天然是金银"[③]表述的思想源头之一。而在贵金属的问题上，《管子》的表述和先秦中国的货币现实与古希腊的最大区别有两点：

---

① 陈旭：《齐国刀币铸行时间与分期考》，载《中国钱币》，2022年第1期。

② ［古希腊］亚里士多德：《尼各马可伦理学》，廖申白译注，商务印书馆，2003年，第144页。

③ ［德］卡尔·马克思、［英］弗里德里希·恩格斯：《马克思恩格斯全集（第13卷）》，中共中央马克思恩格斯列宁斯大林著作编译局译，人民出版社，1998年，第145页。

（1）中国的黄金从来都不是以贵金属为币材的"铸币"，也不是商品的价值尺度；

（2）亚里士多德所强调的价值相等的"公正的交换"在《管子》等中国货币著作的讨论中，从来不是追求的目标。

柏拉图、凯恩斯的东方同志

"原夫立钱之意，诚深诚远。凡万物不可以无其数，既有数，乃须设一物而主之。"[1]

——《通典》

早在中国先秦时代已经出现的货币思想——"子母相权""轻重之术"的基石就是货币与货币之间、货币与商品之间的相对价格变化，这种变化虽以青铜铸币（钱或刀、布）计价，但所谓的"轻"与"重"，也就是商品价格的高低，并没有正常竞争价格的标准约束，而是人为主观度量。具体见《史记·货殖列传》转述的"计然之策"："夫粜，二十病农，九十病末。末病则财不出，农病则草不辟矣。上不过八十，下不减三十，则农末俱利，平粜齐物，关市不乏，治国之道也。"[2]这里的数字没有单位，但却言之凿凿地确定了粮食价格的区间，即30~80，低于20则谷贱伤农，高于90则有害商业，只有在区间内才能农商俱利，财政受益，这才是治国之道。

---

① [唐] 杜佑：《通典》卷八《食货八》，"钱币上"条，王文锦等点校，中华书局，1988年，第167页。
② [汉] 司马迁：《史记》卷一百二十九《货殖列传》，中华书局，1959年，第3256页。

类似的表述在《管子》中屡见不鲜，可见自战国至西汉流行的货币思想明显的延续脉络，货币只有"相对价格"，而没有"绝对价值"，不仅如此，在《墨子·经说》中也有一个相当说明问题的思想实验，"刀籴相为贾。刀轻则籴不贵，刀重则籴不易。王刀无变，籴有变。岁变籴，则岁变刀"①。用刀币买米，刀币贬值则米价低，刀币升值则米价高，哪怕刀币总量不变，买米价格仍会自然变化，买米价格年年变，刀币价值也就年年变化，这里刀币的"轻重"明显取决于供需关系，供过于求则"刀轻"，供大于求则"刀重"。

显而易见，亚里士多德花费大量笔墨讨论的货币价值尺度功能，在《管子》和先秦诸子的笔下并不存在，类似的确凿表述要到公元8世纪唐人杜佑在《通典》中提出："原夫立钱之意，诚深诚远。凡万物不可以无其数，既有数，乃须设一物而主之。"②从《管子》到《通典》的1000年间，青铜铸币作为商品价值的衡量尺度，其本身的价值并不固定，甚至没有衡量的绝对尺度。在这种相对价格之下，贵金属黄金只是被没有绝对价值标准的铜币所衡量的商品之一，黄金的价值由这套复杂的、动态的、相对的价格体系决定，自然不具备古希腊贵金属黄金所承载的"绝对价值"衡量尺度的功能。

到了秦汉时代，汉文帝时贾山的"钱者，亡（无）用器也"的表述，与汉文帝时晁错的《论积贮疏》中的"夫珠玉金银，饥不可食，寒不可衣"并无本质区别，都是上承先秦诸子的货币认识，甚至延续了混淆财富与货币的错误。因为珠玉、金、银中，只有黄金是秦汉制度认可的"币"，其余则在秦时已经是"器饰宝藏"，并不能归于货币的范畴。但一

---

① [清] 孙诒让：《墨子间诂》第四十三《经说下》，孙以楷点校，中华书局，2001年，第373页。

② [唐] 杜佑：《通典》卷八《食货八》，"钱币上"条，王文锦等点校，中华书局，1988年，第167页。

直到汉元帝时的贡禹讨论货币的上书中，仍在请求"罢采珠玉金银铸钱之官，无复以为币"①。对比他所提出的复古归农思路，可知贡禹与贾山一样，只将衣食饱暖视为"有用"，而将珠玉金银钱一概视为"无用"。用今天的话讲，就是以事物没有使用价值为理由，否定它的商品价值。晁错则不然，他在指出珠玉、金、银本体对百姓的饱暖无用之余，提到人们追逐珠玉金银的原因是"上用之故"。这个"上"代指的是牧民者，即政治权力，具体的用法基于珠玉金银体积小、重量轻，易于贮藏的特点，可以担当政权调拨物资的工具，以周转财政缓急、赈济百姓。②简言之，货币财富对于百姓没有使用价值，对于政权却有统治工具价值，这种价值又完全不同于亚里士多德倡导的绝对价值，更近似于柏拉图的"符号"解释。

正如熊彼特所说："如果我们主张柏拉图是货币的两个基本理论之一的最先为人所知的倡导人，正如主张亚里士多德是另一理论的最先为人所知的倡导人，大概不算过分吧？"③柏拉图所倡导的是"货币名目论"，又名"货币工具论"，是从货币的流通手段和支付手段等关键职能角度认识货币，否定货币的商品性和价值性，认为货币不是财富，主张货币只是一个符号，一种票证，是名目上的存在，是便利交换的技术工具。现代西方货币名目论的代表人物正是约翰·梅纳德·凯恩斯④。亚里士多德所持的则是"货币金属论"，也称"货币商品论"，认为货币必须是具有

---

① ［汉］班固：《汉书》卷七十二《王贡两龚鲍传》，"贡禹"条，中华书局，1962年，第3076页。

② ［汉］班固：《汉书》卷二十四上《食货志上》："夫珠玉金银，饥不可食，寒不可衣。然而众贵之者，以上用之故也。其为物轻微易藏，在于把握，可以周海内而亡饥寒之患。"中华书局，1962年，第1131页。

③ ［美］约瑟夫·熊彼特：《经济分析史（第一卷）》，朱泱、孙鸿敞、李宏、陈锡龄译，商务印书馆，1991年，第92页。

④ 约翰·梅纳德·凯恩斯，英国经济学家，因开创了现代经济学的"凯恩斯革命"而著称于世，被后人称为宏观经济学之父。

价值和使用价值的商品，贵金属作为货币具有天然优势，因而，货币的本质就是贵金属，亚当·斯密、卡尔·马克思、卡尔·门格尔[①]、威廉姆·斯坦利·杰文斯[②]都是该理论的支持者。

只看上述名单就可以理解蒙代尔所评价的，"柏拉图和亚里士多德分别代表了两种截然不同的货币实践哲学，将整个世界货币史划分为两大阵营……两种哲学原封不动地一直持续到今天"[③]的真意。只不过，在西方世界全面进入纸币时代之前，占据主导地位的一直是货币金属论，直到凯恩斯创立的宏观经济学推动现代西方国家发行与贵金属无关的纸币后，货币名目论才短暂地压倒了货币金属论，至今不过50年。此前2000多年的主流货币思想，古希腊代表的西方和中国代表的东方思想截然两分，前者以货币金属（商品）论为宗，后者以货币名目（工具）论为基，并各自发育，产生了不同的后果。

西方对具有"绝对价值"的贵金属的渴求，激发了地理大发现的热潮，新大陆出产的贵金属汹涌而来，"价格革命"随之发生。东方对"工具价值"的发挥则走向了极致，币材从贵金属金、银下沉到贱金属铜、铁、铅，甚至以陶、泥制币，最终摸索到了完全符号化、工具化的交钞纸币。但是，在权力主导下的货币工具属性肆意舒展，甚至葬送了一个又一个王朝。当明王朝在15世纪面临再一次的历史重复时，西来的白银敲开了青铜货币世界的大门，久违而又稀缺的货币信用方才建立，并将之纳入了金银币的世界。

---

① 卡尔·门格尔，奥地利著名经济学家，现代经济学的奠基人之一，现代边际效用理论的创始人之一，奥地利经济学派的开创者。
② 威廉姆·斯坦利·杰文斯，英国著名经济学家和逻辑学家，在《政治经济学理论》（1871年）中提出了价值的边际效用理论，边际效用学派的创始人之一，数理经济学派早期代表人物。
③ ［加］罗伯特·蒙代尔：《蒙代尔经济学文集》第四卷《宏观经济学与国际货币史》，向松祚译，中国金融出版社，2003年，第18页。

西风东渐的货币起源故事

　　"没有人能举出纯粹而又简单的物物交换实例，更不用说货币是由物物交换产生的了。人类学历史对此没有任何记载。"[1]

　　　　　　　　　　　　——卡罗琳·汉弗莱《物物交换与经济崩溃》

　　在战国、秦、汉的历史视野下，珠玉、金、银、钱（青铜铸币）属于广义的"币"的范畴，略同于今天的财物（财富）概念；黄金、刀布（或刀币，代指青铜铸币）则是"通货（通施）"，略同于今天的货币概念；刀布则略同于"手交货币"概念。简言之，"币"不等于"货币"，"货币"也不等于"手交货币"，三个概念的范畴一个比一个更小。由于文言文的意会特性，同一个字在不同语境下有不同的含义。在现代人看来，钱与币的区别至多就是纸钞和硬币，材质不同、性质一样；但在《管子》和《史记·平准书》的记载中，青铜铸币（刀、钱）都属于"下币"，黄金则是"中币"或"上币"，明显"币"的范畴要比"钱"大，钱肯定是币，币却不一定是钱。

　　"币"在先秦书传之中是一个远比"钱"更常见的概念，"皮币""币贡""量币""车马皮币""执币者"在《周礼》《礼记》《仪礼》《孟子》《左传》《战国策》中均有出现。东汉许慎《说文》将"币"解释为"帛"[2]，即丝织品，广义的解释则将玉、马、皮、圭、璧、帛、禽挚统称为"币"[3]。可见，"币"在当时是公认的财物（财富）统称，主要功能是担当贵族间

---

① Caroline Humphrey, "Barter and Economic Disintegration," 20 *Man* (New Series), 48 (1985).
②［汉］许慎：《说文解字》："币，帛也。"中华书局，1963年，第158页（下）。
③［汉］郑玄注、［唐］贾公彦疏：《仪礼注疏》卷七《士相见礼》，"凡执币者"条："案《小行人》合六币：玉、马、皮、圭、璧、帛，皆称币。下文别云'执玉'，则此币谓皮马享币及禽挚皆是。"李学勤主编，彭林整理，王文锦审定，北京大学出版社，1999年，第124页。

的礼品或对上级贵族的贡物，与我们熟悉的"货币"并不是一回事。

待到秦汉时，《史记·平准书》中表述的"币"的概念范畴明显有所变化。司马迁在"太史公曰"的主观论述中明确了"币"的产生背景和实用功能，"农工商交易之路通，而龟贝金钱刀布之币兴焉"①。在农工商的社会分工产生后，随着交通条件的改善，交易行为自然发生，故而龟、贝、金、钱、刀、布等"币"产生并繁荣起来，这里隐含着交换媒介功能的预设。不过，司马迁并没有详细地描述"币"的演化史，而是简单地总结为两个阶段，虞夏之币和秦之币。前者有黄金、白金、赤金，钱、布、刀、龟、贝；后者则以黄金为"上币"，半两钱为"下币"，其余的珠玉、龟贝、银锡只用来当作器饰宝藏，"不为币"。"器饰宝藏"与"币"的对称，又明确了它的价格"各随时而轻重无常"的基本性质。这意味着，在司马迁的眼中，秦之后的"币"已经不再是财物（财富）的统称，而是具有商品价值的、以法律形式规定（上、下币及商品）相互间价格比值关系的交易媒介。显而易见，《史记》对货币概念的认识比《管子》更进一步，尽管在《管子》论述货币功能时，根本不涉及"上币"珠玉，但先秦时代对财物（财富）与货币概念的普遍混淆，依然渗透在全书中。因此，说司马迁在中国历史上第一次真正明确了"币"的货币属性绝非过誉。

不过，遗憾的是，这一概念并未成为西汉社会，哪怕是上层知识界的共识，直到100多年后"以明经洁行著闻"的儒臣贡禹，仍将珠玉、金、银、钱统统视为"币"，这无疑是另一条货币思想传承脉络的显证，即"货币工具论"认知的泛滥。由于货币乃至于财物（财富）本身不具有使用价值，它们唯一的功用就是担当交换工具，那么，站在崇本抑末的道德立场上，废除带来一系列社会问题的现行交换工具，或是替换为更具道义

①［汉］司马迁：《史记》卷三十《平准书》，中华书局，1959年，第1442页。

附加值的"古币""古货"，逻辑上完全自洽。这一观念至西汉末年俨然成为知识界的主流，这才有了汉哀帝时人上书请求，"古者以龟、贝为货，今以钱易之，民以故贫，宜可改币"①。说明一直到西汉末期，将龟、贝视为古代货币的观念流布甚广，甚至让皇帝动心废除五铢钱，改用龟、贝。待到新莽代汉，这一理论构想竟成为现实，王莽以龟、贝为"宝货"，仅仅5年后，就不得不调整龟、贝兑换铜钱的比值。②但是，因为价格混乱，无法推行下去，这也成为一次错误的思想指导荒唐实践的现实教训。

　　问题是，中国古代先贤对财物（财富）与货币的混淆让现实的货币制度走向了青铜铸币大兴、金银货币虚化，并在货币工具论的道路上越走越远，甚至屡屡冒出"货币无用论"的论调，要求复古或废除货币本身。熊彼特指出，亚里士多德也曾因混淆财富与货币受到后世经济学家的苛责，可为什么同样的概念模糊，没有影响古希腊乃至于西方世界对金银铸币的使用？亚里士多德提出的货币金属论反而在工业革命之后受到广泛重视？

　　这个答案必须回到货币起源的历史叙事中寻找，恰恰是不同的观念逻辑导出了完全不同的结果。

　　西方世界自亚里士多德开始，物物交换的假设就是论述货币起源的基石，亚当·斯密、大卫·李嘉图、卡尔·马克思、威廉姆·斯坦利·杰文斯先后依托方兴未艾的文化人类学研究，不同程度上丰富了这一假设。不过，19世纪的人类学固然发展迅速，却主要基于对北美印第安人部落社会的浅表观察，当后世的人类学家深入研究这些文化时发现，"物物交换"固然存在，却只是一种特定形式的交易行为，交易双方

---

① ［汉］班固：《汉书》卷八十六《何武王嘉师丹传》，"师丹"条，中华书局，1962年，第3506页。

② ［汉］班固：《汉书》卷二十四下《食货志下》："后五岁，天凤元年，复申下金、银、龟、贝之货，颇增减其贾直。而罢大、小钱，改作货布。"中华书局，1962年，第1184页。

往往处于剑拔弩张、互不信任的状态，而类似的交易场景在习惯使用货币却又缺乏现金的现代特定区域中同样普遍存在，比如监狱。相比之下，原始社会组织中基于友善的"礼尚往来"社会关系行为远比基于防备的"物物交换"更常见。①

《人类货币史》一书中指出，原始公社中人与人的交易关系往往分为内外两个场景：公社之外，主要是赠送礼品争取友善的关系；公社之内，则以"社会货币"的形式来进行各种经济、社会诉求的分配，如表明地位、安排婚姻、赔偿损失等。"社会货币"当然不是现代意义的货币，而是一种标识价值的代币实物，如鱼、陶器、布匹等，在礼尚往来的社会化交流中，礼品价值并不基于需求或分工，而来自一种主观性的价值度量，价值共识本质上由社区共识决定，简言之，赠予者和接受者都接受礼品的价值，交易即告成功。所以，将早期人类社会的交易行为称为礼品经济并无不可。②

事实上，这种社区内使用基于价值共识的"社会货币"并不是原始公社的专利。黑田明伸教授在《货币制度的世界史》中曾以十六七世纪的法国为例，尽管当时新大陆的白银已经流入，但农村的货币使用相当罕见，交易虽以货币单位进行，但一般是以信用交易或者相当数额的实物来结算的。连商人都不将大量现金作为资产持有，而是以账簿转账或者盐之类的商品来完成结算。在16—18世纪的法国农村，支付给农村劳动者的麦秆价款也以信用交易的形式进行，这种关系主要在同一村庄或邻近的村庄成立，距离大体在2~3千米的范围内。这种现象明显与上述原始公社的交易状态近似，只是多出了银币这种价值衡量尺度的要素罢

---

① ［加］戴维·欧瑞尔、［捷］罗曼·克鲁帕提：《人类货币史》，朱婧译，中信出版集团股份有限公司，2017年，第17页。
② ［加］戴维·欧瑞尔、［捷］罗曼·克鲁帕提：《人类货币史》，朱婧译，中信出版集团股份有限公司，2017年，第17页。

了。对此，黑田明伸的解释是："作为具有农作物集散空间的地域经济，即使没有制度的保证，也能自行组织媒介物。"①也就是说，只要存在哪怕最小的区域市场，都会自发创造交易媒介，只不过原始公社中"社会货币"的作用并不限于交换，当它们成为这种"兼职"的交易媒介时，反而会造成新的灾难。

信仰不同，让海贝曾拥有黄金的魔力

　　"古时埃及教士曾将这种黄色金属灌注上一种魔力，至今从未完全消失。"②

　　　　　　　　　　　　　　　　　　　　　——凯恩斯《货币论》

　　黑田明伸指出："古今中外，谷物，特别是在农村市场，作为事实上的货币行使媒介职能。据推测，在18世纪，这种现象相当广泛地扩散着。在各种物资当中，它是任何人都需要的东西，因此可以说它是贩卖可能性最高的物品，这样，谷物对于生产者来说，在附近的农村市场主要充当媒介职能就是当然的事情了。"③但是，谷物又存在着体积大、计量耗时以及运输成本高等诸多问题，更严重的问题是，将生活必需品作为交换媒介，当其供求紧张时会造成市场交换的全面瘫痪，比如饥荒时，

---

①［日］黑田明伸：《货币制度的世界史——解读"非对称性"》，何平译，中国人民大学出版社，2007年，第57页。
②［美］凯恩斯：《货币论（下卷）》，蔡谦、范定九、王祖廉译，商务印书馆，1986年，第251页。
③［日］黑田明伸：《货币制度的世界史——解读"非对称性"》，何平译，中国人民大学出版社，2007年，第6页。

谷物的"适销性"暴涨，但市场上没有人出售谷物，就只会助长混乱。正如上文所提及的，原始公社中"社会货币"的价值仰赖社区共识，而凝聚共识往往依托现实的使用价值需求，则"社会货币"的选择范畴自然集中于生活必需品，这些生活必需品又都存在与谷物类似的问题，比如殖民地时期的东非，由于存在将家畜作为货币使用的习惯，不管怎样都存在着过剩保持家畜的倾向，就给生产活动带来了副作用。

所谓"商品适销性"，源自卡尔·门格尔在1892年出版的著名论文《论货币的起源》（*On the Origins of Money*）中提出的理论，认为既不是权力也不是币材本身的价值决定了货币的产生，而是具有最高的贩卖可能性，即"适销性"最高的商品，被选择担当交易媒介的职能。贵金属之所以被广泛接受为货币，只是因为贵金属在适销性方面远远超过其他商品，而贵金属的铸币化、法币化，都只是对其货币功能的完善，也就是增强它本来已有的"适销性"，而非由权力、法律创造了货币，归根结底，货币是社会性的。所以，不同地区和时代，"适销性"程度最高的商品不同，因此，不同时期，同一国家、地区可能采用不同的商品作为货币，反之亦然。

那么，当我们回溯货币的真实起源过程而非将其视为一个不言而喻的思想实验时，就必须抛弃唯一的、线性的思维方式，而要分别考虑公社内和公社外两种交易环境下的货币的角色。

现实是，礼品经济在公社内部的余绪是"社会货币"的逐步异化，以"社区共识"为基础的经济、社会诉求的分配，随着地域内生活人口规模的扩大，社会组织的复杂化，由"实物货币"（commodity currency）走向"实体货币"（physical currency）是人们经验中的常态。正如上文所述，一直到18世纪，无论是金银铸币的世界还是青铜铸币的世界，区域经济中总会"创造"事实上的货币，而非必须使用法定货币来行使媒介功能。具体的方法有四种：

（1）创造出本地通货来维持流动性，传统中国（例证为20世纪30年代）是典型。在农村的集镇上，本地商人发行的纸制通货（钱票）没有任何官方的许可就能流通。

（2）力图以频繁地使用信用交易来维持流动性。在中世纪的西欧，使债务者履行债务的共同体形成了，信用交易（借贷记账）使地域流动性独立于领主间或都市间的银币而移动。

（3）具有兑换性的货币和物物交换混合的例子。如同在近代初期的波兰和现代的玻利维亚一样，一方面，贵族、地主甚至大商人们在海外贸易中有效地积蓄了金银币；另一方面，小农们不使用货币，用物物交换的办法交换日用品。

（4）前面三者的混合，以传统印度最为典型。莫卧儿时期的印度，一方面存在着领主或金融业者之间频繁的银币移动；另一方面，在农村，并行存在着专门依赖物物交换的村落和依赖流通着贝币、铜币那样的小额货币的地方市场的村落。[1]

可见，在世界各地、各个时期的地域经济中，货币的必要性毋庸置疑，只是法定货币的渗透程度各异。在此背景下，延续物物交换的讨论，最乐观的结果不过是解释公社之内"社会货币"到"实体货币"自然演化的缘由，却无从解释现代货币的来龙去脉，因为这个预设本身只是两个并存逻辑线中相对次要的。对货币的起源、进化，真正具有决定意义的，恰恰是公社之外的部分，原因很简单，地域流动性的交换取决于空间范围内人与人的亲密关系，而这种关系并不能随着空间范围拓展而复制或延伸。通俗地说，熟人社会终归是有限的，没有人有能力与全世界

---

[1]［日］黑田明伸：《货币制度的世界史——解读"非对称性"》，何平译，中国人民大学出版社，2007年，第163页。

的所有人建立亲密关系。

　　现实是，中国古代的"币"与其他文明的贵金属货币产生历程近似，都是礼品经济的习俗化、制度化的延续，贵族作为公社首领，对公社之外的礼品馈赠，着力于争取友善的关系反馈，礼品内容侧重于贵族阶层的价值共识，这是跨越熟人社会界限的普遍认可。正是公社之外的礼品馈赠，久而久之变成了"币"（财物、财富）。

　　先秦"贝币"的演进，正是这一过程的鲜活例证。秦汉时的文献常将"贝"视为上古的一种货币，在《史记》《盐铁论》《汉书》《说文》中均有表述。先秦的考古发现中，也有规模惊人的海贝出土，[1]王必建在《先秦秦汉时期海贝遗存研究》中提到，商代的90多个遗址中出土了不同数量的海贝，单次最多的是河南安阳殷墟出土的妇好墓，约6880枚。这一随葬习俗在西周中晚期达到高峰，并开始出现玉贝和金属贝等"仿贝"。进入春秋战国后，海贝数量仍然不少，但玉贝逐渐消失，金属仿贝大量增加。至战国中后期，随葬贝数量才大幅减少。从地域来看，海贝和仿贝先在西北地区出现，再扩展到黄河以北，直至东北地区，由黄河流域逐步影响到江淮地区，到了战国时代，南方的楚国更是用青铜大量铸造仿贝形状的"蚁鼻钱"。[2]乍看起来，地上文献和地下文物之间似乎可以互证先秦时代海贝曾是流通货币，但是，《海贝与贝币》一书中明确指出："海贝同玉一样，甚至比玉更早，被置于死者的口中、手中以及膝盖和脚踝附近，因此有着强烈的宗教文化意义。海贝也确实在当时被视为财富的象征，但是海贝之拥有、赏赐、赠送以及偶尔的交换，依然是精英行为，所以它们只在金文中出现，只在墓葬中出现，而几乎没有在

---

① 杨斌：《海贝与贝币：鲜为人知的全球史》，社会科学文献出版社，2021年，第233页。
② 杨斌：《海贝与贝币：鲜为人知的全球史》，社会科学文献出版社，2021年，第253、254、280页。

普通人的生活中出现（几乎没有在生活遗址的考古中发现）。因此，海贝并没有成为货币。"[1] 也就是说，海贝在殷商、西周之际的漫长岁月里，确实曾因宗教文化意义和财富象征意义而被视为精英阶层普遍认可的"币"（财物、财富），却并没有介入普通人的生活交换，担当普遍的交易媒介。

这一事实与甲骨文所见的商王赐予臣下货贝，以及赎、贮、货等与财物、交换有关的字"从贝"，乃至于金文中西周赐予、支付货贝若干朋，甚至以价值八十朋的董璋换取了十田土地[2] 的记录并不矛盾。或者更严谨的表述应该是，如果将商、西周的精英阶层视为一个公社整体，则货贝正是"社会货币"的变体，用以进行各种经济、社会诉求的分配，如表明地位、赔偿损失等。而它的价值来源前身，恰恰是在王朝形成之前，各个公社之间的礼品馈赠，只是在王朝形成后，借用了这种价值共识，将整个王朝的精英阶层幻化为一个虚拟的原始公社，此时，贝币的功能就融汇了两种货币起源的逻辑。之所以是贝币，而不是金银或是青铜来担当这一角色，恰恰因为海贝的财富价值源自上古时代的宗教文化信仰。

无独有偶，凯恩斯在《货币论》中就曾指出，黄金被选为衡量价值的标准正来源于传统观念，而这种观念的源头似乎可以追溯到古埃及的教士们赋予黄金的宗教意义，至今从未完全消失。[3] 正因为宗教信仰的不同，令海贝在商、周时期担当了西方黄金的角色，但海贝所附着的宗教信仰在商、周社会的变革中，并没有褪色。赋予它价值的阶层共识也弥散到整个社会中，仅仅它的形状已被赋予了财富的意义，阶层共识向

---

① 杨斌：《海贝与贝币：鲜为人知的全球史》，社会科学文献出版社，2021年，第275页。
② 见"裘卫盉"铭文。
③ ［美］凯恩斯：《货币论（下卷）》，蔡谦、范定九、王祖廉译，商务印书馆，1986年，第250~251页。原文为："黄金被选为衡量价值的标准主要是根据传统观念而来的……古时埃及教士曾将这种黄色金属灌注上一种魔力，至今从未完全消失。"

着社区共识坠落。最终，青铜仿贝在楚国成了一种基于新的社区共识的"实体货币"。整个过程正是一次价值共识置换的完整展示。

　　这也提出了新的问题，青铜为什么能够胜出？黄金和白银为什么失败？这两个问题，正是本书的关窍所在。

第一章

先秦时代中国的经济版图

周人眼中的国族

"溥天之下，莫非王土。率土之滨，莫非王臣。"

——《诗经·小雅·北山》

天所覆盖之处，尽为王土，形容周王的土地广袤；直到大海之滨，所有人都是王臣，意为周王的臣子众多。看似无远弗届，却是周幽王的大夫讽刺天子役使不均的牢骚话。后面的诗句是，不能因为我有贤才，就抓着我一个人勤劳王事。诗中确实隐含了王权独占的观念，但大夫的工作安排，终究是一个封建义务问题，并不是说大夫的生命归周天子所有，王土的概念也不外如是，理论上的无限对应的是事实上的界限。

对此，春秋史书《左传》的解释就很清楚："王将饮酒，无宇辞曰：'天子经略，诸侯正封，古之制也。封略之内，何非君土。食土之毛，谁非君臣。故《诗》曰：普天之下，莫非王土。率土之滨，莫非王臣。'"①这段话的背景是楚国大臣申无宇的守门人逃亡到王宫，申无宇到王宫抓人被有司捉拿，面对楚灵王时做出解释的前半部分。

按照他的说法，诸侯的"封"实际上是划定疆界范围，常用地理标识来确定四至，而天子经略，魏晋注家杜预解释为"经营天下，略有四海"就失之迂阔，唐人孔颖达进一步解释称，经营天下以四海为界，界

---

① [清] 洪亮吉：《春秋左传诂》卷十六《昭公二》，"昭公七年"条，李解民点校，中华书局，1987年，第676页。

内都是天子所有。其实，春秋人将封略并称，已经说明二者都是疆界的概念。略字还有夺取、征服之意，经字本意为纺织时的经线，除了经营之外，还可引申为道路、经行的意思。贯穿起来就是，天子征服后能够以交通网连接并维持统治的区域就是"天子经略"，其意类似"条条大路通罗马"。

申无宇之后的申诉则是对统治秩序的阐述，强调天道，即分级的封建义务，所谓"下所以事上，上所以共神也"，具体来说，则是公臣属王，大夫臣属公，士臣属大夫，皂臣属士，以此类推，各有专司以应付各种职责。申无宇还特意提到武王伐纣时的控诉，纣王是窝藏天下逃亡者的渊薮，可见，哪怕贵如天子，也不能侵害下一级的封建臣属关系，否则就是无道之君。那么，"普天之下，莫非王土。率土之滨，莫非王臣"就只能理解为一个建立在封建臣属关系基础上的理论原则，而非现代意义上的所有权概念，君臣之间实质上是以一种"默契"来维护介乎虚实之间的所有权关系，那么，西周、春秋的国家形态底色自然和我们熟悉的私权、公权界限清晰的现代国家大相径庭。

对于西周的国家形态，前人学者用功良久，曾提出"城邦国家、城市国家、酋邦国家、分立国家、领土国家、Feudal国家、部族国家、宗族国家、封建制国家、复合型国家、邑制国家"[1]等一系列理论解释。其中，最具说服力的，无疑是李峰教授提出的"西周是一个'权力代理的亲族邑制国家'"[2]这一概念。在"邑制国家"的模式中社会的基本单位是"邑"，在"邑"的实体之间存在等级、分层结构以及统治与服从的关系，因此，"邑"和"邑"之间的阶梯关系被看作先秦时期中国的主要特征。

---

① 侯孟琦：《西周时期国家形态研究成果述评》，载《华夏文化》，2019年第3期。
② 李峰：《中国古代国家形态的变迁和成文法律形成的社会基础》，载《华东政法大学学报》，2016年第4期。

具体来说，"邑"是基本的社会实体，也是国家控制力所能达到的地理单元，所以，西周国家并不是由边界线所界定的政治地理整体，而是由它控制的众多的"邑"的位置所决定的。国家，存在于这些"邑"中。这也是"略"与"封"的真正关系所在。正因如此，这一国家设想的"疆域"内存在若干真空地带，同时，组成西周国家的各个诸侯国封疆之间也会出现重叠。

"权力代理"和"亲族"则是对西周"邑制国家"政治关系特殊性的强调，所谓"权力代理"也称"委任"，即权力行使者并不拥有权力的所有权，而是接受由主权持有者授予他的一定权力来进行统治，权力只是暂时存放，主权所有者周天子随时可以收回。具体方式有四点：

第一，在位的周王委派地方诸侯进行管理，无论文献中如何称呼他们，在金文中他们一概被称为"侯"，以亲疏定等第，而不以后世理解的爵位定高下。第二，在位的周王，以源自周文王的主权来进行统治，到西周中期后，周武王也被补入，唯有他们父子接受了"天命"，之后的周王时常担心这种主权被收回，王权存在"委任性"和"暂定性"。第三，周王通过血缘结构来进行政治权力分配，宗族是分配的基本对象，王室宗族血缘纽带是选择地方代理人的主要依据，并延伸到联姻的异姓宗族，作为王室宗族别支，诸侯又成为新的地方宗族的宗主，当这些地方宗族因权力的代理而成为大幅扩张的政治网络的地方性中心时，它们也成为国家和居住于"邑"的国民之间至关重要的中介，或基本的社会单位。而异姓宗族在政治权力分配体系中的位置，则由其宗族始祖与文王、武王之间的亲疏关系决定，并通过与姬姓宗族的累世通婚维持。

比较难理解的是西周国家的二分形态。王畿与分封诸侯的区域虽然都采用"邑制"，但统治方式明显不同。诸侯国的国都形成"大邑"且为国家权力的集中点。国都以外的地区分布着"族邑"，主要由不同的土著宗族占据；"族邑"周围，即为宗族控制的大量较小的"属邑"。诸侯们凭借周王委托给他们的权力对这些宗族进行管理，并通过他们控制众多偏远的小邑。诸侯国的建立实质上就是为封疆范围内的土著聚落植入一种政治结构，从而将其纳入西周国家的政治体系之中。反观王畿的统治，周王并未委托他的权力，但"邑"的三级阶梯化依然存在，像丰京、镐京这样的王都可称为大邑；它们供王室活动，也包含着宗族贵族们的住宅。但是，宗族贵族们的权力根基位于族邑，这些族邑尽管远离主要的王都，却与位于王都的贵族保持着联系，并在经济上支持着后者。族邑的周围是众多受控于宗族的属邑。同时，在王畿地区也存在着大量由国家直接控制、独立于宗族结构之外的邑，这些邑则由中央政府直接派遣官员进行管理。

简言之，"权力代理的亲族邑制国家"的静态切面是一点（邑）统多点（邑）的四级树形图，除了周天子作为组织顶点稳定不变之外，第二级的"大邑"和第三级的"族邑"都会持续增减，并随着第三级"族邑"的增加，将原本在权力真空地带生活的土著聚落圈为"属邑"，扩张国家权力的实际控制区。

由于周制之下，天子、诸侯、卿大夫等"有地者"，都可称为"君"，有宗庙的"都"周围簇拥着无宗庙的"邑"，城邑居中，乡村环绕。根据《尔雅·释地》，自"邑"依次向外，区域名称为郊、牧、野、林、坰，也就是同心圆结构的一个个外圈。在这个圈的最核心是"都邑"，也被称为"国"或"乡"。广义地讲，其中的居住者都是"国人"，包括大小贵族和农工商业者等。狭义来说，只有下级贵族的"士"才是"国人"，也是战争的主要兵员。在"都邑"之外，则被称为"野"或"遂"，居住其中的人称为"野人"，包括"亡王之后""戎夷蛮狄"和"流裔之民"，"野人"一样为邑居，并受到君的管理。不过，"国野制"或称"乡遂制"只是依据与统治者的关系来划分的"内外"之别。《尚书·费誓》中说鲁国有"三乡三遂"，"三乡"国人对应三师兵力，而"三遂"的野人则主要负责提供辎重和劳役，国人包括"殷民六族"①，野人同样是殷商的遗民。在生活方式上，乡遂之下没有基层行政单位，只有"族"的宗族组织，所以，国人出征实际上出动的也是"族兵"。"家族子弟对族长的关系，至少是半奴隶性的。族长操纵家族（室）的全部财产，家族成员所得的一份，至少在名义上必须受赐于族长。"②

族内公有制下的经济秩序

> "公食贡，大夫食邑，士食田，庶人食力，工商食官，皂隶食职，官宰食加。"③

> ——《国语·晋语四》

在财产所有权上，与现代以自然人为单位完全不同，商、周的财产所有权以"室"，即以家族为基本单位，同时具有两种不同的形态。正如上文所引《管子》中"巨家""小家"的区别，"巨家"或称"巨室"是拥有"田"的宗族，而"小家"则是由王官掌握"田"所有权的自然结构型家庭④的"室"。当时的生产分配方式以共产、共食为基本模式，农业生产家族或王官（周王代理人）组织"耦耕"，粮食由宗族或王官统一

① ［清］洪亮吉：《春秋左传诂》卷十九《定公》，"定公四年"条："殷民六族：条氏、徐氏、萧氏、索氏、长勺氏、尾勺氏。"李解民点校，中华书局，1987年，第811页。

② 林沄：《从武丁时代的几种"子卜辞"试论商代的家族形态》，见《古文字研究》（第一辑），中华书局，1979年，第327页。

③ 徐元诰：《国语集解》第十《晋语四》，王树民、沈长云点校，中华书局，2002年，第350页。

④ 自然结构型家庭，指以家庭成员自然结合而形成的家庭为标准所划分的家庭结构类型。它主要以世代结构划分，是扩大家庭与核心家庭的折中形式。

管理，再分配到自然结构型家庭中消费。简言之，需要投入大量人力的"家族共耕制"是当时条件下不得不采用的一种农业生产方式。西周社会组织的基础也与之配套。所谓"巨家"是拥有相对独立财产权的家族公社，因为其拥有"田"；而"小家"则是处于独立财产权之外的，与"公家"形成"虚拟"宗族关系的家族，他们的公社就是"公家"。

因此，当时的税收制度明显两分：一部分面向直接管辖的庶民，也就是"小家"；一部分面向各级封建主，也就是"巨家"。前者的方法是周人的"爰田"制度和殷人的"井田"制度，按照孟子的说法，征收税率接近，只不过，"爰田"采取周人"百亩而彻"的方式，国人平时不缴土地税，但在战时则要出人和军需物资，基本负担来源就是10亩的收成，即"国中什一以自赋"；"井田"则采取殷商遗民"七十而助"的方式，将一个1/10的土地划为"公田"，收获物完全归领主所有。在里耶秦简中有"舆田"（即应租田亩）与"税田"（实际纳租田亩）记载，又有田部佐行田"度稼得租"的规定，说明在应纳税田亩中划分出专门的"税田"有历史的传承脉络。[①]

不过，无论是周人的"彻"，还是殷人的"助"，在生产经营的过程中，都会有权力的监督或介入，才能保障对收成的掌握。而所谓夏人的"贡"制，则是一种定额税制，故此文献才有水旱灾害会有影响的说法。依据《左传·定公四年》的记载，周天子的治下，各个诸侯国根据不同的环境，会选择适宜的田制、税制，康叔封于殷虚（墟），就"启以商政，疆以周索"，即用周朝制度来区划、经营土地，并用殷商的"助"制；唐叔封于夏虚（墟），就"启以夏政，疆以戎索"，因为晋国与戎狄杂处，"戎狄荐居，贵货易土"，面对仍处于游耕状态的戎狄，没法照搬周朝制度，所以对属民采取夏人的"贡"法，即定额税收。

---

① 参见刘三解：《秦砖：大秦帝国兴亡启示录》，北京联合出版公司，2020年，第389~390页。

　　说起来复杂，解释起来很简单。对于拥有相对独立财产权的"巨家"，政权要求"贡"；对于不具有独立财产权的"小家"，政权要求劳役地租，也就是"藉田"，再以"国人"和"野人"的身份区分缴纳的劳役的种类。"国人"有兵役和有限的实物军赋，孔子对此有详细解释："其岁，收田一井，出稯禾、秉刍、缶米，不是过也。"①另《左传·定公六年》载："阳虎又盟公及三桓于周社，盟国人于亳社。"②可知鲁都的国人多数仍为殷商旧族，也就是鲁国始封时的"殷民六族"后裔，鲁国的国人实际上延续了殷商的井田"助"法。

　　周人"爰田"与殷人"井田"的最大不同之处是采取定期轮换制度，所谓"周制三年一易，以同美恶"。③不得不说，这与13世纪到20世纪初俄罗斯盛行的村社经济非常相似。农民隶属于公社，公社隶属于国家，国家把公社分赐给贵族，并使社员成为其农奴。在公社内部则实行土地公有、定期重分、力求平均。村社还实行强制聚居、强制轮作，统一安排种子和主要农活，还划出一定的"共耕地"，在一些领域实行公社的"劳动组合"。在税役中则实行连环保，征税对社不对户，贫户所欠富户补。农民离村要经公社、领主、官府三方一致批准并发证明，否则便是"逃亡农奴"，要受到追捕。④

　　尽管由于生产力发展水平不同，周制确与俄罗斯村社有很多不同之处，但大体可以作比，⑤即王畿内的"室"（小家）从属于"邑""族"即

① 徐元诰：《国语集解》第五《鲁语下》，王树民、沈长云点校，中华书局，2002年，第207页。
②［清］洪亮吉：《春秋左传诂》卷十九《定公》，"定公六年"条，李解民点校，中华书局，1987年，第823页。
③［汉］班固：《汉书》卷二十八下《地理志下》，"作辕田"条，张晏注："周制三年一易，以同美恶，商鞅始割列田地，开立阡陌，令民各有常制。"中华书局，1962年，第1641、1642页。
④ 马恩成：《俄罗斯农业的兴衰》，载《南方经济》，1997年第1期。
⑤ 杨宽：《试论中国古代的井田制度和村社组织》，载《学术月刊》，1959年第6期。

村社，村社则从属于"里君"（王室直辖地的贵族官员）、"封君"（贵族封地），直辖官员和分封贵族则从属于周天子。王畿之外是周天子分封的诸侯，仍是对上述体制的有丝分裂。此背景下的财政模式，从周王到诸侯的农业收益，其实都是两分，即一部分为自身分封出去具有独立财产权利的贵族的贡；另一部分则是自身直辖领地中村社所上缴的实物地租和劳役地租，也就是税和役。当然，具体的贡又根据距离王都的远近而分出档次，理由就是助祭，越近者贡越重，越远者贡越轻，^①甚至边缘的蛮夷国家只需要"世一见"，并贡献本地特产，象征意义大于实际意义。^②这种越近负担越重的制度逻辑，在税上体现最明显，"凡任地，国宅无征，园廛二十而一，近郊十一，远郊二十而三，甸、稍、县、都皆无过十二。唯其漆林之征二十而五。凡宅不毛者有里布，凡田不耕者出屋粟，凡民无职事者出夫家之征"^③。这是对畿内"国人"的税，对畿内的贵族，则是"采地食者，皆四之一"^④，也就是25%的税率。

综上所述，周人的世界观是由"宗族"拓展、平移和复制而成的，子弟对族长的半奴隶性质，就是构成分封、任官的管理组织的基础，京城则是宗族的居住地，京城的族长居住地又是宗族权力的中心，历代族长灵魂所居的宗庙则是宗族信仰的中心，也是族长权力的源泉。对宗族祖先的祭祀活动是权力的纽带，组织者是权力的行使者，参与者则是权力的服从者。

① [汉] 司马迁：《史记》卷四《周本纪》："夫先王之制，邦内甸服，邦外侯服，侯卫宾服，夷蛮要服，戎翟荒服。甸服者祭，侯服者祀，宾服者享，要服者贡，荒服者王。日祭，月祀，时享，岁贡，终王。"中华书局，1959年，第136页。
② [唐] 杜佑：《通典》卷四《食货四》，"赋税上"条："此荒服也，谓之蕃国，世一见，各以其所贵宝为贽。"王文锦等点校，中华书局，1988年，第72页。
③ [唐] 杜佑：《通典》卷四《食货四》，"赋税上"条，王文锦等点校，中华书局，1988年，第73页。
④ [唐] 杜佑：《通典》卷一《食货一》，"田制上"条注，王文锦等点校，中华书局，1988年，第5页。

　　因此，王畿、封略范围内的所有经济活动，都围绕供养族长和历代族长的祭祀活动而存在。宗族的成员以"共耕制"为基础，共同生产、统一供应，优先供养族长和祭祀所需，剩余产品则由族长支配，这就令族长的自然结构型家庭获得了远超公社成员"室"的所得，这个行为在现代经济学中有一个专门的词语——寻租（Rent-seeking）。詹姆斯·布坎南解释寻租的定义为：人们凭借政府保护进行的寻求财富转移而造成的浪费资源的活动。[1]很明显，周人的"族"作为最基础的权力组织，一直在进行着对公社成员的财富转移，无论是以救荒还是以祭祀、军备的名义。

　　自周天子而下至于族长，又塑造了一个层垒的分利系统："公食贡，大夫食邑，士食田，庶人食力，工商食官，皂隶食职，官宰食加。"[2]"公"与"王"的食利角色并无不同，收益分配的来源都是"贡"，大夫、士的收益来自"邑"和"田"，官宰也就是家臣，收益是"加田"的产出，都是纯粹的食利者，他们所"食"的正是庶人所出的"力"，也就是劳役地租的产出。通俗地解释，食利者通过直接或间接剥削庶人劳力而获利，工、商则是职业，皂隶是仆役，也可以说是职业，他们的收益分配来源是"官"和"职"，官府供应廪食，并非自谋生路，通俗地说，吃的是"公家饭"。

　　以上所有角色，无一不是在权力保护下谋求"财富转移"，将庶人的劳力产出通过种种制度转移到他们手中，所以按等级分利寻租的秩序，无疑就是周人眼中世界最直观的状态。而伴随着战争和分封，一个个新的"国"在土著居民的族邑中间建立，周人的秩序在普天之下一步步扩张，说明了"天子经略"的"经"和"略"正一步步展开。

---

① 张健：《政府经济学中的寻租理论研究》，载《时代金融》，2008年第4期。
② 徐元诰：《国语集解》第十《晋语四》，王树民、沈长云点校，中华书局，2002年，第350页。

点对点统治的王朝

> "古者税民不过什一，其求易共；使民不过三日，其力易足。"[1]
>
> ——《汉书·食货志》

　　《国语·楚语上》中说："地有高下，天有晦明，民有君臣，国有都鄙，古之制也。"都和鄙，国和野，乡和遂，都是内外的关系，畿内与外服，也是内外的关系，西周国家疆域以周王为观察原点，存在理论边界（普天之下、率土之滨）：得自周文王、周武王的天命转授，所有纳贡臣服的区域；事实边界（略）：王畿与分封诸侯可以控制的"邑"；直接统治（畿）：王畿内周王和封君控制下的邑；实际控制：王畿内京都和里，由周王派官统治的邑。

　　在一点（邑）统多点（邑）、点与点之间以交通线连接的制度体系下，人口的常态流动也存在等级差别，唯有贵族身份者和直接为他们服务的职业人口才能自下一级的邑向上一级的邑流动，如从征、朝觐、朝贺、助祭、告庆等封建义务是自下而上集中的。在物流上，则是以贡、献、税等方式将财物向上一级的邑输送，君主则会酌情地回赐，贸易行为也附着在商人的主君上述人流和物流的去向中，并不是自由流动。至于庶人，则基本被限制了流动的自由，活动区域固化在所在的"族邑"，最高到所属的"都邑"范围。在自然状态下，乡村提供城邑所需的农产品和人力资源，本是城邑的"刚需"。可在周制之下，乡村的工商业和军事保卫能力全部被人为剥离，集中到有宗庙的"都邑"之中，就让"都邑"成了乡野生活的"必需"。乡野之间的"邑"实质上被剥离了发育区域市场的能力，只能单方面向上一级的"邑"流动、交易生活所需。

---

[1]［汉］班固：《汉书》卷二十四上《食货志上》，中华书局，1962年，第1137页。

在这样的物流模式下，市场作为交易的场所，聚集的商品和可以供养的手工业生产者都与"都邑"的等级有关。确切地说，就是三级市场。一级为京城的市场。本地农业、手工业满足王室、宗庙需要后的剩余产品被投放到市场上出售，王畿各处封君的"贡"的剩余会被投放市场，四方诸侯"贡"的剩余也会被投放市场。主要的消费者也是这三方，绝对数量和购买力都非常大，使一级市场相当繁荣。二级为诸侯"都邑"的市场。这一级少了四方诸侯的货源和购买者，市场的繁荣程度主要看本国的特产，如齐国的盐、鲁国的绢帛，以及所处的地理位置，如秦国的雍，位居陇蜀之间的交通枢纽，多大贾。三级则是卿大夫的"封邑"。这类有自己的一套工商业组织以供使用，虽然只有本地货源和周边小贵族作为购买者，但由于地理位置和特产，也在逐步发展。

西周、春秋时代的旧秩序逻辑，让农业的产出先集中于"族邑"或"里"，再以"贡"的形式上缴"大邑"，"大邑"再变换物资形态，"贡"给周天子，所以大宗物资运输局限在季节性的、频繁的短途行程中。由"大邑"到王畿京城的长途运输，则通过陆路交通，装载"轻货"进行，从而保证所谓的"古者税民不过什一，其求易共；使民不过三日，其力易足"。[1]否则光是长途委输带来的巨大徭役负担就会超过3天/年的标准。而"轻货"的盛行，又让王畿中直属周王的"大邑"和诸侯的国都，为了适应"贡"的生产而全力发展附庸手工业，商品供应的充足，进一步刺激下级封君附庸的商人到"大邑"的市场中贸易，形成众星拱月的物流环境。

作为"星"的邑，在一定距离范围内本应自发形成区域市场，但由于"共耕制"下的统一分配的消费模式，数量规模最大的"庶人"并不存在进一步的消费意愿和消费能力，也就意味着本区域内无论是否拥有

---

[1]［汉］班固：《汉书》卷二十四上《食货志上》，中华书局，1962年，第1137页。

剩余物资，都抑制了区域市场的自发形成。宗族组织下生存的商人们更是只能附属于"邑"的封君，仰人鼻息，私营工商业则微乎其微。[1]哪怕随着财富的积累和贫富分化，庶民的消费意愿和消费能力增强，二级市场的价格虹吸效应和商品多样性的竞争优势，也驱使着新消费者到二级市场交易，促成"大邑"工商业的畸形繁荣；而"族邑""属邑"则会因本地分工单一化而陷入恶性循环，随着人口的增长、单位资源占有的降低，愈发贫困。不过与此同时，远离诸侯国都二级市场的"族邑"却可以依靠这套体制，复制发展路径，形成新的"二级市场"，这恰恰是春秋前期诸侯势力上升威胁天子、春秋中期大夫势力上升威胁公室、春秋末期甚至出现大夫陪臣执国柄乱象的经济原因之一。

正因如此，西周的统治不是点对面的控制，而是点对点的统治，将这些"点"连缀在一起的无形链条是天命神授、宗法血缘，有形的线路则是不同等级的道路，前者是无形的"周道"，后者则是有形的"周行"。

周道，周人世界的脐带

> "无偏无党，王道荡荡。无党无偏，王道平平。无反无侧，王道正直。"[2]
>
> ——《尚书·洪范》

西周建立之后，固然重视血缘公社，却也没有奢望只靠几代后就会

---

① 朱红林：《周代"工商食官"制度再研究》，载《人文杂志》，2004年第1期。
② ［清］孙星衍：《尚书今古文注疏》卷十二《洪范第十二下》，陈抗、盛冬铃点校，中华书局，1986年，第305页。

淡薄的血缘关系保障臣子的忠诚，而是依托宗法制对商朝的君臣关系进行了改造。臣子（包括诸侯）一旦经由王的"册命"，履行"策名委质"程序建立了"仇匹"关系，便须将身心俱付于所命之王，所命之王有权决定臣子的生死，除非后王举行"申命"或"重命"的仪式，否则大臣与先王的人身依附关系并不会因先王去世而改变。[①]而上文所述的西周王权的"委任性"和"暂定性"，其实源自周文王、周武王与"天帝"的"仇匹"关系。周文王受命于天帝，嫡脉子孙通过仪式获得"申命"，取得暂代"天帝"治理天下百姓的委任。周王再对诸侯、宗族贵族委任治权，诸侯、宗亲贵族则对自己的臣子委任治权。这些臣子又是拥有大量人口和土地并对其成员承担着法律责任的"宗族"代表。这种"点对点"授予治权的模式，本质上是宗族内成员的"半主奴"关系，通过天命的介入而附加了神圣性，进而用绝对性的权力对冲绝对性的血缘，并将无血缘关系的宗族纳入"虚拟的宗族"中，让随着时间、代际变化而趋向相对化的血缘效忠，在"申命"的过程中反复强化。

　　现实中连接王权与最基层的宗族之"邑"的物质承载，则是西周四通八达的陆路交通线。周人将沟通宗周、成周、岐邑和诸侯国都等"大邑"的主干道称为"周道""周行"。《诗经·小雅·大东》中"周道如砥，其直如矢"，《诗经·桧风·匪风》中"顾瞻周道，中心怛兮"，《诗经·小雅·鹿鸣》中"人之好我，示我周行"，说的都是它。"径、畛、涂、道、路，皆所以通车徙于国都"[②]说明，周王朝自国都辐射而出的交通网络，存在不同的等级标准，又四方辐辏于国都。所谓"径"，宽度能容牛马，在田间与"遂"相邻，"遂"则是宽二尺、深二尺的灌溉水渠。"畛"上

① 程浩：《西周王臣附属初命王的观念与君臣彝伦的重建》，载《史学月刊》，2022第8期。

② ［清］孙诒让：《周礼正义》卷二十九《地官司徒·遂人》，王文锦、陈玉霞点校，中华书局，1987年，第1132页。

能行大车（牛车），在田间与"沟"相邻，"沟"的宽、深都是"遂"的2倍。"涂"则是能行马车的大路，田间之"涂"，容马车一轨（1.82米），旁边是宽八尺、深八尺的"洫"，在国都中的则分别称"经涂""环涂""野涂"，各自道宽九轨、七轨、五轨。"道"能容马车二轨，旁边是宽二寻、深二仞的"浍"。"路"能容马车三轨，旁边就是自然河流"川"。[①]

　　1999年在陕西宝鸡周原岐邑遗址中发现的西周道路遗存显示，路面结实，中间高，两边略低，路面宽达10米，路面留有明显的凹状车辙痕迹，辙宽20厘米，深10厘米左右，并列8条车辙，可分4组，为当时4辆马车并行的大型道路。[②]两周时代诸侯国都城主干路，一般宽10米左右，大多数为堆垫而成，路旁有配套的排水系统，已经形成了制度。而地位较高或战国时代实力强大的诸侯国都城，比如齐临淄故城发掘出九条道路，最大的为中部南北大道，长约4000米，宽20米。宫城北面两条东西道路长约3600米，宽15米。鲁曲阜故城发现交通大道十条，东西、南北向皆为五条，最长为横贯鲁城中部的东西方向道路，长3900米。最宽为鲁城宫殿区通往南侧东门的南北大道，宽15米。秦都咸阳城遗址则发现了宽近40米的南北大道。[③]2017年，在周原遗址东部边缘地带又发现了7条车辙，可并行3车的道路遗迹，这大体上就是连接京城与畿内城邑的"野涂"，宽约9.2米[④]，也就是五轨，由于《礼记·王制》中规定，在道路上除了中央行驶车辆，还要在两边留出男女各自行走的步道，所以惯例并行3车。[⑤]

　　城中道路和"野涂"的连接构成了邑与邑之间的交通线路，《国

① 张俊辉：《"营国制度"中"国城"的道路体系模型推演》，载《文博》，2020年第2期。
② 丁岩：《岐丰"周道"及相关问题》，载《文博》，2003年第4期。
③ 信泽民、王译绅：《先秦时期所见道路遗存的初步认识》，载《文博》，2022年第2期。
④ 丁岩：《岐丰"周道"及相关问题》，载《文博》，2003年第4期。
⑤ 张俊辉：《"营国制度"中"国城"的道路体系模型推演》，载《文博》，2020年第2期。

语·周语》中记载："周制有之曰：列树以表道，立鄙食以守路。"道路
两侧要种植树木以标记路线，又在路边设置"鄙食"，其实就是馆舍，《周
礼·地官·遗人》中说："凡国野之道，十里有庐，庐有饮食；三十里
有宿，宿有路室，路室有委；五十里有市，市有候馆，候馆有积。"[1]庐、
路室、候馆既有接待宾客的功能，也是在路旁储藏备荒粮食的小型仓
廪，这一设置与树、井等道路附属物及道路本身都由专门的官吏"野庐
氏"掌管。不过，利用道路的是另一个职位，名为"合方氏"，《周礼·夏
官·合方氏》中解释："合方氏掌达天下之道路，通其财利，同其数器，
壹其度量，除其怨恶，同其好善。"[2]包括修建道路、流通财利、统一度量
衡、协调关系的职责。

交换使用权的特色商品经济

> "田里不粥，墓地不请。"[3]
>
> ——《礼记·王制》

　　在有形、无形的"周道"连接下，周天子、诸侯和各级封君级别的
统治空间形成了一个巨大而复杂的点线网络。借助这些血管，庶人出力
所生产的"财利"，自下而上地滋养西周的"家天下"组织。而在组织之

---

① ［清］孙诒让：《周礼正义》卷二十五《地官司徒·遗人》，王文锦、陈玉霞点校，中华
书局，1987年，第990页。

② ［清］孙诒让：《周礼正义》卷六十四《夏官司马·合方氏》，王文锦、陈玉霞点校，中
华书局，1987年，第2697、2698页。

③ ［清］孙希旦：《礼记正义》卷十三《王制第五之二》，沈啸寰、王星贤点校，中华书局，
1989年，第357页。

中，每个节点则依据不同的等级居于不同的"权力位"，形成了较为明晰的等级收益体系，这种等级收益除了直接派出统治"都""邑"的官员之外，与血缘宗族的亲疏远近直接相关，也就意味着，各级封建主的经济收益与绝对性的血缘关系亲疏直接对应。

但是，由于封疆所有权（或称财产所有权）的相对性与不稳定性，诸侯、封君们固然在旧体制中拥有财富分配的优先权，又时时刻刻处于对王权、君权、族权惶恐戒惧的状态。在西周制度下，没有人拥有绝对的所有权和治权。自周天子以下，各级封建主都身受"册命""申命"的制度枷锁，只有不受人格化权力干预的王权相对稳固。当王权处心积虑地扩张时，缺少现实行动机制的"天命"根本无力阻挡。从金文所见的官制变迁来看，这也确实是西周时代的主旋律。通俗地说，集权和专制根本是写在西周王权源代码里的程序。因此，寻求所有权的最终确权，建构属于本宗族的统治、经济闭环，就成为诸侯、封君们主动背叛周制的动机。

同时，封略之内巨大的空间阻隔，让西周王朝治下经济、市场的发展，不可避免地出现"多中心"的局面，这让掌握了区域中心市场的诸侯、封君们拥有了背叛的能力。当动机与能力齐备时，西周王权的衰颓就是意料之中的事了，所以哪怕东周仍有周天子，有王畿，还有诸侯附庸，在漫长的春秋时代终究没能复兴，看似是政治问题、军事问题、世道人心的问题，归根结底却是整个秩序建构之初，就订立了违逆经济规律、寻求权力寻租的主基调，江山易改，终究本性难移。

具体到商业、商品本身，西周的经济形态决定了，耦耕（即共耕制）农业生产的谷物、枲（纺织用的麻），只会集中在各个级别"邑"的仓庾之中，再以廪食的形式向各种类型的宗族成员发放，枲则会进入官营手工业成为原料，生产成麻布后进入府库，以供使用。因此，粮食和麻布虽然是满足饱暖需求的基本物资，但是由于"配给制"分配形态而在宗族内部失去了商品身份。而在宗族与宗族之间，由于财产所有主体不同，才存在买卖和借贷。同理，日常性的生活商品需求，完全可以由宗族内从属于封建主的官营手工业提供，这就意味着，运输承载量相当有限的"周道"上所能往来交易的商品，只能是宗族族长和他们的君主的需求，在"贡献"之外，剩余的部分才是商品。

周共王时期的"裘卫盉"（也称"卫盉"）铭文记录了盉的主人、主管毛皮的官员裘卫用一枚价值八十朋（货贝单位）的堇璋（玉器）换取了十田，又用共值二十朋的两张虎皮、两件鹿皮蔽膝、一件皮披肩换取了三田。可见，玉器是商品，裘皮衣物是商品，田也是商品，若干朋的货贝则是价值尺度。谢伟峰在《从血缘到地缘：春秋战国制度大变革研究》一文中提出，田虽然是商品，但并不是私人买卖，而是宗族间的转让，尽管其换取的商品器物，实际上归属于族长享用，但买卖行为必须有宗族贵族的见证和认可。

也就是说，在周制的原初状态下，以"邑"为单位的血缘、地缘公社之中，由于"共耕制"和"村社经济"的相互依存，自然结构型家庭的财产所有权属于宗族，宗族族长自身的自然结构型家庭也不拥有财产所有权，只是窃取了财产处置权，这一点与西周"仇匹"关系下的周王、诸侯、卿大夫的境遇完全一致。故此，西周商品经济的市场主体非常狭小，实则是上述具有财产处置权的封建主在相互交换各种财产的处置权、使用权，从未及于全社会，作为商品交易媒介的货币，在这个过程中自然就成了贵族阶层价值共识的服从者，甚至由市场主体主观创造，并在"创造"过程中复制权力组织的形象。

第二章

当周人的青铜砸向殷人的海贝

贝币衰微，西周对殷商文化征服的一部分

> "虞夏之币，金为三品，或黄，或白，或赤；或钱，或布，或刀，或龟贝。"
>
> ——《史记·平准书》

前文说到，海贝因信仰成为财富象征，却并不是殷商、西周的货币，之后，海贝的形状赋予了骨制、石制、玉制、铜制仿贝财富的意义，这种信仰带来的财富共识实则源自特定的族群。西周早期以若干朋的货贝作为衡量财物价值的标准，实则是对殷商财富共识的继承。陈梦家先生曾总结，西周初期多是金、贝之赐，中期渐趋于无，自共王起，最多的是命服、武具和车具。[①]西周初期的赐贝往往与祭祀有关，对象多为殷商遗族。随着策命赏赐的增加，赐贝铭文从西周初期的90条左右减少到了中期的23条，再到晚期的罕见，并且更加聚焦于祭祀事由。充分说明了周人赐贝行为的初衷就是政治笼络，待到"昭穆之后，周文化兴起，西周末期金文中殷系的各种标志的丧失，并不意味着殷人的消亡或殷文化的消亡，而表明走出氏族社会的东方文化的新生"。[②]这说明殷商遗族至西周中期，已经在周王朝的制度体系中找到了自己的位置，

---

① 陈梦家：《西周铜器断代》，中华书局，2004年，第147页。
② ［日］白川静：《周初殷人之活动》，刘俊文主编，黄金山、孔繁敏等译：《日本学者研究中国史论著选译（第3卷）》，中华书局，1993年，第44页。

并融入其中，珍重货贝的传统固然顽固存在，也与周人的财富观念相互融合。

　　长期沿用货贝的鲁国，有使用骨贝、石贝、玉贝、包金贝、铜贝的传统，直到战国中期，楚国的蚁鼻钱大规模涌入才改变。[1]鲁国的这种货币表现，恰恰是殷人与周人融合的结果。周公在《尚书·酒诰》中曾告诫殷商遗民，安心居住在卫国，专心操持农事，勤勉侍奉父兄；农事完毕后，可以牵着牛车去外地做生意，孝养父母。[2]由于卫国肇建时，康叔分到了"殷民七族"[3]，与鲁国的"殷民六族"一样是"启以商政，疆以周索"，所以，周公的告诫自然适用于卫、鲁两国。从这段话也可以看出，殷商遗民在财产所有权上与周人不同，农事稼穑要接受"考、长"为首的父权制宗族领导，出门行贾则面向父母为首的"自然结构型家庭"，这意味着周人统治者很清楚殷商遗民已经进入了自然结构型家庭具有一定财产处置权的社会阶段，所以允许殷民农事之余从事商业，孝养父母。

　　反观周人，周宣王时的"颂鼎"铭文记载，王对颂说，命令你管理成周的"贾"二十家，并监管新造（职务），负责买卖宫廷用器。[4]可见，成周作为王京，商贾也是以家族形式编列，与务农的"族"一样，由天子决定归属，自然也就包括跟随分封的诸侯远赴他乡。不仅如此，受封管理商人，也要承担职司，负责"贾"，也就是购买、置办宫御之用，这与"里公"之类的治民官没有本质不同。郑国作为晚封的诸侯国，更在

---

① 刘汝国、孙胜利：《鲁国货币与先秦贝币文化圈》，载《文物鉴定与鉴赏》，2010年第3期。
② ［清］孙星衍：《尚书今古文注疏》卷十六《酒诰第十六》："妹土嗣尔股肱，纯其艺黍稷，奔走事厥考厥长。肇牵车牛，远服贾，用孝养厥父母。"陈抗、盛冬铃点校，中华书局，1986年，第376、377页。
③ ［清］洪亮吉：《春秋左传诂》卷十九《定公》，"定公四年"条："殷民七族：陶氏、施氏、繁氏、錡氏、樊氏、饥氏、终葵氏。"李解民点校，中华书局，1987年，第812页。
④ 周祥：《重读〈三年卫盉〉、〈亢鼎〉铭文——兼论中国货币的产生》，载《中国钱币》，2019年第4期。

初建时，就由君主出面与商人盟誓，保证尊重财产，可见归属郑国的这部分商人也是以"族"为单位，并拥有和国君合作盟誓的资格，在身份上并不低贱。周共王时的"鲁方彝"铭文中就曾提到，齐国第三代国君齐乙公得的儿子齐生鲁，经营商业获利丰厚，为了感谢父亲对他的教诲，铸造铜器纪念父亲并祈福。[①]一国公子尚且经营贾市，侧面说明在西周统治下的商业行为绝非战国后鄙薄的"贱业"。按照《史记·货殖列传》的说法，太公望封在齐国之后，土地贫瘠，人口少，就大力发展纺织业，"通"鱼盐之路，故此，人口和物资都归于齐国。这个"通"字恰恰说明，齐国的鱼盐之利并非自产，而是开发纺织品特产，通过与莱夷贸易来获得，以中间商的身份输入周王朝，积蓄财力后逐渐强盛，这当然离不开商人的主动贸易，齐生鲁很有可能担当的就是这样的角色。

只不过，相对于僻处海滨、与东夷杂处的齐国，在河济之间的西周王朝核心区域并没有这种需求，商业行为只能是农业经济的点缀，商贾成了专门的职能群体，卫国的殷商遗民农闲经商的生活方式反倒成了异类。

其实，殷人的社会形态在被西周征服之前，已经是族居、井田，自然人以"族"标定身份，以"自然结构型家庭"为单元生活，故此在"族"之下，已经拥有一定程度的财产处置权，商业应运而生，且全社会普遍参与。而周人的社会形态是族居、爰田，自然人以"族"标定身份，与殷人不同，以"原子化的核心家庭"为单元生活。故而，财产权虚化、强调平均，商业也只是上层阶级的游戏，由专门的商人之"族"控制。史籍中记载的"贾人"居官定价的实例，本质上就是职业群体垄断的一种方式，在后世的区域性"行会"中也屡见不鲜。只不过周公调和两种生活方式的宽容政策并没有被他的儿子继承，鲁公伯禽的治鲁政策

---

① 李学勤：《鲁方彝与西周商贾》，载《史学月刊》，1985年第1期。

是"变其俗，革其礼"①，取消礼俗中的商业性质使之更适合于农耕生产方式。②结果就是鲁国虽然延续了殷商货贝的财富共识，却丧失了原本的远途商业，不仅失去了远到云南、印度洋的货贝输入，就连本地商业也一蹶不振。

　　1977年到1978年，山东省考古所对鲁国故城进行了大规模钻探和发掘，共清理了395座两周古墓，仅在西周早期墓葬中发现了26枚海贝。1981年清理春秋战国墓葬时，则发现了大量骨贝和石贝，海贝则较少。其中一座春秋晚期墓葬中出土了588枚铜贝和大约200枚碎片，还出土了7枚海贝、170枚骨贝。1996年，又发掘了4座春秋晚期的墓葬，其中一座出土骨贝900余枚，另一座出土骨贝约80枚。1997年，在一座春秋晚期墓葬中，清理出包金铜贝348枚，碎片约100枚，还出土了完整海贝900余枚，腐朽碎片、碎屑极多，估计数量不会少于2000枚。2004年，又发掘了5座春秋早中期墓葬，其中一座出土海贝13枚。③仅从以上信息可见，身处货贝文化圈的鲁国殷民，在西周和春秋早中期对"贝"的使用相当有限。真正开始大量拥有货贝，已经是春秋晚期鲁国"礼崩乐坏"之后。直白地说，唯有伯禽规定的、服务于农业价值观的礼法被破坏，殷商传统中的商业意识才得以复兴，也正是在这个时期开始大量出现铜贝。

　　换句话说，在周制强大顽固的状态下，殷商遗民的货贝财富意识受到了抑制。反过来说，殷商遗民对于货贝的兴趣绝不单纯止于信仰，一定还有现实的功能，那么，卫国殷民的农闲经商模式很有可能与货贝的价值相配套。在鲁国的商业传统被抑制之后，货贝的随葬传统在西

①［汉］司马迁：《史记》卷三十三《鲁周公世家》，中华书局，1959年，第1524页。
②郭克煜、梁方健、陈东、杨朝明：《鲁国史》，人民出版社，1994年，第19页。
③刘汝国、孙胜利：《鲁国货币与先秦贝币文化圈》，载《文物鉴定与鉴赏》，2010年第3期。

周和春秋中前期也受到了影响。那么，周人选择的价值共识替代品是什么呢？

西周，一个缺铜少锡的青铜大国

> "其隹我诸侯、百姓，厥贾，毋不即市，毋敢或入蛮宄贾，则亦刑。"
>
> ——"兮甲盘"铭文

答案应该是青铜。1973年至1975年在江苏省金坛、句容等地发掘出土的西周中晚期吴国青铜块，就放置于坛子中，每块重量几十克到几千克不等，且为铸成铜饼后砸碎保存。有学者据此认为这些青铜块就是当时的称量货币。[1]这种观点正确与否，无从稽考。但在西周共王时的"稽卣"铭文中有"易（赐）贝卅寽"之语，贝不以"朋"为单位，而以计量青铜重量的"寽"计数，说明此处的贝或许就是"铜贝"。蔡运章先生也曾根据"曶鼎"的铭文分析得出西周时期1朋货贝的购买力等于1寽青铜。[2]若此说成立，则可解释周王朝的价值置换行为。

根据铅同位素示踪法，殷商政治中心的青铜器中，铅同位素中等比值的铜矿源主要来自江西的瑞昌铜岭和湖北的大冶铜绿山；铅同位素高比值的青铜器，矿源可能来自商王朝的北方地区，如河北、辽宁一带；铅同位素低比值的青铜矿料则可能与江西、湖南诸地区的浅成多金属铀

---

[1] 徐永年：《对吴国称量货币——青铜块的探讨》，载《中国钱币》，1983年第3期。
[2] 蔡运章：《西周货币购买力浅论——兼谈西周物价的若干问题》，载《中国钱币》，1989年第1期。

矿床有关。[①]易德生通过对比西周王朝出土铜器和晋国、燕国、盘龙城遗址出土青铜器的铅同位素比值，发现西周王朝青铜器和晋国及燕国的青铜器有很多重合之处。[②]这意味着，西周时期，存在中央王朝向一些诸侯国（尤其是没有矿产资源的诸侯国或缺乏铜矿开采冶炼技术的诸侯国）提供金属原料的情况。这种提供金属原料的行为，本身是宗主国对诸侯国进行控制和表示恩惠的一种方法。不过，数据显示，晋国和燕国青铜器的铅同位素比值也有不同的情况，说明一些诸侯国在中央特许下，也能自行冶炼青铜原料和铸造青铜器。[③]不仅如此，郁永彬等人在对西周早期曾国叶家山墓地出土的129件青铜器和其他铜器、铜块进行测量对比之后，得出结论：王畿地区和诸侯国的铜器至少有一部分原料来源可能相同，王朝控制着青铜原料并输入诸侯国的可能性很大。[④]

目前考古所见的西周时期铜、锡矿主产区都在诸夏的边缘地带：①以赤峰—林西为中心的辽西铜矿及锡矿开发区；②燕山南麓以承德和唐山为中心的铜矿开发区；③中原中条山铜矿开发区；④赣北铜矿开发区、赣北锡矿开发区；⑤皖南铜矿开发区；⑥常宁—衡阳一带的锡矿开发区和长沙一带的锡矿开发区；⑦以大冶为中心的鄂东南铜矿开发区；⑧成都平原西南邛崃一带的铜矿开发区。也就是说，只有位于今山西南部的垣曲、运城等地的中条山铜矿区可由西周王室垄断，其余七处，没有一个在西周分封诸侯的控制下。要想获得铜料和锡料，只能通过贸易手段。

---

① 柴建国：《先秦铜矿来源问题的探析》，见《山西省考古学会论文集》，2006年，第113~117页。

② 易德生：《关于西周王朝青铜原料与铸造作坊的多视角考察》，载《江汉论坛》，2019年第4期。

③ 易德生：《关于西周王朝青铜原料与铸造作坊的多视角考察》，载《江汉论坛》，2019年第4期。

④ 郁永彬、陈建立、梅建军、陈坤龙、常怀颖、黄凤春：《关于叶家山青铜器铅同位素比值研究的几个问题》，载《南方文物》，2016年第1期。

而西周制度下，各个诸侯国的居民点在发育初期，很难拥有剩余物资用于交易，变相地起到了"弱枝"的作用。而要"强干"，则需要王朝中央主动去打通殷商时代早已存在的"金道锡行"。

　　西周时昭王就曾南征汉水流域，对于他出征的原因，文献和铜器铭文都没有详细的记载，《史记·周本纪》只说他"南巡守"，所谓"不贡苞茅"是数百年后齐桓公南征的借口，并非西周史事。故此，唐兰先生早在1962年就指出，一些铜器铭文总提到"孚金"之事，昭王南征、讨伐荆楚"第一是为抢掠南方的铜"。[①]裘锡圭先生在研究了"史墙盘"铭文后提出，周人征伐南方是"想贯通从南方掠夺金属的道路"。[②]杨宽先生也认为，昭王南征重要目的之一就是掠夺楚国的铜器和"金"，楚国当时已经有进步的开矿和冶炼技术。[③]对此，易德生在《商周青铜矿料开发及其与商周文明的关系研究》一文中的看法是，西周时期江汉及江淮地区诸侯如楚国或部族如淮夷，他们所需要的青铜原料也有可能来自鄂东南及江南地区。甚至可以说，也许正是这些地区政治势力对江南地区青铜原料的掠取或贸易，阻断了周王朝的"金道锡行"，从而导致周王朝要找些借口对他们进行挞伐。理由也很充分，那就是西周中期频繁用兵的汉水中上游和淮河中下游地区，铜矿有限，锡矿也相当罕见，但在楚国的东边则是规模很大的鄂东南铜矿（大冶铜绿山古铜矿），南边是锡矿丰富的湖南；而淮夷与铜矿丰富的皖南地区和盛产铜、锡的江西只有一江之隔，这两个区域性的强权，对西周王朝从远方获得垄断性"贡献"的利益是极大的障碍。

　　不过，尹弘兵在《西周春秋时期的楚国与江南铜矿》一文中整合前

---

① 唐兰：《西周铜器断代中的"康宫"问题》，载《考古学报》，1962年第1期。
② 裘锡圭：《史墙盘铭文解释》，载《文物》，1978年第3期。
③ 杨宽：《西周时代的楚国》，载《江汉论坛》，1981年第5期。

人研究后指出，楚国的崛起并没有那么早，在西周时代真正横亘在周王朝与鄂东南铜矿之间的族群，应该是"楚蛮"，或称"荆蛮"。西周早期与周昭王发生战争者也是"楚蛮"，而非芈姓楚国，一直到西周晚期，在熊渠的统治下，楚国才强盛起来。而今鄂东南一带的西周时期考古学文化面貌，迥异于以鬲、盂、豆、罐为主要特征的西周时期的早期楚文化遗存。据今人分析，此类遗存可能与扬越有关。因此，西周时期，鄂东南铜矿区应为越人所居，此地未见与楚文化或早期楚文化相关的考古学遗存。现在看来，熊渠足迹应未至江南，直到春秋中期以后，楚人才开始进入鄂东地区。且从考古地层分析，直到春秋中期，江南铜矿区也只是受到了正在兴起的楚文化的一点影响而已。至春秋中期晚段时，鄂东南地区方才开始出现了楚墓。春秋晚期时，鄂东南地区的楚墓仍然极为稀少。整个春秋时期，楚国并未对江南铜矿区进行直接的统治，江南铜矿区尚非楚国疆域，当地居民仍然是扬越先民。[①]

所以，淮夷和楚蛮两大族群实则是通过贸易手段，与扬越部落交易获得青铜原料，而西周王朝强盛时期对贸易的兴趣不大，而是希望采取军事征服手段逼迫楚蛮和淮夷献金，故此，铜器铭文中充斥着西周王朝在对楚蛮与淮夷的战争中大量"俘金"的记载。而周宣王时的"兮甲盘"铭文则记载着命令兮甲管理征收成周四方诸邦和南淮夷委积的事务，并指出，南淮夷是向周朝缴纳贡赋的人，必须上缴他们的丝帛、储备的粮食，提供服劳役的人；他们的商人必须到"市"去交易，敢不服从命令，就要受到刑罚和征伐，周人如果不到指定的官方市场而到淮夷或奸宄之地交易，也要受到处罚。由此可见，周王朝并不支持本国商人到境外交易，甚至连去已经征服的附属部落也不被允许。

---

① 尹弘兵：《西周春秋时期的楚国与江南铜矿》，见《湖南省博物馆馆刊》，2010年，第491~503页。

这种价值共识背景，使本就具有制器和铸兵双重功能的青铜，经由西周王朝的垄断，在承担繁重军事义务的封君贵族中，创造了远超殷商传统财物货贝的"适销性"，最终促成了殷周贵族的文化合流，开始将珍贵的青铜铸造成货贝的形状，并以重量衡量多寡，从而创造出一种全新的财货。

不过，西周王朝有限的交易行为不足以支撑一个全国范围内的货币体系的发育，因为货贝也好，称量青铜也罢，或是两者结合的铜贝，在金文所见的西周贵族间交易中，往往只承担价值衡量的角色，交易实操仍旧是以物易物，那么，西周王朝的货币经济发展水平自然不宜高估。

江南铜锡贸易，最古老的战略性垄断

> "金道锡行，具既俘方。"
>
> ——"曾伯簠"铭文

西周的国势在昭王之世还只是"王道微缺"，到穆王时已是"王室遂衰"，穆王以征贡为理由向犬戎开战所得甚微，反而消耗了大量的王室财富。在恭、懿、孝、夷四王时期，淮夷不断入侵，持续的战争令镇守的师官多立战功，获得了大量的赏赐。在王畿土地赏赐殆尽的情况下，对武职官员的厚赐，让周王室的经济状况雪上加霜。到了周夷王时，已经是"王室微，诸侯或不朝，相伐"[1]的末世景象。在之后占据西周国祚三分之一（共83年）的厉王、宣王时代，"厉始革典"以专权和专利为特点，虽有"宣王中兴"的局面，却并没能解决财政危机。直至幽平二王

---

[1] ［汉］司马迁：《史记》卷四十《楚世家》，中华书局，1959年，第1692页。

造成持续动乱，对于淮夷的控制只是昙花一现。到了平王东迁之后，王室的生计已经艰难，又如何维持青铜的输入？

真正的变化，应该发生在东周。

1993年，山西省曲沃、翼城县交界处的曲村—天马遗址北赵晋国墓地，晋侯邦父（晋穆侯）墓（M64）出土了一套"楚公逆"编钟。这套编钟共有8件，其中2件形制明显不同，应为后来添加的拼凑品。6件原装一组的编钟铭文，揭示了它们的来处，那就是远在数千里之外的楚国。"楚公逆"也就是这套编钟的铸造者，学界普遍认为是《史记·楚世家》中的熊咢。熊咢即位于周宣王二十九年（前799年），卒于周宣王三十七年（前791年），与晋侯墓地M64的年代相差不远。[1]不过也有学者指出，山西绛县横水M2055新发现一件"楚公逆"人面纹短剑，与宋代嘉鱼县、北赵晋侯墓地M64出土的"楚公逆"编钟的作器者相同，所属年代应为西周夷王、厉王时期。[2]这就把"楚公逆"编钟的时间上推到了西周中期，且"楚公逆"应为楚君熊渠。

不过，无论何者为是，"楚公逆"钟铭文中记载楚公逆祭祀祖先及四方社稷之神，并且四处寻求祭祀所用的人牲，斩获颇多，南方各部族"纳享"九万钧赤金，制作了百肆（列）钟。[3]九万钧这个数字，已经相当惊人，以战国楚衡制计，1斤约250克，1钧为30斤，则有675吨，且不说"九万钧"和"百肆钟"是不是虚数，只看规模数量级已相当巨大。西周金文所见的周王、贵族"赐金""易金"，多者如"几父壶"记载"金十钧"；少者则如"陶子盘"写作"金一钧"，"柞伯簋"记为"赤金十反"。楚公逆拥有金的数量，完全碾压西周的赐金、易金。分析3件"楚

---

① 黄锡全、于炳文：《山西晋侯墓地所出楚公逆钟铭文初释》，载《考古》，1995年第2期。
② 靳健、谢尧亭：《"楚公逆"的年代及相关问题新探》，载《江汉考古》，2022年第2期。
③ 董珊：《晋侯墓出土楚公逆钟铭文新探》，载《中国历史文物》，2006年第6期。

公逆"钟与180件晋侯墓地中出土的青铜器金属成分可知,"楚公逆"钟所用铜料来源与晋国西周晚期的铜料来源一致。值得注意的是,3件"楚公逆"钟使用了两类不同的铜料制作,也与上述晋国青铜器情况相同。

这个结果与断代为春秋初年的"晋姜鼎"铭文所揭示的晋国以大量的盐在繁汤(繁阳)交换铜料的贸易景象完全吻合。也就是说,自西周中晚期开始,一直到春秋初年,南方的铜料一直在向晋国输出。不仅如此,南方向晋国流通的铜料恰好也是西周时期中央作坊使用的主要铜料类型,那么这些铜料也有可能通过晋国向中央王朝流动。[①]按照前文提到的将"楚公逆"钟断代为西周夷王、厉王时期的说法,相关的楚系青铜器或许是西周南征的战利品;但"晋姜鼎"铭文又说明,通过和平的贸易手段获取楚地的铜料并非不可能。无论是战争掠夺,还是贸易获取,或是国礼赠送,作为邻近中条山铜矿产区的晋国和周王室,大量输入南方铜料并铸成青铜器物,已经说明了南方出产之铜的受欢迎程度,而"九万钧"对西周赐金、易金的数量级碾压也恰恰说明了南方铜矿产出具有无与伦比的规模优势。

到了西周晚期,也就是铸造晋侯墓地随葬青铜器的时代,南方的铜料已经持续地输入到西周境内,甚至到了周天子的手中铸成新的器物。也就是说,西周的先王用武力没能达成的目的,在国势衰微时反而得以实现。这自然不是无偿的"贡献"所得,而是主动贸易的成果,并一直延续到了春秋初期。那么,西周王室真正损失的并不是"金道锡行",而是"免费"获得青铜原料进口的特权。

这一点,还有金石资料的佐证。张程昊在《晋姜鼎铭文"繁阳(榷)"考释》一文中对"晋姜鼎"的铭文释读提出新解,认为晋人南下贸易的

[①] 黎海超、崔剑锋:《试论晋、楚间的铜料流通——科技、铭文与考古遗存的综合研究》,载《考古与文物》,2018年第2期。

地点应为"繁阳榷"——周王设在繁阳地区具有垄断性质的交易场所，并且认为"晋姜鼎""戎生钟""曾伯簠"等铜器铭文中的地名繁阳都与获取吉金和铜料输送有关。繁阳，地望应在今河南新蔡东北，春秋初年很可能仍处在周王室的间接控制之下。春秋早期的"繁阳榷"当是西周晚期专利制度和机构的延续。[①] 另外，叶先闯在对西周中期后段的"左右簠"铭文进行研究后，指出周王直接策命王臣在蔡国担任"冢司工"，并派出司工所属的"工吏"到淮夷腹地征收贡赋的事实。他认为西周王朝在成周设立全国贡赋总中心之外，还在地方设有次中心以便囤积、转运贡赋。蔡国作为重要的姬姓亲族，应为周王朝对南方经济控制的中心。[②] 西周"霸伯簠"铭文上有周王权臣幷叔来"盐"及赏赐霸伯之事，说明晋南盐池在西周统治稳固时，也应在"专利"范围内。至春秋早期，晋人以盐易铜，只是对周王利权的"借用"，交易的地点繁阳，正在蔡国境内。按照"兮甲盘"中的要求，交易必须在"市"中，这个"市"应该就是张程昊所说的"繁阳榷"。交易税自然以铜料的形式流入周室手中，盐的"借用"要以铜料的形式偿还。而"晋姜鼎"中记录的运盐车达千辆之多，周室分润的铜料自然不在少数，故此能够用于青铜器的铸造。

　　周王朝为了获取铜料，完全可以接受无偿的贡赋变成交易模式，但若是断绝"金道锡行"则决难容忍。在"曾伯簠"铭文中，有"克逖淮夷，抑燮繁阳，金道锡行，具既俾方"之语，此器所属为地处今湖北京山苏家垄遗址的曾国（即随国），距离今河南新蔡县远隔关山，直线距离有千里之遥，仍参与了维护"金道锡行""繁阳"的战争，击败淮夷以记功，可见西周王朝维护南方铜料来源的战争决心，但是，时代的进步，终将埋葬基于垄断的旧秩序。

---

① 张程昊：《晋姜鼎铭文"繁阳（榷）"考释》，载《考古与文物》，2019年第2期。
② 叶先闯：《由近见左右簠铭探析西周贡纳制》，载《学术探索》，2020年第6期。

东周，王朝衰落伴随着贝币的复兴

据1991年张天恩对当时已发表的出土春秋战国货贝的统计，"贝化在东周列国的大多数国家中均有出土，共计出有各类贝化约5万多枚。其中有些发掘报告没有介绍具体数字，以我们所搜集到的，有准确数目者计有47950余枚。这些贝化从质地上大体可以分作十类，有海贝、蚌贝、骨贝、角贝、金贝、包金贝、银贝、铜贝、石玉贝和陶贝。另外，还发现陶贝范45件，铜贝范5件"[①]。这之中，铜贝有27341枚，占总数的57.01%，包金贝只有72枚，金贝69枚、银币4枚。不过，在统计之后仍有新发现，如在北京延庆军都山玉皇庙YYM2山戎遗址中又发现包金铜贝10枚；河南省辉县琉璃阁晋国魏氏墓葬[②]中发现包金铜贝1548枚；河北省邢台市葛家庄10号墓发现包金铜贝532枚等。[③]分布上，包括东周、卫、郑的区域内，春秋中期墓葬中仍发现有骨贝，春秋晚期至战国末期的墓葬也有骨贝、海贝出土，并有零星的蚌贝、石贝。三晋区域内铜贝最多，还有贝范，贝范中所见的贝化形制与侯马附近所出铜贝相同，在战国中期之前，该地还有很多墓葬有骨贝、海贝、蚌贝和包金贝随葬。齐鲁区域内，主要是骨贝、石贝和铜贝，及少量海贝、金贝、包金贝，出土墓葬多数属于春秋早期至战国前期，战国末期也少有发现。燕国和秦国都没有出土铜贝，反倒是山戎有包金铜贝出土。楚国所用蚁鼻钱就是铜贝，故而非常普遍，不过多出于战国时代窖藏，而春秋晚期的墓葬中，仍有大量的海贝、骨贝随葬。[④]

---

① 张天恩：《东周列国贝化的考察》，载《中国钱币》，1991年第2期。

② 王震：《辉县琉璃阁墓地的年代及性质新论》，载《考古》，2019年第11期。

③ 贾金标、任亚珊、郭瑞海：《河北邢台市葛家庄10号墓的发掘》，载《考古》，2001年第2期。

④ 张天恩：《东周列国贝化的考察》，载《中国钱币》，1991年第2期。

如果将骨贝、石贝、蚌贝、海贝、铜贝都视为货币，那么，自春秋早期开始，列国已经普遍流通贝币，并开始就地取材，用骨、石、蚌壳、铜来制造贝币补充通货，也就是说，殷商遗留下来的货贝价值观念在两周时代持续存在。可吊诡的是，为什么在先秦的文献记载中没有货贝用于纳税或定为计税单位，乃至于财富衡量尺度的记载，这与纺织品布和金属铸币"泉（钱、刀）"反复出现于先秦史籍、诸子书的"国用"范畴的情形大不相同。

这种情况只有两种解释：其一，货贝只是财富的象征，并不是货币，故此，没有被先秦的观察者所关注；其二，货贝是一种与税收、财政无关的货币，只服务于民间交易，而不与"国计"产生联系。究竟哪一种解释更接近真相呢？

回答这个问题之前，先看几个数字。在《左传》记载的春秋时代史事中，最应该使用货币的贿赂行为，却根本没有使用金属货币的记载。据统计，该书中，"贿""赂"二字连用只有1次；"贿"单独在《左传》中出现了34次，当然并不都当贿赂讲，还有礼赠、贪财之意；"赂"则单独出现了72次，所指要么是贿赂的行为，要么就是贿赂用的财物。侯素利在《论〈左传〉中的贿赂现象》一文中整理得出，与"赂"近似的还有"货"字，共出现23次，除少数作财物讲，其余都与贿赂有关。整体来看，《左传》所记录的春秋时代贵族之间的贿赂行为绝不罕见，所用的贿赂物也五花八门，有田（如汾阳之田百万）、邑、车马（如马四十乘）、女乐、官爵（如许以卿位）、金玉，偏偏没有称量的青铜或是青铜铸币，当然更没有货贝。

造成这一结果的最直接的原因就是青铜、货贝的价值过低，交换上述贿赂物所需的货币重量、体积甚至比这些"财物"本身还大。春秋时代青铜和货贝明显处于急剧贬值的状态，货贝的材质已经沦落到石质，贬值自然不难理解，青铜也不再是西周王室垄断的"奢侈品"，而是大规模生产的量产品。仅武备中的兵器一项，晋、楚、齐、宋、郑等强国均可出动戎车数百，徒兵数万，以1994年出土于甘肃礼县大堡子山1号墓的春秋矛为例，重157.8克，装备3万支矛就需要青铜4.734吨，也就是631.2钧。

要知道，《左传·僖公十八年》提到的春秋时期郑文公首次朝见楚成王，楚王赠金后反悔，要求郑文公盟誓不拿金铸造兵器，因此铸造了三口钟。[①]按照出土曾侯乙墓编钟中最重一件的203.6千克计，三口钟即为610.8千克，以战国楚衡制计，1斤约250克，1钧为30斤，则总数为81.44钧；若按最轻的一件2.4千克计，三口钟合计为7.2千克，则只有0.96钧。楚成王事后的反悔也说明，这个数量级的铜材，已经是让大国君主忌惮的国礼，可见青铜在西周至春秋前期的珍贵程度。可到了春秋中期，3万支矛头所需的青铜大概已经是楚成王赠郑文公青铜的7倍，是西周天子最多单次赐金的60倍。在此条件下，继续强调青铜的金属价值，只能是敝帚自珍。

由于青铜价值的持续跌落，春秋晚期晋国开始大规模生产铜贝，这时的铜贝已经回归了货贝手交货币的属性，并与各种材质的货贝一同使用，这才有了考古发现中铜贝与其他材质货贝在墓葬中并存的状态。

青铜仿海贝：遍布周朝全境的自发通货

我们往往将"铸币"等同于"法币"，恰恰相反，如"齐法化"的刀币铭文所示，齐为地名，化即货，连起来就是齐铸造的法定财货；与

[①]〔清〕洪亮吉：《春秋左传诂》卷七《僖公一》，"僖公十八年"条："郑伯始朝于楚，楚子赐之金，既而悔之，与之盟曰'无以铸兵'，故以铸三钟。"李解民点校，中华书局，1987年，第302页。

"法定财货"相对应的，是"非法定的、约定俗成的财货"，铜贝、货贝应该就属后者。马克斯·韦伯曾指出，货币实际上可以分为实物货币、铸币和票证，这之中，铸币又可以分为自由货币（流通货币）、行政货币（有限法偿货币）、调节性货币。[①]

从考古的视野来看，货贝作为实物货币，几乎遍布周朝全境，完全不受政权国境的限制，这意味着，货贝只能是基于价值共识的、区域经济自发组织的交易媒介，核心功能是提供"地域通货"，骨、蚌、石质的货贝的广泛使用，也印证了区域经济存在根据自身自然条件"自发"制造通货的行为，可以归类为马克斯·韦伯所说的"自由的货币""流通的货币"，而铜贝的官方铸造与它自始至终没有进入列国的财政视野、无法参与贿赂的角色看似矛盾，实则它只是对"流通的货币"的补充，官方或许在这个铸造过程中赚取差价，但却从来不是"法币"。

为什么？因为货贝（含铜贝）币值过小。正如黑田明伸教授指出的，以谷物为代表的商品货币的场合，往往由其自身的消费随即退出流通，而本身消费很少的手交货币，则会半永久地流通，并且未必回流。历史经验也表明，"越是物理上扩散程度大的零细面额通货，回流的可能性越小"。[②]而货贝与谷物这种强需求商品正相反，"无消费需求、面额极零细、扩散空间极大"，基本排除了财富贮藏的选项，除了随葬担当冥币之外，几乎不存在退出流通的可能，这种特质让货贝成为一种相当完美的"地域通货"。正因为价值低廉，国用、财货、玩好等精英阶层交易的场景根本不会出现货贝，长期被限制在相互分割的领地上的庶民货币由于材质各异，担当"区域间结算通货"就面临兑换的困难，只能作为货币

---

①［德］马克斯·韦伯：《经济与社会（上卷）》，［德］约翰内斯·温克尔曼整理，林荣远译，商务印书馆，1997年，第97~99页。
②［日］黑田明伸：《货币制度的世界史——解读"非对称性"》，何平译，中国人民大学出版社，2007年，第7页。

制度的最底层存在，与精英阶层的生活之间相互悬隔，也就很自然地被精英视角忽略。这种忽略在楚、齐、三晋都表现得相当明显，依考古所见，上述地区都有大量货贝、铜贝出土，但无论是楚国的蚁鼻钱（有字铜贝），还是晋国已有钱范出土的无字铜贝，在文献记载中都难觅只言片语，以至于我们对于晋、楚两国的铜贝面值、购买力全都一无所知，就连它们在什么时间段退出流通，都无从稽考，只能根据考古发现估算大概的时间范围。

　　一个非常关键性的证据来自战国末期齐国圆形方孔的"賹六化""賹四化"钱的铸行。该圜钱除了外圆内方的形状与秦半两相似外，其他仍有齐国刀币的风格，如齐刀一样有廓，且所检测的"賹四化"与"賹六化"的直径分别为3厘米和3.5厘米，从不同地区出土的賹化圜钱来看，同类者外形、尺寸几乎无一例外地相互一致。[1]此处的"四化、六化"所指应为相当于4枚或6枚"化"的币值，"化"即"货"的通假字。齐国早在春秋末年、战国早期已经有刀币铸行，"节墨（即墨）之法化""安阳之法化""齐造邦长法化""齐之法化""齐法化"均以"化"为名，不过器型较大，普遍在40~50克，而"賹六化"重8~11克，从含铜量来看，1枚圜钱兑换4枚或6枚刀币"法货（化）"属于疯狂的抢劫，与战国末年齐国衰弱的国势不相称，很难现实推行。那么，这个"化"就只能是相应数目的货贝或铜贝，应该是齐襄王复国之后通过对"市场货币""自由货币"的兑换绑定，来稳定新币购买力的手段，当然文献记载匮乏，只能视为推论。

　　类似的情况也出现在战国晚期的魏国货币上，晋国早有铜贝铸造传统，楚国铸造铜贝直至战国末期。魏国铸造的"梁正尚（币）百当守"

---

① 赵匡华、陈荣、孙成甫：《"賹四化"与"賹六化"的理化研究》，载《中国钱币》，1993年第2期。

"梁半尚（币）二百当寽""梁冢（重）釿百当寽""梁冢（重）釿五十当寽"，寽是重量单位，在西周铜器铭文中常用于衡量青铜，也用于计量铜贝，故此，完全可以理解为面向自由流通的铜贝的一种官方定价。楚国一样存在"某当某"的青铜铸币，且为布币形制，应为从三晋学来的用法。过往的解释常认为"釿五十当寽"的铭文代表的是国与国之间货币兑换的标准，计入货贝或铜贝这种"自由的货币""流通的货币"之后，我们完全可以推测，其所"当"者实际上是对应重量的贝币。这些新币种的出现，标志着战国末期列国的权力触手，开始介入一个个分散的区域市场，原本为自发货币——贝币所统治的这些零散的、小额的、频繁的区域内交易，也不再被允许游离于统治之外。货贝的丧钟已然敲响。

第三章

大变革时代，
中国法定货币的起源

麻布，铸币出现前的古老货币

"氓之蚩蚩，抱布贸丝。"

——《诗经·卫风·氓》

《汉书·食货志》中说，太公望为周朝确立了"九府圜法"，黄金方寸重1斤，圆形方孔钱用"铢"定重，布、帛宽2.2尺，长4丈为1匹。[①]看似是西周初年已经确定了黄金、圆形方孔钱和布帛并用的货币制度，完全无涉货贝，但由于这段追述缺少考古佐证，实在让人难以置信。反倒是《国语·周语下》中记录的，"景王二十一年，将铸大钱"，以及单穆公劝谏周景王时作为理由的"量资币，权轻重"的子母相权论和"今王废轻而作重，民失其资"的描述[②]可以得到考古发现的印证。

目前，已知最早的铸币币范出土地点，就在东周的王城洛阳与晋国春秋晚期的都城新绛。前者出土的币范为陶制，所铸币型为平肩弧足式空首布，恰好是正反两块，大小形制基本相同，合拢后能基本吻合，上有"安臧"字样，当是常见的"安臧"空首布的面范和背范。该型的平肩弧足式空首布钱币实物多见于战国早期，铸造时间自春秋中晚期至战

---

① [汉]班固：《汉书》卷二十四下《食货志下》："太公为周立九府圜法：黄金方寸而重一斤；钱圜函方，轻重以铢；布、帛广二尺二寸为幅，长四丈为匹。故货宝于金，利于刀，流于泉，布于布，束于帛。"中华书局，1962年，第1149页。
② 徐元诰：《国语集解》第三《周语下》，王树民、沈长云点校，中华书局，2002年，第105页。

国早期，延续时间相当长。①晋国都城新绛位于今山西侯马，在牛村古城东南晋国铸铜遗址中出土了较完整的陶范10件，币型主要是耸肩尖足式空首布，另有铸造铜贝的币范，并同时出土了多达10万件的铸币范芯。所谓范芯，就是铸造青铜器时，放置于外形模具之内的小一号的砂模，当铜液浇入两者之间的空隙时，就形成了青铜器的器壁。晋都遗址的这些范芯，均呈楔形，红褐色，含多量细砂，②虽然是废弃物，却也为此处铸币遗址的产量提供了数据参考。在邻近的牛村南石圭制造作坊中也曾发现贝范45件，出自早期遗迹的23件，中期12件，晚期10件。③在石圭制造作坊南100米的晋国祭祀建筑遗址还出土了空首布范芯4件。

很明显，到春秋中晚期时，周、晋两国的铸币产业已然相当成熟，尤其是晋国的铸币作坊与其他铜器冶铸在一个区域内，既有空首布，也有铜贝的生产，正好填补了称量青铜到青铜铸币之间的一段逻辑空白。由于晋国境内墓葬中也出土了与新绛币范同样形制的"铜贝"，可知该铸币作坊的产品不是专供出口，而是在境内使用；同时新绛的币范还生产空首布，可见如果铜贝是货币，晋国境内施行的就是"双币制"，恰恰符合单穆公所提及的"母权子"和"子权母"，也就是在"双币制"条件下，调节单一币种的投放量，以影响另一币种的市场价格。

不过，与新绛不同，洛阳的东周铸钱遗址没有出土铜贝贝范，在东周王畿范围的墓葬中出土的铜贝也相当有限，数量甚至不如空首布的零散汇总，反倒在春秋中期、春秋晚期、战国早期的墓葬中大量出土骨贝，海贝次之，石贝又次之，高等级大墓中还偶尔出土玉贝。可见，东周并没有像晋国一样，同时铸行空首布、铜贝。周景王"铸大钱"与"废轻

---

① 蔡运章、张书良：《洛阳发现的空首布钱范及相关问题》，载《中原文物》，1998年第3期。
② 山西省考古研究所：《侯马铸铜遗址》，文物出版社，1993年，第102~105页。
③ 吴振禄：《晋国石圭作坊遗址发掘简报》，载《文物》，1987年第6期。

作重"并提，说明原本周朝已有"轻币"，用新币替代旧币，两者不能并存，那么，没有铸行过的铜贝当然不可能被废除。而"铸大钱"的物质表现恰可与洛阳的空首布钱范对应，后者的上限时间也在春秋晚期，而且，"钱"本就是古代铲形农具的名称，在籍田礼中也作为礼器出现，"大钱"二字对应空首布完全可以贯通。

确认这一点后，再细读单穆公的劝谏就会发现，他从未将"大钱"之前的货币称为"钱"或"布""泉"，用词是"资币""重币"，背景是"古者"。站在当时的语境下，他所说的轻币只能是（货）贝、布之一，可是已经被代替、废止的"轻币"在若干年后的战国时代墓葬中又怎么可能大量出土呢？所以，货贝应被排除，且单穆公说，改币的恶果是"离民"，所指只能是王畿百姓，可见，周景王废除的"轻币"只能是王畿百姓用来缴税、贮藏财富的纺织品"布"。

"布"这个字的货币角色，《诗经》《左传》《墨子》《孟子》《荀子》《周礼》《礼记》《管子》《韩非子》等先秦文献均有记载。只是后世学者对"布"所指究竟是青铜铸币还是纺织品的看法各异，自郑众、郑玄注《周礼》时，已有分歧。对"里布"的解释，郑众认为是"布参印书，广二寸，长二尺，以为币，贸易物"。郑玄则反对说："不知言'参印书'者何？见旧时说也。玄谓宅不毛者，罚以一里二十五家之泉。"[1]郑众所说的宽二寸、长二尺的布条，与秦律中的"行布"差别甚大，其原型应是秦汉市场交易、财物出入时常用的竹木制"三辨券"[2]，确实无所本，而郑玄所说的"泉"就干脆与纺织品无关，且没有解释为什么金属铸币的罚款要以"布"为名。

---

[1]［清］孙诒让：《周礼正义》卷二十四《地官司徒·载师》："凡宅不毛者，有里布"条，王文锦、陈玉霞点校，中华书局，1987年，第968页。
[2] 邢义田：《再论三辨券——读岳麓书院藏秦简札记之四》，载《简帛》，2017年第1期。

实际上,《周礼》中有大量税种以"布"为名[1],如邦布、里布、夫布、质布、敛布、罚布、廛布等。李学勤先生曾指出,《周礼》中的许多内容明显早于秦汉律,两者之间存在着渊源关系。[2]也就是说,《周礼》的记载至少应该早于战国秦,而在《诗经·卫风·氓》中已有"氓之蚩蚩,抱布贸丝"。此处的"布"共识为纺织品,简言之,作为纺织品的布在西周至春秋中晚期前,曾作为"实物货币"或"实体货币"用来交易蚕丝。

裴锡圭先生以西周前期青铜器夐卤铭"尸(夷)白(伯)宾夐贝、布"和夐尊铭"尸(夷)白(伯)宾用贝、布"为据,指出西周人以"贝、布"并称,与战国人的"钱、布"并称相类,此时距离最早的青铜布币出现仍有数百年,"布"当然指布帛之布。[3]可见,自西周早期至春秋中前期,"布"就具有交易媒介功能,只是仍无法确认究竟是"实物货币"还是"实体货币"。按照定义,前者泛指尚未定型的,甚至是无法定型的,却可以起到物物交换、进行价格价值比较,具备准货币基本职能属性的物品;后者则特指已经定型的货币形态,以其具体形态完整地起到了货币的全部作用。

古籍中的"布"是麻布还是金属

待到春秋晚期,《左传·昭公二十六年》记载:"鲁人买之,百两一布。"布已经确定地成了"数量单位"。这一记载的背景是鲁昭公流亡齐

---

[1] 艾俊川:《论"布"与先秦赋税》,见《文津学志》(第1辑),北京图书馆出版社,2003年,第98~115页。
[2] 李学勤:《竹简秦汉律与周礼》,见《当代学者自选文库·李学勤卷》,安徽教育出版社,1999年,第383~391页。
[3] 裴锡圭:《先秦古书中的钱币名称》,见《中国钱币论文集》(第四辑),中国金融出版社,2002年,第22~38页。

国，齐景公出兵夺取鲁国郓邑给他居住，又下令禁止接收鲁国贿赂，鲁国季孙氏的家臣申丰、汝贾二人，带着"币锦"两匹来到齐国军营，让齐国大臣子犹的家臣高龁把"币锦"送给子犹，子犹很喜欢，高龁借机说了这么一句话。艾俊川对这句话的解释是："鲁国人买这两匹锦，用一百匹布缴一次税，百两一布的布是赋税。"①此说值得商榷，因劝说之中谈及鲁国赋税过于迂回，但若是强调鲁锦之多，就比较合理了，因为当时二丈为一端，二端为一两，一两即一匹，只是由于商路不通，百匹锦才卖一布的价，正可诱惑贪贿的子犹。其余记载多出自诸子之书，只能确定大致的时间范围，但基本上已经将"布"视为"数量单位"，如《墨子·贵义》中说"今士之用身不若商人之用一布之慎也。商人用一布布（衍字或为市字之讹）……"，"一布"的用法与《左传》上述用法类似，也就是说，无论此处的"一布"是青铜铸造的"铲形币"，还是规格标准化的纺织品，作为一种特定的"数量单位"，都已经属于定型的货币形态，应属"实体货币"。

当然，这里的"一布"到底是青铜铸币，还是纺织品，一直众说纷纭。既有认为"铲形币"因农具"镈"通假为"布"的，故有空首布、平首布之称，彭信威先生即持此论；也有认为"铲形币"实为源自农具"钱"，先秦的"布"则是由布帛之布逐渐演化为钱币的统称，所以"刀布、钱布"连称，并非特指某一种器型，裘锡圭先生就持这一观点。②但是，无论何者为是，"布""帛"字义分别甚明③，"布"所特指的作为货币的纺织品只能是"麻布"，绝不包括丝织品。

---

① 艾俊川：《论"布"与先秦赋税》，见《文津学志》（第1辑），北京图书馆出版社，2003年，第98～115页。

② 裘锡圭：《先秦古书中的钱币名称》，见《中国钱币论文集》（第四辑），中国金融出版社，2002年，第22～38页。

③《说文》解"布"字为"枲织也"。"帛"字为"缯也"。另《左传·闵公二年》："卫文公大布之衣，大帛之冠。"可知春秋至东汉，布、帛分别甚明。

可以确认成书时间为战国前期的《孟子》中提到"有布缕之征，粟米之征，力役之征。君子用其一，缓其二。用其二而民有殍，用其三而父子离"[1]，以及"廛无夫里之布，则天下之民皆悦而愿为之氓矣"[2]。其中所体现出的"廛布、夫布、里布"合而为"布缕之征"，这就说明，战国前期孟子生活的齐、梁区域，仍以纺织品"布"来缴纳《周礼》中已提及的税种。

反倒是《周礼·天官·大宰》中记录的"九贡"之说显露出了一些端倪。其中，"嫔贡"为皮帛或丝帛，"币贡"为绣帛或玉、马、皮、帛，"货贡"为珠贝等自然之物或金、玉、龟、贝，"斿贡"为羽毛或燕好、珠玑、琅玕，"服贡"为祭服或絺紵。归纳起来就是，龟、贝、珠（珠玑）、玉（琅玕）、金、帛（丝帛、绣帛）、皮、马、布（祭服、絺紵）、羽毛，内容不同是因分出郑众、郑玄之注解，但总体差别不大，基本上涵盖了春秋时代"币"的内容，比较特别的就是"布"和"羽毛"。里耶秦简中有"求羽"简[3]，即属于"献"的一部分，类似的项目还有猿、干鲈鱼、干鲮鱼、锦缯、冬瓜等，都是县中给秦王的常规贡献，甚至有"四时献"的名目，"献"也不是基于本地特产，某些物产甚至本地官员完全不知为何物，一部分为刑徒捕获、生产，不足部分则要到市场上购买。[4]干鲈鱼、干鲮鱼、冬瓜等"燕好"之物与羽毛明显属于"斿贡"，锦缯则属于"嫔贡"或"币贡"，也就是说，《周礼》中"贡"的行为，在秦国、秦朝以"献"的名义继续存在。

---

① [清] 焦循：《孟子正义》卷二十九《尽心下》，沈文倬点校，中华书局，1987年，第999~1001页。
② [清] 焦循：《孟子正义》卷七《公孙丑上》，沈文倬点校，中华书局，1987年，第230页。
③ 沈刚：《"贡""赋"之间——试论〈里耶秦简〉[壹] 中的"求羽"简》，载《中国社会经济史研究》，2013年第4期。
④ 李兰芳：《试论里耶秦简中的"献"》，载《中国农史》，2019年第6期。

前后两个情境下，"贡、献"都有别于"常赋"，在《周礼》中"服贡"的布，也与邦布、里布、夫布、质布、欻布、罚布、廛布之类的"常赋"分列，足以说明这些以"布"为名的税种已经不再如战国前期一样征收纺织品"布"了。故此，主要消费和生产锦、绣、绢、缟等丝织品的战国王室才会强调麻葛布的"贡"。这时候布的核心价值就是它的实用性，而非交易媒介的作用，这个功能已经被青铜铸币替代了，也就是《周礼》中反复出现的"泉"。可见《周礼》记载的名目源流或可追溯至西周，制度运行的内核却至少应该是春秋末期、战国前期之后的状态。

周景王改铸"大钱"替代的正是麻布

"今王废轻而作重，民失其资，能无匮乎？"

——《国语·周语下》

由于文献记载和出土实物所体现的流变集中在关东地区，而僻处西陲的秦国则长期处于相对落后的市场经济环境下，不同经济区域能否同步发展，相当可疑，但有几点可以确定：

（1）纺织品"布"在西周至春秋前中期，至少行使着局部交易媒介的功能；

（2）春秋晚期至战国前期，"布"已经是标准化的实体货币；

（3）战国前期齐、魏两国仍在以户为单位征收纺织品"布"为单位的税收；

（4）战国前期之后，常赋已经改以铸币为单位征收，纺织品"布"退居至"贡"的实物角色。

也就是说，《周礼》所记述的"赋""贡"体系在《孟子》的时代之后，"夫布、里布、廛布"这些税种犹在，"常赋"还没有变成秦律中的"户赋""头会箕敛"等青铜铸币计价的货币税，可以视为制度的过渡期。而税收由"布"到"钱"也应是东周列国共通的变化进程，视社会经济发展程度而各有先后。

这就意味着，周景王所废的"轻币"应该就是纺织品布，新铸的"大钱"正是记录战国时代制度的《周礼》中提到的，代替纺织品布完纳"邦布、里布、夫布、质布、敛布、罚布、廛布"之征的"金属铸币"，而这又导出了一个尴尬的结论，以"布"为名的诸多周代税目可能征收货贝吗？答案当然是否定的。《周礼》"九贡"中有一个类别叫"货贡"，惩罚中也有一个类别叫"货罚"。"货"的概念一直是财物，如"珠贝等自然之物"或"金、玉、龟、贝"，可见，在《周礼》的视野中，"布"与"贝"的属性相当分明。在周景王废"轻币"之前，这些"布"都是"布缕之征"，之后则改为"大钱"或称金属"布"。在此条件下，金属"布"，如空首布、平首布的得名，与其说是对农具"镈"的通假，莫如说是对纺织品"布"的继承。正因为这个发展理路清晰，王莽改制之时，才将铲形币命名为"布"。

当然，金属"布"的命名由来只是猜测。不过，由纺织品布到青铜铸币布（泉）的过程是历史现实，具体的变化细节虽已湮灭无闻，但在文献中仍可窥见一些蛛丝马迹，那就是"金"。上文所引《管子》称先王以黄金为中币，并不意味着黄金在西周时代已是货币。目前可见的考古资料表明，商周两代的黄金主要用于装饰，多以青铜器的附属物的形式出现，与之相对的则是金文中大量出现的"金"，如"吉金""赐金""罚金""俘金"等，用途相当广泛，单位往往是标识重量的"寽""钧""锾"。1975年出土的西周"朕匜"铭文中就记录了一次罚金的判决：依你罪，本应鞭打你一千下，施以墨刑；但现在大赦你，免去你的五百鞭，另外五百鞭，改罚金三百锾[1]。《国语·齐语》记载管仲建议齐桓公用金罚制造武备。[2]可见，一直到春秋前期，若干重量的金仍是惩罚的计量尺度，不过已经沦为一种手段，让士手中的金制作成兵器才是目的。《周礼·秋官司寇·职金》则提到，"掌受士之金罚、货罚，入于司兵"[3]，也就是说，一直到战国中期，以罚代刑仍是"士"的阶层特权，士犯法服罪后，上缴的罚金、罚货要交给"司兵"，目的还是增强武备。这条制度逻辑自西周到战国中期一脉相承，作为一种司法量刑的依据，若干重量的青铜本身就具有价值衡量标准的作用。货则是广义的财物，但《周礼》关于判罚量刑的具体记录只有丝织物制成品，并不属于"货"的范畴。"货罚"应该是货币化的罚则，缴纳的是青铜铸币布，在周景王改币之前，则可能是纺织品布，也就是说，"金、货"略同于"金、布"。这一点也可以得到秦汉律中"金布曹"掌管财物出入的印证，汉代时改称"金曹"，《洪范五行传》中提及，"金曹共钱布"[4]，可见前后的继承关系。

由此可见，青铜铸币虽然由"金"铸成，在《周礼》记录的战国中期，与称量青铜和铜贝之间，仍处于并列关系，并非前后相继的因果产物，纺织品布才是金属铸币布的前身，那么，与称量青铜和铜贝相比，纺织品布和金属铸币又有哪些不同呢？简单总结有三条：①可做交易媒

---

① 一锾为六两。

② 徐元诰：《国语集解》第六《齐语》："桓公问曰：'夫军令则寄诸内政矣，齐国寡甲兵，为之若何？'管子对曰：'轻过而移诸甲兵。'桓公曰：'为之若何？'管子对曰：'制重罪赎以犀甲一戟，轻罪赎以鞼盾一戟，小罪谪以金分，宥闲罪。索讼者，三禁而不可上下，坐成以束矢。美金以铸剑戟，试诸狗马；恶金以铸鉏、夷、斤、斸，试诸壤土。'甲兵大足。"王树民、沈长云点校，中华书局，2002年，第230、231页。

③ [清] 孙诒让：《周礼正义》卷六十九《秋官司寇·职金》，王文锦、陈玉霞点校，中华书局，1987年，第2860页。

④ [隋] 萧吉：《五行大义》卷五《第二十二论诸官》："《洪范五行传》云：'……庚为金曹，共钱布。'"钱杭点校，上海书店出版社，2001年，第133页。

介，②可用于纳税，③产出可以被权力垄断。前两条很容易理解，纺织品布可以被垄断的主因是先秦的手工业官营传统，私营手工业诚然存在，但在全社会范围内，托庇于各级封建主之下的"百工"才是生产的主力。这一点与后世"男耕女织"的想象完全不一样，且不说一家一户的小生产者诞生较晚，种植枲麻原料也要占用耕地，"麻"与"桑"在当时都被视为经济作物，能够经营和发展相关产业的只能是各级政权。

没有水路物流升级，就不会有金属铸币

"君子以捊多益寡，称物平施。"[1]

——《易·谦》

已知最早的"原始布"出现在西周时期，实物外形就是一把铲子，长度仅11~16厘米，比实用铲略小，多数没有铭文。其后的列国青铜铸币也多取法自工具，渊源就是商周流传下来的信仰传统，如"刀币"取形自祭祀中切割牺牲的礼刀；"钱"为古代铲形农具，是籍田礼中农具礼器的变体，出土有重约200克者；圜钱（圆形圆孔钱）外形则源自"玉璧"[2]。之所以都是"变体"，根源在于迟至西周中期墓葬中仍普遍存在的高级贵族互赠礼器的传统。[3]互赠的礼器，由信仰传统赋予价值，久而久之，价值共识就转移到了"器形"之上，所以，早期由礼器变形的青铜铸币往往过大、过重，既不便携又过于昂贵，并不利于一般市场

---

①［清］李道平：《周易集解纂疏》卷三《上经第三》，"谦"条，潘雨廷点校，中华书局，1994年，第196页。

② 蔡运章：《中国钱币大辞典·先秦编·先秦货币》，中华书局，1995年，第3页。

③ 胡进驻：《试论中国先秦青铜铸币形制选择的礼制因素》，载《中国钱币》，2020年第1期。

交易使用。

之所以出现这种矛盾的现象，盖因青铜铸币最初是作为对朝贡诸侯的"赐"而铸造，属于用来赠予的小件礼器，近似于殷商已经出现的没有使用痕迹的铜斧。它本身不具备货币价值，只有币材金属的价值和权力赋予的礼仪含义，没有大规模生产的必要，所以才取法实用器的形制。与铜贝一样，借用是对这个外形本身的价值共识，并没有考虑它被当作"手交货币"使用的可能性。所以，将"原始布"视为西周的货币并不恰当，无论是文献记载，还是出土实物，除了外观，很难建立起它与春秋晚期成熟的青铜铸币之间的承继关系。中国青铜铸币的后续发展得益于一系列复杂的原因。

从历史的发展趋势来看，彻底改变中国经济格局的变化是水路运输的崛起。

对于舟楫，周人并不陌生，《诗经·大雅·大明》中说"造舟为梁"，就是周文王迎亲以船作浮桥，渡过渭水。《尔雅·释水》中说："天子造舟、诸侯维舟、大夫方舟、士特舟、庶人乘泭。"说的就是天子并联船只为浮桥，诸侯维连四船，大夫并排两船，士一船，庶人乘木筏，很明显只是为了渡河，黄河流域的众多川、渎，为周人提供的只是河谷地带便利的出行路线。

反观楚国，不仅利用天然河流汉水、江水行舟，还开凿了中国历史上的第一条运河。楚国的都城郢（今湖北江陵北），地临长江中游，若从此地北出襄樊争霸中原，会因与汉水间无法直接通航，需沿江逆汉水而上，绕道千里。故此，楚庄王令尹孙叔敖筑造大坝壅塞河道，让沮水沿着扬水河道东流，至今湖北潜江县西北注入汉水，也就沟通了长江与汉水。同时，楚国还修建了另一个沟通江淮的水利工程"芍陂"。《淮南子·人间训》中说："孙叔敖决期思之水，而灌雩娄之野，楚庄王知其可以为令尹也。"①所指就是芍陂工程，当然也有楚大夫子思造芍陂的说法，但该工程建设于春秋中期应无疑问。期思、零娄两处都是地名，是楚国的"东邑"，故城分别在今河南固始县西北和霍邱县西南。整个工程是将期思附近的沘水，也就是淠水，壅塞之后东引入芍陂，形成大湖；再放水东入肥水，使东肥水与施水在上游通过阎涧水连接；水量充沛时，施水、肥水、沘水和淮水均可通漕；南达巢湖后，又通过栅水沟通长江，将江淮两条大河连接在一起。

江、汉、淮三条水系联通之后，春秋中期的楚国，就可以雄踞长江中游，西望汉水故地，东窥淮北沃土，自长江经栅水北上可直达巢湖，再北上入淮。仅由淮河可选的通航支流就相当多了，汝水、颍水、涡水、睢水、泗水、沂水可通陈、蔡、宋、郑、鲁、莒等国。当然，楚国的北上仍主要集中于淮水的西段，能够大规模水运的也主要是长江中游的湖北铜绿山铜矿等地。春秋时期，在今鄂赣之间、赣皖之间，长江干流两岸的湖泊较多，长江的江面甚为渺茫宽阔，江水较急，以当时的航运水平，长江中下游不适合水运通航，长江沿线水上交通此时应该尚未形成。②一直到战国中晚期，楚国才逐渐打通了长江中下游的航运交通线路。③就连今武汉地区都还在扬越族群的控制下，江西瑞昌铜矿、锡矿，安徽的皖南铜矿区，也在楚国控制之外。所以，晋楚争霸的主战场就在陈、蔡、宋、郑等国，这不仅是对霸主名义的争夺，还是借助舟楫之利的江淮势力对河济之间车马文明的侵蚀。

从春秋中晚期各主要诸侯国的改革可以看到，原本的"族"为基本经济组织的格局，支离破碎。"公室（县官）"替代了"族"的角色占有

---

① 何宁：《淮南子集释》卷十八《人间训》，中华书局，1998年，第1301页。
② 史念海：《春秋时代的交通道路》，载《人文杂志》，1960年第3期。
③ 陈伟：《楚"东国"地理研究》，武汉大学出版社，1992年，第225页。

和分配最基础的财产——土地，而自然结构型家庭，甚至是夫妻构成的核心家庭在此之下，拥有了房屋、收获物、财物、奴婢等财产的支配权。伴随着商业活动的复兴，青铜世界的内核发生了巨变，同样变化的，是这个世界的轮廓。

物流革命带来商业革命

春秋末期，长江中下游的吴、越崛起。作为曾经被遮蔽在淮夷之外的"南国"，无论吴国如何强调自己"泰伯之后"的身份，其所在的区域都是与楚、周相隔甚远的蛮荒之地。可在春秋末期，吴国崛起，并大规模修筑运河。《越绝书》记载："百尺渎，奏江，吴以达粮。"[1]这是一条沟通吴、越的运河，由江苏苏州通向今浙江海宁盐官镇西南四十里的河庄山侧古钱塘江北岸。吴王夫差还修筑了"古江南河"，自今苏州西北行，穿过漕湖、阳湖，在常州以北、江阴以西的利港入于长江，以达今江苏扬州。扬州之北则是邗沟，其实是两段，南段是在邗江筑城（今扬州市西北的蜀岗尾闾）穿沟，东北通射阳湖，北段由射阳湖出；西北至末口（今淮安县东北五里北神堰）入淮水，用以沟通江淮两大水系。在破齐之后，吴王夫差又"阙为深沟，通于商（宋）鲁之间"，在今定陶区东北连接济水的菏泽引水东南流，其故道大概在今山东西南部成武、金乡二县之北，自西向东注入南阳湖的万福河。因渠水引自菏泽，运河又名菏水，用以沟通泗水和济水，建筑时间应该在周敬王三十七年（前483年）至次年之交。

---

[1]［汉］袁康、吴平：《越绝书》卷二《越绝外传记吴地传第三》，徐儒宗点校，浙江古籍出版社，2013年，第9页。

至此，原来互不径通的江、淮、河、济四渎全面贯通。[①]同时明确了用途，就是"达粮"，也就是运粮。很明显，西周、东周的水运物流大变革，开始时间相对较晚，春秋中期只在楚国境内起步，至春秋末期才抵达河济之间的腹地。尤其是吴国的运河修筑，终于填补了淮水、江水东线的交通网，将江南的铜料和主导这些矿区生产的百越族群一同纳入诸夏文明的视野之中。"金道锡行"成了历史。水运的发展，不但影响了中原的政治格局，还逐步改变了水运贯通区域的经济形态。

尽管春秋战国时代商业活动的直接证据不多，但从"鄂君启节"上，倒可以管窥一些规律性的信息。鄂君启节是战国中期楚怀王颁发给鄂地封君启的免税通关凭证，青铜质地、形似剖开的竹片，表面布满错金铭文，共分5片，中间有两道凸起的弦纹模仿竹节，5片合拢之后就是一节竹筒。其中又分3枚车节，2枚舟节，各自记录了运输工具和货物量，以及禁运物资的种类。

其中，舟节规定最多通行50艘大船或150艘小船，一年内往返；车节则规定最多通行50辆车，一年内往返。禁止运输青铜、皮革等军用物资。如果用马、牛等牲畜拉货物，10匹与一车的运载量相同；如果用挑夫运输，20人与一车的运载量相同。这些都要从50辆车的运载总量中减去。学界对"鄂君启节"规定运输量的计算，在舟运上分歧不大，认为每舟运载量不低于6吨，150艘至少900吨；陆路运输50辆车的运力计算在27~50吨之间。

作为经商的特许凭证，"鄂君启节"上还规定了水路和陆路通行免税的范围，都以鄂地为起点，以郢为终点，但却不是直线行动。鄂君船队溯汉水而上，西抵楚、秦交界的郧阳一带；东边沿江而下，远至长江下

---

① 王育民：《先秦时期运河考略》，载《上海师范大学学报（哲学社会科学版）》，1984年第3期。

游与越交境的泸江、爰陵一线；南面则到湘水上游、南岭北麓，属南越故土的洮阳、郴等地。楚国郇阳在今陕西省安康市旬阳县；泸江发源于今皖南黄山，北流至芜湖附近注入长江之青弋江；爰陵在今安徽宣城一带，位于青弋江支流水阳江西岸；洮阳在湘江上游支流黄沙河北岸，今广西全州以北，郴则就是今天的湖南郴州。鄂君车队基本上沿楚国北部疆域行走，从鄂市出发，先后经过方城、阳丘、象禾、酉棼、繁阳、高丘、下蔡、居巢等地，最后到达郢都。从当时的列国疆域形势来看，象禾、酉棼应靠近楚韩接壤之地；繁阳、高丘当距魏国南境不远；下蔡一带则与宋、齐边境相邻。不过，值得注意的是，这些地方一方面是楚国疆域所至的边地，另一方面又多为普通城邑，而非宛、邓、鄢、长沙一类相对发达或繁华的区域中心，说明楚王对其境内私有经商活动的若干限制，即使鄂君启之类王公贵族亦不例外。①对比车节和舟节所代表的两种运输模式可知，水运总量可达陆运的18～33倍。在行程距离上，自汉江上游到湘江上游支流，再经长江到青弋江，行程数千里，是陆路行程的好几倍。更重要的是，车行之路是连点成线，行程都在政权的控制之下；而水行之路则是可抵达之处，具有一定的自由度。

当然，鄂君启不会天天跟着商队贸易，他只是免税特权的身份来源，具体行商的是他的商人附庸，或他的代理人组织的商队。鄂君启节所记的行程也表明，楚国并没有给予封君的商队以出境贸易的特权，且禁止其夹带能够制造兵器的战略物资，与"晋姜鼎"铭文中记录的车队贸易的模式相近。也就是说，这种特许贸易大体上延续了西周社会的管理模式。不过，鄂君启节附着的免税特权也意味着，与此类特许贸易对应的，还应存在需要缴纳过关租税的私商。

随着时代的发展，贸易的规模和距离远远超过了西周时代。《史

---

① 徐少华：《鄂君启节与战国中期的楚国疆域形势》，载《历史地理》，2017年第1期。

记·货殖列传》中提及："谚曰：'百里不贩樵，千里不贩籴。'"①谚语某
种程度上代表着生活常识，百里外不贩卖柴禾，千里外不贩运粮食。原
因是随着路程的增加，运费会超过差价，吞噬利润，但在西汉初年，贩
卖木柴的空间范围可以达到100里，粮食的空间范围达到1000里。按照
《史记·夏本纪》和《尚书·禹贡》的地理观念，"令天子之国以外五百
里甸服"，也就是以国都为中心辐射，100里内上交要缴纳连着秸穗的整
捆禾，200里内的要缴纳禾穗，300里内的要缴纳去掉了秸芒的穗，400
里内的要缴纳脱壳的粟，500里内的要缴纳舂后的精米，500里外就是侯
服，主要承担役事的义务。"贩籴"可没有"纳赋"的强制性，空间范围
却可以达到战国时代成文的《尚书·禹贡》中精米物流距离的2倍。这
就意味着，经过春秋战国时代的发展，商业活动的运力和距离都远远超
出了各级邑的范畴，甚至跨越了《周礼》中规定的1000里王畿的空间范
畴。世界的轮廓从根本上改变了。

最早的青铜法币：服务于朝贡体系的"票证"

大宗贸易范围的扩张，意味着技术的进步，更意味着统治者可直接
吸收资源的区域不再仅限于王畿，物流辐射圈成倍地扩张。那么，配套
于王都和王畿内邑的点对点统治的本地税收模式明显已不合时宜。布依
就近原则征收，本身又是一种商品。按照上文所引黑田明伸教授指出的，
过度囤积麻布的行为并不比殖民地时代的东非人囤积家畜更理智，不仅
因为麻布不适宜担当手交货币，更重要的是，当国内的经济中心不止一
个时，麻布代表的财富向政治中心集中后，价格的浮动会造成购买力的

---

① [汉] 司马迁：《史记》卷一百二十九《货殖列传》，中华书局，1959年，第3271页。

严重的缩水，实物货币的自然消费和回流，又会在平时造成通货的短缺。两个因素叠加，无疑会造成财政相当大的损失。

要知道，自周平王东迁成周之后，周王畿自西周时代沿袭下来的财政缺口越来越大，贵族间的珠玉玩好、钟鼎彝器固然不足，粮食、布帛和各种实用的手工业产品更是缺乏。正如《管子·轻重丁》所说，"天子之养不足"，"故周天子七年不求贺献者"。在齐桓公的时代，周天子的"养"已经不够，想要维持，只能向诸侯"求贺献"，也就是"贡"，这就接续了之前关于西周经济的讨论，诸侯的"贡"原本用于"助祭"，而非对天子的"养"。名义不一样，内容当然也不一样，所以当财力窘迫的周天子派重臣到周公后裔鲁国"求车""求金"时，反被斥为"非礼"。

在此条件下，东周王室只能将"祭"与"养"合一。春秋五霸的首位，齐桓公讲究"轻其币而重其礼"，诸侯的使臣空着袋子来齐国，回去时都能满载而归。①之后的晋文公、晋襄公称霸时，"其务不烦诸侯，令诸侯三岁而聘，五岁而朝"。②由于朝、聘伴随的是"贡"和"贿"，这种定期定额的负担甚至得到了中小诸侯的赞扬。可到了春秋晚期，晋国这个霸主也走向了"重财轻礼"，按照郑国子产的说法是："行理之命，无月不至，贡之无艺，小国有阙，所以得罪也。诸侯修盟，存小国也。贡献无极，亡可待也。"③霸主的使者每月都到，索取贡献毫无限度，郑国就要被逼亡国了，可见贡献负担之重。

子产的争辩还揭示了一个重要信息。地位低而贡献重者是甸服的诸

---

① 徐元诰：《国语集解》第六《齐语》："诸侯之使，垂橐而入，稇载而归。"王树民、沈长云点校，中华书局，2002年，第239页。
② ［清］洪亮吉：《春秋左传诂》卷十五《昭公一》，"昭公三年"条，李解民点校，中华书局，1987年，第649页。
③ ［清］洪亮吉：《春秋左传诂》卷十六《昭公二》，"昭公十三年"条，李解民点校，中华书局，1987年，第713页。

侯，郑伯属于男服，按照公侯的标准贡献，怕给不起。结合《史记·周本纪》中说的"日祭，月祀，时享，岁贡，终王"[1]五等，"无月不至"相当于"月祀"，也就是"侯服"的标准，"要服"是蛮夷地界，则子产口中的"男"对应是"宾服"，理应一季"享"一次。这个例子也说明了，春秋时代霸主征"贡"仍在延续西周的祭礼标准，秩序基础仍是旧制，只是政治中心偏移，出现了孔子说的"礼乐征伐自诸侯出"。从这个角度讲，春秋五霸可以说是旧秩序的维护者，秩序之下的小国诸侯们也只是换了一个朝贡对象，终春秋之世，各国诸侯或单独或二人相偕或集体朝王未足十次，鲁国十二君只有三人次朝王。朝见霸主却不计其数，仅鲁君朝晋君就有二十次。[2]

不过，诸侯固然不朝天子，职贡仍由霸主国转交，比如齐桓公与鲁、宋、陈、郑在宁母会盟，即"齐侯修礼于诸侯，诸侯官受方物"[3]，由齐国官府收取诸侯贡品转交天子，这一传统也得到了晋文公、晋襄公之后的晋国国君的尊重。鲁昭公十五年（前527年），春秋时代临近尾声，改铸大钱的周景王在宴会上以鲁国进贡的壶为由头，责问晋使：诸侯都有进贡彝器，为什么就晋国没有？[4]这一事例说明，春秋时期虽然诸侯不朝，却仍在向天子进贡，晋国也应是职贡不绝，相对恭顺，周景王才敢直接责备，若像春秋前期向诸侯"求赙、求车、求金"一样卑微，绝不可能有这个姿态。周天子在霸主秩序下仍是姬姓大宗的主祭者和诸侯职贡的分利者，诸侯以助祭名义上交的贡献在霸主的武力威胁下也趋于稳

① ［汉］司马迁：《史记》卷四《周本纪》，中华书局，1959年，第136页。
② 陈筱芳：《论春秋霸主与诸侯的关系》，载《西南民族学院学报（哲学社会科学版）》，1995年第3期。
③ ［清］洪亮吉：《春秋左传诂》卷七《僖公一》，"僖公七年"条，李解民点校，中华书局，1987年，第283页。
④ ［清］洪亮吉：《春秋左传诂》卷十七《昭公三》，"昭公十五年"条，李解民点校，中华书局，1987年，第720页。

定，这日子反倒越过越好了。正因如此，周景王在改铸大钱之后，又铸造"无射"编钟，规格比先王的更大、更重，又在筵席上询问列国进贡的青铜器，都说明周王室手中有大量青铜，才能肆无忌惮地挥霍。

按照礼尚往来的原则，有"贡"也要有"赐"，不仅周天子，霸主晋侯、楚王一样要与来朝、来贡的诸侯互动，要有回赐、回礼。"赐金、赐器"行为的变体就是铸成礼器形状的青铜"币"。这本身就是东周时代延续的西周传统，到了周景王"铸大钱""废轻而作重"时，最大的变化方才发生。那就是要求王畿百姓改变以麻布纳税的传统，转而以青铜"大钱"缴纳里布、邦布等税收，相当于以权力制造了一种全新的、马克斯·韦伯口中专用于定向纳税的"票证"，当然，也是一类不完整的货币。

第四章

列王的纷争，货币的竞争

狭小的周王畿聚集了200多种标识地名铸币

> "五谷食米，民之司命也；黄金刀币，民之通施也。故善者执其
> 通施以御其司命，故民力可得而尽也。"[①]
>
> ——《管子·国蓄》

　　《管子·轻重丁》中讲过两个故事，名为"石璧谋"和"菁茅谋"。"石璧谋"中说，齐桓公想要朝见天子，却发现献礼不足，就请管仲设谋。管仲建议在阴里筑城，要求有三层城墙，九道城门，再利用此项工程召集玉匠把石头雕刻成石璧，直径一尺的定价一万钱，八寸的定价八千，七寸定价七千，石珪值四千，石瑗值五百。雕刻完成后，管仲就去面见天子，提出齐君想要带领诸侯朝拜先王宗庙，观礼于周室，请发布命令，要求天下诸侯凡来朝拜先王宗庙并观礼于周室的，必须带上彤弓和石璧。不带彤弓、石璧者不准入朝。于是，天子向天下诸侯发令，诸侯们便载着黄金、珠玉、粮食、绢帛和布、钱到齐国购买石璧，齐国的石璧由此流布天下。而天下财物归齐，以至于齐国此后八年不需征收籍布的税收。[②]

　　"菁茅谋"与之异曲同工。齐桓公曾问管仲，而今周天子财用不足，

---

① 黎翔凤：《管子校注》卷二十二《国蓄第七十三》，梁运华整理，中华书局，2004年，第1259页。

② 黎翔凤：《管子校注》卷二十四《轻重丁第八十三》，梁运华整理，中华书局，2004年，第1471、1472页。

向天下诸侯征赋却得不到信任和响应，如何解决呢？管仲回答说，江淮之间有一种形状特殊的茅草叫菁茅。先请周天子派人把出产菁茅的地方封禁，再在泰山祭天、梁父山祭地的时候向天下诸侯下令，凡是随从封禅的，都要带一捆菁茅在祭祀时垫在祭品下面，称之为"禅藉"，否则不能参与典礼。天下诸侯于是都载着黄金奔走求购，菁茅价格上涨十倍，一捆可以卖到百金。故此，周天子即位仅仅三天，天下黄金就从四面八方像流水一样汇聚周室，以至于周天子此后七年不需索取诸侯的贡献。①当然，"石璧谋"于史无征，难辨真伪。很明显，"菁茅谋"这个故事为杜撰，因《史记·封禅书》明确记载，齐桓公的封禅图谋被管仲劝止，理由之一就是要用到菁茅。②

不过《管子》的创作下限是西汉，当时距离东周不过数百年，杜撰故事中本就埋藏着对之前历史的总结，其中透露出的思想高度一致，那就是权力可以凭空创造商品的需求。哪怕是石头，雕刻成礼器之后，也可以用权力制定高价，这倒也是事实。由于春秋晚期私家盟誓需求的爆发，石圭这种礼器必不可少，在晋国新绛就有长达百年的石圭作坊遗址。

显而易见，"石璧"与"大钱"几乎是可以互换的角色，周景王以权力制造了"大钱"的需求——纳税。同时，"大钱"又作为批量生产的礼品赐予各级封建主，王畿的百姓为了完税，不得不出售自己的商品以换取这种定向纳税的票证。这就使得获赐的各级封建主可以在王畿市场消费，而这些特殊的礼品又不能在其他场景下使用，也就意味着会长期在王畿市场中流通，再通过王畿的货币税收回流到周景王的钱袋里，相当于自造了一个货币循环。此时的"大钱"，由于在王畿内"制造"出了通

① 黎翔凤：《管子校注》卷二十四《轻重丁第八十三》，梁运华整理，中华书局，2004年，第1473页。
②［汉］司马迁：《史记》卷二十八《封禅书》，中华书局，1959年，第1361页。

货功能，就由定向纳税的票证进化为马克斯·韦伯口中的"行政货币"。

在东周王畿制造全新的"行政货币"之后，列国在数百年间陆续跟进，有三晋"布币""圜钱"，有齐、燕、赵、中山的"刀币"，各种铸币形制互相影响，甚至跨越了国界。但在先秦著述中，这一整套复杂的货币体系极少体现，全赖考古发现才得以窥见全貌。

据黄锡全先生统计，先秦时期金属铸币上的地名不少于400个。[①]过往这些地名常被认为是货币的铸造地，不过，蔡运章先生曾指出："过去有人认为这些钱文'最大多数是铸造地名'，现在看来这种说法是缺乏根据的。例如，平肩弧足空首布上的钱文有二百种左右，这种货币大都出土在洛阳一带，当是东周王畿内的铸币。春秋战国时期周王畿疆域狭小，在区区小周的国土内，绝不可能有一二百个城邑都来铸造钱币。"[②]也就是说，已知钱文上标识地名的先秦金属铸币，有50%左右在周王畿范围内被发现，这一奇怪的现象自然引起了学界的关注。

张剑在《关于东周王畿内出土货币的几个问题》一文中，对截至2000年洛阳出土的东周金属铸币进行了细致的数据分析，分空首布、平首布和圜钱三大类，其中空首布共4000多枚；平首布共594枚；圜钱共166枚。"据初步统计，大、中型平肩空首布的文字有190多种，其中1949年以后出土的计有150多种，小型平肩空首布的文字有18种，斜肩空首布的文字有3种，平首布和圜钱的文字共有18种。在这些文字中，除空首布的文字大约有一半是记数目、天干地支、阴阳五行、方位、吉语、事物，其余的都是记钱币铸造地地名，有的还记币质重量。"[③]在这些

① 黄锡全：《先秦货币中的地名》，见唐晓峰主编：《九州岛》第3辑《先秦历史地理专号》，商务印书馆，2003年，第198页。
② 蔡运章、余扶危：《空首布初探》，见中国钱币学会主编：《中国钱币论文集》，中国金融出版社，1992年，第95页。
③ 张剑：《关于东周王畿内出土货币的几个问题》，载《华夏文物》，2000年第3期。

地名中，大、中型平肩空首布属周者有37种，属晋者9种，属郑者6种，属卫者2种，属宋者1种；斜肩空首布属周者有4种；小型平肩空首布属周者5种；平首布属魏者8种，属韩者2种，属赵者4种；圜钱属魏者2种，东周1种，西周1种，秦1种，周1种。

先秦铸币上的地名真的是铸造地吗

过往对这一现象的解释是，东周地处天下之中，各国货币通过商业流通涌入洛阳市场造成了币种的集中，如《战国策》就记载张仪游说秦惠王时评价，"今三川、周室，天下之市朝也"[1]，点明了东周商业的发达。看似自圆其说，却没有考虑如此繁多的货币种类涌入区域市场所引起的混乱绝非一朝一夕可以解决。兑换也好，称量也好，分区流通也好，总应该留下一些蛛丝马迹，可考古、文献中毫无体现。不仅如此，《史记·货殖列传》中提到，"洛阳东贾齐、鲁，南贾梁、楚"[2]，齐国的刀币，鲁国、楚国的贝币，乃至于秦国的半两钱（发现的秦圜钱是吕不韦为封地所铸"文信钱"），在洛阳王畿范围内都没有大规模发现，难道东周繁荣的商业与它们无关？

更重要的是，已知以出土币范为标志的春秋战国铸币遗址共28处，包括山西临汾地区侯马晋国都城遗址，运城地区夏县禹王城遗址；河南洛阳市政府家属院附近，洛阳东周王城遗址区中的东周王城和汉河南县城两处，洛阳郊区董村，郑州市新郑郑韩故城遗址；河北石家庄市平山县中山国灵寿城遗址，保定易县燕下都遗址，承德市承德县杨树底罗家

① 何建章：《战国策注释》卷三《秦策一》，中华书局，1990年，第102页。
② ［汉］司马迁：《史记》卷一百二十九《货殖列传》，中华书局，1959年，第3265页。

沟附近，张家口市怀来大古城村附近；陕西榆林地区绥德县辛店乡邓家楼村附近，渭南市韩城城古村南，宝鸡市凤翔县东社村，西安市临潼区；内蒙古乌兰察布市凉城县崞县窑乡郭石匠沟村附近，赤峰市喀喇沁旗上瓦房乡大西沟门村附近，宁城县黑城遗址附近，包头市郊区麻池乡窝尔吐壕水库附近；山东临淄齐国故城遗址内，青岛市平度市古岘即墨故城内，潍坊市青州市北前范村，临朐县城东北宿家庄，高密市附近，日照市莒县莒国故城内；安徽省芜湖市繁昌县，池州地区的贵池市等地。春秋时代有2处，战国时代有26处，简单区分又可归为三类：①国家都城（或相当于都城）；②边疆郡治；③铜矿产区。这个数量远没有钱文所见地名那样多，空间范围也要小得多。

　　幸运的是，1998年，河南省文物考古研究所在新郑市"郑韩故城"发现了一块"方足小布"正面残范，上有"平阳"字样。韩国的"平阳"地望在今山西省临汾西南，与"郑韩故城"相距甚远，说明青铜铸币的真实铸造地未必与钱文地名吻合。[①]大原则确定后，很多实例便得到了解释，如在"郑韩故城"内出土的"圆足蔺字大布"范、"圆足离石大布"范上的"蔺"和"离石"就是地望在山西的古邑名，远在黄河之北。这意味着，在东周王畿发现的铸币地名未必是它的铸造地，只能表明它和那个地名代表的地理区域存在某种联系。

　　周天子与畿外诸侯之地最主要的经济联系，应该就是贡赋了。自春秋中期开始，楚国屡屡北上争霸，对看似稳定的诸侯"职贡"体系多有冲击。按照子产的说法，霸主国晋国的使者每月必到，远远超过了郑、鲁等小国君主"朝"霸主的频率，尽管后者的规模更大，甚至多达车百辆。可日常的索贡，若以月为单位进行，无论是由进贡国运输，还是霸

① 马俊才：《新郑"郑韩故城"新出土东周钱范》，见中国钱币学会编：《中国钱币论文集》（第4辑），中国金融出版社，2002年，第87~88页。

主国自取，都会产生极高的运输成本。这种浪费在西周鼎盛时期还可作为消耗诸侯国力的手段，在两霸相争的时势下明显不合时宜。尤其是在春秋晚期晋楚"弭兵"之后，中小国家需同时向两家霸主奉献"职贡"，这种负担无疑更加惨重。

要解决这一问题，改善交通只能算是远水，改变"职贡"的内容形态，却可以解近渴。周天子和晋国作为同一文化圈的祭祀、权力中心，周景王的"大钱"在形制上绝不是首创。洛阳与新绛铸币作坊生产的空首布形制不一就是明证，两者之间应该有共同的源头，但用法应该区别不大，都是在"贡"和"赐"上下功夫。

值得注意的是，战国中期纵横家张仪口中的"天下之市朝"，司马迁笔下的"街居在齐秦楚赵之中"①的东周洛阳极少发现齐、楚、秦、赵的货币。依照战国中期苏秦家人所说，"周人之俗，治产业，力工商，逐什二以为务"，周人的习俗应该是以工商为能，追逐商业20%的利润，这也符合洛阳居天下中心的地理优势，简言之，应该是以本地开店的坐贾为主，静待八方来客。但是，《史记·货殖列传》中又说："东贾齐、鲁，南贾梁、楚……贫人学事富家，相矜以久贾，数过邑不入门，设任此等，故师史能致七千万。"②这就说明，周人的"贾"不是"坐贾"，而是"行商"。外出做生意成了习俗，才有大批贫民为了行商过邑门而不入。师史就是靠着这样的下属和数以百计的运输车队，才得以致富。那么，这种习俗从何而来？史书记载，管仲分齐国为二十一乡，其中工商乡六，令其"负、任、担、荷，服牛轺马，以周四方，以其所有，易其所无"。③周室可没有类似社会变革的记载，习俗总不会是凭空而来。其实，在

①［汉］司马迁：《史记》卷一百二十九《货殖列传》，中华书局，1959年，第3279页。
②［汉］司马迁：《史记》卷一百二十九《货殖列传》，中华书局，1959年，第3265、3279页。
③徐元诰：《国语集解》第六《齐语》，王树民、沈长云点校，中华书局，2002年，第220页。

《周礼》的时代，东周王畿的税收已经由"布缕之征"变为金属货币的征收，也就是说，经历过周景王"铸大钱"的改革，青铜铸币已经不再是西周末期、春秋初期的回赐礼器概念，它的功能进一步扩张的标志性事件，恰恰是标识地名青铜铸币的产生。

青铜铸币，战国七雄中央财政的秘密武器

在货币上铸造地名本质上是对周景王"大钱"用途的拓展。周景王的"大钱"实则是通过强制王畿百姓用其纳税以创造需求，而受赐的诸侯国只能将"大钱"回流周王畿购买物资。王畿商人再到诸侯国去购买物资赚取差价时，所持的只能是王畿货物或当地贸易认可的通货。前者是以物易物形态，后者则是多次兑换的形态，都增加了交易成本，而铸造定向流通于某货源地的钱币，则直接实现了两点之间的互通。对附庸于王室的商人而言，就将贸易点与洛阳之间连成了线。这种规定贸易线的逻辑，在战国中期楚人的"鄂君启节"行程上仍可见端倪。简言之，两点成线或多点连线，将周景王塑造的王畿货币循环拓展到了各个贸易点。

至此，我们有理由推测，西周到春秋末期的东周王室铸币与晋国国都的铸币发展历程应有以下几步：①回赐青铜及青铜制成品礼器是原初状态；②铸币进入税收体系，替代纺织品"布"，成为正式的行政货币；③周室、晋国回赐诸侯国的铸币允许在洛阳为中心的王畿或晋国都城附近购买物资代替贡物，制造物资需求，再由洛阳、新绛的商人远赴各国贩运物资，以减轻朝贡诸侯的运输负担。

待到战国中期，七国相继称王后，芈姓楚国，嬴姓的秦、赵，妫姓的田齐和遥远的燕国，都解除了与周天子的"仇匹"关系。唯有韩、魏

两国，由于韩氏始祖姬万是晋国曲沃武公的庶子，向上追溯则是周武王之子唐叔虞；魏氏的始祖是毕万，向上追溯是周武王的弟弟毕公高，他们和周天子都是文王、武王的后人，无论从天命合法性还是宗法祭祀来讲，韩、魏两国都与周天子难以切割。作为"宗主"，韩、魏极有可能继承了晋室的"代贡"义务，将各个宗族分支的"邑"给周天子"大宗"祭祀文、武二王的"助祭"转交周室。这种行为在春秋时代也有先例，即晋灭虞之后，"修虞祀，且归其职贡于王"。[①]灭国后不绝其祀，并继续向周天子修贡，更何况韩、魏本国的同姓封君，在宗教意义上的"助祭"并不等于政治上的归属。

考古证据表明，韩、魏两国的多个国都都有铸造钱币的遗址。"郑韩故城"更是出土了大量标有其他"邑"地名的币范，这也说明，至少韩国继承了周、晋旧制，以铸币的形式接收国都之外"邑"的贡赋，以单点连线或多点连线的贸易模式来获取边远属地的贡赋物资。这也解释了，为什么洛阳一地会有近200种地名铸币的出土。现实中，这些铸币的大部分同类已经由洛阳城中的商贾作为本钱，到铸币的流通地低买高卖获取物资，久而久之，类似于清代的山西、徽州商人，离乡行贾相沿成俗直至汉代，这才有了《史记·货殖列传》中的相应记录。

综上所述，东周、三晋"布币"的诞生与西周的"点对点"统治模式休戚相关，更与黄河流域的交通、经济环境密不可分。经过春秋时代的灭国征伐，今陕西省东部、陕西省中南部、河北省西部、河南省中北部的广大地域中，数目众多的"邑"被纳入了晋国的版图，固然有晋国诸卿的分治，地理上的阻隔，犬牙交错的归属，都让统治成为新的难题。

统治又分虚、实两道。虚者如同周人重视"仇匹"关系，晋人通过

---

①［清］洪亮吉：《春秋左传诂》卷七《僖公一》，"僖公五年"条，李解民点校，中华书局，1987年，第281页。

侯马盟书中常见的盟誓方式，在以"族"为基础的社会结构逐渐瓦解，"自然结构家庭"日渐兴盛的背景下，重新建立君臣效忠关系。实者则无过于军、财二事，即本地的军事权力归属和财政收入归属，后者更是前者的物质基础。可晋国诸卿乃至于后来的三晋领地不只是山川险阻，甚至还有隔绝的飞地，让这些领地仅承担军役和象征性的贡赋，不但无法供养没有连片王畿围护的王都，还容易积蓄力量形成新的、独立的政治中心，最终分裂国家。

在此条件下，由中央朝廷铸造可以在王都纳税的青铜铸币，以目标地的应纳贡赋为价值保障，由户籍编列于都城邑中的商人远途贩运物资，商人通过"操奇赢"获得"什二之利"，王都则可以无成本地获得商人的租税和远方的物资，就形成了一个全新的"官商利益共同体"。此时，标识地名的青铜铸币就是一种仅限于王都和目标地兑现的"支付凭证"。这种货币的首要目的不是自由的流通，为民间交易提供便利的通货，而是为了更顺畅、更经济地获取财政收入，应归于马克斯·韦伯口中的"行政货币"之列。

姗姗来迟的黄金

"使吾得居楚之黄金，吾能令农毋耕而食，女毋织而衣。"[①]

——《管子·轻重甲》

在战国秦汉对"先王"币制的追述中，黄金都是必不可少的组成部

---

① 黎翔凤：《管子校注》卷二十三《轻重甲第八十》，梁运华整理，中华书局，2004年，第1422页。

分，远者如司马迁说"虞夏之币，金为三品"①，近者如班固说，"太公为周立九府圜法，黄金方寸而重一斤"②，《管子》则说周之先王以黄金为中币。简言之，从舜所建立的有虞氏之世到夏朝，已经以黄金为币，西周初年太公望把一寸见方重一斤的黄金作为币，或是周朝某位先王将黄金定为中币。这些记载展示的是当时人的认知图景，今人回看不能当真，需要对照考古的证据。

事实上，商代的金器集中出土于三个区域：一为河南安阳晚商殷都大型墓葬出土的金箔片，用作铜、木、漆、玉石等器物的装饰；二为四川三星堆祭祀遗址出土青铜人像的金面具；三为中国北方系青铜文化（燕山南北）出土的耳环、手镯、发簪等人身饰件。金器在各个区域中的功用显然不同，安阳金箔片只作为其他器物的辅助装饰，三星堆金器则多用于祭祀。相比之下，北方地区（燕山南北）出土金器仍以人身装饰品为主，数量较多，涉及范围也较广。这些金器的一部分典型样式，明显与域外关联，如金制喇叭口插孔式耳环就受到中亚草原古部族影响，而两头扁的手镯则在蒙古——外贝加尔地区的格拉兹克沃文化中也发现过。③事实表明，黄金在商代中原地区的应用相当有限，司马迁所谓的包括黄金的虞夏之币，在考古发现中未见端倪。

西周时期，金器出土一样集中在北方地区，确切地说是燕山以北，种类、形制与商代大略相同。但是周王畿附近的渭河流域出土金器极少，这可能与当时青铜器、玉器占据贵族用器大宗的状况有关。不过，确实有一些周代贵族开始用黄金作为装饰，他们虽然不佩戴黄金耳环、手镯，却发展出黄金带饰，比如剑鞘、三角龙形带饰、兽首形带扣、环、泡等，

---

① [汉] 司马迁：《史记》卷三十《平准书》，中华书局，1959年，第1442页。
② [汉] 班固：《汉书》卷二十四下《食货志下》，中华书局，1962年，第1149页。
③ 齐东方：《中国早期金银器研究》，载《华夏考古》，1999年第4期。

这些带具与北方地区以及欧亚草原流行的带具形制差别很大，很难确定它们的源流和流传原因，但却标志着汉地以黄金装饰人身的开始。此外，周统治下的部分地区仍沿袭并发展早期贴金、镶嵌技术，河南鹤壁浚县辛村西周墓和大堡子山秦贵族墓出土的大量制作精美的包金铜器、金饰片可以说明这一点。①

据统计，截至1998年已知的西周金质器物出土于北京、河北、河南、陕西、山东、山西、辽宁、内蒙古、甘肃、青海、新疆等11个省（区/市）19个县（市）26个以上的地点。东周的金器出土地域则大大扩展，在河北、北京、河南、陕西、山东、山西、湖北、湖南、安徽、四川、辽宁、黑龙江、内蒙古、宁夏、甘肃、新疆等16个省（区/市）66个县（市）86个以上的地点出土过金质器物（不含金饼和金版）。以金饼、金版形式存在的金器，则在湖北、湖南、广西、河南、安徽、浙江、江苏、山东、陕西等9个省（区/市）70个县（市）120个以上的地点出土。②可见，黄金饰品和黄金货币的使用，并不是商周以来的传统，真正的大发展是在战国中晚期。以金饼和金版为代表的黄金货币在七国主要统治区广泛出现，与各国的青铜铸币几乎同时进入繁荣期，这不仅代表商品经济的发达，更说明，恰恰在这个时期，黄金这种金属才开始大规模地进入中原文明的视野。

春秋时代明确记载使用黄金的实例极少，文献中多为"金玉"并称，难以确定所指是黄金还是青铜，唯一一条有数量限制的记载，见于《国语·晋语》。秦穆公派出公子絷以吊丧为名观察晋国诸公子，在梁国的公子夷吾拿出了"黄金四十镒，白玉之珩六双"贿赂公子絷。③这个时间点

---

① 马健：《黄金制品所见中亚草原与中国早期文化交流》，载《西域研究》，2009年第3期。
② 陈振中：《先秦时代的金器及其特点》，载《中国经济史研究》，2005年第4期。
③ 徐元诰：《国语集解》第八《晋语二》，王树民、沈长云点校，中华书局，2002年，第296页。

约在公元前650年。《史记·仲尼弟子列传》记载，越王高兴之余，"送子贡金百镒，剑一，良矛二"。[①] 这个时间点在公元前484年之前。相隔100多年，一国君主、公子的贿赂、谢礼虽有倍数增长，数量级却差别不大。直到战国时代，国家级别的礼赠、贿赂，动辄千金、万溢（镒），数量暴增，究竟是什么导致发生了这样的变化呢？

楚国金币的背后是一个独特的商业文明

《管子·轻重甲》中托名管仲之口说："使夷吾得居楚之黄金，吾能令农毋耕而食，女毋织而衣。"[②] 并将楚国的黄金与齐国渠展、燕国辽东的盐视为同级别的自然资源，这虽然不是春秋战国的原貌，却是秦汉时代对当时自然资源分布的概括。事实上，先秦书传中关于黄金的记载多与楚国有关。《尚书·禹贡》载"荆州……厥贡羽毛齿革，惟金三品"。《诗经·鲁颂·泮水》中有"元龟象齿，大赂南金"的记载，孔颖达疏解释："荆扬二州，于诸州最处南偏，又此二州出金，今云南金，故知南谓荆扬也。"《战国策》中也有"黄金、珠玑、犀象出于楚"，《韩非子·内储说上》和《管子·轻重甲》则更细致，载"荆南之地，丽水之中生金""楚有汝汉之黄金"。此处说的楚国南部的丽水应为金沙江，而汝、汉两条河流都在楚国腹地，前者的金矿源来自青藏高原。希罗多德在《历史》一书中就曾提出"蚂蚁金"的概念。任建新在《雪域黄金：西藏黄金的历史和地理》一书中，将出产"蚂蚁金"的区域界定为"从西藏西部的拉

---

① [汉] 司马迁：《史记》卷六十七《仲尼弟子列传》，中华书局，1959年，第2199页。
② 黎翔凤：《管子校注》卷二十三《轻重甲第八十》，梁运华整理，中华书局，2004年，第1422页。

达克地区至藏北羌塘地区一带，亦即在东经 78°～90°、北纬 31°～35°之间的一片地区之内"[①]。这个区域正是多条江河的发源地，故此金砂与泥沙混杂而下，也就形成了黄金的产地。卓然在《先秦两汉黄金数量变化研究》一文中提出，褶皱隆起带上的岷山、嶓冢山和大别山脉在水动力落差的作用下，给汉水流域送来丰富的黄金矿藏；具备山河河道特性的汝水源自隶属岩金成矿区的小秦岭山脉之伏牛山，整个流域为砂金富集区。这一时期的金矿种类多为靠近川河即可淘采的砂金。可见，不同于青铜的产地分散，黄金产区几乎集中于楚国的势力范围。

　　楚国是中国历史上最早将黄金用为货币的政权，目前确切可考的金币计有郢爰（即"称"字，旧作爰）、陈爰、専爰、鄢爰、卢金、钞字、荥陵七种，此外尚有待考的垂丘、中字金版等。楚国金币不仅种类繁多，铸行时间也众说纷纭。有认为不迟于春秋晚期的，有认为在楚国定都寿春之后或是迁陈之后的。整体来看，赞同战国晚期铸行者较多。不过，1971年3月，湖北荆州江陵县纪南公社郢南大队在纪南城东南的郢城南墙内修水渠时发现一枚楚国金币，上有戳印的"郢爰"字样，重17.53克。该地为楚都时间在春秋晚期至战国早中期，由此可知此金币铸造时间，进而推断出楚国最开始铸造金币的时间远早于东迁时间。[②] 当然，从出土规模来看，楚国大批量铸造金币确应为战国末期。据统计，1949年以来安徽省发现楚金版数量最多，约占全国总重量的三分之二；安徽又以寿县为最多，其重量约占全省的四分之三。寿县即古代的寿春，为楚国最后都城所在。[③]

　　不过在楚国东迁之前，包山楚简的贷金简中就已经明确表明，楚国

① 任建新：《雪域黄金：西藏黄金的历史和地理》，巴蜀书社，2003年，第144页。
② 吴兴汉：《楚金币的发现与研究》，载《故宫博物院院刊》，2005年第6期。
③ 周卫荣、孟祥伟：《中国古代早期黄金与黄金货币问题研究》，载《中国国家博物馆馆刊》，2021年第3期。

的官员借贷国库黄金购买种子，其中的黄金以"镒、两"为单位。[1]为了便于称量，楚人还大量使用称金的天平和砝码。孙剑秋《楚国天平砝码和金币的考古学研究》一文提出："天平、砝码出土于4个省份，湖南省最多，湖北次之，安徽再次之，江苏最少。绝大部分天平与砝码出土集中在湖北江陵和湖南长沙地区的楚墓，而又以湖南长沙一地所出占了大多数，其他地点多为零星发现。"另据国家标准计量局度量衡史料组1977年的统计，"在湖南清理发掘了将近二千座楚墓，其中有一百多座中发现了春秋晚期至战国中期的天平砝码"[2]。不过，楚墓中基本没有发现过楚金币。1933年，安徽寿县朱家集楚幽王墓出土的有天平秤盘无黄金，而以铜制的郢爰冥币（60块无字鎏金铜版，上凿九个方格）代替，这究竟是习俗导致，还是法令规定就不得而知了。

相比之下，楚金币出土范围更广，安徽最多，河南、江苏次之，陕西再次之，山东、湖北、浙江较少。据统计，1949—2005年间，上述7个省93处具体地点发现出土各类楚金币共956块，总重量为51973克。[3]孙剑秋在《楚国天平砝码和金币的考古学研究》一文中整理得出，楚金币大宗出土主要集中在安徽寿县、阜南，河南扶沟、襄城，江苏盱眙，陕西咸阳等地。湖北江陵、河南信阳、湖南长沙、安徽寿县、江苏苏州、上海嘉定等地墓葬中有仿金币的冥币出土。很明显，以仿金币和天平、砝码随葬的区域均在楚国境内，而出土金币实物的场景多为窖藏，列国都有可能获得，甚至包括汉代的窖藏。当然，战国末期各诸侯国都接受称量黄金，这种价值共识与铸币行为本身并无关联。

事实上，在江陵地区战国早期的楚墓（雨台山M410，溪峨山M3、

① 黄锡全：《试说楚国黄金货币称量单位"半镒"》，载《江汉考古》，2000年第1期。
② 国家标准计量局度量衡史料组：《我国度量衡的产生和发展》，载《考古》，1977年第1期。
③ 吴兴汉：《楚金币的发现与研究》，载《故宫博物院院刊》，2005年第6期。

M7）中已经发现了可以称量黄金的天平砝码。截至1994年，仅湖南长沙市就有94座楚墓出土了天平砝码。在这些墓葬之中，无一是大夫级别以上的墓主，除几座墓葬的墓主身份难以确认外，包含上士、中士、下士的"士"级别墓葬有58座；庶人、贫民的平民墓有34座，其中能考证出下葬时间的有69座，战国中期的有11座。[①]这一事实与包山楚简的记载相印证，足以说明楚国在战国中期时，黄金的货币属性已经非常清晰，价值尺度、财政支付、交易媒介完全具备，尤其是在下层阶级中的使用普及，也解释了出土楚金币往往为切割零散形态的原因。这种情况结合天平、砝码的广泛应用，明显与明清时代白银全面流通使用的场景非常近似。也就是说，此前应该有一个相当漫长的黄金行用时期，只是由于记载匮乏，无从稽考。

当然，更令人惊讶的是楚国的经济形态，正如上文描述的西周财产所有权形态决定了它的商业活动主体往往以"族"为单位。而"族"能够提供的商品种类、数量相当有限，消费者局限在贵族阶层之中，商业规模和分工的复杂度一直到《管子》的时代都可以被政权"计量""统计"，跨区交换也没有必要使用"手交货币"作为媒介，只需要在价值共识的基础上，进行物物交换即可。因此，在相当长的时间里，顽固坚持周制的诸侯国往往只有都城的商品经济相对繁荣，如《史记·货殖列传》中描述的秦都雍，"隙陇蜀之货物而多贾"。不过，在秦国境内的众多墓葬之中，连铜贝都没有发现，货币经济长期得不到发展。反观长沙地区的楚墓，士和庶人以称金天平随葬，意味着他们在生活、经营中会频繁接触称量黄金。包山楚简也记录了里人邵夬等、邑人宋贝等因为没有及时偿还"王金"而被记录，私人可以向王家进行制度性借贷，可见借贷行为已经相当普遍。

---

① 袁常奇：《从出土天平看楚国的黄金货币化》，载《中国钱币》，2010年第1期。

不过，"鄂君启节"中记录的贩运商品禁令中包括"金"，应该也包含黄金，且楚国金币仍标识地名，说明虽然在区域内允许黄金的流通，但至少在战国中期以前，楚国黄金的跨区域流动应受楚王控制，封君、重臣的获取渠道有限。简言之，黄金虽然是称量贵金属货币，却未必允许大范围跨区流动，而是以政治管辖区域为界限内部流通，更近似于马克斯·韦伯所说的"调节性货币"。正因如此，楚国的称量黄金与前述东周、三晋标识地名的青铜铸币在功能上有所趋同，都是适应当时政治统治模式的附属物，只不过形式不同。楚金币上的地名文字代表它的源头和信用保障，乃至于流通的大区域，而不再是点对点的支付凭证。

关东六国殊途同归的货币进化之路

与黄金并存的楚国货币是"蚁鼻钱"，也就是有字铜贝，恰恰可以与前文中对中原贝币的讨论衔接。先秦时代对货币的表述，有"贝、布"－"金、布"－"钱（刀）、布"的变化过程。纺织品布作为周制税收载体，自西周至战国一直是活跃的通货，由于它在周王畿和各诸侯国都可以纳税，是共识的"行政货币"，那么，将它视为一定程度上的"跨国通用货币"也并不为过。但是，麻布的大体积、低价值特性决定了它不适宜长途贸易，事实上也不可能担当这一重任。

与之相对的"币"，则要区分时段来考察。殷商至西周早期的货贝，西周中期至春秋中期的铜都是精英阶层共识的财物，在相应时期起到价值衡量中介以及财富贮藏的功能。但是，到了春秋晚期，东周和各诸侯国的行政货币由纺织品布变为青铜铸币，东周的空首布、齐国的刀币、晋国的空首布陆续诞生。但列国废除"行布"的政策实施有先有后，从睡虎地秦墓竹简所见的秦律可知，到秦始皇统一之后数年，秦国一直规定"行布"为货币，这也印证着，行政货币的变革历程相当漫长。

与此同期，货贝的价值共识在民间交易中得到了延续。低面值、易获得的各式仿贝统治了最底层的地域通货，春秋晚期，材质升级为铜贝，形成南北两大铜贝流通区：三晋、齐、鲁都是传统的无字铜贝流通区，而楚国则开始铸造有字铜贝。当然，南北的铜贝流通在文献和简牍中都少有痕迹，与行政货币大相径庭。

两者之间的合流要到战国晚期，齐、魏、楚三国都不约而同地出现了"某当某"的兑换定值的行政货币。这意味着行政货币终于开始向民间交易渗透，一方面以货贝定价，另一方面则以良币的姿态寻求对后者的替代。这个变化恰与战国晚期黄金广泛行用同时，究其根本在于青铜铸造的行政货币的币值远低于称量黄金。青铜政策所适用的物资交易总值较低，能满足一城一邑的职贡所需，却不能适应战国晚期跨都连城的巨大交易规模。

在整个社会层面，原本由横向血缘、宗法关系公社统治零星、分散、生产力低下的据点的社会形态，已经被纵向的区域内等级关系公社所替代。原本以"族"为单位的财产、生产单元逐步分化为以自然结构家庭，甚至是以夫妻为主的核心家庭为单位的财产、生产单元；原本集中于精英阶层内部的财富交换关系，最终溢出到了全社会，无论是交易规模还是交易频次都呈现几何规模增长。随之而来的实际上是春秋战国版的"价格革命"，正如新大陆的金银输入将银币时代埋葬，推动欧洲列强走向金币时代，春秋战国迭次发生的水路交通革命、青铜大量输入、黄金流入等变化，与上述社会变革的影响叠加，使得币值过低的货贝不再适应日趋扩张的民间交易需求。同理，币值有限的青铜铸币也不再适应规模巨大的地域间结算需求，所以布币、刀币等以权力决定铸币价值的行政货币，在战国晚期开始被市场形成的、由货贝反向定义币值的、全新的虚值铸币所取代（如賹六化、賹四化和梁正尚百当寽、梁夸釿百当寽等）。故此，当黄金涌入中原各国，不再作为器物的附属贴片存在时，它就与珠玉并列在一起，连称为"金玉"，成为战国末期礼品经济竞争的最终胜利者，以其高价值彻底填补了贵族间财产馈赠的空白，甚至成为精英阶层共识的财富衡量标准，以"调节性货币"的姿态占据了"行政货币"的生态位。

综上所述，先秦时代的货币制度可以梳理如下。第一阶段，殷商至西周前期，货贝担当财富衡量尺度，麻布担当地域通货，贵族间的以物易物交易，不需要地域间结算通货。第二阶段，西周中期至春秋中期，货贝和称量青铜共同担当财富衡量尺度，麻布担当地域通货，贵族间仍不需要地域间结算通货。第三阶段，春秋晚期至战国中期，货贝（铜贝）仍旧是财富衡量尺度，同时又是民间交易的"自由货币"。麻布的地域通货地位在大部分诸侯国被青铜铸币替代，行政货币身份易主，青铜铸币开始担当地域间结算通货。第四阶段，战国晚期，货贝（铜贝）的民间交易"自由货币"身份在部分诸侯国开始被新的青铜铸币取代。同时，各国青铜铸币的行政货币和地域间结算通货地位开始被称量黄金取代。财富衡量尺度的职能则开始出现两层结构：一层是精英阶层以称量黄金衡量，一层是民间交易则以青铜铸币（楚国例外，也用黄金）计数。

当然，各个诸侯国的经济发展路径不同，阶段也就不一样，最特殊的就是秦。

第五章

笑到最后的秦国

不足值的秦半两，实际上的信用货币

> "百姓市用钱，美恶杂之，勿敢异。"
>
> ——《秦律十八种·金布律》

秦朝是中国历史上第一个大一统王朝。书同文、车同轨、统一度量衡，都是秦始皇彪炳史册的创举[①]。因此，在很多人的印象中，将七国样式各异的青铜铸币统一为圆形方孔的"秦半两"，这种奠定之后两千多年中国统一货币市场基础、确定古代中国青铜铸币形制法式的皇皇伟业，当出自秦始皇的手笔。所以，过往学术界的讨论，往往将《史记·平准书》中"一国之币为三等"和《汉书·食货志》中"秦兼天下，币为二等"视为秦始皇统一钱币的史料依据。

作为"下币"的钱，就是圆形方孔的金属铸币，上面有"半两"字样，是钱币的重量标识，也可理解为"面值"，即0.5两、12铢，当时1两为4锱，1锱为6铢，所以钱文为"两锱"（锱通锱）的战国秦铜币面值也是12铢，这就叫"重如其文"。史书中关于秦钱的记载可见两次，一次是秦惠文君二年（前336年）"初行钱"[②]，一次是秦始皇三十七年（前

---

①［汉］司马迁：《史记》卷六《秦始皇本纪》："一法度衡石丈尺，车同轨，书同文字。"中华书局，1959年，第239页。

②［汉］司马迁：《史记》卷六《秦始皇本纪》："惠文王生十九年而立。立二年，初行钱。"另见［汉］司马迁：《史记》卷十五《六国年表》："（秦惠文君二年）天子贺。行钱。"中华书局，1959年，第289、727页。

210年），秦二世在始皇帝驾崩后"复行钱"[1]，两次与钱有关的记录，都与"行"并称，并非偶然。在睡虎地秦墓竹简《金布律》中规定："贾市居列者及官府之吏，毋敢择行钱、布。"[2]即在市场交易中，无论是买卖人还是官吏，都不允许挑选、拒收"行钱""行布"，这就意味着"行"是秦律中专指货币流通的词汇。推而广之，无论《史记·平准书》中是否提到布为"中币"，"行布"都是战国末期、秦朝的法定通货。

不过，若对照现代货币具备的价值尺度、流通手段、贮藏手段、支付手段、世界货币五大职能可知，秦国、秦朝的"行钱"实在算不上完整的货币。早在1954年彭信威先生《中国货币史》出版之前，考古所见的"秦半两"以及其他可以确认为秦钱的"珠重一两""半睘""两甾"等青铜铸币[3]，主要发现地都在秦国故地，今天的陕西省、四川省。故此，中外学者对于"秦半两"的流通范围做出了比较悲观的判断[4]。尽管在之后的数十年间，"秦半两"在湖南、河南、甘肃、广西等地陆续有少量出土，前述问题仍旧存在。所以，日本学者稻叶一郎指出："秦始皇统一全国的十一年里，几乎是秦帝国兴旺发达的黄金时代。战国以来各地货币的流通情况是五花八门的。秦半两是作为地方货币在秦王朝的旧领域内继续使用。"[5]近年的考古发现也支持上述观点，秦半两钱流通区域的扩张主要依靠秦国的军事征服和蚕食，流通区域基本只局限在秦国境内。[6]

---

①［汉］司马迁：《史记》卷十五《六国年表》："（秦始皇三十七年）十月，帝之会稽、琅邪，还至沙丘崩。子胡亥立，为二世皇帝。杀蒙恬。道九原入。复行钱。"中华书局，1959年，第758页。

② 睡虎地秦墓竹简整理小组：《睡虎地秦墓竹简》，文物出版社，1990年，第36页。

③ 何清谷：《秦币探索》，载《陕西师范大学学报（哲学社会科学版）》，1996年第1期。

④［日］关野雄：《先秦货币杂考》，见《东洋文化研究所纪要》（第二十七册），第83页，1963年3月。

⑤［日］稻叶一郎：《关于秦始皇统一货币的问题》，王广琦、李应桦译，载《河北师范大学学报（哲学社会科学版）》，1986年第4期。

⑥ 陈隆文：《有关战国秦半两钱的流通区域问题——兼论秦经济统治力的扩张与形成》，载《郑州大学学报（哲学社会科学版）》，2005年第4期。

如果这是一点缺陷，秦半两不过是一种弱势的地方货币，并不影响它货币性质的认定。但是，存世的"秦半两"的实际称重与其钱文所标识的"标准重量"相去甚远，有高有低，钱文铸造水平更是参差不齐。对此，彭信威先生就曾指出："即使铸币权由政府垄断，这种垄断也是表面的。遗留下来的半两钱，如同牡丹叶一样，枚枚不同；至今还没有发现制作整齐、文字规矩、可以一望而知为官炉所铸的秦半两。"[1]史载"秦半两"是"重如其文"，秦制一两等于24铢，半两也就是12铢，秦一斤为253克，西汉一斤为250克[2]，12铢标准重量应为7.9063克或7.8125克。但是，迄今考古发现有年代记载最早的半两钱，四川青川县郝家坪50号墓出土的7枚半两钱，与秦昭王元年（前306年）纪年简同出，为确切的战国半两，最重者为9.8克，最轻者仅2克，一般在3.9~6.7克之间；秦始皇陵园西侧赵背户村刑徒墓29出土半两钱37枚，墓32出土半两钱3枚，最重者6.01克，最轻者1.35克，仅合秦制2铢。考古发掘取得的科学数据证明，所谓秦半两重12铢者，为数甚少，而社会通行的钱币大部分属于大小不等的"半两钱"。[3]更多秦代墓葬出土半两钱实测数据也证明了这一点，其重量区间集中在2.6~6.5克之间，占70%左右，半数以上处于3.6~5.5克之间。[4]陈彦良曾依据周卫荣《中国古代钱币合金成分研究》一书中的整合数据[5]，整理计算后得出秦半两的平均实重为4.78克，平均含铜量为71.02%。[6]

---

[1] 彭信威：《中国货币史》，上海人民出版社，2007年，第57页。

[2] 丘光明等：《中国科学技术史·度量衡卷》，科学出版社，2001年，第190页。

[3] 蒋若是：《秦汉半两钱系年举例》，载《中国钱币》，1989年第1期。

[4] 吴镇烽：《半两钱及其相关的问题》，见中国钱币学会编：《中国钱币论文集》，中国金融出版社，1985年，第175~176页。

[5] 周卫荣：《中国古代钱币合金成分研究》，中华书局，2004年，第30~43页。

[6] 陈彦良（Yeng-Liang Chen）：《四铢钱制与西汉文帝的铸币改革——以出土钱币实物实测数据为中心的考察》，载《清华学报》，2007，37（2）：321~360。

根据以上并不完全的实测信息可以看出，秦半两的轻重差距已经超出了误差允许的范围，只能是有意为之的减重。依照常理，金属铸币的价值会受其本身材质金属价值的影响，重量越轻，则单枚金属铸币的币材金属价值就越低，货币本身的价值自然越低。但秦人似乎根本不介意这些，半两钱的轻重差距达5倍，最极端的甚至达到了9倍。更奇怪的是，周与六国铸行的青铜货币种类不少，钱文各式各样，可像秦半两一样执着于标识重量"半两""两甾"的，明显属于少数。

这种现象的出现，有两方面的原因。其一可参见日本学者柿沼阳平的解释："战国秦汉时期存在着'固定官价''平贾（正贾）''实际价格'这三个层次的物价结构。该时期市场实际价格的变动未必是与'固定官价'及'平贾'不同的例外或者是非法的现象，而为法律所允许，所以钱的价值并非是由'金或布本位制'以及与此类似的制度来维持的。"[1]通俗地解释：即布和黄金在市场定价机制严格受控的条件下，"市场价格"完全由"官定价格"决定，甚至不能成为物价的货币单位，根本就不可能为货币体系提供价值背书，所以，半两钱、黄金、布的购买力（价值），完全是王说是几就是几，是一种"行政货币"。

柿沼阳平所指出的市场定价机制与现代人熟悉的市场不一样。秦汉由政府控制的市场，商品定价机制的前提就是官方按月规定和公布的"正贾（价）"。最理想的伦理状态就是"物无二价"，汉代"长安九市"中有秦国流传下来的"直市"："在富平津西南二十五里。即秦文公造。物无二价，故以直市为名。"[2]到西汉远比秦朝宽松的市场环境下，"物无二价"已经是一种罕见的道德楷模，所以才要特别提出。可在简牍所示的秦人市场中，"物无二价"完全是现实的存在，已知有律令对粮食、布、

---

① ［日］柿沼阳平：《战国秦汉时期的物价和货币经济的基本结构》，载《古代文明》，2011年第2期。

② 何清谷：《三辅黄图校释》，中华书局，2005年，第96页。

黄金价格的固定，工食、褐衣也有细致规定。在生产层面，规模巨大的官营手工业不但在市场竞争中挤占私营工匠的生存空间，还以定期服役制度让私营工匠为官营手工业服务。在管理层面，市亭、市吏对市列（秦之市场）的干预和管理，远超收取市租的范围，甚至可以决定交易能否成交。价格决定机制牢牢地掌握在国家机器的手中。

　　按照常理，青铜铸币作为一种金属铸币，币材金属存在市场价值，也就是以它的"社会必要劳动时间"作为基础，在供需关系中实现价格波动，但始终存在一个相对价值锚点。对于无法精确计量的"社会必要劳动时间"，无论古今都难以确知。所谓的相对价值锚点，实则就是青铜铸币与其他标志性商品或其他货币在交易中形成的价格关系。这种关系短期内相对稳定，长期则有一个谁决定谁的问题，谁的价值更稳定，就成为衡量其他货币的尺度，也就是"本位"。可秦国、秦朝的货币完全不一样，"国家当时只允许具有同一种钱文的钱流通，试图维持通过累加其枚数来计算商品价值的体系，并且试图进一步减轻钱的重量，直至其低于钱文的'名义重量'或'规定重量'"①。也就是说，只要满足"累加枚数"的条件，哪怕是纸片，也可以充当货币，货币价值与币材金属的价值完全可以脱钩。也就是所谓的"不足值货币"，一种实际价值低于币面价值的金属铸币，实际上的"信用货币"。

秦半两的信用保障：不用则死

　　在明知金属铸币低于币面价值的情况下，秦人的货币信用从何而

---

① ［日］柿沼阳平：《战国秦汉时期的物价和货币经济的基本结构》，载《古代文明》，2011年第2期。

来？答案很简单：强制。睡虎地秦墓竹简《金布律》中规定官府收钱时，每一千钱为一"畚"封存，无论"钱善不善，实杂之"，对于百姓的市场交易也要求"美恶杂之，勿敢异"[1]，无论钱的好坏，都不许官民拒收。秦国、秦朝统治者对秦钱的"残缺"心知肚明，货币"滥恶"问题由来已久，却从来没有过货币标准化的想法，或是从货币自身出发维护市场信用的兴趣，他们有更简单粗暴的解决方案。

秦始皇三十二年（前215年）十月一日，一位名叫"尊"的秦人女子因"择不取行钱"被捕，经问审、复审，拒收行钱的犯罪事实无误。当月，益阳县令"起"和县丞"章"、令史"完"判处这名女子"弃市"之刑。简单地说，就是将人杀死后，在市场上暴尸十天，再由徒隶将尸体扔到乱葬岗。[2]原来，秦始皇对拒绝使用法定货币者的惩罚竟是死刑。这个案例，恰恰补全了睡虎地秦墓竹简《金布律》中"毋敢择行钱、布"规定的后果，展示了秦朝对"行钱"的态度："不用就去死！"

这个思路在经济学界有一个专有名词，叫"名目主义"（chartalism）。其创始人英尼斯在1913年就提出了，货币是政府债务的"代理人"，货币之所以有价值，是因为政府要求人民用货币纳税，只要货币能够在政府和人民之间公平流动，哪怕它只是一个贝壳，一样拥有购买力。这就意味着，使用"不足值"货币为价值尺度的秦国、秦朝货币体系，直接忽略了价值、价格衡量这一步，人为指定衡量其他货币的尺度，用严刑峻法来维护"行钱"的"无限法偿"。"钱文"标识的重量是虚假的，"含

---

[1] 睡虎地秦墓竹简《金布律》："官府受钱者，千钱一畚，以丞、令印印。不盈千者，亦封印之。钱善不善，实杂之……百姓市用钱，美恶杂之，勿敢异。"睡虎地秦墓竹简整理小组：《睡虎地秦墓竹简》，文物出版社，1990年，第35页。

[2] 湖南省文物考古研究所、益阳市文物处：《湖南益阳兔子山九号井遗址发掘简报》，载《文物》，2016年第5期："十月己酉，劾曰女子尊择不取行钱，问辞如劾，鞫审。己未，益阳守起、丞章、史完论刑䱷尊市，即弃死市盈十日，令徒徒弃冢间。（秦简三二）"

铜量"自然也就是虚假的，黄金和布的相对价格当然也是虚假的。秦国和秦朝对"钱、布"的定位一直是"行"，财富储藏的功能则由"不行"的"上币"黄金和"宝藏"龟贝、珠玉来履行，面向治下编户齐民的货币，只要能流动起来即可。

至于明知"不足值"仍在钱文上标识重量"半两"，并在"一珠重一两·十二""一珠重一两·十四""文信""长安""半睘""两甾"等诸多钱文中脱颖而出，维持至西汉初年的第二个原因就是，经济落后的秦国并没有经历关东国家货贝、布、称量青铜、青铜铸币（行政货币）、黄金（调节性货币）的发展和淘汰过程，在极度缺乏铜料资源的情况下，长期沿用骨制、石制货贝作为地域通货满足民间交易，以麻布作为行政货币来完税。在这个相当原生态周制的基础上，直接引进三晋的文物制度，凭空制造出货币体系。

事实上，秦国的"圜钱"始自秦惠文君二年（前336年）"初行钱"。而秦国自献公、孝公时代即开始与魏国在泾水流域展开拉锯战。魏国又是学界公认铸造圜钱最早的国家，存世魏圜钱中即有"漆垣一釿"。漆垣地处上郡，秦惠文君八年（前330年）并入秦国，故此，秦圜钱应为仿魏钱之制铸造。战国时魏国铜器、钱币多标"釿"之重量，约15克，与秦制1两相近，且存世魏钱有"半釿"，半圆形制但无铸造地字样。秦之"一珠重一两"圆孔圜钱应即仿魏之"漆垣（垣、共）一釿"之制，而"半两"钱则仿"半釿"之文。秦国在商鞅变法之后，已经在关中广泛设县，不再是邑对邑的贡赋模式，所以并没有学习魏国在钱文中铸造地名。秦国的东进首当其冲的就是经济更为发达的魏国，学习魏国以标重作为货币面值可以适应新征服地的"价值共识"。一方面，战国中期秦圜钱的质量、重量更符合标准；另一方面，用严刑峻法逼迫原本没有铸币价值共识的旧地百姓接受新的"行钱"作为交易媒介。在初步建立区域共识后，才在官府铸钱的过程中一步步地减重。而此时秦法秩序已然确立，禁止"择行钱"的禁令笼罩交易管制全程,"不足值货币"也能在私人交易和官私交易中畅行无阻,信用建构的过程也就完成了。

这个潜移默化的过程在战国末年秦统一战争之后,又发生在了六国。六国各式各样的铸币在秦统一之后,悄然退出了历史舞台,直接跳跃到了"半两"时代。问题是,无论存世文献,还是出土简牍,都没有任何证据表明,秦朝统一之后曾经有过"旧币收兑"的举措,甚至没有对六国旧币有任何的关注和讨论,这是偶然的漏记吗?

当然不是。一个显而易见的事实是,断代为秦始皇三十年(前217年),也就是秦统一之后四年的睡虎地秦墓竹简,清晰地写明,秦始皇统一后仍在施行的货币制度是"行布"与"行钱"并用。具体看秦始皇统一后仍在沿用的《金布律》就会发现,其中的"钱""行钱"从来没有特指"圜钱"或"半两钱",反倒是反复强调不许因"钱善不善"而"择行钱"。依"名目主义"理论来看,在不考虑钱文、重量、含铜量的前提下,"单枚"的金属铸币有什么本质的不同吗?当然没有。

那么,承认六国旧币的"行钱"身份,不但省去了皇室铸造新钱填补六国通货需求缺口的成本和时间,还可以让秦灭六国过程中劫掠所得的各国铸币成为新朝财政资源,何乐而不为呢?所以,秦统一之后当然没有忽略"行钱"问题,《史记·六国年表》中写明秦始皇三十七年(前210年),秦二世登基后"复行钱",根本不存在"漏记"。日本学者平势隆郎进一步指出,秦始皇在位期间只有货币没有统一……到了秦二世的时候,他对货币的"形状"非常在意,所以将全天下的货币统一成了圆形方孔钱。[1]

---

[1][日]平势隆郎:《从城市国家到中华:殷周春秋战国》,周洁议,广西师范大学出版社,2014年,第381、382页。

"一国之币为三等"不是秦始皇的创举

"金粟两生，仓府两实，国强。"[①]

——《商君书·去强》

《史记·平准书》中说，秦将币分为三等，黄金为上币、铜钱为下币，所指相当明晰。脱漏的中币，应该就是秦律中与"行钱"并列的"行布"，金布之中与金并列的布，法定规格的麻布和青铜铸币一同承担财富储藏的功能，作为中币、下币与上币黄金并存。反观《汉书·食货志》中"币为二等"[②]之说，忽略了"行布"的存在，有望文生义之谬，这也是部分学者提出秦统一之初即施行"三币制"[③]的主要根据。

明确"不为币"的"器饰宝藏"，包括龟贝、银锡、珠玉，这是太史公讨论的另一个范畴。龟贝与银锡的情况类似，虽几乎不见于秦代的记载，却有悠久的财富共识历史，《国语·楚语下》记录春秋末年楚臣王孙圉答赵简子，"龟足以宪臧否，则宝之"[④]。到了西汉哀帝时，仍有人上书说："古者以龟贝为货，今以钱易之，民以故贫，宜可改币。"[⑤]可见从春秋到西汉末期，视龟贝为宝的观念流布甚广，甚至触动皇帝想废除五铢钱，改用龟贝。当然，到新莽真的流通龟贝等"宝货"后不到5年，物

---

① 蒋礼鸿：《商君书锥指》卷一《去强第四》，中华书局，1986年，第34页。
②［汉］班固：《汉书》卷二十四下《食货志下》，中华书局，1962年，第1152页。
③ 罗运环：《中国秦代汉初货币制度发微——张家山汉简与睡虎地秦简对比研究》，载《新闻与传播评论》，2012年第6期。
④ 徐元诰：《国语集解》第十八《楚语下》，王树民、沈长云点校，中华书局，2002年，第527页。
⑤［汉］班固：《汉书》卷八十六《何武王嘉师丹传》，"师丹"条，中华书局，1962年，第3506页。

价就彻底乱套了。①银锡还不如龟贝，先秦文献中均无以之为币的记载，只在西周金文中有"白金""帛金"之说。李建西先生指出："西周金文中的'白金'指锡（可能包括铅），春秋时期文献中未见有'白金'之称，战国秦汉时期可能多种白色金属材料都被称作'白金'。"②按汉武帝时代铸"白金三品"即取用少府库存的银锡为材料，可见在铸造之前，银锡也不是"币"。

珠玉在《管子》中被奉为"上币"。据《管子·侈靡》解释："珠者，阴之阳也，故胜火；玉者，阴之阴也，故胜水，其化如神。"③这里的"化"和"神"是要点，也见于《孟子·尽心上》："夫君子所过者化，所存者神，上下与天地同流。"④所谓"化"，可以理解为教化，也可以理解为感染力。所谓"神"则是存神的奇妙，这种奇妙与天地之化同运，通俗地说，具有与宇宙大道同频的玄妙。更具体的解释见于《国语·楚语下》："玉足以庇荫嘉谷，使无水旱之灾，则宝之……珠足以御火灾，则宝之。"⑤可见，珠玉的价值来源正是宗教信仰属性，可以保佑丰收，可以抵挡火灾。故此，在周礼的世界中，它又是礼仪等级的标识物，所以才有"天子臧珠玉，诸侯臧金石，大夫畜狗马，百姓臧布帛"的阶层区分。"珠玉"关于信仰，"金石"关于财用，"狗马"关于玩好，"布帛"关于资产，阶层界限清晰，却都被定性为"无用之物"⑥。可见，"珠玉"这种

---

① ［汉］班固：《汉书》卷二十四下《食货志下》："后五岁，天凤元年，复申下金、银、龟、贝之货，颇增减其贾直。而罢大、小钱，改作货布。"中华书局，1962年，第1184页。
② 李建西：《西周金文"白金"初探》，载《考古与文物》，2010年第4期。
③ 黎翔凤：《管子校注》卷十二《侈靡第三十五》，梁运华整理，中华书局，2004年，第634页。
④ ［清］焦循：《孟子正义》卷二十六《尽心上》，沈文倬点校，中华书局，1987年，第895页。
⑤ 徐元诰：《国语集解》第十八《楚语下》，王树民、沈长云点校，中华书局，2002年，第527页。
⑥ 黎翔凤：《管子校注》卷十二《侈靡第三十五》："贱有实，敬无用，则人可刑也。故贱粟米而如敬珠玉，好礼乐而如贱事业，本之始也。"梁运华整理，中华书局，2004年，第634页。

"上币"只是因信仰价值和获取难度而被赋予超高价值的财物。所以它在阶层共识之下取得了极高的"适销性",它唯一的用途就是与精英阶层身份相关的财富储备。

那么秦人如何看待珠玉呢?睡虎地秦墓竹简《法律答问》中提到,将珠玉偷运出境或将珠玉卖给境外来"客",案件破获后,地方应将珠玉上交"内史",再由"内史"酌情奖励。具体的奖赏规则是,若犯人应处耐罪以上,则与捕获同级别罪行一样奖赏;如犯人应处罚款的,则不予奖赏。①这就意味着,秦民有可能获得和买卖珠玉,但绝不允许外流。盗卖的珠玉也要由管理国储的"内史"对各县有偿上收,说明至迟到秦始皇三十年(前217年),珠玉已经处于"轻重无常"的市场价格体系之中。但是,由于其贵重,不允许各县收储,且不允许外流,恰恰说明了"宝藏"的真意就是由王室收藏,与战国时人的一般认识并无不同。

由《管子·国蓄》中"先王"以珠玉为上币、黄金为中币、刀布为下币的"三币制"变为秦始皇三十年(前217年)珠玉已经不是"币",则《史记·平准书》中言及的"一国之币为三等"的改革已推行无疑。此时上距秦始皇二十六年(前221年)天下一统不过4年,那么,《汉书·食货志》中对"一国之币"的时间表述"秦兼天下"看似无误。不过,值得注意的是,成书更早的《史记·平准书》却采用了一个更模糊的时间表述"及至秦(中)"②,秦朝固然是秦,秦国一样是秦,何者为是呢?

前述《法律答问》与《奏谳书》《封诊式》等司法文本类似,收录了大量前代的旧案例。哪怕是改朝换代之后,西汉的司法文书中也保留

---

① 睡虎地秦墓竹简《法律答问》:"'盗出朱(珠)玉邦关及买(卖)于客者,上朱(珠)玉内史,内史材鼠(予)购。'可(何)以购之?其耐罪以上,购如捕它罪人;赀罪,不购。"睡虎地秦墓竹简整理小组:《睡虎地秦墓竹简》,文物出版社,1990年,第126页。
② 不同版本的点校句读略有区别,有将"中"字作动词"齐整"之意的,也有将"秦中"连读为"秦之中叶"的,不过无害大义。

了秦始皇时代的案卷。这意味着，简牍出土只能定为规定执行的"下限"而非时间"上限"。《法律答问》中关于珠玉的记载，提及"邦关"二字，恰恰可以作为时间"上限"的旁证。秦国变法早期未设郡时，曾以内史统县，境内称"邦"。设郡之后，郡尉的正式官名也称"郡邦尉"。至战国末期，更明确秦国旧地"内史、十二郡"为"邦"，岳麓书院藏秦简《为狱四等状》即有明证。[①]至秦统一后，仍以该范围内为"故地"，外为"新地"，同时推动了大规模的"更名运动"。里耶秦简8-461号"更名方"提及，"边塞曰故塞，毋塞者曰故徼"，并将一系列郡中官名的"邦"字去除。也就是说，"邦"字只能出现在统一更名前，这意味着相关规定早于秦朝统一的秦始皇二十六年（前221年）。再考虑到相关记载只提及"内史"的财政管辖和司法管辖，无涉"郡"级诸官，甚至有可能还早于秦惠文王设郡。

不仅如此，秦始皇从未将统一"币"视为己功。一统天下2年后的琅琊刻石强调"器械一量，同书文字"[②]，其余歌功颂德的内容也与《史记·秦始皇本纪》中记录的秦始皇二十六年（前221年）一统新制完全吻合。唯独没有将"一国之币为三等"列入，这意味着《史记·平准书》中的"太史公曰"之所以称"及至秦（中）"，恰恰是表述严谨的表现，因为币分三等是秦国旧制，根本不是秦兼天下后的创举。

《商君书》《管子》的同频：货币是政府全面控制经济的工具

不过，必须指出的是，秦国虽然早早将"珠玉"踢出币的行列，却

---

① [日] 渡边英幸：《战国时期秦的"邦"与畿内》，张西艳译，载《法律史译评》，2018年第8卷。
② [汉] 司马迁：《史记》卷六《秦始皇本纪》，中华书局，1959年，第245页。

不是耕战思想所致。正如李斯在《谏逐客书》中所说，昆山之玉、随、和之宝、明月之珠、太阿之剑、翠凤之旗、灵鼍之鼓，"此数宝者，秦不生一焉"①，帝王无法垄断珠玉生产、获取的渠道，只能求之于外，可通过贸易手段获取财富的方式，实则违背了商君之法。《商君书·去强》说："国好生金于境内，则金粟两死，仓府两虚，国弱。"②不是说反对黄金的开采，而是反对国策层面的"好生金"，即发展工商业经济。《商君书·去强》又强调"金粟两生，仓府两实，国强"③，国策重农，则黄金与粟米都能充实，国家就会强大，这也与同篇的"重富"④"农商官三官"⑤之说呼应。也就是说，《商君书》与《管子》的财富观一致，均以战国人公认的黄金、珠玉多寡作为财富标准。同样，农商观念也没有区别，《商君书》并没有否定商业的必要性，也不主张消灭商品流通。两者真正的区别在于《商君书》多走了一步，指出富者"非粟米珠玉也"，而是"入多而出寡"⑥，这是一个全新的经济观，即唯有收入大于支出，才是真正的富裕。

相比之下，《管子》的经济观念仍偏于静态结构。《管子·国蓄》中提到，"黄金刀币，民之通施也"，是说黄金和刀币都是人民交易的手段，也是国家控制和引导经济的工具。黄金、刀币与"珠玉"完全不同，而两者之间又有功能的区分。"黄金者用之量也。"⑦"刀币者，沟渎也。"⑧

① ［汉］司马迁：《史记》卷八十七《李斯列传》，中华书局，1959年，第2543页。

② 蒋礼鸿：《商君书锥指》卷一《去强第四》，中华书局，1986年，第34页。

③ 蒋礼鸿：《商君书锥指》卷一《去强第四》，中华书局，1986年，第34页。

④ 蒋礼鸿：《商君书锥指》卷一《去强第四》："国富而贫治，曰重富，重富者强。"中华书局，1986年，第27页。

⑤ 蒋礼鸿：《商君书锥指》卷一《去强第四》："贵人贫、商贫、农贫，三官贫，必削。"中华书局，1986年，第29页。

⑥ 蒋礼鸿：《商君书锥指》卷四《画策第十八》，中华书局，1986年，第111页。

⑦ 黎翔凤：《管子校注》卷一《乘马第五》，梁运华整理，中华书局，2004年，第84页。

⑧ 黎翔凤：《管子校注》卷二十三《揆度第七十八》，梁运华整理，中华书局，2004年，第1382页。

黄金的主要作用是计量财用，也就是财政支出。而刀币的主要作用，则是民间交易所用的通货，如同水路沟渠一样四通八达，自由地运输货物；更具体的则是"巨家以金，小家以币"①。两者的区别是，巨家修"宫室"，自然是有宗邑的封君，而小家为"室庐"，明显是编户百姓，②可知黄金和刀币不但使用范围不同，使用人群也迥然不同。两者的关系，在《地数》《揆度》《轻重乙》各篇中均有提及，国家号令急切则黄金价格上涨，号令缓和则黄金价格下跌，先王中能够调节号令的徐急，通过掌握黄金价格来控制刀币、珠玉的流通，满足国与民的用度，就是周文王、周武王了。③在《管子》所阐释的货币体系中，"珠玉"是天子、诸侯所藏，"刀币"是百姓的通货，"黄金"除了是国用计量的工具，还是调节"三币"价格的枢纽，更是君主调节物价的关键，其中的原理，正是《山国轨》中提出的"国轨"和"国币"的概念，即通过对统治区域内各项经济指标的统计和掌握④，来计算和确定货币需求的总量⑤，再借助赋税、借贷等"号令"的方式引导民间生产，最终使用调节货币量的手段买卖物

① 黎翔凤：《管子校注》卷二十二《山国轨第七十四》，梁运华整理，中华书局，2004年，第1294页。

② 黎翔凤：《管子校注》卷二十二《山国轨第七十四》："巨家美修其宫室者服重租，小家为室庐者服小租。"梁运华整理，中华书局，2004年，第1297页。

③ 黎翔凤：《管子校注》卷二十三《地数第七十七》："令疾则黄金重，令徐则黄金轻。先王权度其令之徐疾，高下其中币而制下上之用，则文武是也。"黎翔凤：《管子校注》卷二十三《揆度第七十八》："先王高下中币，利下上之用。"黎翔凤：《管子校注》卷二十四《轻重乙第八十一》："故先王善高下中币，制下上之用，而天下足矣。"梁运华整理，中华书局，2004年，第1360、1383、1446页。

④ 黎翔凤：《管子校注》卷二十二《山国轨第七十四》："田有轨，人有轨，用有轨，乡有轨，人事有轨，币有轨，县有轨，国有轨。不通于轨数而欲为国，不可。"梁运华整理，中华书局，2004年，第1282页。

⑤ 黎翔凤：《管子校注》卷二十二《山国轨第七十四》："币若干而中用？谷重若干而中币？"梁运华整理，中华书局，2004年，第1282页。

资[1]，控制和利用市场满足国用，甚至引导产业的发展。所以，"国币"所指并非自由流通的货币，而是基于区域经济统计数据而算出的"总货币量"，是"虚数"，但又是"定数"，唯有在"总量不变"的基础上，上述钱与物的价格升降理论，即"轻重之术"才能成立。

也就是说，唯有全部经济信息向国家单向透明，所有市场行为都在国家管控之下，"民之贫富如加之以绳"，"三币制"的完美关系才能实现。而这种关系的实质，并不是"财政政策"与"货币政策"的相辅相成，而是整个货币体系都是国家控制下广义财政的一部分。通观《管子》一书中对"轻重之术"的阐释，是在社会等级制客观存在的背景下，基于不同阶层接受"币"或者说财富的区别，进行制度化"寻租"[2]的手法。说得直白一些，就是利用权力设置议题，造成人为的价格差，再借助对铸币权、物资，乃至于市场交易环境的全面垄断，来攫取超额利润。那么，货币的层级越多、垄断程度越高，人为的价格差自然就越大，制度化"寻租"攫取的超额利润也就越多。

《管子》的"轻重之术"，以货币为主，以政府号令为辅，重统计、轻租税，着重于操纵货币价格寻租获取超额利润；而《商君书》的"耕战之术"，则以政府号令（秦法）为主，重统计、重租税，货币只是社会管理的辅助。确切地说，货币是创造司法奴隶和债务奴隶的辅助手段，超额利润主要来自榨取刑徒、奴隶直接生产的各种实物收入。两种

---

① 黎翔凤：《管子校注》卷二十二《山国轨第七十四》："国币之九在上，一在下，币重而万物轻。敛万物，应之以币。币在下，万物皆在上，万物重十倍。府官以市横出万物，隆而止。国轨，布于未形，据其已成，乘令而进退，无求于民。"梁运华整理，中华书局，2004年，第1284、1285页。

② 1976年，戈登·塔洛克第一次系统地讨论了寻租行为。在自由竞争的市场环境下，供需关系的平衡会自动产生一种竞争价格，但垄断条件下的垄断价格会比竞争价格高。垄断价格造成产量减少，消费者剩余损失，生产者则从中获得垄断价格下的租金。见梁瑞华：《微观经济学》，中国农业大学出版社，2009年，第273~274页。

理论看似南辕北辙，却有一个重要的共同点，那就是对经济的"全面掌握"。《管子》的方法就是"国轨、田轨、用轨、币轨"等各种"轨"，而秦国的统治下则是"禾稼计、贷计、畜计、器计、钱计、徒计"等各种"计"，都属于财政统计的范畴，且统计的目的都是求得"不变的总量"。换言之，在两种理论下，固定区域经济体在统计期内均保持"总量不变"。只不过，"轻重之术"的"总量不变"以"国币"的形式，约束不同种类货币和物价的高低。而秦国的"计冣"则要与往年的"计冣"相减，求得各个财政项目的增加量，即收入大于支出，增幅与上年增长指标的"课"对照，作为下一个统计期的增长参考。在此条件下，两种理论对货币性质的诉求完全不同。

"轻重之术"执行的前提有两点：①分层货币体系中的各个币种都必须有可以上下浮动的市场价，哪怕是官方干预的"正贾价"①；②官方手中拥有足够数量的大面值货币作为操纵的枢纽。秦人的货币制度也有两点要求：①不同币种之间的兑换比例必须由官方决定并固定；②作为最大的市场物资提供方，官方主导相关物资品类的价格。这意味着，前者是货币多在官，物资多在民；后者则是物资多在官，货币多在民，难道这也是秦国笑到最后的原因？

---

① 地方政府以一年中某一特定时间点的价格为当年的政府财政收支的定价，战国、秦称"正贾价"，两汉称"平贾价"。

第六章

货币，秦一统天下的关键助力

蜀地金铜，秦国富强的胜负手

> "人有恶梦，觉。乃释发西北面坐，（祷）之曰：'皋！敢告尔，某有恶梦，走归之所。强饮强食，赐某大富，不钱则布，不茧则絮。'则止矣。"
>
> ——睡虎地秦墓竹简《日书》甲种

《韩非子·五蠹》说："今境内之民皆言治，藏商、管之法者家有之，而国愈贫，言耕者众，执末者寡也。"[①]意思是战国末年的《商君书》与《管子》已是公认的"富国"之术，可说的多，做的少。秦国不是笃行耕战吗？为什么会有这样的评价？

道理很简单，这两套理论都是建立在战国中期的经济地理基础上，战国末期时已经不适用。前文所述的铜锡、黄金的产地，无论是春秋时代的铜料流入，还是战国时代的黄金流入，起点都是楚地。关于这一点，《管子·轻重甲》假托管仲之口言及，"使夷吾得居楚之黄金，吾能令农毋耕而食，女毋织而衣"[②]。可见楚地在物产上得天独厚，令人嫉妒。这是因为战国初期、中前期的金、铜资源格局并没有多大改变，三晋、齐、鲁、东周、秦等势力的腹心地区，仍旧是资源的输入地，但在战国中后

[①] ［清］王先慎：《韩非子集解》卷十九《五蠹第四十九》，钟哲点校，中华书局，1998年，第451、452页。

[②] 黎翔凤：《管子校注》卷二十三《轻重甲第八十》，梁运华整理，中华书局，2004年，第1422页。

期发生了巨大的变化。破局者有三家：其一为秦国，秦惠文王更元九年
（前316年）灭蜀三国，夺取成都平原；其二为赵国，赵武灵王二十六年
（前300年）破林胡、楼烦，设云中、雁门、代郡；其三为燕国，燕昭王
二十九年（前283年）破东胡，拓地千余里，设上谷、渔阳、右北平、
辽西、辽东五郡，并修长城备胡。

　　赵、燕的扩张，冲出了阴山的界限，覆盖了上文中提及的八大古铜
矿区中的两个：①以赤峰－林西为中心的辽西铜矿及锡矿开发区；②燕
山南麓以承德和唐山为中心的铜矿开发区。钱币币范出土的地区包括：
①河北承德市承德县杨树底罗家沟附近，系燕国右北平郡境；②河北张
家口市怀来大古城村附近，系燕国上谷郡郡治；③内蒙古乌兰察布市凉
城县崞县窑乡郭石匠沟村附近，系赵国代郡境；④内蒙古赤峰市喀喇沁
旗上瓦房乡大西沟门村附近，系燕国右北平郡境；⑤内蒙古赤峰市宁城
县黑城遗址附近，系燕国右北平郡郡治；⑥内蒙古包头市郊区麻池乡窝
尔吐壕水库附近，系赵国云中郡九原县境。除郡治外，均为铜矿产区，
唯内蒙古包头市境内储量有限，但在大青山（沉积含铜砂岩）和固阳北
部（含铜石英脉）地区也有分布，当地还有丰富的黄金资源，如今建有
十八顷壕金矿的固阳县早在魏惠王十九年（前351年）已建稍阳城，可
见魏国对边疆的资源产地兴趣盎然。

　　无独有偶，魏、赵、燕在掌握边疆的资源产地之后，也纷纷雄强一
时，成为强悍的区域霸权。当然笑到最后的还是秦国，《战国策·秦策一》
中提到："蜀既属，秦益强富厚，轻诸侯。"①过往对秦夺取四川盆地的意
义，往往从天府之国的农业生产入手。其实蜀地四塞，东有三峡之险，
北有栈道险阻，大规模对外运输粮食和用兵都是高成本、高风险的难题，
除司马错乘舟载粮顺江伐楚，再无用兵、运粮的记录。究其原因在于成

---

① 何建章：《战国策注释》卷三《秦策一》，中华书局，1990年，第103页。

都平原至汉中的山路崎岖，到汉中之后，固然有西汉水可通陇西，汉水可通南阳，终究是从汉中出发，并没有直通秦国关中腹地的捷径。故此，当地的农业生产并不能直接与秦统一战争挂钩。

要知道，蜀国一度相当强盛，《华阳国志》记载，"卢帝攻秦，至雍"①，雍为秦国都城，地在今陕西省宝鸡市，可见蜀国当时已全取褒、汉之地。到了战国时代，秦惠公十三年（前387年）秦国伐蜀汉中夺取南郑，同年即被夺回。10年后，蜀国又出兵攻楚兹方。能与两大强国在汉中往来拉锯，蜀国的国力不容小觑，这与蜀地丰富的自然资源密不可分。成都平原西南邛崃一带的铜矿开发区更是位列先秦八大铜矿区之一，主要分布于金沙江流域、青衣江流域和成都平原边缘地带，如邛都（今西昌）、灵关（今芦山）、徙（今天全）、严道（今荥经）、青衣（今雅安），以及朱提（其北达今宜宾）等地。其产量之大，可以从广汉三星堆和古蜀国发达的青铜文明上窥见一斑。

另一类巴蜀特产则是黄金。《华阳国志》记载，涪县（今四川绵阳市涪城区）、晋寿县（今四川彭州市）均产金，其民"岁岁洗取之"，刚氐县（今四川绵阳市平武县）作为涪水源头，也有金银矿。②岷江、沱江、涪江、大渡河、金沙江、雅砻江流域也盛产砂金，或为山石中所出金，或为水沙中所出金，这些自然金的颗粒绝大多数极小。③这些黄金矿源，在很长一段时间里是蜀地灿烂的黄金文明的资源基础，得以铸造大量器物，另一部分则通过与楚人的贸易，辗转流入中原，成为楚地富庶的见证。

---

① ［晋］常璩：《华阳国志校补图注》卷三《蜀志》，任乃强校注，上海古籍出版社，1987年，第122页。
② ［晋］常璩：《华阳国志校补图注》卷二《汉中志》，任乃强校注，上海古籍出版社，1987年，第91页。
③ 邹一清：《先秦巴蜀手工业研究概述》，载《中华文化论坛》，2010年第4期。

夺取汉中、巴蜀后，真正让秦"强、富"的，实则是充裕的铜料和黄金资源。前者可以铸造青铜兵器，后者则为秦王室提供了充裕的阶层内共识货币，尤其为战国中期后，列国之间动辄万斤、三十万金的礼赠、贿赂创造条件。据学者统计，《战国策》涉及"用金"的记载共53次，其中出现"千金"18次，"三千金"2次，"万金"3次，占总数的43.39%，总黄金数合计59010斤/镒，放在战国时代250多年的时间尺度上，实在不算多，待到秦始皇统一前，《史记·秦始皇本纪》提到："原大王毋爱财物，赂其豪臣，以乱其谋，不过亡三十万金，则诸侯可尽。"[1]秦国可以拿出5倍于前述规模的黄金来贿赂六国豪臣，可见，秦国并非轻视黄金，而是在占据青铜、黄金主产区之后，王室"颛川泽之利，管山林之饶"[2]，彻底垄断金、铜资源产出。

恰恰是这种状态，令秦国不必像《管子》所描述的，借助商品经济吸纳外域的黄金，而是参照《商君书》的原则，寻求"仓府两实"。

在秦人社会经济中"隐身"的黄金

秦人的政权（先称公室后称县官）实则是虚拟的"族"，黔首百姓以核心家庭为单位分户析产，则是"族"之下的子弟。因此，核心家庭受让的财产所有权并不完整，土地仍为"公社"，也就是政权所有。而商鞅的"作辕田"[3]，就是行西周的"爰田"之制，在"公社"内部施行军功爵位为基础的授田，有授田有交还，正是土地轮换制，契合"三年一易"

---

①［汉］司马迁：《史记》卷六《秦始皇本纪》，中华书局，1959年，第230页。
②［汉］班固：《汉书》卷二十四上《食货志上》，中华书局，1962年，第1137页。
③［汉］班固：《汉书》卷二十八下《地理志下》，中华书局，1962年，第1641、1642页。

的古意。之所以有此改革，因秦国长期与戎狄杂处，按照商鞅本人的说法就是，"始秦戎翟之教，父子无别，同室而居"①。与春秋时代晋国改革前"戎狄荐居"的状态非常相似，其统治应该也是"启以夏政，疆以戎索"。这可以通过商鞅的法令得到印证，"令民父子兄弟同室内息者为禁"②，父子、兄弟在一间屋中起居，则财产所有单元应为自然结构家庭，相比周政尚显落后。所以，秦国至此时方才学习晋国"作辕田"，并以自然结构家庭作为军赋、劳役的基本单位，所谓的"耕战之术"便是如此。

不过，商君之法只是改革的起点。在之后的100多年间，秦国多方吸收了列国的制度形成了睡虎地秦墓竹简中体现的秦律。到秦统一前夕，秦律规范的田制、家庭，与殷人的井田制度明显一脉相承，但又由劳役地租升级为实物地租，家庭上则形成了相当稳固的核心家庭为利益主体的社会伦理。汉人贾谊曾回顾说，"行之二岁，秦俗日败"，秦人的富户，孩子大了就积极分家，贫家之子大了就去给人当赘婿。借给父亲农具，脸上竟显示出施恩的表情；母亲来拿簸箕扫帚，立即遭到责骂；儿媳抱着怀中吃奶的婴儿，竟与公爹并排而坐；媳妇与婆婆关系不睦，就公开争吵。人们只知爱护自己的孩子，贪图利益，与禽兽差不了多少了。③很明显，秦国塑造了一个弥漫着"利己主义"的社会，与儒生推崇的自然结构家庭伦理格格不入。但核心家庭与政权（公室、县官）的关系却前所未有地紧密，西周时代原本由族长组织的生产，此时已经由官吏包办，秦国的仓廪出者少，入者多，持续维持着《商君书》中定义

---

① [汉] 司马迁：《史记》卷六十八《商君列传》，中华书局，1959年，第2234页。
② [汉] 司马迁：《史记》卷六十八《商君列传》，中华书局，1959年，第2232页。
③ [汉] 班固：《汉书》卷四十八《贾谊传》："商君遗礼义，弃仁恩，并心于进取，行之二岁，秦俗日败。故秦人家富子壮则出分，家贫子壮则出赘。借父耰锄，虑有德色；母取箕帚，立而谇语。抱哺其子，与公并倨；妇姑不相说，则反唇而相稽。其慈子者利，不同禽兽者亡几耳。"中华书局，1962年，第2244页。

的"富"的状态。

当然，按照常理，一旦核心家庭，乃至于个人拥有残缺的财产所有权时，各个利益主体间的交易必定前所未有地活跃。可在秦人百姓占卜用的《日书》中，虽有"金钱良日"之语将金钱并列，可在普通人噩梦后的祈祷辞中又说："赐某大冨（富），不钱则布，不璽（茧）则絮。"①天赐的"大富"，要么是钱，要么是布，要么是蚕茧，要么是絮（丝绵），絮（丝绵）比茧贵，布比钱贵，无涉黄金。这说明在秦人的世界观中，黄金并不是触手可及的财富，求神尚且不敢想，遑论流通交易。

事实上，秦律中明文规定了市场交易和官府出入钱不得挑选、拒收"行钱""行布"，却没有"行金"字样。②反观西汉，高后二年（前186年）的《二年律令·钱律》规定："金不青赤者，为行金。"只要黄金颜色没有因杂质过多而泛青、泛红，都可作为"行金"流通。这意味着，西汉初年法律明确规定了"行金"的法律概念和质量标准，与秦律中对"行布"的质量标准规定③近似。那么，可以得出两个可能：其一，秦律像西汉一样有"行金"，只是《钱律》《金布律》中记载脱漏；其二，秦律并未规定"行金"。

正因如此，秦国的三币中，黄金的情况最复杂。傅筑夫先生指出，黄金在当时可以发挥"世界货币"的职能，但是黄金的单位价值很高，且供应流通量不足，这决定了它不可能普遍用于社会各阶层，不能在民间的普通市场中得到日常使用。④陈彦良先生则从文献史料中发现了黄金

---

① 施伟青：《论秦自商鞅变法后的商品经济》，载《中国社会经济史研究》，2002年第1期。
② 睡虎地秦墓竹简《金布律》："贾市居列者及官府之吏，毋敢择行钱、布；择行钱、布者，列伍长弗告，吏循之不谨，皆有罪。"睡虎地秦墓竹简整理小组：《睡虎地秦墓竹简》，文物出版社，1990年，第36页。
③ 睡虎地秦墓竹简《金布律》："布袤八尺，福（幅）广二尺五寸。布恶，其广袤不如式者，不行。"睡虎地秦墓竹简整理小组：《睡虎地秦墓竹简》，文物出版社，1990年，第36页。
④ 傅筑夫：《中国封建社会经济史》（第1卷），人民出版社，1982年，第468、469页。

的诸多跨区域流动现象，论证了黄金在市场交易和国际社会中的经济功能。同时，通过考古发现的诸多完整和切碎的金饼，以及天平、砝码揭示了当时黄金日常交易的货币职能。他认为战国后期形成了以黄金为主的新的货币体系。黄金是国际间价格的普遍标准，作为通用的价值尺度和交易媒介，是国际金融体系中的主角。[①]简言之，二先生都认可黄金的"世界货币"职能，分歧在于"流通手段"。那么，这是不是事实呢？

答案应该是否定的。在秦的县级政权中，"金布"是掌管一县资产、财物会计的重要部门。秦律之中还有《金布律》的律名，部门名称和律名都沿用到了西汉前期，可见"金"与"布"对秦国、秦朝的重要性。问题是，这种重要性在地方财政运作的文书中少有体现。

占有黄金是一种身份特权

黄金与布作为"实体货币"，无论是材质还是单位，都与铜钱有肉眼可见的差别。可在里耶秦简展示的秦洞庭郡迁陵县财政统计文书——"计录"和"课志"中，唯有"课上金布副"中有"采金"和"作务"[②]两项可能与黄金和布的生产有关，却没有一项与黄金和布的货币单位收支相关。"课上金布副"包括"园栗、县官有买用钱/铸段（锻）、桼（同漆）课、采铁、竹箭、作务、市课、水火所败亡/园课、采金、時竹、作务徒死亡、貲赎责（债）毋不收课"等诸项。其中"采金、采铁、漆园、時竹、园栗、市课"，均类于"山川园池市井租税之入"，属于秦皇私产，

---

① 陈彦良：《中国古代的货币区系、黄金流动与市场整合》，载《台大历史学报》第 36 期，2005 年；陈彦良：《先秦黄金与国际货币系统的形成——黄金的使用与先秦国际市场》，载《新史学》15 卷 4 期，2004 年。
② 参见拙作《秦砖：大秦帝国兴亡启示录》，北京联合出版公司，2020 年，第 321 页。

由"少府"垂直管理。"县官有买用钱"中的县官代指的也是秦皇私产。"铸段（锻）、作务、竹箭"归属于"工室"，应由"少府"垂直管理。"水火所败亡、作务徒死亡、赀赎责（债）毋不收课"，按照秦人的逻辑均属官物消耗。

可见，以上科目与"田""田官""乡""司空""仓""畜""尉"等县级诸官啬夫的经营管理职能完全并列，属于垂直管理的中央派出单位，故而在县一级只入账目，不入管理序列。不过，像"县官有买用钱"之类的成本要所在县承担，转卖收入"作物产钱"①则与"园池作务市租"等项目一起列入"禁钱"，归属于皇帝私产，只在县中储存，无诏令不得使用。②

再看"计录"，作为县一级列曹令史分类汇总的上报统计，单位的统一是统计分项的基础，可在"金布计录"③"司空曹计录""仓曹计录""户曹计录"中有"船计""牛计""马计""车计""器计"，就是没有"金计"和"布计"，反而在"仓曹计录"和"金布计录"中各有一个带"钱"字的"钱计"和"□钱计"。这就意味着，黄金和行布，要么没有进入秦朝县级财政的簿册，要么单位统一折算成了钱入账、出账。

简牍信息表明，第二种情况才是事实。睡虎地秦墓竹简《法律答问》中提到："甲告乙贼伤人，问乙贼杀人，非伤殴（也），甲当购，购几可（何）？当购二两。"④岳麓书院藏秦简《奏谳书》中的"尸等捕盗疑购案"中，也有"购金十四两""购金七两""购金二两"的记录。⑤可见，当时

---

① 有学者认为"作务产钱课"为县级铸钱管理。按《关市律》规定："为作务及官府市，受钱必辄入其钱缿中，令市者见其入。""作务"受钱能够为"市者"所见，说明有卖出商品的行为。故此，所谓"作务产钱"应为"作务"的产品在市场销售所得钱，并非铸钱。
② 参见拙作《秦砖：大秦帝国兴亡启示录》，北京联合出版公司，2020年，第353页。
③ 参见拙作《秦砖：大秦帝国兴亡启示录》，北京联合出版公司，2020年，第340页。
④ 睡虎地秦墓竹简整理小组：《睡虎地秦墓竹简》，文物出版社，1990年，第124页。
⑤ 朱汉民、陈松长：《岳麓书院藏秦简（叁）》，上海辞书出版社，2013年，第113~117页。

的基层行政、司法实践中黄金一直存在，结论只能是秦人将黄金统一折算成钱记账。而断代为秦二世三年[①]的岳麓书院藏秦简中，也收录了黄金与铜钱的折算规定[②]，即官府收支账目上的"直（值）""当"概念[③]，为睡虎地秦墓竹简《金布律》反映的钱、金、布存在固定比值关系的事实[④]补充了最有力的证据。

　　岳麓书院藏秦简《奏谳书》中的"癸、琐相移谋购案"曾提及"死皋（罪）购四万三百廿""群盗盗杀人购八万六百卌钱"[⑤]，两个数字分别是捕获死罪罪犯10名和曾杀人群盗10人的购赏，秦之金1两合576钱，前者共70两，计7两/人；后者共140两，计14两/人。前述"尸等捕盗疑购案"案卷中提及"律曰：产捕群盗一人，购金十四两"。[⑥]正与"群盗盗杀人"的购赏一致。在睡虎地秦墓竹简《法律答问》中也有"将军材以钱若金赏，毋（无）恒数"之说，即军中将军悬赏，以钱替代黄金，且不拘泥法律规定的数目，说明在基层司法、行政实践中，律文规定的"购金"就是折钱发放。

　　也就是说，秦国的县级财政收入仅限"罚金""赎（刑）金"而无本地支出项目。官府尚且如此，民间交易可能广泛使用吗？事实上，完全不同于包山楚简中楚国平民与"王金"之间频繁的借贷关系，秦人的县

---

① 陈松长：《岳麓秦简中的两条秦二世时期令文》，载《文物》，2015年第9期。

② 朱汉民、陈松长：《岳麓书院藏秦简（贰）》："货一甲直（值）钱千三百卌四，直（值）二两一垂，一盾直（值）金二垂。赎耐，马甲四，钱七千六百八十。0957马甲一，金三两一垂，直（值）钱千九百。金一朱（铢）直（值）钱廿四。赎死，马甲十二，钱二万三千卌。0970卌音xi，四十。上海辞书出版社，2011年，第78页。

③ 赀甲、盾与赎刑（含耐、死等）均为地方财政收入项。参见拙作《秦砖：大秦帝国兴亡启示录》，北京联合出版公司，2020年，第341页。

④ 睡虎地秦墓竹简《金布律》："其出入钱以当金、布，以律。"睡虎地秦墓竹简整理小组：《睡虎地秦墓竹简》，文物出版社，1990年，第36页。

⑤ 朱汉民、陈松长：《岳麓书院藏秦简（叁）》，上海辞书出版社，2013年，第101~102页。

⑥ 朱汉民、陈松长：《岳麓书院藏秦简（叁）》，上海辞书出版社，2013年，第114页。

级财政尚且以金折钱，不见若干镒、若干两黄金的实例，平民交易使用黄金的可能性微乎其微。当然，在睡虎地秦墓竹简《效律》中有一条规定，常被视为黄金市场流通的证据：称黄金所用天平砝码不准确，误差在半铢以上，均罚一盾。[①]律文看似与黄金的市场流通有关，却忽略了《效律》本是对都官、县核验物资账目的规定，罚则的对象也是官吏，而非普通人，只能说明秦国确实存在民间对官府，或官府对官府之间的黄金出纳，却并不能印证黄金在市场上广泛流通。现实是，秦国各地生产的实物黄金，由掌管皇室资产的"少府"经营、运输到都邑，在秦王支配下赐予上层阶级。上层阶级又将这部分黄金，通过本阶层交易或与官府的交易〔如消费支出、赎赎（刑）金等〕，形成区域性、阶层性的流通闭环，让黄金的占有、使用成为一种事实上的身份特权。这一特权在200年后的王莽手中甚至以法令的形式被重申，"禁列侯以下不得挟黄金"[②]，只有皇帝、诸侯王、列侯可以拥有黄金，其余阶层必须上缴。

可哪怕采取如此严厉的黄金垄断政策，至新莽灭亡时，内府藏金也只有70余万斤。[③]秦镒的实重与250克的汉斤接近，三分天下有其一的秦国能拿出与王莽国储一半的黄金贿赂六国豪臣，可见秦国的黄金垄断政策只会比王莽更加严厉。进一步说，常以"复古"为名的王莽在西汉社会"行金"200年后，仍残存着将黄金视为高爵显贵们垄断财富象征的意识，并得到朝野的认可，那么，这种特定财富应由阶层垄断的意识在古老的秦国会有多么浓厚，完全可以想见。

事实上，作为秦人的后继者，西汉王朝立法即"攈摭秦法，取其宜

---

① 睡虎地秦墓竹简《效律》："黄金衡赢（累）不正，半朱（铢）【以】上，赀各一盾。"睡虎地秦墓竹简整理小组：《睡虎地秦墓竹简》，文物出版社，1990年，第70页。

②〔汉〕班固：《汉书》卷九十九上《王莽传上》，中华书局，1962年，第4087页。

③〔汉〕班固：《汉书》卷九十九下《王莽传下》："时省中黄金万斤者为一匮，尚有六十匮，黄门、钩盾、臧府、中尚方处处各有数匮。"中华书局，1962年，第4188页。

于时者"①。也就是说，萧何的九章之法理论上应比秦律宽松，但在《二年律令·津关令》中又明确规定，以扞关、郧关、武关、函谷关、临晋关为界，关内明确"禁毋出黄金"②。高后称制后，又因南越国桀骜不驯，"禁粤关市铁器"，至汉文帝元年陆贾出使见到南越王赵佗时，赵佗也证实了这道法令："毋予蛮夷外粤金铁田器。"③这意味着，西汉王朝在统一后，仍以关津为界，对关外诸侯王施行黄金禁运政策，对蛮夷外藩也禁止黄金外流。在一个明令"行金"的国家，还对"关外"禁运黄金，统一前的秦国，无论六国市场行用黄金如何普遍，自秦地至六国的黄金出口理应禁止，而只允许单向流动的货币当然不能称之为"世界货币"。

秦国保留麻布货币的根本原因

> "'债'是法律用以把人或集体的人结合在一起的'束缚'或'锁链'，作为某种自愿行为的后果。"④
>
> ——梅因《古代法》

相比"黄金"，"行布"明显更像"货币"，现代货币的五项职能齐备，所以不少论者对布的货币地位相当推崇。《中国钱币大辞典（先秦编）》编撰者就提出："春秋战国时期秦国一直以布帛为本位货币……秦国政府

① [汉] 班固：《汉书》卷二十三《刑法志》，中华书局，1962年，第1096页。
② 《二年律令·津关令》："二、制诏御史：'其令扞（扞）关、郧关、武关、函谷 [关]、临晋关，及诸其塞之河津，禁毋出黄金，诸奠黄金器及铜。有犯令……'（四九二）"张家山二四七号汉墓竹简整理小组：《张家山汉墓竹简（二四七号墓）》，文物出版社，2006年，第83页。
③ [汉] 班固：《汉书》卷九十五《西南夷两粤朝鲜传》，中华书局，1962年，第2851页。
④ [英] 梅因：《古代法》，沈景一译，商务印书馆，1997年，第183页。

在开支、交换、量刑等政治经济过程中，都是以'布'为单位进行核算
的。"[1]赵德馨、周秀鸾则认为直到战国末年，布是主币，而且是流通最为
广泛的"国际货币"。[2]蔡运章认为直到战国末年，布帛币在秦国仍然是
主币。[3]日本学者佐原康夫也认为半两钱与布币等实物货币相比只是附属
货币。[4]

不过，上文中对秦半两的讨论已经说明，在秦国和秦朝的法定货
币体系中，行布的价值由行钱标识，那么，"本位货币"（主币）只能是
"钱"，但行布又确实存在。更吊诡的是，在战国末期秦国和秦朝的律令
中，存在一系列以"金若干两"为单位的规定、罚则，"布若干"为单位
的律文却难觅踪迹。睡虎地秦墓竹简、龙岗秦简、岳麓书院藏秦简等涉
及法律规定的简文中，只存在诸多钱数为11的倍数，睡虎地秦墓竹简中
尤为突出，《金布律》《效律》《法律答问》中均反复出现，且往往与资产
标准和财物处罚相关，如《金布律》中官府给刑徒、官奴发放衣物的基
础标准，110钱、55钱，77钱、44钱、33钱，均为11钱当1布的倍数，
衣物肯定用"布"制成，说明原本标准应为若干"布"，后换算为钱。可
见，"布"在秦之财政收支中属于"在场但不存在"的角色，并不以"实
体货币"的形式存在，甚至其价值尺度的财政职能也被铜钱取代。

从里耶秦简所见的迁陵县情况来看，县级财政中的"作务"确实存
在纺织业务：作徒簿中有"二人织""四人级"的安排，也有纺织工具
"木具机""木织杼""木织轴"的记载。产品主要供县中使用，与百姓上

①《中国钱币大辞典》编纂委员会：《中国钱币大辞典（先秦编）》，中华书局，1995年，第
9页。
② 赵德馨、周秀鸾：《关于布币的三个问题——读云梦出土秦简〈金布律〉札记》，载《社
会科学战线》，1980年第4期。
③ 蔡运章：《秦国货币试探——兼谈布帛是我国古代的实物货币》，见谭忠善主编：《中州
钱币论文集》，河南省钱币学会，1986年。
④ [日] 佐原康夫：《汉代货币史再考》，见《汉代都市机构の研究》，汲古书院，2002年。

缴的布、帛、枲合并计算，"度给县用足"，剩余部分上交咸阳"大内"。若"度给县用不足"，则要申请"转输"，由上级主持区域调剂，运来实物。这样的管理逻辑下，"布"当然不是"实体货币"，而是"实物"本身，秦的县级财政看重的是布的使用价值而非流通价值。

所以，有学者认为"秦国有意保障和加强铜钱在货币体系中的主体地位，促使布帛逐渐退出流通领域"[1]。陈彦良先生便持类似观点："就战国秦国和秦代货币制度来说，或许可以推测布作为价值度量标准单位要早于钱，同时也意味着早先秦国社会在货币使用上，比较于布，钱的重要性要为后起。但可以看到愈到后期，钱的重要性愈为增加，到最后钱终于超越布。"[2]此论至为允当。从战国前期齐、魏等经济发达地区仍存在"布缕之征"来看，秦国在秦惠文君"行钱"之前，官府所使用的货币应该就是西周流传下来的麻布；"行钱"之后，也保留了"行布"，并以铜钱定价，变身为一种大额行政货币，类似于后世铸行的"当十钱"。最重要的舞台不是县域市场，而是各县将结余的布运到咸阳"大内"后，麻布就变成了秦国政府采购的标准化"行布"，继而在咸阳、栎阳、雍等大都邑的市场中行使流通手段职能。由于行布的面额更大，1布当11钱，可以有效补充商业都邑持续扩张的货币需求。

"行布"的保留恰恰说明秦国都邑市场的普遍通货不是黄金，本质上是秦王室独占黄金的制度补充，用以弥补大宗交易的通货不足，而并非"行布"有什么优越的货币特质。事实或许正相反，作为在关东六国已经逐步被淘汰的周制古董，体积大、价值低的麻布并不适宜长距离的交易流通。而秦国对它痴心不改的原因也正在于此，那种长距离的、多元参

---

[1] 朱红林：《张家山汉简〈二年律令〉研究》，黑龙江人民出版社，2008年，第195～197页。
[2] 陈彦良：《先秦黄金与国际货币系统的形成——黄金的使用与先秦国际市场》，载《新史学》15卷4期，2004年。

与的、活跃的商品经济根本不是秦国想要的。

基于耕战的秦制核心诉求是粮食和兵员，在财政层面就是实物税收和无偿劳役，货币化税收只是点缀。各种粮价、刑徒口粮、衣服，以及债务奴的日工资、口粮钱，对各类官物的赔偿标准，赎刑、罚款的标准，都固定计价写入成文法。不同单位之间的换算，也被严格锁定，看似存在市场定价，但环环相扣的律法造就了一整套"静态""刚性"的价格机制。它最大的价值就是让门类众多的"实物收支"在账面上以枚数为单位的铜钱计价，方便统计和上报汇总。因此，秦的县级地方财政中货币收支几乎可以忽略不计，在"计簿"的科目中，必然或可能涉及金钱的科目只有5种。整个秦朝的财政体系实则是县级财政的数量叠加，附加以少府主管的王室经营性部门收支。通俗地解释就是1个县的实物财政乘以1000个县，加上秦王的私房钱，就是整个秦国的大账本。

秦国货币的本质是"一般债务凭证"

秦朝的"地方财政体系"中已知的"货币收入"（不全是"税种"）包括：①禁钱（属王室）："山川所出"，王室垄断的山川池泽出产的手工业原料经"刑徒经济"生产产品售出所得钱，即"官府作务市受钱"；"园池市井租税之入"包括"市租、质钱、园池入钱"。②不禁钱（属县）："赎刑钱"和"赀罚钱"。③户赋钱（郡属）：五月的户赋16钱/户，每年送郡守用于"治库兵车马"。此外，"中央财政科目"缺少资料，但结合西汉《二年律令》推测，应有"少府"主管的"铸钱""采金"为直接的"货币收入"；其余的，如少府主管的手工业产品销售所得，也可以并入上述科目。支出项则包括两大类：采购和功赏。相对于"采购"的频繁和少量，"功赏"这个科目是绝对的大宗，因为"秦制"的功赏虽有"斩首赐爵"的基础，但又有律文明确规定，爵不满一级或达到升爵上限的都要折算成钱，单次赏钱数以万计。

这种财政模式恰恰决定了，政府"货币回笼"的手段非常少，短期的突发支出却会相当之多。按照"名目主义"的理论，秦国有限的货币税收根本不足以赋予秦钱足够的信用。由于百姓大部分的"租、赋、役"仍以实物和力役形式支付，唯有"户赋"和市场交易中产生的"市租""质钱"是常态的"货币税"，前者一年不过16钱/户，后者则是按比例抽成。里耶秦简的记录显示，仅秦朝洞庭郡迁陵县政府在市场上就有大量、频繁的采购，卖家都是普通编户民，再加上上述的功赏赐钱，秦朝货币在政府和民间的流动，一定是"出超"的状态。

这种状态下，秦钱的价值必然会受市场供求的影响，市场上流通的货币量多了，物价就会上涨；反之，则物价下跌，物资的官价就会与市场价相背离。当现实存在多层级的货币体系时，这种背离就会相当频繁、剧烈，一旦货币供求发生剧烈变化，这一货币化程度相当有限的财政体系，就会出现难以估量的后果。岳麓书院藏秦简中就记录了，统一战争结束后秦始皇下诏书，要求各县立刻兑现对从军者的购赏和免债的激励，申明必须给现钱。皇帝的意志贯彻下来，但操作层面出现了大问题——县里钱不够。为此，丞相和御史大夫就只好请求皇帝，各县"不禁钱"足够兑现的，尽快下发。如果不够，先向"属所执法（御史）"申请，由"属所执法"负责调剂辖区内各县的现钱。还不够，就要经御史渠道申请皇帝批准将存储在县中的私房钱"禁钱"借贷给县政府，之后慢慢偿还。[1]

---

[1] 陈松长：《岳麓书院藏秦简（肆）》："1918制诏丞相御史：兵事毕矣，诸当得购赏赀责（债）者，令县皆亟予之。令到县，县各尽以见（现）钱，不禁0558者，勿令巨皋。令县皆亟予之。丞相御史请：令到县，县各尽以见（现）钱不禁者亟予之，不足，各请其属0358所执灋，执灋调均；不足，乃请御史，请以禁钱贷之，以所贷多少为偿，久易（易）期，有钱弗予，过一金，0357赀二甲。0465内史郡二千石官共令第戊。"上海辞书出版社，2015年，第197、198页。

这种涉及数十万人的"货币投放"无疑决绝得令人惊叹。不过，更有意思的还是上面的流程，本县公款不够，请求邻县调剂，当然是借贷，调剂后还不够，没有请求郡府介入，而是直接请求借贷皇帝的私房钱。那么，秦民与县廷，县廷与县廷，县廷与皇帝，就形成了一系列的"债务关系"，正好模拟了新钱投放的流程。在没有银行机构的情况下，少府、郡工室铸造出的新钱，很可能也是以贷款的形式投放各县，县廷再用功赏赐钱或政府采购的方式，释放给秦民使用。也就是说，秦民无论是受赏还是卖货所得的秦钱，本质上都是若干枚"一般债务凭证"，秦民将对应数量的"财富"（实物）出借给了"县廷"，"县廷"又将此"财富"出借给"皇帝（秦王）"，形成了环环相扣的债务关系。而秦民在市场交易中支付"一般债务凭证"，获取的对应数量的财富（实物），就是一次债务转移。在稳定状态下，钱的持有者购买商品的过程，就是要求兑现"一般债务凭证"，完成一次"偿债"。按照秦律，这一债务转移过程必须在规定的地点（市）[1]，以规定的方式（标价）[2]，按规定的流程（持券）进行[3]，必须持券留底，交易双方各拿"出""入"券，并将交易记录副藏于官。那么，在秦民主要从事耕种，手工业产品多出自官府"工室"，私营工匠也被聚集在"市"中售卖产品的背景下，秦钱所承载的债务转移，就完全在政权的监控之下，无所遁形。

秦国的政治权力将市场分割为两个大场景：其一为王畿拥有大型市场和商贾聚集的都邑，如咸阳、栎阳、雍等中心市场；其二为各县境内

---

[1] 岳麓书院藏秦简《金布律》："1289市冲、术者，没入其卖殹（也）于县官。吏循行弗得，赀一循（盾）。县官有卖殹（也），不用1288此律。有贩殹（也），旬以上必于市，不者令续（赎）迁，没入其所贩及贾钱于县官。"陈松长：《岳麓书院藏秦简（肆）》，上海辞书出版社，2015年，第109页。

[2] 睡虎地秦墓竹简《金布律》："有买及卖也，各婴其价。小物不能各一钱者，勿婴。"睡虎地秦墓竹简整理小组：《睡虎地秦墓竹简》，文物出版社，1990年，第37页。

[3] 邢义田：《再论三辨券——读岳麓书院藏秦简札记之四》，载《简帛》，2017年第1期。

的小型区域市场。相应地，货币流通环境也出现了分层，在都邑中心市
场中，黄金的阶层内循环与行布的交易集散并存，同时大量存在以行钱
为单位的民间交易；在县域小型市场中，则是以行钱为单位的民间交易
为主，行布参与的零星交易为辅。当然，在这些交易之外，还有零星的
社区内交易发生在"里"中，诸多核心家庭的互通有无，借用的地域通
货就是货贝，低币值、可储存，只是不能纳税。这些交易场景的区分，
根源就是秦法对人口流动的严格限制，所有居民被户籍严格控制在著籍
地，使秦国境内形成一个又一个以县为单位的网格，人口不能自由流动，
市场化的物资、货币跨区自发流动也遭到了禁止，各县到都邑的物流网
络只能通过行政力量铺设，人为地恢复到了西周时代，距离遥远的诸侯
国齐聚王都入贡的状态。

　　这就使得都邑的本地化商业相当繁荣，《史记·货殖列传》提到，秦
文公、秦穆公都雍，举陇蜀之间的交通要道，"多贾"，秦献公迁都栎阳，
北临戎狄，东通三晋，"亦多大贾"。秦昭襄王治咸阳，后来成为汉朝帝
都，长安与各陵邑，都是交通枢纽，人口众多，百姓乐于经营末业。[1]外
来商路集中到都城，提供了商品的多样性，正如李斯在《谏逐客书》中
所概括的："昆山之玉、随、和之宝、明月之珠、太阿之剑、翠凤之旗、
灵鼍之鼓，此数宝者，秦不生一焉。"[2]作为"太仓"和"大内"所在地，
四方诸县、封君的剩余物资和采购需求在此聚集，都城中为皇室服务的
"官营刑徒经济"可以提供远比县级市场更多、更好的商品，外国商人
"邦客"也向此处汇集。[3]不同于畸形繁荣的都邑，各县封闭的货币区保

①〔汉〕司马迁：《史记》卷一百二十九《货殖列传》："及秦文、缪居雍，隙陇蜀之货物
而多贾。献公徙栎邑，栎邑北却戎翟，东通三晋，亦多大贾。昭治咸阳，因以汉都，长安
诸陵，四方辐凑并至而会，地小人众，故其民益玩巧而事末也。"中华书局，1959年，第
3261页。
②〔汉〕司马迁：《史记》卷八十七《李斯列传》，中华书局，1959年，第2543页。
③参见拙作《秦砖：大秦帝国兴亡启示录》，北京联合出版公司，2020年，第498页。

证了货币不会自发地向区域外流动，物资却可以在行政命令下运输。同时，秦律将交易行为严格约束到市内，"择行钱弃市"的律令结合"告奸连坐"的管理手段才可以最大效率地执行。换句话说，哪怕"行钱""行布"被换成纸片，通过对交易双方的人身控制，乃至于对生命安全的威胁，秦人也能赋予秦钱价值，逼迫商品的提供者自发地为"一般债务凭证"偿债，并接受政府债务的"债务转移"。

债务关系，全新的政权合法性逻辑

正如《古代法》中所总结的："'债'是法律用以把人或集体的人结合在一起的'束缚'或'锁链'，作为某种自愿行为的后果。"在秦国，债务也是吏治国家与平民建立联系的一种重要模式。这个问题的核心在于，两周遗留下来的制度传统中，"仇匹"关系和"策命"制度只适用于精英阶层，与精英阶层"族"的代表身份息息相关。当自然结构家庭代替"族"之后，周制统治也就失去了对社会的全覆盖。在此背景下，承认自然结构家庭对"族"的替代是一种模式，直接由吏治国家替代"族"的角色则是另一种模式。前者的代表就是战国楚简中体现的"居处名族"的户籍登记法，而后者的表现则是秦汉的"名县爵里"登记法。两种逻辑迥然不同[1]：

楚制户籍：被记录者临时住址＋被记录者名籍登录的固定住址＋私名＋族氏

---

① 鲁鑫：《包山楚简州、里问题研究缀述》，载《中原文物》，2008年第2期。

汉制户籍：被记录者姓名+所属郡县+爵位名称+所居里名[①]

二者的区别很明显。楚制户籍下的人归属于"族氏"，地址则作为居住地可变。而汉制户籍下的人归属于"郡-县-里"，爵位是可变的社会身份定义，姓氏只是名称，不再具有社会归属意义。所以，秦汉社会管理的核心是将人变成官吏账本上的"数目字"，成为国家随时可以调用的资源，对人的物化成为制度。这种物化不存在例外，君王之下的精英阶层也被置于这个逻辑之下，只是通过分润权力具有相对权利，又因权利的不稳定，随时会丧失权利。哪怕在精英阶层内部，也不存在"权利义务对等"原则。

这种变化无疑是历史性的，因为在原始公社中；哪怕是"族"中的"子弟"，即使丧失了财产权，还有血缘、情感、习惯等因素维持双方的基本"权利义务对等"，当政权完成了对"族"的直接置换后，血缘共同体变成了地域共同体，核心家庭的"义务"得到继承甚至扩大，原本的"权利"却愈发萎缩。依照上古的公社生存逻辑，公社的最大共有"资产"就是土地，军役、徭役是公社内个体的公共义务，军赋用于军备，则是公社内百姓以财物对军事首领承担较多军事义务的补偿，公社军事首领有保护公社共有"资产"和公社内成员不受侵犯的义务。所以，在《汉书·刑法志》中，将"刑"与"兵"等量齐观，"（圣人）因天讨而作五刑"，"甲兵""刑法"都是圣人秉承天意讨伐违背秩序的罪人的手段，区别只是大小和场合，所谓"大者陈诸原野，小者致之市朝"[②]。在公社内

---

① 参见拙作《汉瓦：西汉王朝洪业启示录》，北京科学技术出版社，2021年，第19页。
② ［汉］班固：《汉书》卷二十三《刑法志》："《书》云'天秩有礼'，'天讨有罪'。故圣人因天秩而制五礼，因天讨而作五刑。大刑用甲兵，其次用斧钺；中刑用刀锯，其次用钻凿；薄刑用鞭扑。大者陈诸原野，小者致之市朝，其所繇来者上矣。"中华书局，1962年，第1079、1080页。

维持秩序，与在公社外维护秩序，是相通的"天讨"。公社内百姓即"国人"，公社的军事首领即天子、诸侯、大夫、士，这也是"天讨"要维护的基本秩序。随着"国"的扩张，在战争扩大化、频繁化的背景下，国人承担的公共任务与王室私权、私产走向融合。自备兵器逐步演变为国家武库，国人为兵发展为全民皆兵。在国人、野人身份一体化进程中，不是野人地位上升为国人，而是贵族和国人下坠到野人，野人又可以下坠到"皂隶"，即官奴婢和刑徒，成为王室和政权所有的人力资源。

"国野制"传统的异化，在秦汉之际表现出独特的身份"可变态"。一个成年男性，在国家需要他服兵役的时候，他就是"国人"；在国家需要他服劳役的时候，他可以是"国人"也可以是"野人"；在国家需要他缴纳无差别税赋的时候，就完全变成了"野人"；如果犯法坠为刑徒，则是世世代代的"皂隶"。也就是说，这个人的身份在"自己人""外人"之间游移不定，要确定身份圈层，就必须获得爵位和官职的提升，这正是阎步克先生所指出的"由爵本位到官本位"的历史进程，但无论官、爵，在秦制下都是君王手中的制度性玩物。所以，在周到秦的制度逻辑切换中，君王与国人的对等交易，变成了君王对黔首的单方面索取。义务劳动式的"徭"成为最基础的财政概念，甚至远赴边陲的"徭戍"也并不是"兵役"，而是对人力资源的财政转移支付，自带粮食的黔首自行奔赴戍所，填补本地人口缺乏所导致的"财政缺口"。

在经济层面，君主与其"雇佣"的官吏共同构成了代表公共秩序的"县官（公室）"，拥有全部土地的所有权。与之相对的，是三种"私家"：一个是秦王、皇帝的少府资产，包括规模庞大的资源产业和官营工业以及由此变现的"禁钱"；一个是贵族的资产，他们拥有封邑土地和资源的支配权及与百姓一样的财产所有权；一个是百姓的资产，只有对土地上建筑房屋、园圃、资财、衣器等附属物的财产所有权。

显而易见，西周制度中的"可变性"传统在秦制下得到了继承和发扬，尤其是"所有权"的全面虚化，让秦王、秦皇帝和贵族、百姓的"私家"实则置于同一个残缺的所有权主体地位之上。故此，王室逐利、贵族逐利、百姓逐利，无论如何口头上"崇本抑末"，都无法遏止秦民走向全面的利己主义。在此条件下，要利用利己主义就要控制"利"的承载和表征，将"利"控制在政权手中。简言之，将财富置换为国家债务，秦民积累的所有财富都是国家债务的累加。物质表征就是作为"一般债务凭证"的货币，无论是官铸的青铜半两钱还是官营手工业出产的麻布，价值基础都是国家的债务，让秦民在"拜金主义"的驱使之下，与秦政权成为真正的利益共同体，自觉自愿地把统治的"锁链"套在自己的脖子上，创造性地解决了政权合法性问题。

正因如此，自秦惠文王开始，"大秦公司"一直小心翼翼地控制负债规模而不谋求规模的快速扩张，不是因为他们胆子小，而是他们知道"大秦公司"的农业主营业务产出有限，叠床架屋的分权制衡耗费了太多的管理成本。每次领土扩张都相当于一次预借债务后的业务扩张，胜利后需要长时间生产物资以偿还债务，才能慢慢恢复元气，这也是低效的农业经济的命门所在。然而，借助国际形势和蜀地财富的输血，秦昭襄王晚年预借了大量债务进行爆发式扩张，固然占据了半壁江山，但也让新吞并业务板块的经营出现了难题。如何让早已习惯更富裕、更自由生活的百姓适应秦制，或是改造制度，兼容经济更发达的新环境，这个难题甚至促使吕不韦编撰出一部《吕氏春秋》，依旧没有答案。

第七章

秦亡于债务危机

伪装成公权力的债务寻租

> "法律可以确立一种王朝政府和一种世袭的继承制，但是却不能选定国王和王室。"
>
> ——卢梭《社会契约论》

简牍所见的秦政权对公共财政收支（面向全民）和经营性收支（面向刑徒经济）的管理采取了数字化的"程""课"工具，前者是"管理标准"，后者是"经营指标"，覆盖全民的社会管理职能以标准化、数字化、网格化为原则，绝大部分管理性收入以非货币化的人力徭役、实物租税形式分摊到百姓身上，为刑徒经济提供资源；刑徒经济取得的经营性收入中的实物部分用于供养政府官吏，货币部分则以"禁钱"的名义归皇室私有。[①]唯有"赎刑钱"和"赀罚钱"用以应付功赏、购赏、采购等公用货币支出。

具体来说，秦政权对物资生产的控制是通过"公共财政"（外）和"刑徒经济"（内）两个途径进行的。确凿的法定价格仅限于：①粮食，②分级伙食、口粮定量，③配发褐衣、枲，④行布，⑤黄金，⑥甲、盾、马甲，⑦赀罚，⑧居赀的工资。[②]这些官价看似杂乱无章，用内、外逻辑却可截然分开：①内部成本：粮食、分级伙食、口粮定量、配发褐衣、

---

① 参见拙作《秦砖：大秦帝国兴亡启示录》，北京联合出版公司，2020年，第353页。
② 参见拙作《秦砖：大秦帝国兴亡启示录》，北京联合出版公司，2020年，第57、58页。

枲、居赀的工资；②外部收入：甲、盾、马甲、赀罚（罚钱所得）、折算标准（行布、黄金）。内部成本、外部收入以货币计价后，账目上可以直观体现一县的盈亏，利于上级进行会计审核，这也是秦制规定以县为单位上计，由御史送皇帝"计最"①的原因所在。

在秦国相对封闭的经济环境下，政府和百姓都需要到市场上采购绝大部分的商品，各级官府又都有"作务"开展手工业生产，最大的商品供应商也是政府，利润何来？

这就催生了"一物多价"的体系，"固定官价""正贾价"和"市场价格"并存。"固定官价"即上述法定价格，仅限于一部分商品的内部结算，但内部结算价格并不能覆盖全部商品，限于政府内部交易主体使用。"正贾价"则是由地方官员参照市场价格决定的官定市价，政府与政府外交易主体之间财物往来时，要执行这套价格体系。"市场价格"就是政府外交易主体之间买卖时的价格。这就意味着，在同一个市场上，因交易主体不同，始终施行"价格多轨制"。这一传统还被后世继承沿用，自战国、秦"正贾"制到两汉"平贾"制，发展到由唐至明的"市估"制，延续了两千多年。②

如果将秦的地方财政视为一个公司，会计部门"诸曹令史"手中的"计簿"才是真正的某县公司账本，或称资产损益表。不过，这个账本并不能完全以"钱"的枚数计数，由于官价范围的有限，无法全面货币化，账目中的物和人的出纳，只能以不同科目的单位（羊马牛头数、衣服件数、奴隶人数等）进行分列。在与市场发生关系时，同一商品由于拥有者不同，适用不同的价格机制，官价是垄断价格，平贾价是变相垄断价

---

① 参见拙作《秦砖：大秦帝国兴亡启示录》，北京联合出版公司，2020年，第292页。
②［日］柿沼阳平：《战国秦汉时期的物价和货币经济的基本结构》，载《古代文明》，2011年第2期。

格，它们之间及各自与市场价格的价差就成了寻租的利润。

实操层面，由政府和百姓共同参与的市场交易，政府为"内"，百姓为"外"。政府依靠平贾价，进行低买高卖的寻租。在政府之中，刑徒经济为"内"，公共财政为"外"，刑徒经济依靠公共财政提供免费人力、支付实物成本，通过向公共财政用官价出售原材料、制成品获利；在刑徒经济中，王室为"内"，官吏（含中央、地方）为"外"，王室获取官吏经营所得的货币，在都城、县城分散储存，不允许官吏染指，称为"禁钱"，各级官吏依靠刑徒生产出的实物供养。作为整个经营体系中的顶端，拥有最大权力的"王室"，不需要支付任何成本，却占有所有经营所得的货币收入。

在支出上则正相反，公共财政支出均由县级财政在保障刑徒经济运行前提下，优先调拨刑徒、百姓服徭，进行跨区域的人力资源转移支付。更高的需求，即"传送委输"，在输出人力的同时调拨仓储，提供实物。再进一步，则动用县级财政可控的赎刑钱和赀罚钱，名为"不禁钱"，仍是本地百姓支付的"无本赏"[1]。若本县财政的货币储备不足，则向邻县借贷调拨。直到迫不得已，才提请皇帝批准动用"禁钱"，履行借贷手续，约定归还。

整个系统逻辑中，所谓"公共财政"只是一层遮羞布，利益关系上自始至终是"秦王"私家面对天下无数"私家"，不存在超然的公权力信用主体，君、民是终极性的内外之别。三个层级的经营行为，自始至终保持着"内"对"外"的盘剥，遵循《商君书》中收入大于支出才是真正富裕的逻辑。[2]对百姓私家的公共管理，则是纯粹的单方面行为约束，

---

[1]［清］王先谦：《荀子集解》卷十《议兵第十五》："得一首者，则赐赎锱（赀）金，无本赏矣。"沈啸寰、王星贤点校，中华书局，1988年，第271页。

[2] 蒋礼鸿：《商君书锥指》卷四《画策第十八》，中华书局，1986年，第111页。

让百姓私家更顺服地接受盘剥，正是《商君书·弱民》中强调的"民弱，国强，国强，民弱"①。依靠"弱民"来降低系统运行的制度成本，能否"强国"姑且不论，"强君"却是不争的事实。

综上所述，在面对市场这个私权的聚合体时，秦政权没有"公权"，只有王室的"私权"在借助官吏疯狂舒展，操纵市场寻租牟利。社会的其他成员则依据距离权力的远近，嵌入财政与货币体系之中，各自享受这个分层寻租系统分配的利益。这个利益的来源，就是以公权名义向社会生产者预借的财富，这笔债务的凭证，就是以公权名义铸行的货币。

秦始皇版"大放水"

与普遍印象不同，号称耕战立国的秦国普通人的精神世界中，对"财富"无比地渴望，这在出土的秦人《日书》中有着淋漓尽致的体现。②不过，从考古发现的战国秦墓葬来看，普通秦人大夫、士、刑徒的墓葬，极少有货币陪葬，而以粗糙的日用器物居多。这对于事死如生的秦汉人而言，属实奇怪。倒是断代在秦朝、汉初的墓葬、窖藏中有一定数量的"半两钱"出土，这也是秦国"货币投放量"有限的一个旁证。可见，"缺什么想什么"真是古今的常态。

不过，这种短缺到秦始皇统一天下后发生了变化，这也是秦朝统治转型的一部分。正如李斯在狱中自我表功时提到的："缓刑罚，薄赋敛，以遂主得众之心，万民戴主，死而不忘。"③可考的新政举措包括，秦始皇

① 蒋礼鸿：《商君书锥指》卷五《弱民第二十》，中华书局，1986年，第121页。
② 赵兰香：《从睡虎地秦简〈日书〉探析秦人的价值观和价值体系》，载《河北北方学院学报（社会科学版）》，2012年第1期。
③ ［汉］司马迁：《史记》卷八十七《李斯列传》，中华书局，1959年，第2561页。

三十一年（前216年）"令百姓自实田"，即改变土地所有制；将田租税率由"十税一"降低到"十二税一"；有限度地调整刑徒的刑期，重刑在一定年限后变为轻刑。[①] 还要加上一条，那就是投放货币以增加百姓财富。正如前文所说，战国时人的货币思想也和早期重商主义一样，将贵重财物、贵金属视为财富本身，最多再加一个粮食。而在秦制体系下，从事耕种的百姓占绝大多数，每年的粮食收获几乎是固定的，进入"法定价格"的体系，米价又被睡虎地秦墓竹简中《司空律》规定为30钱[②]，五月户赋为15钱，十月户赋不出刍藁出钱为16钱，这就需要1石多的米来完纳货币税。而秦朝一个三口之家，口粮以刑徒标准计全年即需54石，再计入租、税、役、衣等大项支出，全家占有土地至少需要51.46亩。问题是，秦朝迁陵县的户均土地占有只有34.84亩，湖北江陵凤凰山10号汉墓中的《郑里廪簿》显示，西汉文景时南郡江陵县郑里，每户平均田亩数仅有24.68亩。[③] 别说财富的大幅增加，在有限的土地下，百姓能否活命都是个问题。

在此条件下，农民的货币收入都是从牙缝中挤出来的储蓄。而秦始皇统一天下之后发布的功赏诏书，使本来罕见而平稳的功赏货币支出，在短期内集中投放，相当于一次性向旧秦地的市场施行了一次"大水漫灌"，又用诏书强制要求时限和足额，那么，地方各县的库存货币不可能敷用，只能向长期积累的皇室"禁钱"借贷。由于秦军动员的核心区就是秦律中反复提及的"内史及十二郡"，即与新征服的"新地"相对的"故地"，包括内史及陇西、北地、上郡、河东、太原、上党、三川、东郡、南阳、南郡、汉中、蜀郡等地，这也是"秦制"执行最彻底的区域。

① 参见拙作《秦砖：大秦帝国兴亡启示录》，北京联合出版公司，2020年，第394页。
② 睡虎地秦墓竹简《司空律》："（系）城旦舂，公食当责者，石卅钱。"睡虎地秦墓竹简整理小组：《睡虎地秦墓竹简》，文物出版社，1990年，第53页。
③ 参见拙作《秦砖：大秦帝国兴亡启示录》，北京联合出版公司，2020年，第449页。

所以，除了直接获得功赏钱的秦军将士家庭，诸县百姓等于也收到了一笔"福利"，因为封闭货币区中的青铜铸币量有限，区域内货币量的骤然增加，可以缓解交易中货币缺乏所导致的物价下跌。一举提升市场中商品的价格，为被迫出售粮食的贫民增加收入，这对区域经济的繁荣也有好处，仅这一条，就可算作秦统一后的善政。

不过，由于自秦惠文君二年（前336年）"初行钱"以来，秦国的铸币量和"行布"的生产量相当有限，尤其是后者，虽然币值更大，一个"行布"相当于11个"行钱"，但"麻布"的有效储藏时间远比金属铸币为短，流通中更容易磨损或被裁剪使用，自然使用寿命也远较金属货币为短，官府库存不会特别充裕。所以，尽管此次"放水"的总货币量无法确知，但其对秦国旧地库藏钱币的剧烈消耗却可以想见。更何况按照制度，在调拨"禁钱"之前，还要先从邻县调剂。这意味着货币库存短缺不是一县、一地的问题，而是整个"故地"大范围的府库空竭。这一事态，无疑为日后秦朝空前的货币危机埋下了伏笔。可在"新地"，也就是新征服的六国地盘，完全是另一番景象，最重要的就是前文已经讨论过的，六国货币与秦半两的并行。从秦始皇统一后的律令看，"行钱"的标准就是没有标准，不管质量、形制，六国旧币以枚数累加计数的模式完全沿用，府库中的旧币也可利用。故此，当时的"新地"大概是"官"用秦半两，"民"用六国旧币，并逐渐被渗透、淘汰。

了解了"新地""故地"的货币运行的整体状态，再看秦朝的货币运行。秦朝统一后，黄金不是流通货币，但可以在"新地""故地"的市场上作为一般商品销售，所以有市场价，只是"故地"与"新地"不同，民间本无多少黄金，属于有价无市的状态，而"新地"则有价有市。"行布"则是流通货币，在官方内部的会计体系中，有"行布"固定折钱的定价，但与黄金一样，也是一般商品，存在市场价。"行钱"有两种，"故地"通行秦半两，"新地"的官用为秦半两，市场流通是六国旧币。那么，上述币种中，唯有"行布"和秦半两兼具商品功能、货币功能和财政功能，黄金和六国旧币都是残缺的"币"。

按照上文中"名目主义"的理解，秦民理论上可以持有行钱、行布等"一般债务凭证"，在全国任何地方兑现这一债权，并要求以法定等值的财富来归还债务，这也可以称为货币的"无限法偿"。问题是，秦王朝严格的人口流动限制将这个兑现限制在本县。所有的出境兑现，都是"特事特办"，如睡虎地秦墓中"黑夫"和"惊"兄弟离乡参加战争后发出的家信，就曾要求家人寄送钱币、财物。在秦始皇统一之后，秦朝允许人口流动最集中的目标区域就是关中。《史记·项羽本纪》中提到灭秦诸侯官兵曾经到秦国故地服徭役、兵役，遭到了秦人的歧视和虐待。[1] 刘邦也曾到咸阳服徭役，看到了秦皇帝的威仪，这才感叹："嗟乎，大丈夫当如此也！"[2] 依秦朝的徭役制度，"徭使"者要自备衣粮，"吏徭"者也不过就是供应食宿。也就是说，秦朝政府根本不会承担数量巨大的"外来人口"的生活成本，而是将之转嫁给百姓"自备"。对于百姓而言，背负粮食跋涉数千里的成本太高，那么，将粮食兑换成货币，在关中市场换取物资，就是最合理的选择，由此，天下诸县的"行钱""行布"，甚至黄金，自然而然地涌入了关中。

这些还只是短期流动人口。随着秦始皇迁徙天下豪富十二万户到咸阳，又将六国美女、宫室都搬进了关中，关中地区尤其是咸阳的人口暴增，再加上各种工程徭使的人数长期维持在近百万，这样算下来约略有200万脱产人口进入关中，人为制造了前所未有的"人口流动"。也就是说，扣除其中需要廪食的刑徒、宫女之外，随时有数以百万计的脱产

---

[1]［汉］司马迁：《史记》卷七《项羽本纪》："诸侯吏卒异时故繇使屯戍过秦中，秦中吏卒遇之多无状。"中华书局，1959年，第310页。

[2]［汉］司马迁：《史记》卷八《高祖本纪》："高祖常繇咸阳，纵观，观秦皇帝，喟然太息曰：'嗟乎，大丈夫当如此也！'"中华书局，1959年，第344页。

人口拿着"一般债务凭证"在关中等着偿债，等待兑现生存所需的各类物资。

大循环中的寻租良机

在此背景下，货币的流动方式就有三种可能性：①半两钱单向通行两个钱币区；②"行钱"自由通行两个钱币区；③"行钱"需要兑换转移钱币区。

可能性①意味着秦朝允许秦半两在"新地""故地"自由流通，且不禁止六国旧币并行。两者效力一样，但禁止六国旧币在"旧地"使用，也就是说，六国旧币到"旧地"需要兑换，这和可能性③是一回事，两者可以合并。不过青铜铸币之间的兑换没有记载，也没有与之有关的考古发现，最合理的解释就是用行布、黄金作为兑换的媒介。在人口跨区流动时，以行布、黄金作为路费，布的需求量增加，"新地"的行布和黄金价格会大幅上涨，背离官方兑换比。在可能性②下，六国旧币、"行布"都可以作为自由通货，黄金则是一般商品，在"故地""新地"之间流动，那么会有大量六国旧币与布、黄金一同随流动人口流入"故地"。在此条件下，"六国旧币"和布、黄金的持续流向"故地"，也会推高"新地"布的价格。也就是说，任何一种方式下，由于"新地"的通货持续向"故地"大规模流动，作为商品的布、黄金的价格都会上涨，而"故地"作为商品的布、黄金价格则会持续下跌。

不过，在接收关东人口流动最集中的秦始皇陵刑徒墓和相关遗址中，没有伴随秦半两大规模发现六国旧币，在关东新地发现的秦半两钱币也很有限，在窖藏之中也以六国旧币为主。这就意味着，可能性②基本被排除。秦始皇统一后，采取的是"新地、故地"两个钱币区，通过半两钱的单向输出（财政和权力需要）和"行布"的双向流通连接，也就是可能性①。

必须指出的是，布的市场价格的变动，直接影响着秦朝的货币与财政。"新地"布的市场价格虽然趋于上涨，但"新地"的民间纺织业本就发达，秦朝统一后强加的刑徒经济并不足以与之抗衡。打个比方就是，"新地"民间生产10匹布，政府只能产1匹布，而布又是货币，意味着"铸币权"旁落民间。民间纺织业又会持续不断地制造无法辨别的"行布"，在这个必然上涨的价格区间中获利。

在以"布"换"钱"的套利循环中，"新地"的青铜铸币会被驱赶出市场，与"故地"的表现不同。由于"行布"标识着11枚铜钱，"行布"爆发式地进入市场，以铜钱标识的市场物价，也会若干倍地暴增，形成严重的通货膨胀。但"行钱"的价格也由于需求的暴增，若干倍上涨，出现"钱荒"与"高物价"并存的尴尬局面。"故地"的"布"的市场价格则会趋向低于官价，刑徒经济生产的"布"在市场套利的空间丧失，只能在政府各部门内部流动。百姓却可以用更少的"行钱"到市场上购买"布"，完纳税赋。公共财政的收入和王室的收入由此同时缩水，形成恶性循环，发生"劣币驱逐良币"的现象。市场上的"布"越来越多，而"半两钱"越来越少，有限流入"故地"的黄金则快速进入贮藏，市面上也会越来越少，一样会出现"钱荒"与"高物价"并存的问题。

尽管"故地"新增的流动人口所需的物资主要来自市场，而非直接求于政府，但物价的上涨无可避免。据《史记·秦始皇本纪》记载，秦始皇三十一年（前216年），皇帝带着四个武士微服出行咸阳，在兰池被盗贼围攻。虽然武士击杀了盗贼，但这件事也引发了皇帝的愤怒，在关中大规模搜捕了二十天，米价上涨到一石需钱一千六百①。而秦律中的米

---

① [汉] 司马迁：《史记》卷六《秦始皇本纪》："始皇为微行咸阳，与武士四人俱，夜出逢盗兰池，见窘，武士击杀盗，关中大索二十日。米石千六百。"中华书局，1959年，第251页。

官价为一石三十钱，仅仅二十天的时间，米市场价就上涨到"官价"的53.33倍。更可笑的是，在这之前的十二月，秦始皇刚刚普赐天下黔首，每个里六石米、两只羊，眼瞅着就挨饿了，这既是物流断绝导致物资输入减少的问题，也是太多货币流入狭小"货币区"的后遗症。要知道，睡虎地秦墓竹简墓主下葬于秦始皇三十年（前217年），秦有"雠律"的制度，即每年需对照更新律令，墓主所藏律文应为最新版本，皇帝遇盗是在秦始皇三十一年（前216年）十二月后的某一天，时间只差一年多。再进一步说，这两个价格表现出的债务转移，肯定损害了秦民的利益，相当于自己的债权贬值了50多倍，"故地"的物资售出者看似赚了钱，却会被其他商品价格的上涨抵消。

在国家层面，哪怕将"故地"的布运到"新地"出售，由于钱荒的客观存在，布所能换得的只能是极少量的六国旧币，无法补充"故地"的青铜铸币和黄金，更无法弥补"故地"的钱币缺口，反而白白浪费运输成本。不过，由于"故地"最大的物资出售方是皇室，作为拥有最大物资蓄积和生产集团的利益主体，它可以用尽量少的物资完成债权的偿付，还能以官价来支付成本。整个交易格局中，皇室是唯一的胜利者。

皇室最大的收益点，并不是铜钱和布，而是上层阶级普遍认可的财富——黄金。自成生产消费循环的封君们，因身份高贵，不会混入编户齐民的债务循环，而以"巨家"的身份与政权、王室用珠玉、黄金礼尚往来，并以账目出入辅助，这是先秦货币附着信仰、礼仪色彩的身份货币体系的传统延续，正是"礼不下庶人，刑不上大夫"统治逻辑的体现，珠玉、黄金关于礼，钱、刀、布则关于刑。不过，统一后的秦朝仍会要求他们履行各种封建义务，黄金终究会经"新地"贵族的手流入"故地"，最大的收购方也只能是皇室。长达11年的黄金、行布的单向流动，对秦皇室而言，反倒成了"寻租"良机。故此，秦始皇一直到死，都没有对货币制度进行更张。当然，哪怕他意识到了问题，也得有足够的物资来偿付长达11年的"人口定向流动"所导致的债务转移。从关中地区的物价来看，这又是一个不可能完成的任务。

债务无限扩张导致通货膨胀

> "秦始乱之时，吏之所先侵者，贫人贱民也；至其中节，所侵者富人吏家也；及其末涂，所侵者宗室大臣也。是故亲疏皆危，外内咸怨，离散逋逃，人有走心。"[1]
>
> ——《汉书·爰盎晁错传》

《史记·萧相国世家》记载，"高祖以吏繇咸阳，吏皆送奉钱三，何独以五"[2]，这个"三"和"五"，有注家认为"三""五"实际上是"三百""五百"的省称，更有人提出当时有"当百钱"。不过"当百钱"既不见于记载，也不见于实物，应属臆测，尤其是它并不符合当时物价的逻辑。睡虎地秦墓竹简《司空律》规定，粮食官价为1石30钱[3]，则300钱就是10石米，500钱就是16.66石米。刘邦为亭校长，"秩百二十石"，秩禄全额为120石，意味着仅10位同僚就送了他100石米，接近刘邦1年的工资。据里耶秦简记载，秦洞庭郡迁陵县满编吏为103人，其中诸官"啬夫"和列曹"令史"加上"亭校长"这些重要的吏就有42位，人人送行，会给出刘邦4年多的工资。沛县远比迁陵县人口多、面积大，属吏应该更多，吏繇又是常见现象，迁陵县常有近一半在编吏"供繇

---

① [汉] 班固：《汉书》卷四十九《爰盎晁错传》，"晁错"条，中华书局，1962年，第2296页。

② [汉] 司马迁：《史记》卷五十三《萧相国世家》，中华书局，1959年，第2013页。

③ 睡虎地秦墓竹简《司空律》："（系）城旦舂，公食当责者，石卅钱。"睡虎地秦墓竹简整理小组：《睡虎地秦墓竹简》，文物出版社，1990年，第53页。

使"，频繁的人情往来，再给重礼就成负担了。"三、五"应该就是字面意思，42位吏员只需出126钱，加萧何的5钱，就是131钱，相当于官价米4.36石，相当于刘邦半个月工资，也不算少了。

刘邦吏徭只能在秦始皇时代，因秦始皇驾崩前，他已弃官为盗，秦钱价值相当之"重"。在秦始皇驾崩前夕，整个局面已经发生了巨大的变化，秦朝货币体系爆发了严重的通货膨胀。见另一份礼单，沛县县令的客人吕公宴客，萧何以吏曹令史身份担任傧相，他号令的对象是与会的"诸大夫"。这个说法当然是尊称，却也隔绝了"佐史"这种层次的小吏。所以，此次宴会的"礼钱"以1000钱为界，高出者才可以前排就座，按前文算法，42个"诸官啬夫"加萧何，已经是43000钱了，依官价30钱/石来算，就是1433石米，相当于刘邦12年工资。刘邦时任"亭长"，交"谒"而入。这个"谒"上是名片加10000钱礼单，吕公看后大惊，亲自出迎，说明他相信一个亭长可能拿得出这笔钱，光是这10000钱，约333石米，相当于刘邦近3年的工资，还只是一次人情往来的"贺钱"。

秦始皇三十一年（前216年），始皇帝微服出游咸阳，在兰池遇盗贼，之后，大索关中20天，米价达到了1石1600钱，是官价30钱的53.33倍。至于地处偏远的迁陵县，秦始皇三十年（前217年）左右，该地稻1石价格为20~21钱。稻舂成米，还有一个减重比例，约为2∶1，也就是说，米价应该还是官价1石30钱左右。不过，在岳麓书院藏秦简《数》中，算术用的米价数据还有米价1石50钱、1石64钱的记录，这可以视为秦统一之后安定时代的米价[1]。确切地说，这应是秦始皇末期、秦二世初年的米价，这意味着在边远地区，物价的变化没有那么剧烈，也有近1倍的增长。

---

[1] 王佳：《里耶秦简所见迁陵地区物价研究》，载《江汉论坛》，2015年第10期。

　　考察刘邦的出仕时间，30岁时"除佐"即秦始皇二十九年（前218年），与高后吕雉结婚时间至少在秦始皇三十五年（前212年，后2年惠帝出生，之前有其姊鲁元公主）之前，则其吏徭咸阳和见吕公的时间当在秦始皇二十九年（前218年）至秦始皇三十五年（前212年）之间。"吏徭"时间在前，还是物价稳定时期，见吕公时已是大通胀时期，与简牍所见米价暴涨时间段吻合。对于沛县这样一个位于楚、魏之交，临近薛、定陶等商业中心，又有泗水、丰水等水系环绕的通都大邑，在秦二世"复行钱"的前2年，通胀传导已经相当明显。短短6年间，六国旧币与秦半两混用的货币体系，发生了严重的通货膨胀，以至于物价上涨了若干倍。

　　要知道，秦制的原始状态是"都-县"二级，县廷只是王廷的权力触手，所以，秦制一直面临军功贵族"在都"和"在县"的两重性问题。高爵的顶级贵族"在都"，低爵的大夫、士"在县"，各自入宫（县）廷服务，形成了事实上的仕途隔绝，二者唯一的合流状态只有战争。天下大定后，战争合流的机会也基本丧失，所以，秦始皇的南北大征伐，某种程度上也可理解成为维持这一合流的上升渠道不坠，如岳麓书院藏秦简中就提到过担任亭校长必须有一次从军经历的规定。

　　不过，由于县廷是本经济区或称货币区的绝对主宰，低爵贵族一旦进入县廷掌握实权，经济上的特权难以估量。《史记·高祖本纪》记载："高祖为亭长，乃以竹皮为冠，令求盗之薛治之，时时冠之，及贵常冠，所谓'刘氏冠'乃是也。"[①]过往看这条记载常从服饰、礼制出发，可若从社会管理的角度来看，刘邦这个亭长绝非一般，因为秦制下人口流动限制严格，黔首、官吏远行均需县廷批准，从沛到薛不但跨县，还是从泗川郡到薛郡的跨郡远行，刘邦可以派一介求盗去求购。类似的还有项梁，

---

①［汉］司马迁：《史记》卷八《高祖本纪》，中华书局，1959年，第346页。

作为避仇远遁的外乡人，项氏可以在会稽郡主持大徭役，用兵法部勒豪杰，可见刘、项在郡县的"隐权力"之重。换句话说，秦始皇甘之如饴的体制化寻租权力，在"新地"郡县中，遭到了本地豪杰的窃取。那些因犯法上任，形同贬谪的"新地吏"①们，除了一枚官印，根本没有与刘、项之辈抗衡的倚仗。"新地"的货币危机带来的寻租良机也被这些豪杰窃取。种种货币叠加的超发，尤其是布充斥市场所导致的"通货膨胀"，本质上是人为放大了铜钱这种一般债务凭证所附着的债务。用今天的话讲，就是"债务加杠杆"，所有的后果，都甩给了秦帝国承担。

秦二世的货币改革

待到秦始皇三十七年（前210年），流入"故地"的行布、黄金规模足够庞大。"故地"布的市场价跌落成泥，造成了严重的通货膨胀，关东输送转运来的物资也是杯水车薪，仓库中的"布"每天都在贬值，甚至连"新地"都在传导通货膨胀带来的物价上涨，寻租的盛宴结束了。最重要的是，秦律中的物资官价已成具文，货币危机危及统治，秦二世不得不为秦始皇的政策失误承担后果。

秦始皇三十七年（前210年），始皇帝崩逝后，新继位的秦二世已经没有足够的资源来继续寻租套利，因此宁可就货币解决货币，启动了一次历史性的改革，"复行钱"，同时废止"行布"。下限为秦二世三年（前207年）的岳麓书院藏秦简《金布律》中规定："五月户出十六钱，其欲出布者，许之。"②这一表述与睡虎地秦墓竹简《金布律》中规定的

---

① 参见拙作《秦砖：大秦帝国兴亡启示录》，北京联合出版公司，2020年，第638页。
② 陈松长：《岳麓书院藏秦简（肆）》，上海辞书出版社，2015年，第107页。

"钱十一当一布。其出入钱以当金、布，以律"①出现了冲突，百姓想用布来代替16钱的户赋，应予允许。这个追加表述，意味着存在禁止百姓以布缴纳赋税的情况，甚至大多数情况下都不允许以布缴纳。也就是说，在秦始皇三十年（前217年）时法律明文规定等于11枚"行钱"的货币"行布"，到秦二世三年（前207年）时在律文中消失。《金布律》中与钱的比值规定，也被挪出了律令，代之以"布八尺十一钱"②的规定。也就是说，布与黄金一样，仍旧固定了与钱的比值，却丧失了法定货币的身份，变成了一种特殊的商品。

至于"复行钱"，复的是什么，废的又是什么，答案就在项羽的家里。《楚汉春秋》记载："项梁阴养生士九十人，参木者，所与计谋者也。木佯疾，于室中铸大钱，以具甲兵。"③项羽叔叔项梁的手下以养病的名义，偷偷在家里铸造大钱，购置铠甲兵器。有"大钱"则必有"小钱"，不过无论"大钱"还是"小钱"，都不见于记载，但盗铸本身却早已存在。睡虎地秦墓竹简《封诊式》中有一个案例，甲、乙二人把丙、丁二人与盗铸的"新钱"和铸钱工具都带到官府告发。④这个案件发生的时间点，当在秦始皇三十年（前217年）之前，属于常见的邻里告发。盗铸行为的普遍与否，我们不得而知，结合秦朝严厉的"择行钱"法令，既然金属钱币的重量无所谓，取"大钱"熔为多枚"小钱"就是盈利，那么，老百姓当然会自发地为秦半两减重。问题是，项梁手下铸造的是"大钱"，这就相当反常识了，在"择行钱"禁令行之有效的情况下，"大

---

① 睡虎地秦墓竹简整理小组：《睡虎地秦墓竹简》，文物出版社，1990年，第36页。
② 朱汉民、陈松长：《岳麓书院藏秦简（贰）》，上海辞书出版社，2011年，第110页。
③ ［宋］李昉：《太平御览》卷八三五《资产部十五》引《楚汉春秋》，中华书局，1960年，第3728页。
④ 睡虎地秦墓竹简《封诊式》："某里士五（伍）甲、乙缚诣男子丙、丁及新钱百一十钱、容（镕）二合，告曰：丙盗铸此钱，丁佐铸。甲、乙捕（索）其室而得此钱容（镕），来诣之。"睡虎地秦墓竹简整理小组：《睡虎地秦墓竹简》，文物出版社，1990年，第151页。

钱""小钱"的购买力相同，根本没有私铸的必要和动力，唯有发生了货币制度的反常变革，才有可能带来相应的变化，而史书可见的，就只有秦二世"复行钱"的货币改革。

《楚汉春秋》强调"大小"，而非"轻重"，意味着"旧钱"比"新钱"的规格要小，那么符合标准的，恰恰有一个，那就是战国时代楚国流行的铜币，仿贝"蚁鼻钱"。"蚁鼻钱"出土所见的实物重量悬殊，哪怕同样的钱文者，有重量不足1克的，也有2~3克的，还有重量在3~5克的。[①]不过整体来看，"（蚁鼻钱）与当时流通的其他刀、布、圜钱比较，单枚楚贝的体积小、含铜量少，其本身的价值也低"[②]。也就是说，项梁手下盗铸的"大钱"很有可能是与江东楚地流通的"蚁鼻钱"相比形制、重量更大的半两钱。当然，所谓"大钱"也可能是楚国铸造的布币，在苏州区域内也多有出土，只是其重量过大，"长布"重28~35克，"连布"重15克，"小布"重7.5克左右[③]，远超"八铢半两"。当政权只允许"大钱"流通，又对"择行钱"者处以死刑，私铸合格的"大钱"也需要考虑成本收益比，没有必要选择过重的币型。

至于秦二世的"大钱"到底有多大，东汉应劭注释《汉书·高后纪》"行八铢钱"条时指出："（八铢钱）本秦钱，质如周钱，文曰'半两'，重如其文，即八铢也。汉以其太重，更铸荚钱，今民间名榆荚钱是也。民患其太轻，至此复行八铢钱。"[④]由此可知，"八铢钱"就是重八铢、钱文为"半两"的"秦钱"。《二年律令·钱律》则明确要求行钱的标准必

① 伍腾飞：《楚蚁鼻钱研究综述》，载《闽台缘》，2021年第2期。

② 张宏明：《论楚贝币及铸贝钱范的特色》，见《钱币文论特辑》（第二辑），1993年，第176~183页。

③ 戴志强、戴越：《燕布和楚布——读先秦布币（六）》，载《中国钱币》，2014年第6期。

④ [汉]班固：《汉书》卷三《高后纪》，"行八铢钱"条，颜师古注引应劭，中华书局，1962年，第97页。

须在"钱径十分寸八以上",也就是说,"八铢钱"理论上重8铢,即5.21克,钱径则必须在0.8寸以上。这恰恰是对"大小"的规定,所以极有可能秦二世"复行钱"时,在废除楚蚁鼻钱等六国旧币的同时,做出钱径大小为8分的限定。这一规定不但将六国旧钱驱逐出了"行钱",还将大量不合格的秦钱踢出了"行钱"行列。结果,由于符合标准的秦钱太少,以至于出现了通货紧缺、物价下跌的现象,也就是所谓的"汉以其太重",这里的"重",在古代货币术语里不是指重量,而是指币值。

所以,秦朝的货币史至少应该分为两个阶段:第一阶段是秦始皇二十六年(前221年)至秦始皇三十七年(前217年);第二阶段则是秦始皇三十七年(前217年)到秦二世三年(前207年)。在这之间,秦二世开始着手解决货币危机,将过量的"行布"赶出流通,决绝地"去杠杆",废除六国旧币,确立新"法钱",并以皇室、官府大量攫取的黄金作为辅助,稳定物价。

纯粹从货币运行的角度来说,秦二世的手段不能说是"昏招",不过深思一步,考虑到铜钱的一般债务凭证性质,这一行径,无异于一次赤裸裸地赖账。在赖账的同时,秦二世仍不愿意终止秦始皇留下的人口定向输送,甚至变本加厉。《史记·秦始皇本纪》记载,秦二世安葬秦始皇后,就提出骊山工程已经结束,应该将人手派去继续阿房宫的工程,同时,继续执行秦始皇在边境的驻军政策,并"尽征其材士五万人为屯卫咸阳",将地方最精锐的"中卒"集中到咸阳,"故地"吃饭的嘴又增加了。①

秦二世的解决方案非常有秦朝特色,"当食者多,度不足,下调郡县

---

① [汉]司马迁:《史记》卷六《秦始皇本纪》:"四月,二世还至咸阳,曰:'先帝为咸阳朝廷小,故营阿房宫为室堂。未就,会上崩,罢其作者,复土郦山。郦山事大毕,今释阿房宫弗就,则是章先帝举事过也。'复作阿房宫。外抚四夷,如始皇计。尽征其材士五万人为屯卫咸阳,令教射狗马禽兽。"中华书局,1959年,第269页。

转输菽粟刍藁，皆令自赍粮食，咸阳三百里内不得食其谷"[1]。作为纯消费城市，咸阳周边的人口虽然经秦始皇的迁民"丽邑""云阳"的分流，剩余的"屯戍""徭役"人群仍然数以百万计。秦二世上台后，不但继续维持70万人规模的阿房宫大役，还保留了修治"驰道、直道"的大役，又在咸阳增设5万人的"材士屯卫"。这里既有吃公家饭的刑徒、宫人、百官和屯兵，也有自备粮食的徭徒，前者消耗物资，后者购买物资。货币压力转化成为物资需求，必然会出现粮食短缺，逼迫秦二世选择用行政命令的方式，要求各郡县向咸阳运输粮食、饲料，并要求运输者自带粮食，不得食用咸阳市场的粮食，拿钱买也不行，造成咸阳周围三百里内郡县百姓都吃不上自己生产的粮食。秦朝财政系统的崩溃近在眼前。在这场大崩溃之中，首当其冲的并不是"新地"的被征服者，反而是拱卫帝都咸阳的"故地"秦民，曾经以胜利者的姿态肆意羞辱被征服者的他们，仅仅在天下一统11年后，竟然挨饿了。

大崩溃！赖账最终毁灭基本盘

秦二世这种荒唐决策的逻辑根源是秦皇室根深蒂固的身份制情结。在他们眼中，高阶贵族值得用尊荣、爵赏和黄金笼络合作，低阶贵族则只需要给予官职、秩禄和寻租权力就可以驱使。作为数百年的贵族之家，秦皇室养成了只将自己的同类看作"人"的习惯。所以，秦二世并不关心货币上附着的债务，低阶贵族和黔首可能受到的财富损失，完全可以忽略不计。他关心的是"解决问题"，最重要的是，通过货币改革他可以停止用值钱的物资偿付之前向天下黔首预借的债务，不要让自己的钱包

---

[1]［汉］司马迁：《史记》卷六《秦始皇本纪》，中华书局，1959年，第269页。

缩水，这才把秦国先君已经变过一次的货币戏法重演一次。

秦始皇父子没有耐心适应黔首组成的社会，他们要社会来适应他们，他们要改造社会，就连楚人对"猪"的叫法他们都要重新规定。在他们眼里，黔首是一把予取予求的韭菜。所以，秦始皇和秦二世根本不介意什么"负债"，作为泽及牛马的现世神，他们有资格让黔首们奉献一切，包括他们的财产和生命，那些推着小车迁移到蜀地的商人之家，被发配到五岭之南的赘婿、商贾们，正是他们神力的注脚。经营不善？不重要，秦始皇可以从身边派出无数的执法御史，由他们来监督郡县的官吏，统计各个子公司的"计籍"，只要业务还在经营，"借贷"就不会休止。还债？信用？不需要，秦皇手中的屠刀可以决定一切。正因如此，持续借债的秦始皇和秦二世，一直在自下而上地侵夺臣下的权利，按照晁错的说法就是先坑贫民，再坑富户、官吏，最后坑宗室、大臣，一步步把"自己人"得罪光。①

最终的结果就是，陡然爆发的货币危机促成了秦帝国的毁灭。朱嘉明教授在《从自由到垄断：中国货币经济两千年》一书中指出：其实，秦朝不是亡于苛政，而是亡于经济萧条。秦末经济萧条的直接原因是秦始皇驾崩前一年统一货币的币制改革，推行"秦半两"，彻底消灭六国货币的残余影响，摧毁了传统的多元货币制度。于是，货币供给不能满足需要，出现"物贱钱贵"的局面，于是农民受到伤害，手工业者受到伤害。②尽管上述表述中对秦统一货币的时间和主角认识并不准确，观点却相当犀利，第一次将秦朝的灭亡与货币危机联系在了一起。

---

① [汉] 班固：《汉书》卷四十九《爰盎晁错传》："秦始乱之时，吏之所先侵者，贫人贱民也；至其中节，所侵者富人吏家也；及其末涂，所侵者宗室大臣也。是故亲疏皆危，外内咸怨，离散逋逃，人有走心。"中华书局，1962年，第2296页。
② 朱嘉明：《从自由到垄断：中国货币经济两千年（上）》，远流出版事业股份有限公司，2012年，第42页。

正如上文所讨论的,秦朝财政一直是以实物为主,但皇帝的私财却与货币息息相关,所以,权力寻租就成为这个经济体系中最根本的原罪,那它又如何促成一个强大王朝的覆灭呢?要回答这个问题,就不得不提到秦始皇统一之后所施行的政治、军事制度,从来没有一视同仁地张开怀抱,而是以"故徼"(旧边塞)为界,将内史及十二郡与新占领的"新地"分开,无论是官吏任用,还是货币流通,乃至于军事动员,都体现出"以内驭外"的制度逻辑。尤其在军事上,岳麓秦简中收录了一条"奔警律",其中规定,遴选黔首百姓担任"奔警"(也称奔警卒、奔命)的,给予每人一支五寸的木符,右符在官府留底,左符在本人处佩戴,然后奔赴"故徼外",也就是秦国"故边塞"之外镇压"盗匪"的地方,合符后,要进行编伍的军事编制。[1]这些"奔警卒"的任务,就是镇压盗匪。盗匪所在区域在岳麓秦简中也有表述,自秦始皇二十六年(前221年)正月丙申日以来,新征服的六国旧地做官不到六年就发生反盗事件的,等同于边徼有"警",自佐史级别以上的官吏,无论是参与"徭使"还是私自离岗,都要以"临阵脱逃"的罪名处刑。[2]

显而易见,秦朝在并吞六国之后,面对六国百姓层出不穷的反叛早有预案。"故地"之外的"新地"官员,上任六年内,都要以临战姿态防备盗贼。而"警"的本意是"边境有警",用在此处,只能说明秦朝在统一后对六国故地仍视为"占领区"和"战区",所以才有"被阵去敌律论之"的严惩。结合"奔警卒"的制度规定,可知秦朝对盗寇、边警的镇

---

① 陈松长:《岳麓书院藏秦简(肆)》:"1252奔敬(警)律曰:先遴黔首当奔敬(警)者,为五寸符,人一,右在[县官],左在黔首。黔首佩之。节(即)奔敬(警),诸挟符者皆奔敬(警)故。1253徼外盗彻所,合符焉,以撰(选)伍之。"上海辞书出版社,2015年,第126、127页。

② 陈松长:《岳麓书院藏秦简(伍)》:"廿六年正月丙申以来,新地吏为官未盈六岁节有反盗,若有敬(警),其吏自佐史以上去徭使,私谒它。1014它郡县官,事已行,皆以彼(被)陈(阵)去敌律论之。"上海辞书出版社,2017年,第48、49页。

压自有制度，并以关外"故徼"作为一条制度性的警戒线，关中卒实际上是作为"旧地"的可信力量被动员。在秦末大规模的平叛战争中，又有"关中卒发东击盗者毋已"①之语，且章邯投降时所余二十多万"秦卒"尽为关中人，都说明秦二世的平叛策略依旧如他对待"先帝所为"的态度一样，在秦始皇划定的道路上行进。

秦始皇、秦二世的主观意愿当然希望父母妻子都被押为人质的关中人能去关东平叛。不过，前文中对秦朝的货币危机、债务危机已经解释得很清楚。在秦始皇死去前，秦帝国的经济危机首先席卷的就是"故地"；秦二世对秦始皇的亦步亦趋，进一步毁灭了关中的经济根基。人为的"钱荒"与"粮荒"同时出现，断送了秦国数百年积累下的还债信用，"咸阳三百里内不得食其谷"恰恰覆盖的是"故地"的郡县，全家挨饿的关中卒能够披甲出征已属不易，还有可能打心眼儿里认为自己是秦王朝的"自己人"吗？

现实是，当关中卒跟随章邯投降后，窃窃私语的是"今能入关破秦，大善！"②面对杀入咸阳仅仅提出约法三章的沛公刘邦，"秦人大喜，争持牛羊酒食献飨军士"，大善，大喜，可见秦人对统治者的期待之低。当刘邦以仓粟充实不想让父老破费的理由拒绝牛羊酒食后，"人又益喜，唯恐沛公不为秦王"③。在这一喜又喜之后，秦人迎来了西楚霸王项羽在咸阳城中的大破坏，将从商鞅开始营造的帝王之宅焚掠殆尽，曾经大秦帝国的辉煌化为了尘烟。

只不过，如蝼蚁般生存的百姓们，仍要挣扎着活下去，货币经济崩溃带来的影响，仍需时间来抚平，可也给投机者带来了无穷的机会。《史

———

① [汉] 司马迁：《史记》卷六《秦始皇本纪》，中华书局，1959年，第271页。
② [汉] 司马迁：《史记》卷七《项羽本纪》，中华书局，1959年，第310页。
③ [汉] 司马迁：《史记》卷八《高祖本纪》，中华书局，1959年，第362页。

记·货殖列传》中就记录了宣曲任氏的先人在秦朝担任督道仓吏，秦亡后，英雄豪杰纷纷争抢黄金、珠玉，唯有任氏独自窖藏粮食；待到楚汉之争时，百姓不得耕种，一石米价值上万钱，豪杰们的金玉全都落到了任氏之手，其家由此巨富。[1]这个财富传奇的背景，史书中却只有寥寥数笔："关中大饥，米斛万钱，人相食。"[2]

① [汉] 司马迁：《史记》卷一百二十九《货殖列传》："宣曲任氏之先，为督道仓吏。秦之败也，豪杰皆争取金玉，而任氏独窖仓粟。楚汉相距荥阳也，民不得耕种，米石至万，而豪杰金玉尽归任氏，任氏以此起富。"中华书局，1959年，第3280页。
② [汉] 班固：《汉书》卷一上《高帝纪上》，"汉二年六月"条，中华书局，1962年，第38页。

第八章

刘邦的货币战争

挨饿的关中人

"士之顽顿耆（嗜）利无耻者亦多归汉。"

——《汉书·张陈王周传》

作为中国历史上第一个布衣天子，刘邦得天下的过程非常艰难，就像他对陆贾所说："乃公居马上而得之，安事诗书！"[1]看起来就是个老粗，所以有人说他是农民、游民、游侠、流氓，甚至认为他是因人成事，全靠无赖性情和能人相助。其实这忽略了一个最重要的点，就是刘邦对人性的把握无与伦比，这才是他人生逆袭的最大本钱。而最能测试人性的，无过于"钱"，它从汉帝国的盟友，逐渐变成皇帝的敌人，可谓称量江山之重的砝码。

《史记·平准书》中说，汉王国建立后，上承秦朝乱世，丁壮参军打仗，老弱转运军粮，各种劳役工程繁重，却官民贫困，上至天子不能凑齐同一颜色的四匹拉车御马，将相则要乘坐牛车，百姓没有值得遮藏的财物。因此，因为秦钱价值过高难以使用，就变更法令，允许百姓自行铸钱，又将秦朝以一镒重量黄金为一金的单位改为一斤，也就是250克左右，同时，简约法律、减少禁令。但是，百姓中的不法分子却积蓄秦朝的旧仓储，囤积居奇，导致物价、粮价暴涨，一石米价至万钱（一石

---

[1]〔汉〕司马迁:《史记》卷九十七《郦生陆贾列传》，"陆贾"条，中华书局，1959年，第2699页。

十斗），一匹马要卖一百金。[1]

过往讨论汉初货币史的学者，常常拿《史记·平准书》里1石米1万钱这一事实来论证汉高祖"令民铸钱"带来的危害是恶性通货膨胀。事实上，这个极限物价出现的背景，是汉二年（前205年）六月的"关中大饥"[2]。当时已经是"人相食"的惨状，而刘邦"约法三章"的时间在汉元年十一月（前207年12月10日至前206年1月8日）[3]，并未真正控制关中；真正拥有地盘，则是收降翟王董翳、塞王司马欣，掠取关中大部分地区后，时间是汉元年（前206年）八月，距饥荒九个月；立汉社稷除秦社稷宣示关中易主的时间是汉二年（前205年）二月，距饥荒4个月。无论是9个月，还是4个月，哪怕关中百姓都去开炉铸钱，又能造多少钱出来？很明显，米价万钱与"令民铸钱"之间并不是直接因果关系。

对于这一灾难的成因，《史记·货殖列传》里其实早有解释，即"楚汉相距荥阳也，民不得耕种"。荥阳地处河南郡，并不在关中。楚汉双方的拉锯战也没有开始，只是在彭城战败的刘邦终于在荥阳站稳了脚跟，稳定了防线。对关中的影响，并不在粮食的抽调，因为刘邦已经"筑甬道属河，以取敖仓粟"，依靠秦朝始建的大仓储备[4]；又建筑了专门的道路，前线的汉军并不缺乏口粮。真正的关窍在"萧何亦发关中老弱未傅

---

①［汉］司马迁：《史记》卷三十《平准书》："汉兴，接秦之弊，丈夫从军旅，老弱转粮饷，作业剧而财匮，自天子不能具钧驷，而将相或乘牛车，齐民无藏盖。于是为秦钱重难用，更令民铸钱，一黄金一斤，约法省禁。而不轨逐利之民，蓄积余业以稽市物，物踊腾粜，米至石万钱，马一匹则百金。"中华书局，1959年，第1417页。

②［汉］班固：《汉书》卷一上《高帝纪上》，"汉二年六月"条，中华书局，1962年，第38页。

③［汉］班固：《汉书》卷一上《高帝纪上》，"汉元年十一月"条："十一月，召诸县豪杰曰……"中华书局，1962年，第23页。

④［汉］司马迁：《史记》卷八《高祖本纪》，"敖仓"条，《正义》引孟康："敖，地名，在荥阳西北，山上临河有大仓。"《正义》引《太康地理志》："秦建敖仓于成皋。"中华书局，1959年，第373页。

悉诣荥阳"①，老、弱未傅是两种人，秦律之下，"老"有两种，五十六到六十岁之间为"睆老"，六十岁以上为"免老"，"弱未傅"则是年龄在十五岁以上，身高不足傅籍标准的少年，两者的共同点是法有明文减免徭使，且不分男女②，"悉"也就是全部派往荥阳。

　　按今天的话讲，这些人都是弱势群体。他们也不是去打仗，而是"发徭"，从事运输粮食之类的力役工作。对此，岳麓书院藏秦简《徭律》有明文规定允许变通③。可仅仅一个月后，刘邦返回了临时都城栎阳，立太子赦免罪人，又将在关中的所有各诸侯国贵族子弟召集到栎阳担任防卫，并"兴关中卒乘边塞"④。这个处理方式很有玄机，消灭了困守废丘的章邯后，整个关中完全掌握在刘邦手中后，将可信的关东贵族全部集中在栎阳，集中物资保障，动员不可信的关中卒到边塞，将关中没有加入汉军的人力资源分散到外围安置。紧跟着就是秋收之前的"关中大饥"，而汉王国的赈灾政策只是允许百姓卖自家孩子和自行到汉中、巴蜀找饭吃。⑤以上举措联系在一起看，可知是预知饥荒不可避免后做的准备，跟随汉军出征的关中卒；老弱未傅去关东吃敖仓之粟；诸侯子去吃栎阳仓储；边塞的关中卒则在边境供应。四批人各自安排就食，其他百姓就放任自生自灭了。

---

① [汉] 司马迁：《史记》卷七《项羽本纪》，中华书局，1959年，第324页。

② 张荣强：《"小""大"之间——战国至西晋课役身分的演进》，载《历史研究》，2017年第2期。

③ 陈松长：《岳麓书院藏秦简（肆）》："凡免老及敖童未傅者，县勿敢傅（使），节（即）1236载粟乃发敖童年十五岁以上，史子未傅先觉（学）觉（学）室，令与粟事，敖童当行粟而寡子独与老1231父老母居，老如免老，若独与（癃）病母居者，皆勿行。"上海辞书出版社，2015年，第119、120页。

④ [汉] 班固：《汉书》卷一上《高帝纪上》，"汉二年六月"条："六月，汉王还栎阳。壬午，立太子，赦罪人。令诸侯子在关中者皆集栎阳为卫……兴关中卒乘边塞。"中华书局，1962年，第38页。

⑤ [汉] 班固：《汉书》卷二十四上《食货志上》："高祖乃令民得卖子，就食蜀、汉。"中华书局，1962年，第1127页。

至于为什么没有开仓放粮赈灾，真正的关窍就在"余业"二字。过去常将"余业"翻译为"本业"之外的"末业"，从《史记·货殖列传》中宣曲任氏先祖发家的经历来看，他是秦朝的"督道仓吏"，但这一职务不见于史乘，注家有两种解释，一种说类似于监督地方租谷转运的官员①；一种说是名为"督"的边县的仓库主管②。按西汉有北军八校尉，其中有"长水校尉掌长水宣曲胡骑"③，可知宣曲一带有能够担任骑兵的胡人部落居住。"道"也是秦汉管理境内少数民族部落专设的县级区划名称，则宣曲任氏应是"督道"的仓吏，窖藏的粮食也不是商业经营所得，而是从秦朝政府储备粮仓借职务之便窃取的，所以，任氏与汉王国一样，都是承袭秦朝的"余业"，货币只是"余业"的一部分。

乱世中政权和商贾竞相囤积居奇，导致物资"有价无市"，并不能作为正常经济条件下的价格证据。《史记·平准书》里关于汉初经济政策的记载，有两个节点，一个是"汉兴"，应为汉元年（前206年）刘邦称汉王；一个是"天下已平"，应为诛杀项羽后建朝称帝，时间是汉高帝五年（前202年）。"丈夫从军旅，老弱转粮饷"，正是《史记·项羽本纪》中形容"楚汉久相持未决"的话，军事阵营可以笼统称为楚汉对峙，在现实的统治版图上，却是18个诸侯王国与诸多独立列侯并立的状态，前者如齐王田荣、燕王臧荼、恒山王张耳、九江王英布等，后者则有成安君陈余封南皮三县，王陵以襄侯治南阳等。

在大分裂的背景下，诸王势力自秦皇帝尚在的时候就互相联合、征伐，待到项羽分封之后，更是只有短暂的和平，齐、赵、燕地都发生了

①［汉］司马迁：《史记》卷一百二十九《货殖列传》，"督道仓吏"条，《集解》引《汉书音义》："若今吏督租谷使上道输在所也。"中华书局，1959年，第3280页。

②［汉］司马迁：《史记》卷一百二十九《货殖列传》，"督道仓吏"条，《集解》引韦昭："督道，秦时边县名。"中华书局，1959年，第3280页。

③［汉］班固：《汉书》卷十九上《百官公卿表上》，中华书局，1962年，第738页。

兼并战争，陈余攻张耳，迎代王赵歇王赵，代、恒山、赵国合一。齐地
的田荣杀胶东王田市、济北王田安，驱逐齐王田都，三齐合一与项羽拉
锯。燕王臧荼又杀辽东王韩广，九江王英布杀义帝熊心，项羽杀韩王成。
刘邦吞并三秦王，以为义帝发丧之名，率五诸侯兵56万人伐楚入彭城。
所有这些大事，都发生在汉元年（前206年）四月到汉二年（前205年）
四月之间，一年间爆发了如此多的动荡，涉及近百万人。考虑到自秦二
世元年（前209年）七月即爆发的反秦起义，中原核心区的战乱，已经
持续了4年之久。"民不得耕种"绝不只是关中一地的问题，谁能拥有更
多的人力、物力资源，谁就能够笑到最后。

楚汉战争中的水陆物流

在不少人看来，这个强弱对比根本不需要讨论，因为刘邦占据了除
南阳、河内、河东、太原之外的秦国内史、十二郡故地，他的对手又是
不团结的诸侯王们，整个楚汉之争就是秦灭六国战争的翻版，结果不会
出意外。但是这里忽略了一个重要的问题，就是物流因素。

要知道，刘邦在彭城战败后，楚汉就进入了对峙状态。汉国看似疆
域广阔，却为崇山峻岭所阻隔，只能依靠陆路运输，跨区物流成本奇高，
运力也不足，在当时的技术条件下，几乎是多个战场各自为战。具体来
说，关中为秦内史、上郡、北地郡，有泾水、渭水沟通，交通尚算便利。
但到陇西郡就有陇山阻隔，依靠渭水道、陇山道联络。三川郡、南阳郡
各自为盆地，到前者有函谷险路，到后者的武关道也非捷径，两者之间
也要依靠崎岖的古夏路沟通。巴蜀、汉中一样各为盆地，以栈道连接。
汉中有汉水可通南阳，又有西汉水可上陇西，算是难得的交通便利之地。
但与关中核心区域终究隔着南山险路，粮食、物资难以迅速调拨，而且

经历过刘邦数万大军的洗刷，物资应已消耗殆尽。故此，汉二年（前205年）才令饥民就食巴、蜀，而未言汉中。至于颍川、陈郡与洛阳、南阳盆地的沟通也主要依赖陆路，反而在水系上与淮河贯通，所以两郡早早便成了楚汉争夺之地。

反观项羽的地盘，北至东郡扼黄河下游延津、白马津、仓亭津，与齐、赵对峙；济水、菏水、泗水、沂水、睢水则被西楚疆域包裹成为内河，形成黄淮之间密集的通漕水网；又有淮河、邗沟连接江东故地，以长江水道贯穿，控制附庸国九江王、衡山王、临江王的地盘。直辖七郡——东郡、薛郡、砀郡、泗水郡、东海郡、会稽郡、郯郡，都在水路运输的线路之中。陈郡、颍川也有鸿沟、颍水沟通淮河，可谓四通八达。至于水运之利，早已为当时人所熟知，秦赵长平之战前，平阳君赵豹指出秦国的最大优势就是"以牛田水通粮"①。正因为如此，在人口、生产力上，项羽控制了战国时代楚、魏两国最肥沃富庶的土地，并不弱于饱经摧残的旧秦地，又有运兵、输粮的便利交通，可以将大量的人力、物力以最低的成本集中于一个战略方向。可以说，西楚直辖区域远较汉国更具战略优势，刘邦在长达三年的拉锯战中，其实一直是以一隅敌一国，以更小的直辖地盘与项羽拼消耗。

但是，双方对峙的结果却是"汉兵盛食多，项王兵罢食绝"②。水陆物流之争，竟是效率高者完败，原因何在？事实上，项羽在分封诸侯宰割天下的时候，并非有勇无谋的莽夫妄为。他所选择的西楚九郡具有非常优越的经济条件和战略态势。但是，楚汉之争只有三年，不是战国乱世的近三百年，参与者的角逐，也并没有奔着打造万世基业的方向去，而是选择以最快的速度击倒对方。③所以，相比巩固自身领地，借助外交

---

① 何建章：《战国策注释》卷十八《赵策一》，中华书局，1990年，第638页。
② ［汉］司马迁：《史记》卷七《项羽本纪》，中华书局，1959年，第330页。
③ 参见拙作《汉瓦：西汉王朝洪业启示录》，北京科学技术出版社，2021年，第572~581页。

纵横捭阖逐步蚕食敌国的战国模式，刘邦选择了更简洁的方式。

面对项羽的盟友、资源、物流优势，刘邦派出了韩信、彭越、刘贾，说降英布。韩信北上河朔，征服西魏、赵、代、燕等势力，为刘邦扩充了直辖领地（如太原郡、河东郡等）和附庸盟友（如赵王张耳、燕王臧荼等）①。彭越进军梁地（战国时魏国的东部领土），在东郡、砀郡的水网核心区域断绝楚军粮道②。刘贾自白马津入楚地，与彭越配合，四处焚掠，"烧其积聚，以破其业，无以给项王军食"③。九江王英布则被派往九江国，诱降楚大司马周殷，与刘贾共入九江，截断江淮联络。这四支利箭，加上长期据守在楚都彭城附近的丰邑势力④，将原本血脉畅通的楚地后勤，搅和得七零八落。

在战争的主战场，刘邦一次又一次地在荥阳、成皋间兵败。哪怕是双方约和之后，他亲自率军追击楚军，也在固陵大败⑤。多次战败后的人力缺口，只能靠一而再、再而三地从韩信手中夺走军队来补充。这一招，甚至用在了附庸彭越身上，不过遭到了拒绝⑥。整体而言，刘邦与项羽的主力对峙所消耗的楚军力量，远不如韩信在赵、齐消灭的楚援军数量，正如他自己所说的"连百万之军，战必胜，攻必取，吾不如韩信"⑦。可刘邦却能一直掌握汉阵营一方的绝对主导权，对此，他自己的解释是"能

①［汉］班固：《汉书》卷三十四《韩彭英卢吴传》，"韩信"条，中华书局，1962年，第1866~1874页。
②［汉］班固：《汉书》卷三十四《韩彭英卢吴传》，"彭越"条："越常往来为汉游兵击楚，绝其粮于梁地。"中华书局，1962年，第1879页。
③［汉］班固：《汉书》卷三十五《荆燕吴传》，"刘贾"条，中华书局，1962年，第1899页。
④［汉］司马迁：《史记》卷十八《高祖功臣侯者年表》，"安国侯王陵""建成侯吕释之""广阿侯任敖"条，中华书局，1959年，第924、890、958页。
⑤［汉］班固：《汉书》卷三十四《韩彭英卢吴传》，"彭越"条："汉王追楚，为项籍所败固陵。"中华书局，1962年，第1880页。
⑥［汉］班固：《汉书》卷三十四《韩彭英卢吴传》，"彭越"条："汉王败，使使召越并力击楚，越曰：'魏地初定，尚畏楚，未可去。'"中华书局，1962年，第1880页。
⑦［汉］司马迁：《史记》卷八《高祖本纪》，中华书局，1959年，第381页。

用人"，张良的计谋、萧何的内政、韩信的指挥，三人杰为他所用。问题是，除了张良常在刘邦左右，人身控制严格之外，萧何独守关中，韩信领兵河北，刘邦除了个人恩义和亲信监视，应该还有更关键的优势在手，以保证"人杰"们对整个战略形势的判断更倾向于刘邦能够取得最后的胜利，也就是留有"后手"，所以"人杰"们才不敢背叛。

与独当一面的韩信类似，史书中常强调萧何保障后方基地，输送粮食、兵员的决定性作用。问题是，一个闹饥荒到人吃人的地区，一两年内能否恢复到足以供应前方数十万人的"餽饷"①，相当可疑。更重要的是，刘邦关于"镇国家，抚百姓，给餽饷，不绝粮道，吾不如萧何"②的赞誉，很大程度上出于对丰沛功臣公推"功第一"的曹参的政治平衡③，而刘邦对相国萧何与对韩信一样，都不是推心置腹，君臣之间一直互相猜忌。平定项羽后，刘邦新定的帝都④也不是所谓的"根基"关中，而是秦朝已有南、北宫⑤的洛阳。哪怕在入居长安之后，萧何也是唯一因被猜忌而下狱的丰沛功臣。

秦朝的关键遗产

故此，在人力、兵力上，刘邦有萧何的关中卒、韩信的河北兵和洛

①［汉］司马迁：《史记》卷五十三《萧相国世家》："关中事计户口转漕给军，汉王数失军遁去，何常兴关中卒，辄补缺。"中华书局，1959年，第2015页。

②［汉］司马迁：《史记》卷八《高祖本纪》，中华书局，1959年，第381页。

③ 参见拙作《汉瓦：西汉王朝洪业启示录》，北京科学技术出版社，2021年，第391页。

④［汉］司马迁：《史记》卷八《高祖本纪》，"汉六年正月"条："天下大定。高祖都雒阳，诸侯皆臣属。"中华书局，1959年，第380页。

⑤［汉］司马迁：《史记》卷八《高祖本纪》，"雒阳南宫"条下《正义》注引《舆地志》："秦时已有南北宫。"中华书局，1959年，第381页。

阳周边的关东卒备用；在物资供应上，关中是最大的基地，刘邦反而受人所制，不过他的幸运在于，一斤一石地积累粮食之外，还有秦朝为他留下的"余业"。初入关中时，刘邦就占据了咸阳仓。咸阳仓是秦国的太仓，即国家储备粮库，每十万石设一个粮囷①，负责接收咸阳县以及周边各县的余粟，再加上秦二世时代要求内史之外各郡县的转漕、委输，用以养活都城中数量巨大的脱产人口，规模应该相当巨大。所以，面对关中父老的牛羊酒食犒劳时，刘邦才能说出"仓粟多，非乏不欲费人"②的话。不过在项羽焚掠咸阳之后，咸阳仓已经荡然无存。刘邦平三秦定关中，又占据了栎阳仓。栎阳是秦献公旧都，其仓储也是秦国太仓之一，按律每两万石一个粮囷，所以，刘邦让萧何辅佐太子在此，并召集所有在关中的诸侯子担任护卫。

　　出关东后，汉军又重新控制了敖仓。如郦食其所说"藏粟甚多"，因其"濒近河、济、汴三水并流而又即将分道之处"③，故而"天下转输久矣"④。济水河道即今黄河下游，当时古黄河北流入今河北省。济水出河南省入山东省，又与泗水相连经今江苏省入淮河。汴水即鸿沟，南流经今河南省，入今安徽省通淮河。同时，由黄河逆流向西只需在今河南三门峡等地短暂陆运，即可再入渭水通漕咸阳。所以，敖仓既是当时秦朝关东粮食转输的核心枢纽，也是最重要的粮储重地。

　　至此，秦朝的国储"余业"全都抓在了刘邦手中。哪怕是萧何闭关自守，刘邦依旧可以据敖仓、洛阳自守。而韩信的大军，终究需要仓粟

---

① 睡虎地秦墓竹简《仓律》："入禾仓，万石一积而比黎之为户……栎阳二万石一积，咸阳十万一积，其出入禾、增积如律令。"睡虎地秦墓竹简整理小组：《睡虎地秦墓竹简》，文物出版社，1990年，第25页。
②［汉］司马迁：《史记》卷八《高祖本纪》，中华书局，1959年，第362页。
③ 荆三林、宋秀兰、张量、秦文生：《敖仓故址考》，载《中原文物》，1984年第1期。
④［汉］司马迁：《史记》卷九十七《郦生陆贾列传》，"郦食其"条："夫敖仓，天下转输久矣，臣闻其下乃有藏粟甚多。"中华书局，1959年，第2694页。

的供应，在刘邦以快打快，不给韩信巩固根据地时间的策略下，韩信根本不具备自立的物质基础。同样的窘境也发生在项羽等诸侯身上。他们固然可以游兵劫掠，获得无数的珠玉金宝，在粮食这种特殊商品上，却只能与"宣曲任氏"一样的地方豪杰争夺秦朝"万石一积"的县仓"余业"，其间的差距，无疑可以算作汉兴楚亡的关键胜负手之一。

依靠秦朝的粮仓，刘邦可以养活大批的脱产军队，而不再像秦国一样，依赖临时动员的屯卒①进行打打停停的"战国式战争"。但要维持一支军队，光有粮食是远远不够的。缺少钱物这种犒赏军队最直观、最有效的手段，会严重影响军心士气。前文已经谈到，秦律秩序下，秦朝"旧地"的珠玉、龟贝、银锡之类的宝货以及"上币"黄金，大部垄断于官府、皇室之手。而经过十余年的寻租货币政策，关东"新地"民间的财富，大批流入皇室的手中。直白地说，聚集在秦始皇父子的帝王之宅咸阳，以及关中东西八百里范围内②的一百四十五处离宫殿观之中，与后宫数以万计的列国美人共同成为秦皇帝的收藏玩物。③随着秦帝国的瓦解，这些财富和美人，反复遭遇着劫难。

单看《史记·高祖本纪》中记载，刘邦因"樊哙、张良谏，乃封秦重宝财物府库，还军霸上"④，似乎对秦朝的财物保护得很好。但在《史记·萧相国世家》中，就完全是另一副模样，"沛公至咸阳，诸将皆争走金帛财物之府分之，何独先入收秦丞相御史律令图书藏之"⑤。且看"争

① 参见拙作《秦砖：大秦帝国兴亡启示录》，北京联合出版公司，2020年，第110~118页。
② [汉] 司马迁：《史记》卷六《秦始皇本纪》，《正义》注引《庙记》："北至九嵕、甘泉，南至长杨、五柞，东至河，西至汧渭之交，东西八百里，离宫别馆相望属也。"中华书局，1959年，第241页。
③ [汉] 司马迁：《史记》卷六《秦始皇本纪》，《正义》注引《三辅旧事》："始皇表河以为秦东门，表汧以为秦西门，表中外殿观百四十五，后宫列女万余人，气上冲于天。"中华书局，1959年，第241页。
④ [汉] 司马迁：《史记》卷八《高祖本纪》，中华书局，1959年，第362页。
⑤ [汉] 司马迁：《史记》卷五十三《萧相国世家》，中华书局，1959年，第2014页。

走""分之",还都是冲入"金帛财物之府",这当然与刘邦初入秦宫看到"宫室、帷帐、狗马、重宝、妇女"数以千计,想要留居宫内不走[1]的带头作用有关,也就意味着与刘邦一道入关的诸将已经分过一轮,才有封存府库的后话。

汉元年(前206年)十二月,项羽率诸侯兵入关之后[2],先开鸿门宴压服刘邦,又率诸侯兵西屠咸阳,"烧秦宫室,火三月不灭,收其货宝妇女而东"[3]。很明显,这把火烧的不只是咸阳宫,而是以咸阳为中心的诸多离宫殿观,劫掠也包括民间。秦始皇迁徙到咸阳的天下富户,正是因为焚掠彻底,才使得西汉建国后只能自行营建长安新都,至于战利品的处置,则是"虏其子女,收其珍宝货财,诸侯共分之"。也就是说,大家"分赃",刘邦作为十八诸侯之一,也会分得一份,可也只能是一小份。与此同时,地方上也在进行着劫掠狂欢,因为诸侯大军主要在函谷关至咸阳一线盘桓,而上述秦朝的离宫西至汧水,即今天陕西汧县境内的千河,所以,才有《史记·货殖列传》中"秦之败也,豪杰皆争取金玉"之语。金玉的来处自然是秦朝的宫府仓库,这部分财物与刘邦诸将的劫掠所得一样散落民间。

可见,刘邦所面对的问题是金宝财物被"不可抗力"因素分光了,军用赏赐、物资不足,所以"更令民铸钱",允许民间私铸铜钱。这在秦朝法律中被明令禁止[4],无异于一次巨大的秩序颠覆,但是当不合格的恶钱充斥市场,物价飞涨反倒让汉政权成了最大赢家。

---

① [汉]司马迁:《史记》卷五十五《留侯世家》:"沛公入秦宫,宫室帷帐狗马重宝妇女以千数,意欲留居之。"中华书局,1959年,第3037页。
② [汉]司马迁:《史记》卷十六《秦楚之际月表》,"汉元年十二月·项"条:"至关中,诛秦王子婴,屠烧咸阳。"中华书局,1959年,第775页。
③ [汉]司马迁:《史记》卷七《项羽本纪》,中华书局,1959年,第315页。
④ 睡虎地秦墓竹简《封诊式》:"某里士五(伍)甲、乙缚诣男子丙、丁及新钱百一十钱、容(镕)二合,告曰:丙盗铸此钱,丁佐铸。甲、乙捕(索)其室而得此钱容(镕),来诣之。"睡虎地秦墓竹简整理小组:《睡虎地秦墓竹简》,文物出版社,1990年,第151页。

楚汉货币战

> "人君操谷币金衡，而天下可定也。"[1]
>
> ——《管子·山至数》

汉二年（前205年）之后，汉国律法行用区域内，将一个标准的八铢半两钱熔化后，铸成小钱。如彭信威先生所说的不到一铢重的小钱，一个变八个，就是7倍的暴利，按照英国工会活动家、政论家托马斯·约瑟夫·登宁的说法，"（资本）有300%的利润，它就敢犯任何罪行，甚至冒绞首的危险"[2]。那么，无论对于汉国政府而言，或是民间的私铸者，这个利润，足以驱使天下各国的民间商贾、豪强疯狂铸钱，而原本战国七雄的旧铜币和秦二世铸造的八铢半两，都会成为被熔炼回炉的"良币"，豪杰们劫掠而来的珠玉、宝货，也将迅速地进入市场，参与这场铸币发财的大狂欢。

不过随之而来的，就是一般商品与粮食这种基本物资的价格暴增，尤其是后者，作为绝对稀缺资源，宣曲任氏的先祖只是掌握了一"道"的仓储，就因此暴富，汉政权掌握了秦朝的栎阳仓、敖仓，以及诸多未罹兵祸的县仓，获利岂止百倍、千倍？与此同时，珠玉、黄金的存在，与铸钱的利润结合，还会形成奇妙的化学反应，大量的珠玉、黄金随着诸侯军将回到本国，以八铢半两或六国货币计价，价格都会大幅下跌，反过来，如果将其在汉国境内消费、贸易，利用物价的滞后反应，完全

---

① 黎翔凤：《管子校注》卷二十二《山至数第七十六》，梁运华整理，中华书局，2004年，第1342页。

② ［德］卡尔·马克思：《资本论（第一卷）》，人民出版社，1975年，第829页，"资本来到世间，从头到脚，每个毛孔都滴着血和肮脏的东西"条注引托马斯·约瑟夫·登宁：《工联和罢工》，1860年伦敦版，第35、36页。

可以获得巨大的超额利润，这些诸侯军将就成了"汉法"的最大受益者和支持者，直接起到了招降纳叛的作用。

当钱币标准放宽，战国时代、秦始皇时代流通的大量不符合"大钱"要求的半两钱也会进入市场，新铸币也会涌入市场，通货的增加直接刺激跨国贸易的发展，包括经济发达的西楚在内的各诸侯国，也会有大量的物资、商品涌入汉国境内，在战争状态下，获取战争物资是第一要务，既是壮大自己，也是削弱敌人。只要外国商人愿者上钩，汉王国通过高价卖粮、低价买物，一样可以迅速实现府库充盈。

不仅如此，正如《商君书·去强》所说："国好生金于境内，则金粟两死，仓府两虚，国弱。"各家诸侯手中有的是金宝、珠玉、妇女，却缺少粮仓储备，在刘邦的货币政策吸引之下，各国的豪杰、富户，甚至诸将、官吏都热衷于"钱生钱"，又哪有工夫和精力去整顿内政，恢复农耕、物流，与汉军做好长期相持的物质准备？当然，由于项羽本身的人格魅力和用人喜好，其重臣、大将多为品质高尚、能力超卓的人物，所以，领地的掌握和恢复效率相当之高[1]，但是，刘邦所采取的货币手段真正破坏的是"世风"，也就是腐蚀和影响对手的基层组织，尽管古人对相关细节并无记载，但结合汉武帝时盗铸的景象，"天下大抵无虑皆铸金钱矣"[2]，可以想见，这一手段足以让项羽治下的豪强忘记农业生产。

正因如此，在楚汉议和中分天下前，尽管项羽已经击溃了"绝楚粮食"的彭越主力，韩信定齐之后也未南下，刘邦凑起的大军刚刚在荥阳以东包围了钟离昧，听说项羽回援，"汉军畏楚，尽走险阻"，连作战都不敢，直接顺着险道溜走了，项羽面对的整个战场形势并不算太差，战

---

① 参见拙作《汉瓦：西汉王朝洪业启示录》，北京科学技术出版社，2021年，第572页。
② ［汉］司马迁：《史记》卷三十《平准书》，中华书局，1959年，第1433页。

略环境却已是"汉兵盛食多，项王兵罢食绝"[1]，经过了三年大战，项羽已经耗尽了之前的积蓄，再生产能力又不足以支撑，败局已定。

那么，帮助刘邦取得楚汉战争胜利的新钱到底什么样呢？神奇的是，前人对这一重要问题的叙述竟然莫衷一是。《汉书·食货志》曾说明，刘邦允许民间私铸的是"荚钱"。东汉人如淳解释"荚钱"的得名源自形状，类似于"榆荚"[2]，也就是榆树的果实，形状长扁，俗称"榆钱儿"。西晋崔豹《古今注》中进一步解释，"荚钱"重三铢[3]；南梁顾烜《钱谱》上则说，"荚钱"的钱文是"汉兴"二字[4]。依照以上记载，对汉高祖允许民间铸造的青铜铸币的正确描述应该是：钱文为"汉兴"二字，重3铢，形状似榆钱儿，钱穿大肉少的圆形方孔钱。实际上，这些说法完全错误。

刘邦允许民间自由铸造的不是"荚钱"

先说"荚钱"，《史记·平准书》中说："至孝文时，荚钱益多、轻，乃更铸四铢钱。"[5]可见，文帝改铸"四铢钱"的主要原因就是"荚钱"铸行过程中的多、轻、滥恶。东汉人应劭则指出高后六年（前182年）所行"五分钱"就是"荚钱"[6]，两者互相印证，在高后六年（前182年）到

---

①［汉］司马迁：《史记》卷七《项羽本纪》，中华书局，1959年，第330页。

②［汉］班固：《汉书》卷二十四下《食货志下》，"荚钱"条，颜师古注引如淳："如榆荚也。"中华书局，1962年，第1153页。

③［汉］司马迁：《史记》卷三十《平准书》，"更令民铸钱"条，《索隐》注引《古今注》："榆荚钱重三铢。"中华书局，1959年，第1418页。

④［汉］司马迁：《史记》卷三十《平准书》，"更令民铸钱"条，《索隐》注引《钱谱》："文为'汉兴'也。"中华书局，1959年，第1418页。

⑤［汉］司马迁：《史记》卷三十《平准书》："至孝文时，荚钱益多、轻，乃更铸四铢钱。"中华书局，1959年，第1419页。

⑥［汉］班固：《汉书》卷三《高后纪》，"行五分钱"条，颜师古注引应劭："所谓荚钱者。"中华书局，1962年，第99页。

汉文帝前五年①（前175年）间的"行钱"，正是"五分钱"，可见，"荚钱"就是"五分钱"。确定了这个信息，再爬梳《史记·平准书》的表述就会发现，汉高祖放铸时代的半两钱，并未写作"荚钱"，也就是说，司马迁作为西汉人并不认为这是一回事，在他眼中的顺序是：①高祖时：（未知标准）钱；②高后二年：八铢半两；③高后六年：五分半两（荚钱）；④文帝时：四铢半两。

　　反倒是后世叠加了众多的文本信息，以至于"荚钱"重3铢、钱文"汉兴"也称"五分钱"，反而变成了对史料最圆通的解释。不过，存世汉初铜钱不少，钱范也间有出土，确定为"荚钱"铸行时间段的实物基本都是"半两"钱文，"汉兴"钱文实则是误将十六国时成汉所铸年号钱②视作了"荚钱"。不仅如此，"重三铢"与"五分钱"一样存在矛盾。《古今注》中说得很清楚："秦钱半两，径一寸二分，重十二铢。"③《二年律令·钱律》中则有规定："钱径十分寸八以上，虽缺铢，文章颇可智（知），而非殊折及铅钱也，皆为行钱。"④钱径0.8寸是明确的大小底线，文字能辨认，材质不能是铅之类的伪币，就允许在市场上流通。故此，高后二年（前186年）所行"八铢钱"即"八分钱"，也就是钱直径长十分寸八，即0.8寸几成定论。再参考《汉书·食货志》中对王莽铸币的记录，在秦汉时人观念中，标重与钱径的关系非常清晰，有一套约定俗成的叫法：十二铢（半两）即钱径一寸二分，八铢即钱径八分，以此类推，

---

① [汉]司马迁：《史记》卷十《孝文本纪》，"十七年"条："得玉杯，刻曰'人主延寿'。于是天子始更为元年，令天下大酺。"中华书局，1959年，第430页。汉文帝十七年改称"后元元年"，汉文帝五年称"前元"，也可称"前五年"。
② 叶伟奇：《我国最早的年号钱》，载《文史知识》，1992年第12期。
③ [汉]司马迁：《史记》卷三十《平准书》，"更令民铸钱"条，《索隐》顾氏按《古今注》，中华书局，1959年，第1418页。
④ 张家山二四七号汉墓竹简整理小组：《张家山汉墓竹简（二四七号墓）》，文物出版社，2006年，第35页。

四铢即钱径四分，三铢即钱径三分，则钱径五分即五铢。[1]"在这里，'分'已脱离了其原来作为度制单位的含义，而具有了一种象征性的意义，成为指代重量的符号。如果换一种语境，当然也就不再具有这种含义。"[2]这种习惯性思维甚至一直延续到了西汉末年，王莽居摄时，变造大钱，仍是"径寸二分，重十二铢"，至其篡汉后，则彻底放飞自我，制造多种小钱，形成了自己的铸币逻辑。

表 8-1   王莽新铸钱规格对照[3]

名称	重量	钱径	当钱值	价值指数（当钱数／重量）
小钱	1 铢	6 分	1	100%
幺钱	3 铢	7 分	10	333%
幼钱	5 铢	8 分	20	400%
中钱	7 铢	9 分	30	429%
壮钱	9 铢	1 寸（10 分）	40	444%
大钱	12 铢	1 寸 2 分（12 分）	50	417%

如表 8-1 所示，新莽时代铸币的逻辑就是纸面上的整齐划一，看似与人的成长期对应，重量、钱径步步递进，实际价值却一片混乱，几乎是鼓励民间变造、盗铸以获取"奸利"，而它的一个副产品，就是彻底破坏了秦汉铸币钱径对应钱重的习惯性思维。正因如此，东汉之后学者回望西汉初年的铸币史时，常常望文生义和照搬律文，让常识变成了悬案。

---

[1] 臧知非：《汉初货币制度变革与经济结构的变动——兼谈张家山汉简〈钱律〉问题》，载《苏州大学学报》，2006 年第 3 期。

[2] 徐承泰：《秦汉半两以尺寸指代重量论》，载《江汉考古》，2014 年第 5 期。

[3] 资料来源：[汉] 班固：《汉书》卷二十四下《食货志下》，中华书局，1962 年，第 1177 页。

所以，"五分钱"对应的理论标重应该就是5铢。当然，在《二年律令》出土后，仍有不少学者认为"五分"是"五分之一"个半两之意，即2.4铢，实则大谬。除上述论证外，在文献记载中，也存在矛盾，如将"五分钱"视为高祖时代放铸的"荚钱"，"荚钱"又记作"重三铢"，则"五分钱"等于"三铢半两"，那么，"五分钱"就出来两个标准重，2.4铢和3铢，当然不可能。不过西晋崔豹著《古今注》时，上距汉代不远，极有可能称量过"荚钱"的实物，发现其实际重量只有3铢，也不无可能。

陈彦良先生曾根据周卫荣《中国古代钱币合金成分研究》一书中的整合数据，整理制表。

表8-2　秦、西汉铸币平均质量分析比较

时代	分类	标准重量	平均实重	重量符合率（a）	平均含铜率（b）	a*b	指数
秦	秦半两	12铢（7.81公克）	4.78公克	61.20%	71.02%	0.43	100
高惠吕	榆荚半两	3铢（1.95公克）	2.21公克	113.33%	75.33%	0.85	198
吕后	八铢半两	8铢（5.21公克）	3.85公克	73.90%	74.12%	0.55	128
文景	四铢半两	4铢（2.60公克）	2.89公克	111.15%	79.51%	0.88	205
（文景）武	有郭半两	4铢（2.60公克）	2.33公克	89.62%	80.94%	0.73	170
武帝	武帝五铢	5铢（3.26公克）	3.10公克	95.09%	82.62%	0.79	184
昭帝以后	西汉五铢	5铢（3.26公克）	2.88公克	88.34%	84.83%	0.75	174

注：1铢=0.651公克[①]

———————————

[①] 陈彦良（Yeng-Liang Chen）：《四铢钱制与西汉文帝的铸币改革——以出土钱币实物实测数据为中心的考察》，载《清华学报》，2007，37（2）：321~360。

表 8-2 中，作者将 3 铢定为"榆荚半两"的标重，结果实测数据的重量符合率达到了 113.33%，相当不可思议，等于说汉初铸钱非但没有如秦钱一样减重，反而部分增重，殊不可解，但却恰恰印证了崔豹《古今注》中实测 3 铢的可能性，也就是说，"荚钱（榆荚半两）"应该就是"五分钱"，标重为 5 铢（2.6 克），平均实重 2.21 克，重量符合率应为 85%，这个数字明显更符合表中其他币种体现出的减重规律。

直径，合格钱币的新标准

在解释了上述矛盾之后，再来看史书、简牍中出现的一系列铸币要素，就会发现，"秦钱半两"即"一寸二分钱"，标重 12 铢；"八铢钱（八铢半两）"即"八分钱（十分寸八）"，标重 8 铢，却又说，"本秦钱，质如周钱，文曰'半两'，重如其文，即八铢也"[1]。三者之间存在矛盾，甚至记载本身就有问题。"重如其文"就是 0.5 两，12 铢，怎么会是 8 铢呢？而且，"复行八铢钱"，说明高后二年（前 186 年）是恢复旧制，而非自创新制，那么，问题在哪里呢？

答案应该就在"钱径"上。汉高祖"令民铸钱"的背景是"约法省禁"，所谓"约法"即"约法三章"，"省禁"即"余悉除去秦法"[2]，也就是说，秦法的严密规定已经废止，则"择行钱令"和"禁铸钱令"同时免除，"五分钱"这个钱径规格标准又是如何贯彻执行的呢？现实是，"约法省禁"的时代，对于"行钱"的规定不可能像《二年律令》一样烦

———————

[1] ［汉］班固：《汉书》卷三《高后纪》，"行八铢钱"条，颜师古注引应劭，中华书局，1962 年，第 97 页。
[2] ［汉］司马迁：《史记》卷八《高祖本纪》，中华书局，1959 年，第 362 页。

琐严密，不但所谓"五分钱重三铢"之说荒诞不经，就连"五分钱"这个钱径标准都应该并不存在。反观高后二年（前186年）复行"八铢半两"，史书未记录钱径，简牍律令确认钱径、无标重，而"五分钱"史书记录钱径，而未记标重，也就意味着，标重在简牍律令层面并非必不可少，那么，秦钱"八铢"或"十二铢"，是否是确实存在的质量标准呢？

从表8-2和前文引用秦半两实测数据来看，减重之普遍近似于有意为之，则略可推知，所谓标重，实则是由"钱径"对应而定，而非切实存在的法律标准值。也就是说，战国、秦半两最早的理论规格，就是钱径一寸二分，标重十二铢（半两、重如其文），但是，随着普遍性的减重，表8-2中平均实重仅为4.78克，也就是7.34铢，这就造成了秦二世在"复行钱"时不可能依据理论标重，乃至于用理论钱径来约束"新钱"的铸造和"行钱"的标准，只能退而求其次，以钱文半两、钱径十分寸八（0.8寸）这个普遍减重后的结果来设定"行钱"标准。所以，高后二年（前186年）"复行钱"所"复"的，正是秦二世已著诸律令的标准，这一标准虽不见于秦朝史料，也不见于出土秦律，但应该切实存在，这才让汉高祖因其过"重"，彻底免除了"行钱"标准，以增加市场上的通货。

彭信威先生在《中国货币史》中曾指出，荚钱有轻不到一铢以下的，刘邦不会叫人民做这种突然的减重。[1]早在20世纪50年代发现的"荚钱"，已有减重到不足1铢的劣币。这种水平的劣币无论是与号称"重如其文"的秦半两比，还是和"复行钱"的八铢半两比，在青铜铸币层面，都完全可以视为两个物种，甚至与被视为"荚钱"的半两钱，也是两个物种，只不过，史书记录有限，让后人只能在隐秘的角落窥探历史的真相。

---

[1] 彭信威：《中国货币史》，上海人民出版社，2007年，第81页。

中国史上首次"令民铸钱"只维持了4.5年

现实是，刘邦宣布"约法三章"的时间在汉元年十一月（前207年12月10日至前206年1月8日）[1]，当时他并未真正控制关中地区，政令所及只有咸阳以东的一隅之地，待他真正建立统治，已经是收降翟王董翳、塞王司马欣，略取关中大部分地区之后，时间在汉元年（前206年）八月，而"立汉社稷、除秦社稷"正式宣示关中易主的时间则是汉二年（前205年）二月，这些时间点，大体上可以视为他"令民铸钱"政策的起点。"令民铸钱"政策的终点，信息则藏在唐人李林甫等编撰的《唐六典》与唐人杜佑撰写的《通典》之中。汉惠帝三年（前192年），皇帝派出了"御史监三辅郡"[2]，任务是核验司法案件及九项监察任务，这九条分别是："辞讼者，盗贼者，铸伪钱者，狱不直者，繇赋不平者，吏不廉者，吏苛刻者，逾侈及弩力十石以上者，非所当服者。"[3]从文本上看，两处唐人记载都不是汉初文牍的原貌，因汉武帝时才改"内史"为"三辅"（京兆尹、左冯翊、右扶风），《唐六典》中又脱"郡"字，确有问题，但《通典》中的"三辅""郡"字样又明显是对汉初诏令文书中惯用表述"内史及郡"的改写，确应为汉初制度。其中的"九条察事"明确提到了"铸伪钱者"，说明至迟到汉惠帝三年（前192年），汉王朝已经施行了"禁私铸钱"的法令，这才能将这一罪名与盗贼、持有弩力超过十石的重

---

①［汉］班固：《汉书》卷一上《高帝纪上》，"汉元年十一月"条："十一月，召诸县豪杰曰……"中华书局，1962年，第23页。

②［唐］杜佑：《通典》卷三十二《职官十四》，"州牧刺史"条："至惠帝三年，又遣御史监三辅郡，察词讼，所察之事凡九条，监者二岁更之。常以十月奏事，十二月还监。其后诸州复置监察御史。"王文锦等点校，中华书局，1988年，第884页。

③［唐］李隆基、李林甫：《唐六典》卷十三《御史台》，"侍御史"条原引注，［日］广池千九郎校注，［日］内田智雄补订，三秦出版社，1991年，第270页。

型武器、奢侈逾制①等重罪相提并论。

不过很明显，这条法令并不是刚刚施行，西汉仿效秦制重新派出"监御史"的背景是上一年，即汉惠帝二年秋七月初五（前193年8月14日），相国萧何薨逝，齐丞相曹参继任相国。汉惠帝对曹参之子中大夫曹窋说："高帝新弃群臣，帝富于春秋，君为相，日饮，无所请事，何以忧天下乎？"②惠帝这话很有意思，说皇上很年轻，你当相国却天天喝酒，没有向皇帝提请决断的公事、文书，怎么治天下呢？其中的关窍就在"无所请事"上，潜台词是"你欺负我年轻啊？"③接下来就有了曹参与汉惠帝的经典问答，引出了萧规曹随的典故，惠帝口中称善，却不代表真的愿意垂拱而治，这才有了恢复"监郡御史"制度的举措，本质上是为了扩张皇权的耳目爪牙，即秦始皇"御史冠盖接于郡县"④的翻版。

既然是为了"扩权"，又有"法令既明"的前提，"禁盗铸钱"当然应该也出自刘邦、萧何的手笔，具体来说，就是"汉律九章"中的规定，而萧何定法并没有明确的时间，按照《史记·萧相国世家》的记载，早在汉二年（前205年），他独守关中时，就已经在申明法令。⑤天下已定

---

① [唐] 杜佑：《通典》卷三十二《职官十四》，"州牧刺史"条原引注："汉制，刺史以六条问事，非条所问即不省。一条，强宗豪右田宅逾制，以强凌弱，以众暴寡。"王文锦等点校，中华书局，1988年，第884页。可见，汉武帝派刺史以"六条问事"的第一条就是"田宅逾制"，目的就是镇压豪强。

② [汉] 司马迁：《史记》卷五十四《曹相国世家》："若归，试私从容问而父曰：'高帝新弃群臣，帝富于春秋，君为相，日饮，无所请事，何以忧天下乎？'然无言吾告若也。"中华书局，1959年，第2030页。

③ [汉] 司马迁：《史记》卷五十四《曹相国世家》："参子窋为中大夫。惠帝怪相国不治事，以为'岂少朕与'？"中华书局，1959年，第2030页。

④ 何宁：《淮南子集释》卷二十《泰族训》，中华书局，1998年，第1399页。

⑤ [汉] 司马迁：《史记》卷五十三《萧相国世家》："汉二年，汉王与诸侯击楚，何守关中，侍太子，治栎阳。为法令约束，立宗庙社稷宫室县邑，辄奏上，可，许以从事；即不及奏上，辄以便宜施行，上来以闻。"中华书局，1959年，第2014、2015页。

后，又与其他定制并列，而已知时间的有：叔孙通制朝礼在汉高帝六年二月初三（前201年3月16日）^①至汉高帝七年十月初一（前201年11月6日）之间^②；剖符定封始自汉高帝六年十二月二十八日（前201年2月11日）^③，刑白马为誓重申在汉高帝十二年（前195年）；陆贾作《新书》在汉高帝十一年（前196年）；韩信、张良申军法应在废楚王为淮阴侯后，时间为汉高帝六年四月（前201年5月）^④至汉高帝十一年正月（前196年2月）^⑤间。

　　萧何制汉律九章相当于确立汉家法度的基本秩序，还应优先于上述定制，最合适的时间节点，应该是汉高帝五年六月初三（前202年6月23日）^⑥，刘邦西都关中栎阳、大赦天下之后。唯有确定都城，相关的制度逻辑，如对"王畿"的划定，司法、财政、运输、仓储等条目方才能够理顺，大赦天下既是向天下示恩，也表明对过往的罪罚既往不咎，与民更始，必然需要有全新秩序填补施行，故此，汉王朝的"禁私铸钱"政策当始于此时。

　　综上所述，自汉元年十一月（前207年12月10日至前206年1月8日）"约法省禁"名义开始，至汉元年（前206年）八月占据关中大部

① 按此日为东武侯郭蒙封侯之日（见《史记》卷十八《高祖功臣侯者年表》，中华书局，1959年，第905页。原文误作正月戊午，正月无此干支，故更为二月），此后至三月初四雍齿封侯，群臣争吵了一个月，故汉高祖才命叔孙通作朝礼。
②［汉］司马迁：《史记》卷九十九《刘敬叔孙通列传》："汉七年，长乐宫成，诸侯群臣皆朝十月。"中华书局，1959年，第2723页。
③［汉］班固：《汉书》卷一下《高帝纪下》："甲申，始剖符封功臣曹参等为通侯。"中华书局，1962年，第60页。此后的同月丙午日，封刘贾、刘交、刘喜、刘肥为王。
④［汉］司马迁：《史记》卷十八《高祖功臣侯者年表》，"淮阴侯"条："六年四月，侯韩信元年。"中华书局，1959年，第913页。
⑤［汉］班固：《汉书》卷一下《高帝纪下》："春正月，淮阴侯韩信谋反长安，夷三族。"中华书局，1962年，第70页。
⑥［汉］班固：《汉书》卷一下《高帝纪下》："是日，车驾西都长安。拜娄敬为奉春君，赐姓刘氏。六月壬辰，大赦天下。"中华书局，1962年，第58页。

分地区而事实开始的"令民铸钱"的放铸政策，到汉高帝五年六月初三（前202年6月23日）正式终结，总时长不到4年零6个月。

汉承秦制，以钱币直径调节流通货币量

当"三章之法"被攗撠秦法的"汉律九章"代替，"择行钱"令与"盗铸钱"令随之重新施行，民间自由铸造钱币的权力自然收归国有，并不是完全收归中央，而是分散到郡、国，比如吴王刘濞在惠帝、高后时，就招诱天下逃亡者铸钱。[①] 在此背景下，"行钱"标准理应恢复。从文献记载来看，这个"行钱"极有可能采用了"五分"钱径的标准，通行的就是"荚钱"（五分钱），正因为先已流通，在高后"复八铢钱"之后仅4年，就又恢复了"五分钱"，之后，由于长期积累的"荚钱"（五分钱）日益增多、泛滥，才导致汉文帝改铸"四铢半两"的大改革。

那么，秦至西汉初年通行的"行钱"可以排列如表8-3。

表8-3　秦至西汉初年通行的"行钱"

名称	时代	标准钱径	标准重量
战国半两、秦半两	秦惠文君二年（前336年）至秦始皇三十七年（前210年）	一寸二分（1.2寸）	12铢
秦二世半两（八铢半两）	秦始皇三十七年（前210年）至秦二世三年（前207年）	八分（0.8寸）	8铢

---

① ［汉］司马迁：《史记》卷一百六《吴王濞列传》："会孝惠、高后时，天下初定，郡国诸侯各务自拊循其民。吴有豫章郡铜山，濞则招致天下亡命者（益）［盗］铸钱，煮海水为盐，以故无赋，国用富饶。"中华书局，1959年，第2822页。

（续表8-3）

名称	时代	标准钱径	标准重量
汉高祖放铸半两	汉元年（前206年）至汉高帝五年（前202年）	无	无
榆荚半两（五分钱）	汉高帝五年（前202年）至高后二年（前186年）	五分（0.5寸）	5铢
八铢半两	高后二年（前186年）至高后六年（前182年）	八分（0.8寸）	8铢
榆荚半两（五分钱）	高后六年（前182年）至汉文帝前五年（前175年）	五分（0.5寸）	5铢

由表8-3可知，西汉初年的"汉高祖放铸半两""荚钱""八铢半两""五分钱"，都是在秦朝铸行的"秦半两"的基础货币量上横跳，通货短缺则放宽"行钱"的钱径标准到0.5寸，乃至无标准；通货膨胀则收紧"行钱"的钱径标准到0.5寸、0.8寸。

至于1.2寸，早在战国秦、秦朝时就很清楚只是一个理论值，否则就不会有无论"钱善不善"都不准"择行钱"的律文，其所维护的就是以枚数为单位来进行价值衡量的货币体系，延续相关制度安排，调整"行钱"钱径的标准，则是系统的修补。国家在官私铸钱普遍减重、滥恶的情况下，通过灵活掌握的"政策"工具，来减少或增加流通中的货币量，与其说它面向的是新铸币，莫若说它的目标始终都是自秦惠文君开始，铸造了200多年的存量货币，以它为蓄水池，钱径则是水龙头，视市场中的水位高低来调节水量。

第九章

出尔反尔的汉高祖

"算"，西汉公共财政制度的革命

> "乃公居马上而得之，安事诗书！"[①]
>
> ——《史记·郦生陆贾列传》

对新生的汉王朝而言，"令民铸钱"并不是深思熟虑的战略。在允许百姓"放铸"铜钱的同时"约法省禁"，促进商业与物流的发展，削弱敌人壮大自己，本质上只是权宜之计。当汉国的统治秩序逐步建立，对基层社会的管控一点点恢复之后，刘邦不会坐视民间铸造的铜钱和浮出水面的旧通货摧毁自己对经济的控制。

早在汉四年（前203年）八月，还在战争中的汉国就推行了一项影响深远的政策，"初为算赋"[②]。也就是开始设置"算赋"这个税种，主要用途是"治库兵车马"，制造武库中收储的兵器、战车，补充战马，以充实武备。就在一个月前，刘邦立英布为淮南王，成为继赵王张耳、齐王韩信之后，汉军阵营第三位"新诸侯王"，随着北貉、燕国派出枭骑协助汉军，履行臣属义务，至此三分天下刘邦已然有其二。八月，刘邦下令，凡军士不幸死者，由政府官吏负责置办衣服、被子，以棺材装殓遗体，送还家乡，至此"四方归心"[③]，汉军也即将发动对项羽政权最后的总攻击。

---

① [汉]司马迁：《史记》卷九十七《郦生陆贾列传》，中华书局，1959年，第2699页。
② [汉]班固：《汉书》卷一上《高帝纪上》，"汉四年八月"条，中华书局，1962年，第46页。
③ [汉]班固：《汉书》卷一上《高帝纪上》，"汉四年八月"条："北貉、燕人来致枭骑助汉。汉王下令：军士不幸死者，吏为衣衾棺敛，转送其家。四方归心焉。"中华书局，1962年，第46页。

这两项举措，看似毫无关联，却是汉政权对天下统治广度与深度的一次宣示。在军兴之际创收"算赋"，虽有秦代的"头会箕敛"为先例，却绝不是为了获得一次性的货币收入。汉朝征收"算赋"的基本依据是战国、秦延续下来的年龄标准，十五岁以上的男女都要供"徭使"，即履行较轻的力役义务，如运输粮草、传送使者和公文、公物。按照秦朝法律的规定，这些义务要优先派遣刑徒、官奴，但在秦末大乱中，这部分秦朝财政、皇室寻租最倚重的人力资源，要么逃亡，要么进入军中，如刘邦在广武诟骂项羽时就说"（吾）使刑余罪人击公"[①]。这意味着汉朝不可能沿袭秦朝律令兴发"徭使"，只能以小部分劳力加大部分货币的方式来解决频繁的"兴徭"，只在账面上"均徭日"。[②]这种改革，在维持秦汉律令逻辑完整性的同时，一定程度上减轻了编户齐民的负担，又能维持政府的各项职能，决定了汉政权统治的"深度"。有了人力资源，来自各个地区的战殁官兵，无论是"故秦人"，还是"诸侯子"，都能通过"传送"，即郡县接力动员百姓"徭使"的官方运输方式，躺在数以万计的棺木中，回到各个汉郡、诸侯国的家乡，也证明了汉郡、诸侯国统治秩序的全面恢复，代表的是汉政权统治的广度。两者叠加，才是"四方归心"的真正含义。

不过，以现代的眼光看，"初为算赋"的历史意义，远比班固认识到的"四方归心"重要得多。"初为算"意味着汉朝自立国起，公共财政的格局已与秦朝完全不同。

秦朝的地方公共财政支出分三大块。（一）人力资源支付[③]，包括：①点对点输送本地百姓担任士兵，到外县（乘城卒）、本郡（都尉屯）、外郡（屯戍）、国都（屯卫）承担军事义务；②输送百姓轮换担任的"徭

---

① ［汉］班固：《汉书》卷一上《高帝纪上》，"汉四年冬十月"条："吾以义兵从诸侯诛残贼，使刑余罪人击公，何苦乃与公挑战！"中华书局，1962年，第44页。
② 参见拙作《秦砖：大秦帝国兴亡启示录》，北京联合出版公司，2020年，第432页。
③ 参见拙作《秦砖：大秦帝国兴亡启示录》，北京联合出版公司，2020年，第17~118页。

徒"至本县、外郡（边疆）、国都承担劳役义务；③使用本地"徒隶"（含刑徒、官奴、债务奴）优先承担上述劳役义务。（二）实物供应，①以本地的百姓租赋缴纳的粮食、饲料（刍藁）和刑徒经济生产的粮食、肉食、蔬菜等为基本来源，辅以部分市场采购物资，分级供养本地及外地来公干的"廪食者"（包括官吏、屯卒、徒隶等）。（三）货币支出②，主要是地方管理的必需成本，含功赏用钱、采购用钱。绝大部分来源是对本地犯法官吏、百姓的"赎刑钱"和"赀罚钱"，极少部分来自县廷官物售卖，缺额则由御史安排各县库藏调剂，再不足则向皇室储蓄（禁钱）借贷。

秦亡汉兴，财政、经济上最大的变化就是"刑徒经济"的崩溃，使得汉朝地方公共财政出现了收入缺口。为了解决问题，西汉"算赋"实际上是依托秦朝已有的"口赋"进行功能拓展。"口赋"又称"头会箕敛"，功能是"输于少府""以供军费"，秦的武器制造任务大部分在少府、郡主管的"工室"，根源就是先秦的军赋，所以史书有时也写作军赋。西汉将其与地方公共财政中的"徭使"结合，就在制度上把先秦国家截然两分的军赋、徭使融合一体。

《二年律令·徭律》规定，发传送、事委输，如果官方的车辆、牛不够，命令大夫爵以下的百姓有资产者，按照财产出车、牛，没钱的百姓则出饲料、载具，除了国家特许免徭使人群（有除者），自十五岁以上六十六岁以下的平民男子都在征发之列，③出钱者也出自这个人群范

---

① 参见拙作《秦砖：大秦帝国兴亡启示录》，北京联合出版公司，2020年，第436~450页。
② 参见拙作《秦砖：大秦帝国兴亡启示录》，北京联合出版公司，2020年，第359~371页。
③《二年律令·徭律》："发传送，县官车牛不足，令大夫以下有赀（赀）者，以赀共出车牛及益，令其毋赀（赀）者与共由牛食、约、载具。吏及宦皇帝者不（四一一）与给传送。事委输，传送重车重负日行五十里，空车七十里，徒行八十里。免老、小未傅者、女子及诸有除者，县道勿（四一二）敢繇（徭）使。节（即）载粟，乃发公大夫以下子、未傅年十五以上者。"张家山二四七号汉墓竹简整理小组：《张家山汉墓竹简（二四七号墓）》，文物出版社，2006年，第64页。

围。通俗地说，就是有钱的出钱，有力的出力，这也是日后西汉，乃至东汉人头税①发展变化的内在逻辑，更为两汉力役负担的货币化奠定了基础。

汉高祖从未放弃恢复秦朝秩序

定钱和定人，核心在"算赋"的"算"字，作为一种计税方式②，秦朝主要用于"口赋"③的应纳税人口数核算，西汉则不同。在湖北江陵凤凰山10号墓中出土的汉文帝晚期至汉景帝四年的简牍中，4号、5号木牍记录了墓主人所在的西乡所辖市阳、当利、郑里等三个里的"算簿"④。其中记录，市阳里2月至6月共收钱14次，每算合计收227钱；郑里2月收钱3次，每算合计收53钱；当利里1月至3月收钱11次，每算合计收149钱；算钱用于"吏奉"，即官吏工资"吏俸"，8次；"口钱"2次；"传送"4次；"转费"1次；"缮兵"，即制造、修理兵器，1次；用途不明12次。⑤5个月时间，每算最多收了227钱，这个数字与史书所载，年龄在

① ［晋］陈寿：《三国志》卷九《诸夏侯曹传》，"曹洪"条，裴松之注引《魏略》："初，太祖为司空时，以己率下，每岁发调，使本县平赀。于时谯令平赀赀财与公家等，太祖曰：'我家赀那得如子廉耶！'"中华书局香港分局，1971年，第278页。东汉末年的"发调"即"算赋"之变体，以定额"调布"替代铜钱，采取资产均平的方式，有钱多出，无钱少出，故此，由谯县令负责对境内大户"平赀"，即定赀后，再按占总额比例来分配发调数。
② 臧知非：《"算赋"生成与汉代徭役货币化》，载《历史研究》，2017年第4期。
③ ［晋］常璩：《华阳国志校补图注》卷一《巴志》："乃刻石为盟要，复夷人顷田不租，十妻不算，伤人者，论，煞人雇死，倓钱。"任乃强校注，上海古籍出版社，1987年，第91页。"顷田不租、十妻不算"意味着不缴田租、算钱，以对应秦人必纳的田租、口赋，可知口赋不分男女。
④ 裘锡圭：《湖北江陵凤凰山十号汉墓出土简牍考释》，载《文物》，1974年第4期。
⑤ 参见拙作《秦砖：大秦帝国兴亡启示录》，北京联合出版公司，2020年，第427页。

十五岁到五十六岁之间的百姓，每人每年出一百二十钱为一算的"算赋"①的说法相矛盾，算赋数额、缴税时间、税收用途也看不出规律。所以，学术界的解读出现了全年"算赋"实为120钱、400钱、227钱的不同观点。按此，或可大胆推测，汉初算赋无定额②，属于因事征收的货币税，数额完全看用途多寡。归纳起来有四种：①官吏工资，即"吏俸"；②徭使费用，含"传送""转费"；③军事费用，即"缮兵"；④口钱。前三者正好符合《史记·平准书》中所说的"量吏禄，度官用，以赋于民"③，最后的口钱，收于成人，定于二月收取，并非汉武帝之后针对未成年人的税种，而是秦时"口赋"的延续，用途是"入于少府"供皇帝花用，定额20钱。对照同出的"郑里廪簿"来看，"徭使"的标准，大体上是每算对应"一能田"，也就是能种地的劳力，每十算则派遣一男一女。④

　　也就是说，"算"可以视作西汉王朝最基本的行政管理计数单位，分项为"钱"和"人"的行政开支，都附丽于"算"，或以"算"为单位收钱，或以"算"为单位兴徭，用以替代秦朝不考虑贫富差别而直接平均到每口人头上的管理逻辑。管理端的精细化程度降低，却相应减少了基层的文书工作量，户籍、田籍的决策重心由县一级下沉到乡部，进而为削减县级职能和人员开支奠定基础。这一趋势，从里耶秦简"迁陵吏志"中记录的秦朝末年县级吏员编制与尹湾汉简"东海郡吏员簿"中记载的西汉中后期编制的对比可知，西汉中后期的职能、人员都比秦朝更少。

　　当然，上述变革均是西汉法度基础上的后续发展。汉四年（前203

①［汉］班固：《汉书》卷一上《高帝纪上》，"初为算"条，颜师古注引如淳："《汉仪注》：民年十五以上至五十六出赋钱，人百二十为一算，为治库兵车马。"中华书局，1962年，第46页。

② 参见拙作《秦砖：大秦帝国兴亡启示录》，北京联合出版公司，2020年，第428页。

③［汉］司马迁：《史记》卷三十《平准书》，中华书局，1959年，第1418页。

④ 参见拙作《秦砖：大秦帝国兴亡启示录》，北京联合出版公司，2020年，第430~432页。

年）八月，"初为算"时，最急需的功能，仍是解决"兴徭"和运送阵亡将士棺木的问题。战乱之后，秦朝规模遍及全国的刑徒经济荡然无存，官府掌握的牛、马、车流失殆尽，只能靠民间"有赀者"出钱、出物，贫民"无赀者"出力，这部分"有赀者"肯定有不少就是刘邦"放铸"货币政策的受益人，双方的合作还算融洽。仅仅四个月后，刘邦包围项羽大军于垓下，四面楚歌的楚霸王在东城丢了脑袋，楚汉战争宣告结束。在韩信的军营壁垒旁，刘邦接受了楚王韩信、韩王信、淮南王英布、梁王彭越、故衡山王吴芮（遭项羽夺王位，此时号"番君"）、赵王张敖、燕王臧荼的上皇帝尊号的请求，选定良辰吉日，于汉五年二月初三（前202年2月26日），即皇帝位于氾水之阳。《史记·高祖本纪》在这个大日子之后，写了四个字"天下大定"①。在史书其他的篇章里，"天下大定"后跟随的是什么呢？《史记·平准书》里写的是"天下已平，高祖乃令贾人不得衣丝乘车，重租税以困辱之"。《汉书·高帝纪》里写的是"天下既定，命萧何次律令，韩信申军法，张苍定章程，叔孙通制礼仪，陆贾造新语"②。与货币经济直接相关的，就是对"贾人"的歧视性政策和重税打击，目的不是发展，也不是为了规范，而是"以困辱之"，即为打击而打击；工具和手段，正是萧何删定的律令，也就是真正的"汉家法度"。

那临时的法度呢？汉国初立，楚汉对峙时以"约法三章"为代表的"约法省禁"，秦时的烦苛法令，在汉元年入关时被简略为"杀人者死，伤人及盗抵罪，余悉除去秦法"③，包括"盗铸钱"的禁令，最简单的习惯法替代成文法。结果是"兆民大说（悦）"④，但是，在新统治者的眼

———————

①［汉］司马迁：《史记》卷八《高祖本纪》，中华书局，1959年，第380页。
②［汉］班固：《汉书》卷一下《高帝纪下》，中华书局，1962年，第81页。
③［汉］司马迁：《史记》卷八《高祖本纪》，中华书局，1959年，第362页。
④［汉］班固：《汉书》卷二十三《刑法志》："蠲削烦苛，兆民大说。"中华书局，1962年，第1096页。

里，百姓高兴不高兴根本不是事。由于兵戈不息、四夷未附，"三章之
法不足以御奸"。此处的"奸"指"乱"，也就是任何妨碍理想秩序的人
与行为，都要被惩治。所以，刘邦命萧何以秦法为底本，因时制宜后，
"作律九章"。①

百姓不离战国之苦

　　秦汉理想的社会秩序，是士农工商各安其位，甚至连居住区、社
交圈都完全分开。在《国语·齐语》中就记录了管仲对齐桓公的建议，
千万不要让"四民"杂居，一旦住在一起，就会言论纷纷，办不成事。
最好的办法是让士大夫居住在清静之地，让工匠居住在官府，让商贾经
营在市井，让农民在田间劳作。唯有分开居住，才能让士的儿子永远是
士，工、商的后代永远是工、商，农的儿子也会是农，但其中的优秀者，
可以挑选成为士。②静止的秩序，才是最理想的秩序，维护秩序的终极武
器就是法令。

　　在张家山汉简《奏谳书》收录的22个案例中，有四起发生在汉高帝
时期，都涉及"自占书名数令"。其中最早的一个案例发生在汉高帝八年
十月己未（即十四日，前200年11月7日）。有学者指出，这条令文应该

---

① [汉] 班固：《汉书》卷二十三《刑法志》："其后四夷未附，兵革未息，三章之法不足
以御奸。于是相国萧何攈摭秦法，取其宜于时者，作律九章。"中华书局，1962年，第
1096页。

② 徐元诰：《国语集解》第六《齐语》："桓公曰：'成民之事若何？'管子对曰：'四民者，
勿使杂处，杂处则其言哤，其事易。'公曰：'处士、农、工、商若何？'管子对曰：'昔圣
王之处士也，使就闲燕；处工，就官府；处商，就市井；处农，就田野……夫是故士之子
恒为士……夫是故农之子恒为农，野处而不暱。其秀民之能为士者，必足赖也。'"王树民、
沈长云点校，中华书局，2002年，第219~221页。

是刘邦消灭项羽后，宣布罢兵的"高帝五年诏"的一部分。在汉高帝五年五月（前202年5月）发布的这道诏书中，刘邦宣布了对楚汉战争中从军将士的爵位封赏，要求地方官员对这些新贵族给予足够的尊重。同时，也有两条涉及百姓的要求：一条是要求流民回归本县，经官吏甄别后，恢复本来的爵位、田宅；另一条要求将因饥饿自卖为奴婢的百姓，全部放免为庶人。[1]

恢复对人口的户籍、田籍管理，是新朝的第一要务。《二年律令·户律》中规定，"恒以八月令乡部啬夫、吏、令史相襍案户籍，副臧（藏）其廷"，符合所谓"八月算人"[2]的汉朝制度。在"算"之前有"自占"的程序，没有"占"的人口，就是"高帝五年诏"中的"不书名数"，也就是没有把名字写在户籍上。这不只是一个名字，还是一套籍簿，包括"民宅园户籍、年细籍、田比地籍、田命籍、田租籍"[3]，乡部啬夫登记完毕，要将副本送至县廷，并严格封缄、独立管理。从名目上看，包括三个范畴，家庭私有财产登记、与服役有关的人口年龄、田地归属和产出。秦汉之际的土地所有权延续了周代的制度，田、宅土地国有，故而称"受"，开垦荒地的"垦草"也需向官府申请，田、宅都有对应的爵位等级，不得逾越上限，只有田上产出的禾稼和宅地上修建的房屋属私有财产，可以转卖。在这个逻辑下，田、宅、关、市列都是使用国有土地，所以要缴纳"租"。

---

[1]［汉］班固：《汉书》卷一下《高帝纪下》："民前或相聚保山泽，不书名数，今天下已定，令各归其县，复故爵田宅，吏以文法教训辨告，勿笞辱。民以饥饿自卖为人奴婢者，皆免为庶人。"中华书局，1962年，第54页。
[2]［南朝宋］范晔：《后汉书》卷十下《皇后纪下》，"何皇后"条，李贤注引《风俗通》："汉以八月算人。"中华书局，1965年，第449页。
[3]《二年律令·户律》："民宅园户籍、年细籍、田比地籍、田命籍、田租籍，谨副上县廷，皆以篋若匣匧盛，缄闭，以令若丞、（三三一）官啬夫印封，独别为府，封府户。"张家山二四七号汉墓竹简整理小组：《张家山汉墓竹简（二四七号墓）》，文物出版社，2006年，第54页。

物权是如此，对于人，"初为算"则是一项制度创举。之前的秦朝虽有"口赋"却无"算赋"之名，且以"口"为单位平均负担，而西汉将"口"代之以"算"，以"算"为单位均平，既考虑了人力因素，也考虑了财产因素。据东汉末年史家应劭记载，汉律每口计一"算"，每"算"出一百二十钱，对贾人和奴婢"倍算"，对十五到三十岁的不嫁女子"五算"，这是对特定人群的税收惩罚，或称"罪谪"。[①]这一百二十钱的额度，史书中反复提及，却均为东汉史家追述西汉制度。日本学者加藤繁据文献材料得出结论："算赋是在高祖时创设的，文帝时曾经减少，武帝时大有增加，到宣帝、成帝时，又减少下来，结果成为一算一百二十钱。"[②]也就是说，一百二十钱是发展变化的结果，不变的是以"算"为征收的标准和依据，湖北江陵凤凰山10号墓出土的"算簿"就是明证，每个里有"算"的总数，且有增减，应与人口的变动有关，并列出每"算"的平均纳钱数，最后才是单次收取的总数。

由"每口"到"每算"，看似是一个小变化，却是行政、财政逻辑的大变革。尤其是在刘邦"重租税"以困辱商贾之后，"倍算"很可能就是汉代的一项定制，相当于一个贾人要缴两份"算赋"，而汉初的"算赋"与秦朝的"口赋"（头会箕敛）一样没有定数，量出为入，等于一个人在当两个人用。不仅如此，汉高祖在结束了"约法省禁"的战时经济政策之后，不但没有减轻百姓的负担，反而多方面加重了。他将秦朝"十二税一"的田租增加到"十税一"[③]，保留了秦朝的"户赋""刍藁"，家口、奴婢有秦朝"口赋"（军赋）发展来的"算赋"（军赋），经营性资产有

---

① [汉]班固：《汉书》卷二《惠帝纪》，"女子年十五以上至三十不嫁，五算"条，颜师古注引应劭："汉律人出一算，算百二十钱，唯贾人与奴婢倍算。今使五算，罪谪之也。"中华书局，1962年，第91页。

② 贾丽英：《秦汉至三国吴的"訾税"变迁》，载《历史研究》，2019年第2期。

③ 参见拙作《秦砖：大秦帝国兴亡启示录》，北京联合出版公司，2020年，第391页。

"赀税"，市列有"市租"，无论男女七岁之后都要分轻重"徭使"，男子到年龄傅籍就要听从征召服"军役"，或是分批为卒承担"徭戍"，一直到"免老"的年龄，才可以免除徭役，税收却要至死方休，这还不包括因政府需求而摊派的"横赋敛"。秦朝时不少优先由徒隶承担的"徭役"，在西汉初年刑徒锐减之后，变成分摊给百姓的负担，要么出钱，要么出力，百姓生活并不比秦朝轻松。

刑徒生产线再开工

在对编户民的压榨之外，汉高祖并没有遗忘奴婢和刑徒们。高帝五年诏中明确要求放免一部分私奴婢，看似只有私奴婢的主人承担损失，其实在"自占书名数令"中还规定，所有没有申报户籍的人，必须自行申报。此诏令到达县、道一级的三十天内，还不履行申报义务，就要处耐刑剃去鬓发、胡须，罚为隶臣妾，并不得以爵赏赎刑，藏匿者与其同罪。[①]这里的"隶臣妾"就是官奴，也就是说，此令一出，三十天内，所有没有主动上户口的流民都自动跌落为官奴。可见汉朝法令一方面用放免私奴的方式来表现宽仁，另一方面又用极短限期的法令，将流民一次性贬为官奴。区别只在于是谁的"财产"，也难怪史书选择性记录，如果将整条诏令全文照录，后人绝不会想象汉高祖已经施行休养生息政策。

很明显，新朝初建后已经在谋求恢复秦制，尤其是严刑峻法和刑徒经济。秦朝刑罚体系的大等级不多，有死刑、徒刑附加肉刑、笞刑、迁

---

① 张家山汉简《奏谳书》："令曰：诸无名数者，皆令（六五）自占书名数。令到县、道官盈卅（三十）日，不自占书名数，皆耐为隶臣妾，锢，勿令以爵赏免，（六六）舍匿者与同罪。"张家山二四七号汉墓竹简整理小组：《张家山汉墓竹简（二四七号墓）》，文物出版社，2006年，第54页。

刑及罚戍、罚金等几种。

其中，常用的死刑为"枭首"，即斩首后悬挂示众；"腰斩"，也称"磔"，即拦腰斩断、分裂肢体；"弃市"，将人杀死后，要在市场暴尸十天，然后再由徒隶将尸体扔到乱葬岗。死刑的拓展就是"族刑"，史书有"七族""九族"之说。明见律令的只有"夷三族"或称"夷宗族"，李斯、赵高、韩信、彭越都因谋反受此刑罚，自主犯上溯三代至祖父，下延三世到孙辈的男性亲属群体都要被杀，处刑方法则要"具五刑"，即先黥面刺字、割去鼻子，再砍掉左右脚趾、用棍棒鞭笞至死，再割去头颅，粉碎骨肉暴尸于市井，有咒骂、诅咒者，还要先割掉舌头。[1]徒刑往往会附加肉刑，肉刑有宫、刖、劓、黥四种，分别是割去生殖器、断左右脚趾、割掉鼻子、在脸上刺字。徒刑本身则是以不同级别的刑徒身份强制劳动，依劳动强度和身份等级分为：城旦舂、鬼薪白粲、隶臣妾、司寇、候五种。在秦法之下，除司寇和候外，其他三种徒刑都可以和肉刑配合使用，尤以城旦舂最为多见，由重至轻可以分为斩黥城旦舂、黥劓城旦舂、斩城旦舂、黥城旦舂、完城旦舂、系城旦舂六种；鬼薪白粲分两级，刑鬼薪白粲和鬼薪白粲；隶臣妾分三级，刑隶臣妾、耐隶臣妾、隶臣妾；司寇分两级，耐司寇和司寇。[2]值得注意的是，学界对于秦刑徒的刑期仍有较大争论，一般认为城旦舂和鬼薪白粲为无期徒刑，隶臣妾、司寇、候为有期徒刑，但也有很多学者提出，上述徒刑的劳役应为"无期"，区别只在于身份是否世袭。鉴于秦代财政对刑徒的依赖程度，以及里耶秦简中"司寇守囚""牢司寇守囚"的记录均表明秦朝中后期才出现"刑期制"的苗头[3]，

---

[1] [汉] 班固：《汉书》卷二十三《刑法志》："令曰：'当三族者，皆先黥、劓，斩左右止，笞杀之，枭其首，菹其骨肉于市。其诽谤詈诅者，又先断舌。'故谓之具五刑。彭越、韩信之属皆受此诛。"中华书局，1962年，第1104页。
[2] 韩树峰：《秦汉徒刑散论》，载《历史研究》，2005年第3期。
[3] 何有祖：《里耶秦简"（牢）司寇守囚"及相关问题研究》，载《简帛学研究》，2015年。

则汉文帝十三年（前167年）新设刑徒刑期的传统观点确实更为合理。也就是说，在汉文帝之前的刑徒基本都是无期徒刑。比徒刑轻一些的是笞刑、迁刑、罚戍、罚金。笞就是俗称的打板子；迁是流放到边疆蛮荒之地；罚戍则主要针对百姓，惩罚其以年为单位戍边；罚金用于惩戒官吏的行政违法。

秦朝绵密的刑法，制造出了数量巨大的刑徒。刑徒的用途，法律也有明确的规定，除了要求必须有2/3的刑徒耕种官田，称为"田"，还有"吏仆、养、走、工、组织（即纺织）、守府门、匠"等。其中，"吏仆、养、走、守府门"是行政服务工作，类似家内奴隶的任务，而"工、组织（即纺织）、匠、田"则是纯粹的生产经营任务，属于"刑徒经济"的范畴。由于刑徒经济要承担官府行政成本和为皇室赚钱两大职能，仅前者就需要至少50万成年刑徒才能维持运营[1]。再考虑到秦始皇统一后即要求郡县送徒骊山，哪怕其中包括徭徒，秦朝控制的刑徒、官奴也应在100万人以上，这些人在秦末大乱中短暂获得的自由，在萧何的"汉律九章"颁布之后，又悄悄失去了。

绵密秦法编织的刑徒生产线再次开工，百姓的日子兜了一个圈，又回到了原点。

为什么汉高祖比秦二世更恨商人

"贾人毋得衣锦、绣、绮、縠、絺、紵、罽，操兵，乘骑马。"[2]

——《汉书·高帝纪下》

---

① 参见拙作《秦砖：大秦帝国兴亡启示录》，北京联合出版公司，2020年，第441页。
② ［汉］班固：《汉书》卷一下《高帝纪下》，"汉高帝八年春三月"条，中华书局，1962年，第65页。

尽管传世的《商君书》和《史记·商君列传》中都有提及秦国的"重本抑末"政策，但秦制的核心逻辑是寻租，从皇室到庶民在全民经商的拜金社会中，除了血统高贵、有资格与皇室建立亲密关系的高爵贵族，其余的低爵贵族、庶民、徒隶，最大的生存智慧就是通过聚敛财富向体制赎买生存的权利。[①]经商贾市从来不是以户籍标识的"贾人"的专利，而是秦人生存方式的一部分，直到秦统一天下前后才发生改变。

依照周朝的传统，贵族间可以进行礼尚往来的交换，却要避免亲自贾市买卖，贾市买卖行为主体应为贾人。正如《论语·子罕》中子贡与孔子所作的比喻，子贡说，有美玉在这里，是妥善收藏在柜子里好呢？还是找一个识货的商人卖掉好呢？孔子说，卖了它吧！卖了它吧！我正等着商人呢。[②]这里就存在一个歧义，究竟是由子贡将美玉卖给商人，还是子贡将美玉交于商人代销呢？从"善贾""贾者"还需要"求"和"待"的文意来看，美玉代指的君子之德，善贾则是识人、有道的君主，代销则是要行道，而不是以能力换取高官厚禄。这也是士农工商，四民分业[③]的现实诠释，买卖玉石都要经贾人之手[④]。简言之，贾市的行为要经贾人担当中介，贵族向贾人购买商品，付出的货币则是黄金而非铜币，这也是延续到《管子》时代的通例。所以，延续管子"四民分居"思想的关东六国，留下了巨大的"贾人"群体。这些人集中居住在市邑之中，户籍与其他类别的百姓分列，需要缴纳市租和赀税，却又享受着一般农人

---

① 参见拙作《秦砖：大秦帝国兴亡启示录》，北京联合出版公司，2020年，第453~481页。

② 程树德：《论语集释》卷十八《子罕下》："子贡曰：'有美玉于斯，韫椟而藏诸？求善贾而沽诸？'子曰：'沽之哉！沽之哉！我待贾者也。'"程俊英、蒋见元点校，中华书局，1990年，第601页。

③ 柯劭忞：《春秋谷梁传注》卷十《成公·成公元年》："古者立国家，百官具，农工皆有职以事上。古者有四民：有士民，有商民，有农民，有工民。"张鸿鸣点校，中华书局，2020年，第294页。

④〔清〕刘履恂：《秋槎杂记》，收录于阮元编：《皇清经解》卷1322，第7册，第528页。

无法企及的"流动"的便利，这也是"四民分业"的结果。在春秋之前，贾人以"族"为单位面对政权，地位并不低下，但是战国时代家庭结构的分化也带来了贾人群体的规模膨胀，一方面在功能上被政权倚重；另一方面，内部的贫富分化愈演愈烈，因而出现千金之富的巨商与"事末利及怠而贫者"[①]的不同命运。巨商大贾可以与王侯交游，经商致贫者则和因怠惰致贫的人一样，要被贬为官奴，而巨富终究是少数，大部分贾人还是要挣扎谋生。

问题是，秦国的全民经商传统植根于区域分割的市场基础上，专职的贾人在秦始皇的眼中就成了"赘疣"。所以，秦朝初年的律令中没有考虑贾人的管理，而是采取分层的迁徙策略：巨富者迁徙到咸阳，点缀帝王之宅；中富者迁徙到巴蜀，开发资源产地；普通的贾人则被送往岭南，成为开发边地的人力养料。[②]不过，贾人的存在终究是经济的必需，跨区域物流需要专门的组织，单纯依靠权力划拨，只会百业萧条，所以，秦二世即位后政策也有所调整。

据岳麓书院藏秦简《金布律》记载，禁止贾人使用高五尺五寸以上的公、母马拉车做生意，或出租载人、运物、送信，有犯令者，要赀罚二甲，没收马匹。[③]也就是说，在秦二世三年（前207年）前，秦朝已经认可了贾人的存在，并与其他民众区分，因为上述法条本就与士、农之业形成了并列关系，特别指出"服车""狠（垦）田""为人就（傔）载"[④]。

---

① [汉] 司马迁：《史记》卷六十八《商君列传》，中华书局，1959年，第2230页。

② 参见拙作《秦砖：大秦帝国兴亡启示录》，北京联合出版公司，2020年，第514页。

③ 陈松长：《岳麓书院藏秦简（肆）》："金布律曰：……及禁贾人毋得以牡马、牝马高五尺五寸以上者载以贾市及为人就（傔）载，犯令者，皆1410赀各二甲，没入马县官。"上海辞书出版社，2015年，第110页。

④ 陈松长：《岳麓书院藏秦简（肆）》："金布律曰：禁毋敢以牡马、牝马高五尺五寸以上，而齿未盈至四以下，服辈车及狠（垦）田、为人1279就（傔）载……"上海辞书出版社，2015年，第110页。

之所以特别强调贾人，可以从"犯令者"的文字中看出端倪。秦始皇三十年（前217年）的睡虎地秦墓竹简管理贾人的律文，还在借用"魏户律"和"魏奔命律"①；至秦始皇三十三年（前214年）又遣贾人、赘婿、尝逋亡人平定越人叛乱，发谪戍镇守岭南，②可见，秦始皇此时仍想消灭贾人。不过，这次战争在秦二世元年（前209年）已经结束，③而西汉修法有惯例，前代皇帝死后，新帝要整理、挑选先帝的"令"编入"律"，那么，禁止商贾使用成年健马的"令"，很可能是秦始皇末期发布，由秦二世编入《金布律》。从动机来看，秦二世面对的物资、货币困局也可能驱使着他补救秦始皇的缺漏，对贾人待遇的放松应该正是其中一环。所以，秦末大乱前后，贾人的宽松环境至少应从秦二世元年（前209年）算起。

可惜好日子不长久，汉高帝八年（前199年）三月发布了新法令："贾人毋得衣锦、绣、绮、縠、絺、紵、罽，操兵，乘骑马。"④锦是不同颜色丝线织成花纹的丝织品；绣是彩色线刺出图样的纺织品；绮是有花纹的缯，也是丝织品；縠是用细纱织成的皱状丝织品；絺是有纹样的细葛布；紵是苎麻织成的粗布；罽是羊毛织物，贾人不允许穿以上材质的衣服，且不许持有兵器，不得骑马、乘马车。这个事件，在《史记·平准书》中被简化为"高祖乃令贾人不得衣丝乘车"，并与"重租税以困辱之"并列，看似是同一项政策，甚至被解读为汉初休养生息的重要举措。但是，贾人不得持有兵器、不得骑马，明显比秦二世时代的法律严苛，因为那条秦律明显是为了保护肩高达标的好马，并非专门针对贾人

---

① 参见拙作《秦砖：大秦帝国兴亡启示录》，北京联合出版公司，2020年，第462页。

② 辛德勇：《王翦南征百越战事钩沉》，见《旧史舆地文录》，中华书局，2013年，第84~98页。

③〔汉〕司马迁：《史记》卷一百一十三《南越列传》，"以谪徙民，与越杂处十三岁"条，《集解》注引徐广："秦并天下，至二世元年十三年。并天下八岁，乃平越地，至二世元年六年耳。"中华书局，1959年，第2968页。

④〔汉〕班固：《汉书》卷一下《高帝纪下》，中华书局，1962年，第65页。

的，汉高祖的新政策则摆明了是"辱商"。伴随这一法令共同发布的，也并非"重租税"，而是"令吏卒从军至平城及守城邑者皆复终身勿事"[1]。

要知道，平城之战发生在这条诏令颁布前一年，即汉高帝七年（前200年）冬十月。汉高祖在平城逃出了匈奴大军的包围圈，对参战者的奖励却推迟了这么久，又对毫无关联的贾人下手"困辱"，不能不让人联想因果。

辱商的目的：让商人放下武器

事实上，平城之战作为赵、代战乱的起点，才真正让贾人这个群体第一次站在了历史舞台的中央。平城之战前夕，已经被汉军打垮的韩王信，与部下曼丘臣、王黄共立赵国后人赵利为王，外联匈奴为援，势力奇迹般地恢复，甚至诱敌深入，令汉高祖陷入"白登之围"，遭受了自反秦起兵以来最大的屈辱。尽管史书没有明言，但《史记·匈奴列传》中说，韩王信、王黄、曼丘臣屡次违背合约进攻代郡、云中郡，直至镇压陈豨反叛后，樊哙才重新攻克了代、雁门、云中等郡县[2]。这意味着平城之战到陈豨灭亡的四年间，雁门郡一直在韩王信残党的手中，那么，汉高祖当时对冒顿单于的求和退走，就不单单是空口许诺，而是实实在在的割地。一直延续到汉武帝时代的贸易枢纽雁门郡就这么丢了，始作俑者正是王黄、曼丘臣，按照《史记·韩信卢绾列传》的说法他们"皆故

---

①［汉］《汉书》卷一下《高帝纪下》，中华书局，1962年，第65页。
②［汉］司马迁：《史记》卷一百一十《匈奴列传》："是后韩王信为匈奴将，及赵利、王黄等数倍约，侵盗代、云中。居无几何，陈豨反，又与韩信合谋击代。汉使樊哙往击之，复拔代、雁门、云中郡县，不出塞。"中华书局，1959年，第2895页。

贾人"①。更有意思的是，到陈豨反叛时，汉高祖拿出了千金购赏王黄、曼丘臣等人，使得他们在战败后纷纷被部下出卖。②史书上的这个记载，明显是为了凸显贾人"重利轻义"，衬托汉高祖"困辱"贾人的先见之明。

　　问题是，自汉高帝七年（前200年）冬十月击败刘邦，一直到汉高帝十一年（前196年）冬，王黄被杀，这几个"故贾人"一直割据雁门郡，在赵、代之间逍遥了整整4年。唯一的解释就是，当"贾人"拿起武器，他们对王朝的危害远比楚王韩信、韩王信、淮南王黥布等宿将更可怕。正是因为汉高祖被"故贾人"打出了心理阴影，为防止天下贾人有样学样，才在奖励有功将士的同时，禁止贾人骑马、乘马车、持有兵器。

　　所谓天子之怒，伏尸百万，流血千里。天子的心理阴影自然也能影响政局，乃至于整个国家的航向。汉高帝十二年（前195年），汉高祖拖着病体击败英布，回长安途中，遇到百姓拦路喊冤，状告相国萧何贱价强买百姓田宅数千万，见到萧何后，汉高祖将百姓上书全给了萧何，让他自己解决。萧何不但没有警醒，反而向刘邦请求开放皇家猎苑上林苑中的空地给百姓耕种。结果是"上大怒"，竟然污蔑相国萧何收受贾人财物，才跑来申请开放皇帝的私苑。一气之下，将萧何打入廷尉狱，上枷锁囚禁。几天后，王卫尉随侍，问起萧何的事，劝解了汉高祖，汉高祖这才释放了萧何，萧何光着脚入宫谢罪，汉高祖的话绝对算是阴阳怪气，你替百姓谋福利，我不许，"我不过为桀纣主，而相国为贤相"③。所以，我才把你关起来，就是让百姓听闻我的过失。萧何面对这种话如何反应，

―――――――――

① [汉] 司马迁：《史记》卷九十三《韩信卢绾列传》，中华书局，1959年，第2641页。
② [汉] 司马迁：《史记》卷九十三《韩信卢绾列传》："于是上曰：'陈豨将谁？'曰：'王黄、曼丘臣，皆故贾人。'上曰：'吾知之矣。'乃各以千金购黄、臣等……王黄、曼丘臣其麾下受购赏之，皆生得，以故陈豨军遂败。"中华书局，1959年，第2641页。
③ [汉] 司马迁：《史记》卷五十三《萧相国世家》，中华书局，1959年，第2018、2019页。

史书没有记载，但汉高祖和王卫尉的争辩很有意思，反复出现"多受贾人财物""多受贾竖金""受贾人钱""利贾人之金"之语，可见当时汉初官吏与贾人的勾结到了什么地步，以至于皇帝会相信一国之相会为了贿赂出卖皇家园林。

　　事实上，汉高帝十年（前197年），赵相、阳夏侯陈豨反叛的直接诱因就是汉高祖派人查处陈豨在代地的宾客们非法牟利的案件，陈豨害怕被牵连，才派门客联络王黄、曼丘臣。[①]可见，陈豨宾客的生意不小，且干犯汉朝禁令。那么，这些生意的境外合作者很可能就是王黄、曼丘臣，才让陈豨得以"宾客随之者千余乘，邯郸官舍皆满"。毕竟养士需要花钱，仅宾客就有上千辆车，将七万户大邑邯郸的客舍挤满，这个财力绝不是一介列侯应该有的。

　　粗看起来，汉高祖困辱商人的政策似乎失效了，降低商人们的地位，令他们利用手中的财富和获取财富的能力与朝中的功臣权贵更紧密地勾结，更疯狂地破坏"四民分居"的理想社会秩序。但实质上，汉高祖"困辱"的，并不是"贾人"，而是大小商人铤而走险实现身份跨越的战国商人理想。直白地说，刘邦害怕他们手中的财富变成武器，直接挑战权力秩序。当商人与权贵合作，醉心于财富本身，甚至产生财富可以赎买权力的幻觉时，"困辱"政策已然奏效。当贾人乖乖地放下武器，削尖脑袋适应体制化生存时，作为一个阶层已经注定与之后2000年的政治舞台无缘了。

---

①［汉］司马迁：《史记》卷九十三《韩信卢绾列传》："豨常告归过赵，赵相周昌见豨宾客随之者千余乘，邯郸官舍皆满……上乃令人覆案豨客居代者财物诸不法事，多连引豨。豨恐，阴令客通使王黄、曼丘臣所。"中华书局，1959年，第2640页。

困商的逻辑：强化产权私有的"幻觉"

与"辱商"无关的是"困商"，即盘剥商人的财产，方法也很简单，就是"重租税"。这里的"租"不是田租，而是"市租"，市场交易税。在《二年律令·□市律》中规定，商人有隐藏交易、不自行申报市租的，藏匿的市租等同于盗贼的赃物，商品要充公，买货钱也要没收，并剥夺其拥有的"市列（摊位、店铺）"，市场的"伍人""列长"不告发，则处罚金各一斤，市场主管（市啬夫）、负责官吏（吏主者）没有发现，要罚金二两。[①]可见，市列的管理有市啬夫、吏主者、列长、伍人，并形成连坐关系，与乡里的乡啬夫、吏主者、里正、伍老管理序列类似，市列组织也是典型的编户齐民结构，靠"自占"和"告奸""连坐"进行管理。

秦汉有交易必须在"市"中，同行业居同市列的规定，岳麓书院藏秦简《为狱等状四种》中的《芮盗卖公列地案》案卷表明，秦时的"市列地"与田地一样，都是"受"，采取国有土地申请制。"受列"后同一家庭不得拥有同一行业的列地，可转赠，可售卖，但必须由市曹定价和登记。这意味着，"市肆""舍客室"等经营性产业，只要在"列地"上，只有使用权，没有所有权，还要缴纳"地租"。所以，在市列中依据市籍考课，无论经营者是否有贾人身份，市场交易税都可以归并到"市租"的范畴内，并由官员定"市课"（税收指标）。西汉后期大臣何武有个弟弟叫何显的，在老家蜀郡当郡吏，"显家有市籍，租常不入，县数负其课"[②]。可见，至迟到西汉中后期，市租仍有政府规定"课"的指标。那么，在

---

①《二年律令·□市律》："市贩匿不自占租，坐所匿租臧（赃）为盗，没入其所贩卖及贾钱县官，夺之列。列长、伍人弗告，罚金各一斤。啬夫、（二六零）吏主者弗得，罚金各二两。"张家山二四七号汉墓竹简整理小组：《张家山汉墓竹简（二四七号墓）》，文物出版社，2006年，第44、45页。
②［汉］班固：《汉书》卷八十六《何武王嘉师丹传》，中华书局，1962年，第3482页。

西汉初年对商人的"重租税",当然可以通过增加"市课"来实现。

时任齐相国的曹参在离任前,对接替者说:"以齐狱市为寄,慎勿扰也。"[1]接替者不理解,难道治国就没有比诉讼和市场更重要的事了?曹参的解释很有黄老之风,刑狱和市场是"并容"的关系,刑狱苛刻,破产者、刑余者终究要到市场谋生,聚集人多就会生乱;政府干预市场过多,浮食者没有生计,也会犯法作乱,所以,"扰"狱、市的结果是社会动乱。直白地说,曹参的政策就是承认"奸人"的存在,以暴利的商业行为将其容纳、限制在一定的范围内,保持社会面的稳定和政治上的安全。在此条件下,"重租税"并不是"扰",而是汉王朝给予私有财产拥有者的定心丸,由律令背书的、有章可循的重税,可以让贾人们感受到久违的秩序感,强化私有产权的幻觉,进入有恒产者有恒心的安定状态。

秦汉税收与今天的税收逻辑并不一样,依据不同的商品来界定"租"与"税"。学界相对公认的解释是,实物税为"租",货币税为"税",但是在实操之中"租""税"的区别,并不是严格界定的。"租"的税目里,也会出现"税"的字样,标识的实际上是分成征收或货币化征收的细则。更深入地说,"租"的逻辑在于收益的可预期性,"税"的逻辑在于收益的不可预期性。

文献记载的秦朝商业税有"关市之赋"[2]。张家山汉简的《算数书》也有记载,带货物通过关卡,需要缴纳过路费,也称"租"[3],可见,"关租"和"市租"合起来就是"关市之赋"。但秦朝的商业行为并不止这一点负担,还有一种财产税,名为"訾(赀)税",作为秦朝存在此项税收的重要依据是岳麓书院藏秦简《为狱等状四种》中收录的"识劫婠案"[4]

---

① [汉]司马迁:《史记》卷五十四《曹相国世家》,中华书局,1959年,第2029页。

② 蒋礼鸿:《商君书锥指》卷一《垦令第二》,中华书局,1986年,第17页。

③ 黄今言:《从张家山竹简看汉初的赋税征课制度》,载《史学集刊》,2007年第2期。

④ 朱汉民、陈松长:《岳麓书院藏秦简(叁)》,上海辞书出版社,2013年,第153~156页。

明确提到了"訾（通赀）税"以及"占家訾"，在官吏的"鞫"①中提到"匿訾税直（值）过六百六十钱"，但又"匿訾税"与"布肆"与"舍客室"等不动产并列表述。这份秦王政十八年（前229年）的案卷并没有提及"匿訾税"案当事人是否贾人、有无市籍。前文也提到过，秦国在商鞅变法之后是全民经商，"訾税"征收范围并非只限贾人，而是面向全民的税收，核心要素是经营行为。简言之，秦朝的"赀税"是基于经营收益的不可预期性，以存在商业经营行为的家庭货币资产为征收对象的税种，通俗地说，对"资本"征税，对其余"资产"不征税。②

秦汉政权承认的私产有多可怜

值得注意的是，这份秦王政十八年（前229年）的案卷并没有提到过秦汉史料中常见的"算"字，但有"占家訾、訾税"以及"匿訾同盗罪"等西汉常见的概念。可见秦汉相关规定虽有一脉相承的一面，但也有具体操作逻辑的不同，尤其是秦时还没有采取资产"定算"的方式来征收赀税。在秦制下，"自占"与对"匿"的处罚是共生关系，有申报，就有隐匿，所以，在睡虎地秦墓竹简《秦律杂抄·傅律》中有"匿敖童"（简32）；《法律答问》中有"匿田"（简157）、"匿户"（简165）；龙岗秦简有"匿租"（简142）、"匿税"（简147）等表述和相应处罚，都可说明秦律"匿"之入罪的情形。③这意味着，敖童（少年）、田地、户口、租、税，及上文的"家訾"，都有"自占"的程序，官府也有查验

---

① "鞫"为秦汉法律术语，意为审讯完毕后的"案情总结"。

② 齐继伟：《秦汉"訾税"补论——从岳麓秦简"识劫𡟰案"说起》，载《简帛研究》，2017年第1期。

③ 贾丽英：《秦汉至三国吴的"訾税"变迁》，载《历史研究》，2019年第2期。

的义务。另其他简牍材料所见秦时统计家庭所有物范围，还包括田、宅室、客舍、肆、奴婢、马匹、禾稼、衣器、钱，甚至门前树木等不动产和动产。不过，"占家訾（赀）"不等于纳税，用现代的话讲是统计口径不等于财政口径。西汉逐渐增加的税收名目有"算轺车""算缗钱""马口钱""六畜税""盐铁酒税"，如果本在"訾税"之列，车、马、牛、羊之类根本没必要单设税目。田亩在秦末汉初不当为私产，属于国有资产申请制，故称"受田"，缴纳的是"田租"①。与市列中的"列地"一样，建筑在"列地"上的客舍、市肆，只申报列入统计数据，所以，案卷中的"宅"有五千钱的"值"（市值），客舍、市肆则不标明"值"，说明它们不计入私有财产，而属于租用的国有资产。

　　排除了"车""马""畜产""田""客舍""肆""禾稼"之后，有可能被列入"訾税"征收范围的家庭所有物，就只剩下宅、奴婢、衣器、钱。在居延汉简西汉中后期的"徐宗简"和"礼忠简"有详细的"家訾"记录，作为制度发展200年的结果，有田、宅、牛、马、车、奴婢、钱，却唯独没有"衣器"。在《后汉书·孝和孝殇帝纪》中的诏书中，也提到了"往者郡国上贫民，以衣履釜鬵为赀，而豪右得其饶利"。②可见，至东汉和帝时，郡国上计仍将百姓的"衣履釜鬵"计为赀，正说明"衣器"自始至终在统计数据范围内，不应列入财政项目计税，所以皇帝才下诏申斥郡国胡作非为。可见，两汉的"衣器"不应缴纳赀税。那么，秦人"占訾"范围内的家庭私有财产就只剩下宅、奴婢和钱，问题是，宅、奴婢虽有资产价值，却没有商业经营活动，秦时"赀税"的征收范围就只剩下钱，或称经商的本钱了。

---

① 齐继伟：《秦汉"赀税"补论——从岳麓秦简"识劫娩案"说起》，载《简帛研究》，2017年第1期。

②［南朝宋］范晔：《后汉书》卷四《孝和孝殇帝纪》，"永元五年二月丁未"条，中华书局，1965年，第175页。

　　汉高祖加重贾人的租税，除了"市租"，不可能放过"赀税"，只不过具体的措施没有记载，只能寻到一些蛛丝马迹。《史记·平准书》中记录有汉武帝出台"算缗令"前公卿的议论，"异时算轺车贾人缗钱皆有差，请算如故"。[①]异时犹昔时，言下之意，算"轺车"（民用小车）和算"贾人缗钱"（行商本钱）都有先例，存世文献确无相关记载，但在岳麓书院藏秦简中有"令不券书讼者，为治其缗，毋治其息，如内史律"[②]。可见所谓"缗钱"即"本钱"，最大的可能就是汉高祖曾短暂施行，到惠帝、高后"复弛商贾之律"后取消。另一项是前文中提到的算赋，汉律规定"贾人与奴婢倍算"，这纯粹是人头税，与财产税完全是两个逻辑。也就是说，汉初承认的私有财产，只有可怜的一点点。

　　综上所述，在对贾人的态度上，出身市井的汉王朝远比世代公侯的嬴秦更为重视和务实。在秦制下，商业是必不可少的经济成分，贾人却是可有可无的人群；而在汉制下，对贾人的"操兵，乘骑马"的警惕，在身份待遇上的羞辱，加重租税的苛待，反而侧面体现出汉王朝不再奢望如秦始皇一样消灭贾人群体，而是在秦二世有限尝试的基础上，探索出与贾人、市场共存的新路，既不会被这个"奸人"渊薮破坏稳定，又能最大限度地分润商业的暴利，让政权、皇室的经济力量能够与勃勃兴起的商品经济共同前进。

① ［汉］司马迁：《史记》卷三十《平准书》，中华书局，1959年，第1430页。
② 陈松长：《岳麓书院藏秦简（肆）》，上海辞书出版社，2015年，第195页。

第十章

汉惠帝，秦政的掘墓人

寻租空窗期

> "孝惠皇帝、高后之时，黎民得离战国之苦，君臣俱欲休息乎
> 无为。"[1]
>
> ——《史记·吕太后本纪》

在秦朝内部寻租的体制下，出现了"邑有人君之尊，里有公侯之富"的局面。前者说的是官吏，也就是晁错说的"吏家"，后者说的是豪强，也就是晁错说的"富人"。当然，这在晁错眼中，还只是"中节"[2]，也就是社会的中层，社会的上层是秦国的宗室大臣们，他们在这个寻租体系中的分润无法估量。上、中两层的压迫下，"故贫民常衣牛马之衣，而食犬彘之食"[3]。

司马迁谈秦汉之交的民生是"齐民无藏盖"，背景就是"接秦之弊"。董仲舒述秦之暴政，后一句就是"汉兴，循而未改"。萧何作律九章也以秦法为基础，礼制"大抵皆袭秦故"[4]。秦汉政治最大的延续性就在于对秦朝社会管理制度的继承。如果说商鞅变法后的秦国旧制还颇具古风，经秦始皇一统后刻意拣选六国制度中"尊君抑臣"要素发挥后，秦二世又

---

①［汉］司马迁：《史记》卷九《吕太后本纪》，中华书局，1959年，第412页。

②［汉］班固：《汉书》卷四十九《爰盎晁错传》："至其中节，所侵者富人吏家也。"中华书局，1962年，第2296页。

③［汉］班固：《汉书》卷二十四上《食货志上》，中华书局，1962年，第1137页。

④［汉］司马迁：《史记》卷二十三《礼书》，中华书局，1959年，第1159页。

微调了法律、财政，刘邦的新朝气象"循而未改"，自然会把问题全部继承下来，在制度异化的道路上越走越远。

　　说到底，秦亡汉兴不是一次宽仁政治对急刻政治的拨乱反正，更不是楚文化对秦文化的逆袭，而是以秦王室"私家"利益为核心的，以维护公共秩序为名的"县官"形象出现在百姓"私家"面前的，一整套寻租体系在经济大崩溃后无以为继。刘邦的"私家"用武力完成了对寻租核心"私家"的替换。另一部分"私家"，秦民变成汉民，境遇并没什么不同。之所以刘邦"私家"的新寻租核心发育、扩张的过程与秦朝不同，根本原因在于环境不同。秦二世"大赖账"造成的国民经济总崩溃让东周列国上层蓄积的财富一扫而空，随之而来的战乱和人口大流动，让传统寻租工具——刑徒经济无以为继，众家诸侯王室的私产空前虚弱。在此背景下建立的汉王朝，"自天子不能具钧驷，而将相或乘牛车，齐民无藏盖"①。自上而下的"私家"贫穷局面，客观上促使秦汉之交出现了中国历史上难得一见的寻租空窗期。正如太史公的评价："孝惠皇帝、高后之时，黎民得离战国之苦，君臣俱欲休息乎无为"②，那之前的高帝时代呢？尽在不言中。汉高帝十二年四月二十五日（甲辰，前195年5月29日），刘邦驾崩于长安长乐宫，享年53岁③。23天后④，随着棺木下葬长陵，一个英雄的时代结束了，汉朝百姓却迎来了难得的喘息之机，五月十七日（丙寅，前195年6月20日），尚未成年的皇太子刘盈即皇帝位⑤。他是中

---

①［汉］司马迁：《史记》卷三十《平准书》，中华书局，1959年，第1417页。
②［汉］司马迁：《史记》卷九《吕太后本纪》，中华书局，1959年，第412页。
③［汉］班固：《汉书》卷一下《高帝纪下》，颜师古注引："臣瓒曰：'帝年四十二即位，即位十二年，寿五十三。'"中华书局，1962年，第80页。
④［汉］班固：《汉书》卷一下《高帝纪下》，颜师古注引："臣瓒曰：'自崩至葬凡二十三日。长陵在长安北四十里。'"中华书局，1962年，第80页。
⑤［汉］班固：《汉书》卷二《惠帝纪》："四年冬十月壬寅，立皇后张氏……三月甲子，皇帝冠，赦天下。"中华书局，1962年，第90页。故此，惠帝四年（前191年）方及冠成年。

国历史上第四任皇帝，也是第一个顺利继位的太子。正是在这一天，为了庆祝新君继位，汉王朝发布了一条减刑、轻刑的诏令：凡是爵位在五大夫以上，官职在六百石以上，或皇帝知名的宦皇帝者，有罪应当上刑具的，全都宽容不加刑具；凡是爵位在上造以上，或王侯的"内外孙"，即血缘后代，有罪当处以刑罚或罚为"城旦、舂"者，全都剃掉鬓须罚作"鬼薪、白粲"[①]；十岁以下、七十岁以上，有罪应该处刑者，特许不加肉刑，如砍掉左、右脚趾或黥面、剃掉鬓发等。

以现代的眼光看，汉惠帝的所谓"善政"已经非常残酷，十岁到七十岁之间的百姓，犯法仍要剁掉左、右脚趾或割掉鼻子，戴着铁制的"钳釱"[②]从事惨重的苦役。但相比秦朝的"赭衣塞路，囹圄成市"[③]，汉朝有明显的进步。当然，并不是说萧何以秦律为底本删定的汉律九章有什么根本性的改变，而是秦末汉初的社会环境发生了一些潜移默化的变化。

最大的变化就是"赦"。"赦"是皇帝下令免除罪人的罪行和惩罚，属于皇帝给予百姓的一种特殊恩惠。随着"天人感应"学说的深入人心，从西汉末期直至东汉末期，"大赦"被频繁使用，以至于出现了不法分子提前获知赦令，抢在前面杀人的恶行，令东汉末年的有识之士痛恨不已。可在400多年前的汉高祖时代，"赦"还是个新鲜玩意儿。

---

① 城旦、舂，鬼薪、白粲，为两个等级的男、女刑徒，以担任的劳役轻重分等。城旦即男刑徒，承担筑城苦役，舂为女刑徒，负责舂米，汉文帝定刑期后为四年刑；鬼薪是取柴火给宗庙使用的男刑徒，白粲是负责择米的女刑徒，汉文帝定刑期后为三年刑。
② 〔汉〕班固：《汉书》卷六十六《公孙刘田王杨蔡陈郑传》，"陈万年附子陈咸"条，颜师古注："钳在颈，釱在足，皆以铁为之。"中华书局，1962年，第2901页。
③ 〔汉〕班固：《汉书》卷二十三《刑法志》，中华书局，1962年，第1096页。

赦与不赦，秦汉政治的又一分野

　　与大部分的汉代制度一样，"赦"也是汉承秦制的一部分。不过，这个"秦制"从时间上看，应该不是商鞅变法的一部分，而是宣太后为秦国带来的楚文化。《史记·秦本纪》所见最早的"赦"，是秦昭襄王二十一年（前286年），魏国割旧都安邑予秦，秦出其民，以赐爵为条件，招募秦人徙河东，并赦免罪人迁居。①而早在秦昭襄王六年（前301年），以宣太后为首的楚系权贵，击败了庶长壮与大臣、诸侯、公子联合的叛乱，彻底掌握了秦国国政，自此之后，秦国特色的"庶长"一职也不见于记载，而代之以关东色彩浓厚的"将军"职位。②这个全新的"赦罪人"政策，也极有可能出自楚人的政治传统。

　　此后，秦人频繁使用这一手段，二十六年，赦罪人迁之穰……二十七年，赦罪人迁之南阳……二十八年，取鄢、邓，赦罪人迁之。之后类似的迁徙罪人就不再见诸记载，直到秦昭襄王死，丧期之中，新王秦孝文王"赦罪人"，除丧即位后不过三日，孝文王死，庄襄王又"大赦罪人"。这两个"赦"，与之前的"赦"并不一样，明确提及是"布惠于民"，与"修先王功臣""弛苑囿"等善政并称，可见有明确的施惠百姓的用意。③至此，秦国新君即位"大赦"似乎成为惯例，但到了秦王政即位，并无"赦"的记录。不过，在他行冠礼之后，岳麓书院藏秦简中记录了两次赦免，一次为秦王政二十三年（前224年）的"猩、敞知盗分赃案"中的"戊午赦"，一次为秦王政二十五年（前222年）的"田与市

---

① [汉] 司马迁：《史记》卷五《秦本纪》，中华书局，1959年，第212页。
② 刘芮方：《秦庶长考》，载《古代文明》，2010年第3期。
③ [汉] 司马迁：《史记》卷五《秦本纪》："孝文王元年，赦罪人，修先王功臣，褒厚亲戚，弛苑囿。孝文王除丧，十月己亥即位，三日辛丑卒，子庄襄王立。庄襄王元年，大赦罪人，修先王功臣，施德厚骨肉而布惠于民。"中华书局，1959年，第219页。

和奸案"中的"己巳赦"①，均在秦统一前。秦始皇称帝后，反而有"于是急法，久者不赦"②的说法，即将急刻刑杀的政治与"五德终始说"中的"水德"联系起来，解释其合理性，"不赦"正是表现之一。

直到秦二世即位，将秦始皇下葬后，秦二世元年（前209年）十月戊寅"大赦罪人"③。再之后，就是人们耳熟能详的赦免骊山徒，事在秦二世元年九月（前208年）④周文率兵数十万至戏，"二世乃大赦天下，使章邯将"⑤。具体来说，则是"秦令少府章邯免郦山徒、人奴产子生，悉发以击楚大军"⑥。这里的"骊山徒"，按照《史记·秦始皇本纪》的说法，应分三部分，即"隐宫、徒、刑者七十余万人"⑦。"隐宫"即"隐官"属于一种特殊的身份，与司寇略同，为曾经受过肉刑的男性放免者，介于平民与刑徒之间⑧；而"徒、刑者"不应连读，是"徭徒"与"刑徒"（刑者）并列，"徭徒"由编户民服徭役而来，正好是三个"身份层次"。"人奴产子生"在《汉书·陈胜项籍传》中没有"生"字，在秦汉法律概念中，不属于"刑徒"，但也并非"黔首"，即汉代所称的官、私奴婢之子，要"发"他们和"骊山徒"中的"刑者"出征，自然需要二世皇帝的"大赦"才行。

汉政权最早的"赦"则在汉二年（前205年）正月，汉军攻占北地

---

① 朱汉民、陈松长：《岳麓书院藏秦简（叁）》，上海辞书出版社，2013年，第119、210、211页。
② ［汉］司马迁：《史记》卷六《秦始皇本纪》，中华书局，1959年，第238页。
③ ［汉］司马迁：《史记》卷十五《六国年表》，"秦二世元年"条，中华书局，1959年，第758页。
④ 秦、西汉初年，均以十月为岁首，九月为岁尾，所以某年十月在某年九月之前。
⑤ ［汉］司马迁：《史记》卷六《秦始皇本纪》，中华书局，1959年，第270页。
⑥ ［汉］司马迁：《史记》卷四十八《陈涉世家》，中华书局，1959年，第1954页。
⑦ ［汉］司马迁：《史记》卷六《秦始皇本纪》，中华书局，1959年，第256页。
⑧ 万荣：《秦汉简牍所见"隐官"探析》，见《楚学论丛》（第五辑），湖北人民出版社，2016年。

郡后"赦罪人"，二月初五（癸未，前205年3月2日），刘邦除秦社稷、立汉社稷，又有"施恩德，赐民爵"的举动，基本可以理解为与秦孝文王、秦庄襄王类似的施惠目的。当年六月初六（壬午，前205年6月29日），回到栎阳的刘邦立刘盈为太子，再次"赦罪人"。"施恩德"有些频繁，直至汉高帝五年（前202年）正月，立为皇帝之前，又一次下诏"兵不得休八年，万民与苦甚，今天下事毕，其赦天下殊死以下"[1]。所谓"殊死"即斩刑，确切地说是身首异处的死刑[2]，包括"枭首""腰斩""弃市"等各项，意味着所有罪行一概赦免。当年六月初三（壬辰，前202年6月23日），定都关中的刘邦，又一次"大赦天下"。

到了汉高帝六年（前201年）十二月，大会诸侯擒获楚王韩信后，刘邦又一次下诏说，天下虽安，但豪杰从军有功者在军中九年，因为不知法而犯法，甚至干犯死罪，我很怜悯，故而大赦天下。[3]到了汉高帝八年（前199年）八月，又对官吏中有罪却没有被发觉者赦免，这属于"提前"赦免，应与争取官吏支持有关。不久后的汉高帝九年正月二十八日（丙寅，前198年3月8日），刘邦废赵王张敖为宣平侯，立子刘如意为赵王，又下令"前有罪殊死以下皆赦之"。类似的情况还发生在汉高帝十一年（前196年）正月，立子刘恒为代王，大赦天下，至汉高帝十一年（前196年）七月，英布反叛，刘邦"赦天下死罪以下，皆令从军"[4]。如果再算上汉高帝十年七月十四（癸卯，前197年8月7日），因太

①［汉］班固：《汉书》卷一下《高帝纪下》，中华书局，1962年，第51页。
②［汉］班固：《汉书》卷一下《高帝纪下》，"殊死"条，颜师古注："韦昭曰：'殊死，斩刑也。'师古曰：'殊，绝也，异也，言其身首离绝而异处也。'"中华书局，1962年，第51、52页。
③［汉］班固：《汉书》卷一下《高帝纪下》："天下既安，豪杰有功者封侯，新立，未能尽图其功。身居军九年，或未习法令，或以其故犯法，大者死刑，吾甚怜之。其赦天下。"中华书局，1962年，第59页。
④［汉］班固：《汉书》卷一下《高帝纪下》，中华书局，1962年，第73页。

上皇崩逝而区域性地赦免栎阳死罪以下的囚徒，汉高帝在位12年，各种"赦"达10次，尤其是汉高帝五年（前202年）平定天下后，几乎无年不赦。正是在发丧这一天，刘邦为臣民贡献了最后一次"大赦天下"。之后，他的儿子刘盈直到汉惠帝四年三月初七（甲子，前191年3月29日）行冠礼时才第一次，也是唯一一次"赦天下"。不过，在他的大哥齐悼惠王刘肥去世后的汉惠帝六年（前189年）八月，他曾专门"赦齐"[1]。

当然，臣民们并没有等太久，汉惠帝七年八月十二日（戊寅，前188年9月24日），刘盈在未央宫中驾崩。九月初五（辛丑，前188年10月16日）下葬于安陵[2]。他的母亲吕雉正式以太后身份临朝称制，大赦天下。此后，直到高后六年（前182年）四月，方才再次"赦天下"。高后八年八月初一[3]（辛巳，前180年8月15日）吕雉崩于未央宫，遗诏"大赦天下"。

大赦，刑徒经济的毁灭者

在惠帝、吕后执政的15年间，共"赦天下"5次，频繁程度虽不如刘邦，却远胜秦朝、秦国历代君主。而稳定的"刑徒经济"需要长期、持续的人力资源输入，这一点，在秦汉法律体系没有根本变革的情况下，并不难实现。正如上文所述及的，秦国、秦朝有三个积攒刑徒人力的阶

①［汉］司马迁：《史记》卷二十二《汉兴以来将相名臣年表》，"汉惠帝六年"条："七月，齐悼惠王薨。立太仓、西市。八月赦齐。"中华书局，1959年，第1123页。
②［汉］班固：《汉书》卷二《惠帝纪》，中华书局，1962年，第92页。
③［汉］班固：《汉书》卷三《高后纪》："秋七月辛巳，皇太后崩于未央宫。"中华书局，1962年，第100页。案当月无辛巳日，应为照录《史记》卷九《吕太后本纪》，"秋七月"条，脱"八月"字样，故《汉书》误。

段。第一个，自秦孝公十二年（前350年）商鞅正式主持变法开始，一直到秦昭襄王二十一年（前286年）首次"赦罪人"，秦国虽只有一隅之地，但64年的时间足够积累起一支数量庞大的刑徒队伍；第二个，秦昭襄王二十八年（前279年）至秦孝文王元年（前250年），又是一个长达29年的积累期；第三个，秦庄襄王元年（前249年）至秦二世元年（前209年），40年间多数都在秦始皇的治下，经历了灭六国战争这个巨大的人力资源转化进程，所以，统一的秦帝国拥有远超前代的刑徒、居赀人群。汉王朝的情况正相反，不但编户齐民"人相食，死者过半"[1]，秦朝极盛时4000多万的人口只剩下1500万～1800万[2]，秦朝遗留下来的刑徒、官奴、居赀，也在22年间[3]前后十余次的"大赦"中散失殆尽。

一个非常明显的事实是，相对于睡虎地秦墓竹简中的《秦律十八种》不厌其烦地对各种刑徒、居赀的工作、生活，进行规范和安排，张家山汉简中的《二年律令》更侧重于社会管理层面，更近似于现代人熟悉的"法律法规"，聚焦于规定、罚则。刑徒、居赀的减少，最鲜明的例证就是汉长安城城墙的修筑，这个工程始自汉惠帝元年（前194年）正月[4]，此后竟然分段进行，首先建筑的是长安城的西北面。[5]到汉惠帝三年（前192年）"初作长安城"[6]，具体的方法是征发长安周围六百里内的"男女"

[1]〔汉〕班固：《汉书》卷二十四上《食货志上》，中华书局，1962年，第1127页。
[2] 葛剑雄：《中国人口史（第一卷）》，复旦大学出版社，2002年，第198页。
[3] 高帝五年至高后八年。
[4]〔汉〕班固：《汉书》卷二《惠帝纪》，"惠帝元年"条："春正月，城长安。"中华书局，1962年，第88页。
[5]〔汉〕司马迁：《史记》卷二十二《汉兴以来将相名臣年表》，"汉惠帝元年"条："始作长安城西北方。"中华书局，1959年，第1122页。
[6]〔汉〕司马迁：《史记》卷二十二《汉兴以来将相名臣年表》，"汉惠帝三年"条。中华书局，1959年，第1122页。

共14.6万人建筑城墙，前后耗时30天。[1]当年六月，又征发诸侯王、列侯所有的"徒隶"2万人修长安城。[2]次年（前191年），赦天下，"无所复作"[3]，暂时中止了工程。直到汉惠帝五年（前190年）正月，又一次发长安周边六百里"男女"筑城，只是少了1000人，还是30日结束[4]。当年九月，长安城建成。

对于此次工程，过往的讨论多集中于"轻徭"上，其实隐藏信息远不止于此。首先，这一长达4年的工程，所用"徒"分为两种。一种是长安周围六百里男女，为"徭徒"，发徭整1个月，正符合秦汉之际"徭使"的规定。当然，汉制一直在变化，至汉武帝时代，此类劳役已经仅限于男性的"卒"参与。另一种是"徒隶"，包含刑徒、居赀和官奴等身份群体。这两个群体的参与，也有阶段之分：第一阶段，汉惠帝元年（前194年）正月修城西北面，使用的当是汉廷自有的"徒隶"，至汉惠帝三年（前192年）六月，其间于汉惠帝三年（前192年）春天，征发徭徒1个月，加快进度；第二阶段，汉惠帝三年（前192年）六月，将诸侯王、列侯所有的"徒隶"加入常态工程之中，直到汉惠帝四年（前191年）三月，由于"赦天下"，朝廷和诸侯王、列侯的"徒隶"多在赦免之列，才建了半个城就停工[5]，"无所复作"，也就是没法干下去了，只能中

---

① [汉] 班固：《汉书》卷二《惠帝纪》，"惠帝三年"条："发长安六百里内男女十四万六千人城长安，三十日罢。"中华书局，1962年，第89页。

② [汉] 班固：《汉书》卷二《惠帝纪》，"惠帝三年"条："六月，发诸侯王、列侯徒隶二万人城长安。"中华书局，1962年，第89页。

③ [汉] 司马迁：《史记》卷二十二《汉兴以来将相名臣年表》，"汉惠帝四年"条，中华书局，1959年，第1123页。

④ [汉] 班固：《汉书》卷二《惠帝纪》，"惠帝五年"条："发长安六百里内男女十四万五千人城长安，三十日罢。"中华书局，1962年，第90页。

⑤ [汉] 司马迁：《史记》卷九《吕太后本纪》，"三年方筑长安城，四年就半，五年、六年城就"条，《索隐》注引《汉宫阙疏》："四年筑东面，五年筑北面。"中华书局，1959年，第398页。

止工程；第三阶段，汉惠帝五年（前190年）正月，再次发徭徒加速工程，并由新增的"徒隶"进行常态建设，8个月后，工程完成。

也就是说，自汉惠帝元年（前194年）正月至汉惠帝四年（前191年）三月，以及汉惠帝五年（前190年）正月至九月，共计47个月[1]的"徒隶"工效。其中还有9个月增加了诸侯王、列侯的徒隶2万人，都赶不上徭徒29.1万人1个月的工效。假设徒隶与徭徒工作量相等，则朝廷拥有的徒隶每月同时筑城的人数只有2361人。当然，这个数字只供参考。修筑长安城的工程量当是以徭徒为主、徒隶为辅，那么，汉廷中央持续筑城的徒隶规模还要少于2000人，这与秦朝投入70多万人长期从事骊山陵墓和阿房宫工程，不可同日而语。没有人力资源的支持，刑徒经济走向没落，无疑成了历史的必然。

名同实异的秦汉军功爵

> "爵者，上之所擅，出于口而亡穷。"[2]
>
> ——晁错《论贵粟疏》

与秦朝特色的刑徒经济一同走向没落的，还有军功爵制。汉惠帝在登基时，不忘赐民爵一级，赐天子近臣爵位有差，对太子骖乘直接赐爵五大夫，太子舍人也赐爵有差。这个"爵"，就是商鞅变法"斩首拜爵"的二十等军功爵，本质上是一种国家控制下的身份等级制，秦汉帝国的每一个人，都会被编列在这个身份等级制下。

---

[1] 共计3年零10个月，按惠帝元年有闰月（后九月），则共47个月。
[2] ［汉］班固：《汉书》卷二十四上《食货志上》，中华书局，1962年，第1134页。

　　二十等军功爵最高者为列侯（秦称彻侯），有封国、有宗庙、有政府、有家史，在秦及汉初都是半独立王国状态；自关内侯（秦称伦侯）以下至公士，共十九级爵位，享受的待遇自宗邑[1]（也称"赐邑"，即封地）、税邑（也称"食邑"，即领取受封户数的租税）、受客到授官、授田、授宅、除庶子[2]不等。按照《二年律令》中的区分，这二十等爵又分为士爵，含公士、上造、簪袅（也写作：走马）、不更；大夫爵，含大夫、官大夫、公大夫、公乘、五大夫；卿爵，含左庶长、右庶长、左更、中更、右更、少上造、大上造、驷车庶长、大庶长；侯爵，含关内侯、彻侯。很明显，比拟的正是先秦诸侯、卿、大夫、士的身份分等，也就是贵族阶层的细分，而贵族之下就是庶民、刑徒，庶民也有分等，有公卒、士伍、庶人的名目，再之下则是司寇、隐官这种允许在百姓中居住的刑余之人，介于庶民与刑徒之间，刑徒可以统称为徒隶，其中包括城旦、舂、鬼薪、白粲、隶臣妾。在秦制下，隶臣妾既是刑罚名，也是官奴婢的统称，而到了西汉则只是单纯的刑罚名。

　　值得注意的是，秦汉两朝的军功爵虽然看似一脉相承，实则变化巨大，因为商鞅变法时的军功爵制是为了赎买血统贵族拥有的权力，所以，在卿（庶长）、大夫（五大夫、大夫）、士（上造、公士）、平民（小夫）的春秋贵族身份体系[3]基础上逐步增加等级。在《商君书·境内》中记录的秦国爵制中提及，"五大夫"爵可以拥有赐邑、食邑，"大夫"爵可以担任"国治大夫"或"县尉"的官职，还保留着"士""卒""徒、出公"的底层社会身份区分。"士"包括不更、簪袅、上造、公士；"卒"除了

① 秦惠文王四年《秦宗邑瓦书》显示，右庶长即授"宗邑"世代传承。见陈直：《秦陶券与秦陵文物》，载《西北大学学报（哲学社会科学版）》，1957年第1期。
② 蒋礼鸿：《商君书锥指》卷五《境内第十九》，中华书局，1986年，第119页。
③ 参见拙作《秦砖：大秦帝国兴亡启示录》，北京联合出版公司，2020年，第188页。

这四等士爵，还包括"公卒"；"徒、出公"①，包括士伍、庶人、司寇、隐官、徒隶等。

按照刘邦"高帝五年诏"中的说法，"其七大夫以上，皆令食邑"②。七大夫就是第七级公大夫的别称，比五大夫低两级，就可以享受食邑待遇。到了汉景帝时代，《敦煌酥油土汉代燧燧遗址出土的木简》中收录的六条"击匈奴降者赏令"中，提到了收降或率领归降匈奴二百户或五百骑以上，赐爵少上造，及黄金五十斤、食邑。③可见，少上造这种卿爵仍然可以赐食邑，汉朝已经将秦朝爵位的身份特权"税邑"变成了附加的经济奖励。

不仅如此，汉代的宗邑提升到了列侯级别，关内侯、卿爵、五大夫无资格染指。在继承权上，"子子孙孙以为宗邑"所附带的爵位世袭也收缩到了列侯、关内侯两级。其余十八级军功爵全部降等继承，第十级左庶长到第十八级大庶长卿爵的继承人只能降为第八级公乘大夫爵，直白地说，世卿世禄被打破，卿爵的继承人只是大夫。当然，按照刘邦的钦定，公大夫、公乘以上都是高爵④，故此，其继承人降等后也是大夫爵，之下的六级爵位，降等继承后只能是士爵或公卒、士伍，同时，卒、士的底层身份合一为士、徒，出公的底层身份合一为徒。

身份特权色彩淡化的根本原因是高爵不再罕见，按照刘邦在"高帝五年诏"中的表述，故秦和他的汉国都以公大夫、公乘以上为高爵。在

---

① 蒋礼鸿：《商君书锥指》卷五《境内第十九》："爵自一级已下至小夫，命曰校徒、操、出公，爵自二级已上至不更，命曰卒……吏自操及校以上，大将尽赏行间之吏也。"中华书局，1986年，第119页。按此处"一级"应为士伍，"二级"应为公卒，"校"为"徒"之军吏，"操"为"出公"之军吏。
②［汉］班固：《汉书》卷一下《高帝纪下》，中华书局，1962年，第54页。
③ 朱绍侯：《从三组汉简看军功爵制的演变》，载《史学集刊》，1992年第2期。
④［汉］班固：《汉书》卷一下《高帝纪下》："七大夫、公乘以上，皆高爵也。"中华书局，1962年，第54页。

秦时，高爵有资格与县令、县丞等县中长吏亢礼[1]。但是，实操之中，西汉完全不同于秦朝。刘邦为追随他征战的60万士兵普遍赐爵，最低者也是第五级大夫，至于将吏，更是完全不吝惜爵赏。张家山汉简《奏谳书》中收录的"新郪信案"中，共有信、苍、丙、赘四人被判弃市死刑。其中，信是秩六百石的新郪县令，苍是秩一百二十石的髳长，丙是秩一百二十石的校长，赘是秩一百二十石的发弩啬夫。他们的案件在汉高帝六年（前201年）最终审决时，由于有诏书"赐爵一级"，四个人竟全升为"关内侯"。而作案时，他们还只是"大庶长"爵，新郪县属陈郡，并非什么战略要地，县令信的爵位先为大庶长，后为关内侯，"七大夫"比前者低十一级，比后者低十二级，"令丞与亢礼"是肯定不可能了，就连百石吏都比不了，爵位的身份标识作用自然要让位于官位。

"身份等级收益"置换"身份特权"

在这样的条件下，汉惠帝继续普赐民爵，相当于进一步抬升百姓爵位的平均水平，高帝十二年（前195年）已赐爵1次，汉惠帝赐民爵3次，吕后1次，则汉高帝五年（前202年）时封大夫的老兵，在吕后时代已升爵为五大夫，60万五大夫，按1户6口[2]计，则是360万人，占汉初总人口的20%～24%[3]。如此规模的社会群体，任何变动无疑都将深刻地影响当时的社会。

汉惠帝即位后，多次以"赐民爵"的方式施惠于民，根本原因是汉

---

① [汉] 班固：《汉书》卷一下《高帝纪下》："异日秦民爵公大夫以上，令丞与亢礼。今吾于爵非轻也，吏独安取此！"中华书局，1962年，第54页。
② 据里耶古城北护城壕出土的"南阳里户籍简"，秦洞庭郡迁陵县户均人口为6人。
③ 葛剑雄：《中国人口史（第一卷）》，复旦大学出版社，2002年，第198页。

朝沿用了秦法的社会管理方式，却无法兑现爵位所附加的身份特权。在
"高帝五年诏"中，刘邦明确提到，七大夫、公乘以上"食邑"，则60万
老兵中的很大一部分居于第五级大夫和第六级官大夫的位置上。这就相
当尴尬，因为刘邦还要求郡县"先与田宅"，以最初至少60万大夫计，
按《二年律令·户律》中的1户5顷的规定需3亿亩田，惠帝元年十二月
（前195年12月27日至前194年1月26日）又赐爵一级，这些人变成官
大夫，按1户7顷的规定需4.2亿亩田。而《汉书·地理志》中记录的西
汉平帝时全国垦田总数才82705.36万亩，看似足够授予，却必须考虑人
口和疆域的差异，西汉末年有民59594978口，是汉初口数的3.3～3.9倍；
疆域上，文景二帝增12郡、武帝增28郡、昭帝增1郡，至统计时，有郡
国103个，仅郡国数就比汉初多了41个。[1]也就是说，西汉初年很可能拿
不出这么多垦田授予老兵。

　　不仅如此，刘邦还先后分封了143个列侯、113个关内侯，尽管封
户数记录不详，但可知列侯平均封户数为2400户，总封户数为333600
户。整个西汉有记载的关内侯平均封户数为645户，则估算封户数为
72885户。此外，还有"高爵"，以1000个高爵平均封300户计，就是
300000户，合计706485户，以户均6口计，就是4238910人，占总人口
的23.54%～28.25%的税源被封出去了。这部分人与享受复免待遇的汉
军老兵不重合，也就是说，约50%人口的税源已经不为汉朝所有。也就
是说，刘邦死后进入安定状态的汉帝国根本没有足够的土地和人口兑现
军功爵位附加的经济权益，硬要在两者之间比较，更稀缺的还是人口。
汉朝对于土地、耕作的促进方法是"立榜样"。汉惠帝四年（前191年）

①［汉］班固：《汉书》卷二十八下《地理志下》："定垦田八百二十七万五千三十六顷。民
户千二百二十三万三千六十二，口五千九百五十九万四千九百七十八。汉极盛矣。"中华书
局，1962年，第1640页。

正月，令地方"举孝弟、力田者，复其身"①，即让地方上报孝悌的好人和擅长种田的人，朝廷给他们终生免徭役的待遇，以劝导百姓。而对于人口增长，汉朝的措施则是定"罚则"，汉惠帝六年（前189年）十月，明确规定"女子年十五以上至三十不嫁，五算"②。这里的五算，相当于一个人要按五个人的人头税算，奴婢和贾人才按两个人算，依秦律"轻赏重罚"的原则来说，鼓励婚育、增加人口远比道德教化、劝农务本更加迫切。

更现实的问题是，"高帝五年诏"宣布罢兵归家后几个月，刘邦于汉高帝五年（前202年）后九月又将"诸侯子"迁往关中，吏二千石者迁往长安"赐小第室"，关内侯和高爵的"食税"集中到残破的关中。汉高帝九年（前198年）十一月，刘邦又听取刘敬的建议，将齐楚大姓昭氏、屈氏、景氏、怀氏、田氏迁往关中，优惠授予田宅③，规模达到了十余万口。④这些举措起到了"强本弱末"的作用，但"田宅""食税"进一步分流，汉郡的财政更加捉襟见肘，迫使汉惠帝必须二选一。

为了解决财政问题，汉惠帝到吕后时代，采取以"田宅"替代"食税"的方案，也就是放弃"身份等级制"，代之以"身份等级收益制"。《二年律令·户律》中对列侯以下，自关内侯至司寇、隐官等各级爵位身份详细规定了"名田宅"的标准，关内侯田95顷，1顷为100亩，即9500亩田地，宅为95宅，1宅为900平方步，而司寇、隐官则只能有0.5顷、

①［汉］班固：《汉书》卷二《惠帝纪》，中华书局，1962年，第90页。
②［汉］班固：《汉书》卷二《惠帝纪》，中华书局，1962年，第91页。
③［汉］班固：《汉书》卷一下《高帝纪下》："十一月，徙齐、楚大族昭氏、屈氏、景氏、怀氏、田氏五姓关中，与利田宅。"中华书局，1962年，第66页。
④［汉］班固：《汉书》卷四十三《郦陆朱刘叔孙传》："'臣愿陛下徙齐诸田，楚昭、屈、景、燕、赵、韩、魏后，及豪杰名家，且实关中。无事，可以备胡；诸侯有变，亦足率以东伐。此强本弱末之术也。'上曰：'善。'乃使刘敬徙所言关中十余万口。"中华书局，1962年，第2123页。

0.5宅的田宅占有。[①]当然，并不是说保证每户都有这么大的田宅。现实是"田宅逾制"[②]和"逾侈"[③]一直是严重罪行，这个规定是实操中的上限，有条件则要"授田"，不过从律令规定来看，"授田"往往需要排队。

确定了这个改革方向，军功爵位对于政权的最大价值就不再是蓄养军事贵族，而是系统化的社会身份标签。既然是标签，性质当然是晁错所说的"爵者，上之所擅，出于口而亡穷"[④]，皇帝随口封赏，无穷无尽，贵族时代的身份神圣性已经荡然无存。对于爵位拥有者而言，在初时的身份跃升快感磨灭后，更关心的当然是军功爵位附带的经济利益，这方面的置换并不困难，身份固然可喜，在高爵遍地的情况下，利益才是到手的实惠。

按照《史记·货殖列传》中的描述，一位封君从一户百姓身上得到的"食租税"，每年只有200钱，千户之君也就20万钱，朝觐聘享等礼仪花费都在其中。[⑤]也就是说，一个高爵平均300户的"食租税"也就是6万钱，汉高帝七年（前200年）时南郡米价应为175钱/石[⑥]，亩产量约1.5石，稻出米比为10/5，约相当于457亩田地的总产出，也就是4.57顷，超过第四级不更爵赐田4顷的标准。当然，这是总产出，以汉代"五五分租"的方式佣耕租佃，也就是9.04顷，超过第七级公大夫爵赐田9顷。

---

① 朱绍侯：《吕后二年赐田宅制度试探——〈二年律令〉与军功爵制研究之二》，载《史学月刊》，2002年第12期。

②［唐］杜佑：《通典》卷三十二《职官十四》，"州牧刺史"条原引注："汉制，刺史以六条问事，非条所问即不省。一条，强宗豪右田宅逾制，以强凌弱，以众暴寡。"王文锦等点校，中华书局，1988年，第884页。

③［唐］李隆基、李林甫：《唐六典》卷十三《御史台》，"侍御史"条原引注："辞讼者，盗贼者，铸伪钱者，狱不直者，赋敛不平者，吏不廉者，吏苛刻者，逾侈及弩力十石以上者，非所当服者。"［日］广池千九郎校注，［日］内田智雄补订，三秦出版社，1991年，第270页。

④［汉］班固：《汉书》卷二十四上《食货志上》，中华书局，1962年，第1134页。

⑤［汉］司马迁：《史记》卷一百二十九《货殖列传》："封者食租税，岁率户二百。千户之君则二十万，朝觐聘享出其中。"中华书局，1959年，第3272页。

⑥ 考证见后文第十章"汉惠帝最伟大的遗产"一节。

汉高帝十二年（前195年）后，所有从军的大夫爵已至少升为第六级的官大夫，在惠帝元年（前194年）再赐爵后，则升为第七级的公大夫；原本的"高爵"第七级公大夫至此已为第九级五大夫，第八级公乘也已升到五大夫，至此到顶，因为五大夫是一个关口，除非皇帝特许[①]，否则赐爵、买爵到此为止。[②]也就是说，本无食邑者到了食邑的标准，却无食邑户口可封，本可食邑者提升到了顶级，也没有户口益封。对此，汉廷又给出了补偿方案，那就是以前者的爵位得赐田地9顷，实际收益与"食租税"相同；后者的爵位所得田地是25顷，实际收益约比"食租税"多177.78%。尤其是对原本已有食邑的高爵们，《二年律令·户律》给予相当诱人的补偿，七大夫还只有9顷田，公乘就翻了一番还多，达20顷，五大夫则是25顷，明显是有意识地引导。

不过，相对于出现财政危机就想"赖账"，将国民经济比照律令体系削足适履的秦帝国而言，新兴的汉王朝身段相当灵活，无论是刑罚还是军功爵位的变革，都强调以利诱之，寻求官与民的双赢，而非一味地暴力胁迫，最终实现了秦爵重身份特权向汉爵重经济利益的顺利过渡。

军功爵的商品化

汉惠帝对军功爵制的改革并未止于"赐民爵"。汉惠帝元年（前194年）十二月，令"民有罪，得买爵三十级以免死罪"。买爵是纳钱于官，

---

① ［汉］班固：《汉书》卷四十九《爰盎晁错传》："郡县之民得买其爵，以自增至卿。"中华书局，1962年，第2286页。另见［汉］司马迁：《史记》卷三十《平准书》："于是募民能输及转粟于边者拜爵，爵得至大庶长。"中华书局，1959年，第1419页。可见，买爵本不及"卿"爵，文帝下"卖爵令"方才至"卿爵"，甚至赐第十八级大庶长爵。

② ［汉］司马迁：《史记》卷三十《平准书》："民多买复及五大夫。"中华书局，1959年，第1428页。

也是"赎刑"的一种，按照应劭的注释，一级爵位值2000钱，买爵30级就是6万钱。①可是，在岳麓书院藏秦简中收录了秦朝的"赎死"标准，需12具马甲，相当于23040钱，黄金40两。②惠帝元年（前194年）后8年颁布的《二年律令·具律》中，记录了汉朝的"赎死"标准，黄金2斤8两③，1斤16两，其实还是40两。也就是说，在法律上"赎死"的标准，秦汉相同，汉惠帝又为什么插入一个"买爵赎死"呢？

原因史书并无记载，但《二年律令·金布律》中提到了一个重要的信息：凡是有罚、赎、偿债等原因需要向官府缴纳黄金的，想以"平贾价"交钱的，都应允许，至于购赏、补偿等官府支出项目，应出金、钱的，也要参照"平贾价"标准，这个价格以本地二千石太守治所县十月份的黄金"平贾价"确定。④这意味着，与秦朝以律令确认的黄金、铜钱比值完全不同，汉代的黄金价格以属地的"平贾价"来确定，那么，不同地区、不同年份，金、钱比值往往不同。

以岳麓书院藏秦简中的秦朝"官价"计，1两黄金当换576钱。而张家山汉简《算数书》中提到的"金贾价"是1两黄金合315钱。这就意味着，由于金价变化，赎死的钱数从23040钱减少到了12600钱。而依据张

---

① [汉]班固：《汉书》卷二《惠帝纪》，"赎死"条，颜师古注引应劭："一级直钱二千，凡为六万，若今赎罪入三十疋缣矣。"中华书局，1962年，第88页。此说不确。
② 朱汉民、陈松长：《岳麓书院藏秦简（贰）》："赀一甲直（值）钱千三百卅四，直（值）金二两一垂，一盾直（值）金二垂。赎耐，马甲四，钱七千六百八十。0957马甲一，金三两一垂，直（值）钱千九百廿，金一朱（铢）直（值）钱廿四，赎死，马甲十二，钱二万三千卅。0970上海辞书出版社，2011年，第78页。
③《二年律令·具律》："赎死，金二斤八两。"张家山二四七号汉墓竹简整理小组：《张家山汉墓竹简（二四七号墓）》，文物出版社，2006年，第25页。
④《二年律令·金布律》："有罚、赎、责（债），当入金，欲以平贾（价）入钱，及当受购、偿而毋金，及当出金、钱县官而欲以除其罚、赎、责（债），及为人除者，皆许之。各以其二千石（四二七）官治所县十月金平贾（价）予钱，为除。（四二八）"张家山二四七号汉墓竹简整理小组：《张家山汉墓竹简（二四七号墓）》，文物出版社，2006年，第67页。

家山汉简《奏谳书》中案卷的记载，汉高帝六年（前201年）二月，在南郡江陵县买一个婢女的花费就需要16000钱。[1]如果严格参照律令的标准来"赎死"，一条高爵死刑犯的性命，还不如一个奴婢值钱，完全失去了惩戒作用，所以，汉惠帝将"赎死"与"买爵"挂钩，大幅提升价格，也变相地将军功爵位变成了可交易的商品。

这种交易行为，早在秦始皇还未统一时就曾经使用过。不过，那只是救急之举。秦王政三年（前244年）"岁大饥"，秦王政四年（前243年）十月，蝗虫从东方飞来，遮天蔽日[2]，至七月时，已经是"蝗蔽天下"[3]。伴随着天下大疫，空前的灾荒汹涌而来。当时秉政的吕不韦下令，百姓向官府每交粮千石，就拜爵一级。与其说是将军功爵位当商品卖，不如说是救急的荒政。类似的办法汉代也有，如汉惠帝六年（前189年）十月，曾"令民得卖爵"。按贾谊的说法是"岁恶不入，请卖爵、子"[4]，即在汉惠帝五年（前190年）夏发生大旱灾[5]后，允许百姓经官府批准将爵位卖给旁人换取活命钱粮。实际上是鼓励百姓之间的贫富救济，与刘邦在关中饥荒中允许百姓卖子是一个思路。

不过无论如何，自西周以来，以世卿世禄为基本原则的血统贵族身份认同，在秦始皇统一天下后仍着力维持，除对六国王族近支进行镇压外，制度上仍承认六国贵族身份，并授予对应的秦爵，所以，里耶秦简

① 张家山汉简《奏谳书》："十一年八月甲申朔丙戌，江陵丞骜敢谳之。三月己巳大夫辞曰：六年二月中买婢媚士五（伍）点所，贾钱万六千。"张家山二四七号汉墓竹简整理小组：《张家山汉墓竹简（二四七号墓）》，文物出版社，2006年，第92页。
②［汉］司马迁：《史记》卷六《秦始皇本纪》："三年……岁大饥。四年……十月庚寅，蝗虫从东方来，蔽天。天下疫。百姓内粟千石，拜爵一级。"中华书局，1959年，第224页。
③［汉］司马迁：《史记》卷十五《六国年表》，"秦始皇四年"条："七月，蝗蔽天下。百姓纳粟千石，拜爵一级。"中华书局，1959年，第751页。
④［汉］班固：《汉书》卷二十四上《食货志上》，中华书局，1962年，第1128页。
⑤［汉］班固：《汉书》卷二十七中《五行志中》："惠帝五年夏，大旱，江河水少，谿谷绝。"中华书局，1962年，第1391页。

中才有"荆大夫""荆不更"与"不更"并列的情况出现。①而在楚汉争雄之际,"诸侯子"不但出现在史书中,也出现在简牍中,正如上述"新郪信案"中的一系列涉案高爵者,既要记录"非诸侯子",又要强调"故楚爵,属汉以比士",然后再授予汉爵。"诸侯子"即六国宗亲贵族,而"故楚爵"实为刘邦在楚怀王麾下时,部下所封楚爵,如新郪县令信就被封为"广武君",百二十石吏苍、赘分别被封为"壮平君"和"威昌君",归汉后对应授予了"大庶长"爵。可在《二年律令》中没有"诸侯子"之类的表述,说明汉王朝有过争取、倚重、迁徙"诸侯子"的时期,但在关中完成对他们的消化之后,就不再强调血缘身份,而是融入军功爵位体系一管理,逐渐消除旧时代的记忆。

　　这个过程中,田宅、财富等身份政治的附加权益被置换成为主要内容,而世卿世禄最重要的政治参与权则被君主操控的官僚组织所替代。《商君书·境内》中虽有强调"一除庶子一人,乃得入兵官之吏"②,即对宗室无功则不得入籍的拓展③,可也意味着秦国贵族继承人拥有天然的政治参与权,只不过贵族的庶子需要父辈军功解锁政治权益,进入政权的通道终究垄断在各级血统贵族的手中,相关的经济权益,只是附着于身份之上。

　　西汉王朝则将"入仕"与"身份"彻底分开,只将"经济利益"与"爵位身份"挂钩,无疑是中国古代政治制度中"爵本位"向"官本位"过渡的关键一步。走出这一步,汉惠帝还多走了一步,开发出军功爵位的"商品化"功能,恰恰为之后近百年间汉帝国的货币经济发展走向埋下了伏笔,也意味着商鞅创制"秦军功爵制"残留下的"身份制社会"

① 参见拙作《汉瓦:西汉王朝洪业启示录》,北京科学技术出版社,2021年,第455页。
② 蒋礼鸿:《商君书锥指》卷五《境内第十九》,中华书局,1986年,第119页。
③ [汉]司马迁:《史记》卷六十八《商君列传》:"宗室非有军功论,不得为属籍。"中华书局,1959年,第2230页。

的成分终于洗刷殆尽，走入了依照"身份等级收益"的多寡来分别社会地位高低的新时代。

货币化财政，帝国行政成本的新来源

"吏所以治民也，能尽其治则民赖之，故重其禄，所以为民也。"[1]

——《汉书·惠帝纪》

刑徒经济瓦解，军功爵制的商品化，看似风马牛不相及，却共同作用于汉王朝的财政体系，促使其向"公共化""货币化"方向转型。先说成本的方面，仰赖于"廪食"的官吏和"传食"之类行政成本，在秦朝都是在官仓支给实物，仓储少部分来自百姓田租、刍藁，大部分则来自徒隶在官田中的耕种。而各种传送委输之类的徭役，也优先派遣徒隶执行，则各级爵位的封君、百姓，可以安心于"耕战"，即在田啬夫的统一领导下，遵从各个田部吏的指示，使用官府饲养的耕牛，进行农业生产，并分期分批地自负口粮远赴边塞戍守，或是赶赴屯军参战。

秦汉变革之后，军功爵位的商品化，固然用财富腐蚀了有爵者对六国贵族血统的认同，却也造成了爵位等级与财富占有之间的事实性分离，马太效应凸显，所以才会有灾荒之年"卖爵"自救的举动。这意味着秦制下默认爵位与财富对等的制度逻辑被打破。伴随着刑徒经济的解体，原定三分之二比例在官田中耕作的徒隶不敷使用，官吏的俸禄和行政成本、徭役都要分摊到民间，个体的税负并非降低，而是上升。那么，秦

---

[1]［汉］班固：《汉书》卷二《惠帝纪》，"汉高帝十二年五月丙寅"条，中华书局，1962年，第85页。

制下以"人"为单位均平"徭日"的力役制度自然难以为继,只能代之以爵位、家赀双重标准的徭役征发和货币税收,两者相较,甚至是货币税收更具优先权。

《汉书·惠帝纪》记载了汉惠帝登基时对高级官吏的优免。诏书提到"吏所以治民也,能尽其治则民赖之,故重其禄,所以为民也",强调了官吏的重要性。措施是对六百石①以上秩禄的官吏父母、妻子、共居者,以及曾经任将军、都尉、二千石官的卸任官员,其家只需缴纳军赋,免除其他一切租税徭赋。②军赋,正是算赋、算钱、头会箕敛的另一个名字,依照湖北省荆州市江陵凤凰山10号墓"算簿"中的用途分项,包括"口钱""吏俸""传送""转费""缮兵"。"口钱"是皇帝的私家收入,"吏俸"是官员工资,"传送""转费"是代替"传送转输"刑徒的行政成本,"缮兵"是代替刑徒维护郡武库的行政成本。也就是说,"军赋"一项弥补了郡县失去刑徒经济之后的收入缺口,这也正是《史记·平准书》中说"量吏禄,度官用"③的真意,"吏禄"是工资,"官用"是行政成本,"量""度"则是弹性预算的概念,计算出总额之后再依据家赀、爵位、家口分摊到百姓身上,"以赋于民"。

在"军赋"之外,西汉初年还继承了秦朝的"献",里耶秦简中就有不少关于秦朝"献"的资料,洞庭郡迁陵县、临沅县所献之物种类繁多,有动物、植物、手工业品,还有官吏专门负责"献"事,称为"献官",而且出现了"四时献"这一专门称呼。这一项目,在秦朝也被称为"赋",如"羽赋",就是县中组织官吏和徒去获取鸟的羽毛,献送都城。

---

① 秦汉制度下,秩六百石以上吏和知名的宦皇帝者,是高官与卑官的分界线。
② [汉]班固:《汉书》卷二《惠帝纪》:"今吏六百石以上父母妻子与同居,及故吏尝佩将军、都尉印将兵,及佩二千石官印者,家唯给军赋,他无有所与。"中华书局,1962年,第85页。
③ [汉]司马迁:《史记》卷三十《平准书》,中华书局,1959年,第1418页。

这个项目到了汉初，征收也相当随意，尤其在刘邦平灭异姓诸侯王反叛、屡屡兴兵、开支浩繁之时，各诸侯王、汉郡除了出兵从征，还有"献"的义务。从刘邦在汉高帝十一年（前196年）二月的诏书来看，之前诸侯王、列侯、郡守有一个"献费"的名目，没有定额规定。地方官常重赋百姓以"献"皇帝，尤其是诸侯王非常凶狠，令百姓相当痛恨。故此，诏令诸侯王和列侯只在每年十月"朝献"，并与汉朝控制下的郡执行统一标准，以治下口数为基准，每人每年只交63钱的"献费"。[①]不过，在湖北荆州出土的松柏汉简57号木牍的"令丙第九"中也提到了"献"，这条"献枇杷令"发布于汉文帝十年（前170年），要求"请令西成（城）、成固、南郑献枇杷各十"[②]。在湖南长沙东牌楼东汉简牍中还载有"献曹"[③]职务，这些"献"的相关信息都在汉文帝元年（前179年）"令郡国无来献"之后，可见贡献实物，尤其是特产、玩好应该不属于"献费"的范畴。

汉高祖诏书中又说"欲省赋甚"，且"献费"计口征收，很可能在地方上是以"军赋"（算赋、口赋、头会箕敛）的名义征收上来，分项后献给皇帝的那部分，也即秦朝入于少府，供皇帝使用的"口赋"的后继，文景时代"口钱"的前身。也就是说，"军赋"与"献费"不是并列关系，而是包含关系，以"军赋"的名义征收货币税，再在支出项目上分流，而"献费"的存在一直持续到汉文帝元年（前179年），也就意味着汉初每口至少要支付63钱的"军赋"以供"献费"，这还不包括"吏俸""转

---

① ［汉］班固：《汉书》卷一下《高帝纪下》："欲省赋甚。今献未有程，吏或多赋以为献，而诸侯王尤多，民疾之。令诸侯王、通侯常以十月朝献，及郡各以其口数，率人岁六十三钱，以给献费。"中华书局，1962年，第70、71页。

② 朱江松：《罕见的松柏汉代木牍》，见荆州博物馆编：《荆州重要考古发现》，文物出版社，2009年，第210页。

③ 长沙市文物考古研究所、中国文物研究所编：《长沙东牌楼东汉简牍》，文物出版社，2006年，第110页。

费""传送""缮兵"之类的用途。也就难怪汉惠帝给予高级官吏优免的待遇里,特别强调除军赋之外"他无有所与",如果同时免除了军赋,高官、故吏众多的关中汉郡可能连官员的工资都发不出来。

公共化财政,汉官的新饭碗

当然,官吏们的伙食还是能保证的,按照汉元帝时名臣贡禹的自述:"秩八百石,奉钱月九千二百。廪食太官。"太官是少府下的一个部门,有令、丞,负责皇帝的膳食和燕享之事。秩八百石的谏大夫和皇帝一起吃饭是不可能的事,只是归此部门供应伙食。类似的建制,在《二年律令·秩律》中早有展示,那就是"厨",如秩三百石的长安厨长、秩百廿石的都厨有秩(啬夫)[①]。简单解释下,"都厨"就是县城所在地的"机关食堂"。长安是帝国都城,大批政府机关在此,所以它的"机关食堂"规格要高得多,不仅供应廪食,还供应传食,也就是途经公干者的伙食。而在县城之外,也就是所谓的"离乡",吏、卒的廪食是从仓中领取粮食,也称"出廪"。

与"出廪"相对应的仓储是刑徒经济式微之后,官田耕种艰难,所以采取了相当明确的爵位"授田"制度。按照《二年律令·户律》规定,所有未受田宅的人,都要由乡部吏以户为单位排位,先以时间先后为序;时间相近,则以爵位高低为序,一旦有上交官府的田宅,文书到县中,

---

[①]《二年律令·秩律》:"长安厨(四六五)长,秩各三百石……都市、亭、厨有(四七一)秩者及毋乘车之乡部,秩各百廿石。"张家山二四七号汉墓竹简整理小组:《张家山汉墓竹简(二四号墓)》,文物出版社,2006年,第79、80页。

再按上述次序授予田宅。① "授田"给予的是"官田"，这一点与秦朝时县廷下辖"田"及"田官"两个系统，即管理耕种和经营官田的两部门并存的情况完全不同，所以，《二年律令·秩律》中县级属吏有"田（啬夫）"而无"田官（啬夫）"。

除此之外，必须指出的是，《二年律令·户律》中允许私人买卖田宅，只是禁止再次请求授田，并且在买卖田宅或代户之后，必须提请乡部、田啬夫更定户籍、田籍，否则每超过一天，就要各罚黄金二两。这种买卖中，对宅的要求更严格，必须与其原宅比邻，否则就要禁止交易，但是官吏和宦皇帝者不在此列。② 可见，汉初田宅虽可买卖，却仍保留着秦制下集中管理的导向。田地权属可以分散，但居住环境，严格规定自五大夫爵之下的百姓，邻里共居者要编为"伍"，每个人都要持有"辨券"作为信物，做到"居处相察，出入相司"。③ 当然，相比于秦法下"大夫"爵要独立编伍，不得与低爵编伍的情况④ 来看，西汉初年的居住自由还要大一些，起码允许"混居"了。

正因为西汉初年的土地制度已与秦制大不相同，政府获取物资的方式也发生了变化，粮食生产这种需要大面积官田和徒隶人力的集中生产、集中收获，代之以官田授予百姓，收取田租、刍藁的方式来获取粮

---

① 《二年律令·户律》："欲益买宅，不比其宅者，勿许。为吏及宦皇帝者，得买舍室。（三二零）……未受田宅者，乡部以其为户先后次次编之，久为右。久等，以爵先后。有籍县官田宅，上其廷，令辄以次行之。（三一八）"张家山二四七号汉墓竹简整理小组：《张家山汉墓竹简（二四七号墓）》，文物出版社，2006年，第52、53页。

② 《二年律令·户律》："受田宅予人若卖宅，不得更受。（三二一）……代户、贸卖田宅，乡部、田啬夫、吏留弗为定籍，盈一日，罚金各二两。（三二二）"张家山二四七号汉墓竹简整理小组：《张家山汉墓竹简（二四七号墓）》，文物出版社，2006年，第53页。

③ 《二年律令·户律》："自五大夫以下，比地为伍，以辨□（应为券）为信，居处相察，出入相司……"张家山二四七号汉墓竹简整理小组：《张家山汉墓竹简（二四七号墓）》，文物出版社，2006年，第51页。

④ 睡虎地秦墓竹简《法律答问》："大夫寡，当伍人不当？不当。"睡虎地秦墓竹简整理小组：《睡虎地秦墓竹简》，文物出版社，1990年，第129页。

食、饲料，这样做的最大好处就是让有限的人口爆发出足够的生产积极性，以恢复人口和农业生产。所以，在汉惠帝登基时，除了对罪人减刑，还推出了一项重要善政，"减田租，复十五税一"。①对于这项政策，班固在《汉书·食货志》中，特意将"轻田租，什五而税一"安到了"高祖"头上，放在了"上于是约法省禁"的后面，紧跟着又把《史记·平准书》中写明是惠帝、高后时的"量吏禄，度官用，以赋于民"的事迹送给了刘邦，塑造了一个"轻徭薄赋"政策自汉高祖时代已然开始的谎言。班固为了将这个故事讲圆，还特意在《汉书·惠帝纪》中"十五税一"的记录前加了一个"复"字，以表明是恢复高祖旧制。问题是，在岳麓书院藏秦简《数》和张家山汉简《算数书》中记录的田租税率都是"十税一"，在北大秦简《田书》中有一个"十二税一"，偏偏没有"十五税一"的例子②。这里的"十二税一"应为秦始皇统一后"薄赋敛"③的表现，因为里耶秦简中记录的秦始皇三十五年洞庭郡迁陵县实际田租率就是"十二税一"④，而岳麓书院藏秦简《数》中的"十税一"应为秦二世加重赋税后的新制⑤，张家山汉简《算数书》中的"十税一"则记录的是汉高帝继承秦制后的汉初制度。⑥哪怕刘邦真的曾在"约法省禁"时，施行过"十五税一"的轻租政策，也随着"约法三章"的废止而停用，执行的年数不会比"令民铸钱"的4.5年更长，之后的8年间施行的仍是"十税一"的重税。

---

① [汉] 班固：《汉书》卷二《惠帝纪》，中华书局，1962年，第85页。

② 参见拙作《秦砖：大秦帝国兴亡启示录》，北京联合出版公司，2020年，第389页。

③ [汉] 司马迁：《史记》卷八十七《李斯列传》："缓刑罚，薄赋敛，以遂主得众之心……"中华书局，1959年，第2561页。

④ 参见拙作《秦砖：大秦帝国兴亡启示录》，北京联合出版公司，2020年，第390页。

⑤ [汉] 司马迁：《史记》卷八十七《李斯列传》："于是行督责益严，税民深者为明吏。二世曰：'若此则可谓能督责矣。'"中华书局，1959年，第2557页。

⑥ 参见拙作《秦砖：大秦帝国兴亡启示录》，北京联合出版公司，2020年，第391页。

　　田租税的降低肯定是善政，但究竟"善"到什么程度，却需要算细账了。就里耶秦简中秦始皇末期凤凰山10号墓里文景之际的基层土地占有来看，前者户均土地为34.84亩，标准亩产量约1石5斗，总产量不过52.26石稻，"十税一"约为5.22石，"十五税一"约为3.48石，相差1.74石，超过1亩地的总产量；后者"郑里"的25户，平均土地只有24.68亩，假设亩产不变，则总产量37.02石稻，"十税一"为3.7石，"十五税一"为2.47石，相差1.23石，接近1亩地的总产量。

　　除田租外，《二年律令》还明确规定了与秦制类似的"户赋"和"田刍"。户赋规定五月必须缴纳16钱，十月收刍1石，如官府用足，则改纳15钱，总计31钱；田刍规定为3石刍、2石稾，也可折为55钱缴纳。也就是说，仅这两项，一户贫民一年最少要缴16钱货币税。此外，还有更加普遍和沉重的"军赋"，无论男女老少全得交，那么，一个有"二力田"①的四口之家，就至少要缴纳252钱的"献费"，"吏俸""传送""转费""缮兵"等费用项另计。从凤凰山10号墓的"算簿"来看，各项数额都比"口钱"要多得多，那么，哪怕以"献费"的2倍504钱估算，也只少不多，则此一户人家至少需缴纳520钱的货币税，是个什么规模呢？

汉惠帝最伟大的遗产

　　按照《汉书·食货志》的记载："汉兴，接秦之敝，诸侯并起，民失作业而大饥馑，凡米石五千，人相食，死者过半。"②这里的一石米5000

---

① 可耕种者，即大男、大女。
② ［汉］班固：《汉书》卷二十四上《食货志上》，中华书局，1962年，第1127页。

钱与关中饥荒时的10000钱不是一回事。项羽在巨鹿之战前曾劝谏宋义说，"今岁饥民贫，卒食半菽，军无见粮"[1]，可见楚、梁地百姓累经战火，士兵的军粮已经掺着一半豆子，军中也没有粮秣，一石米5000钱完全可以视为战区价格，不足以作为天下一统后的标准。

在张家山汉墓竹简《奏谳书》中记录了汉高帝七年（统一后2年，前200年）的一个盗卖官米案："醴阳令恢盗县官米二百六十三石八斗，恢秩六百石，爵左庶长□□□□从史石盗醴阳已乡县官米二百六十三石八斗，令舍人士伍兴、义与石卖，得金六斤三两，钱万五千五十。"[2]醴阳县在南郡境内，与凤凰山10号墓的郑里同处一郡。而醴阳令恢，堂堂左庶长高爵，盗卖官米263.8石，得黄金99两（1斤16两）及15050钱。当时的金价并无直接记录，秦二世时法定价格为金1铢24钱，1两合24铢，则黄金1两为576钱，张家山汉简《算数书》中则有习题，写作"金贾价两三百一十五钱"[3]。即黄金1两为315钱，相差悬殊，以秦二世时官价计，则赃款合计72074钱，1石米的价格为273钱；以吕后时平贾价计，则赃款合计46235钱，1石米的价格约为175钱，哪个更合理呢？

前文已有引用，汉惠帝施行了买爵三十级赎死的政策，而没有延续秦律中40两黄金、23040钱赎死的规定。按照应劭注释，每级爵位需钱2000钱，汉成帝时"令吏民得买爵，贾级千钱"[4]，说明西汉的买爵钱有一个下降的趋势，这也与军功爵位本身的贬值趋势一致。那么，应劭所提及的1级2000钱意味着赎死需要60000钱。

①［汉］班固：《汉书》卷三十一《陈胜项籍传》，中华书局，1962年，第1802页。

② 张家山二四七号汉墓竹简整理小组：《张家山汉墓竹简（二四七号墓）》，文物出版社，2006年，第98页。

③ 张家山汉简《算数书》，"金贾"条，张家山二四七号汉墓竹简整理小组：《张家山汉墓竹简（二四七号墓）》，文物出版社，2006年，第138页。

④［汉］班固：《汉书》卷十《成帝纪》，"鸿嘉三年夏四月"条，中华书局，1962年，第318页。

《二年律令·具律》恢复了秦二世时代的40两金赎死[①]，且高后二年"行八铢钱"，恢复了秦二世时的"八铢半两"定制。两者规格一样，政策类似，理论上百姓负担接近，而汉惠帝推行买爵三十级赎死政策夹在两者之间，并与"赐民爵"同行，应属收买民心的德政而非聚敛恶政，至少没有加重百姓负担的名声。那么，汉惠帝时的60000钱赎死与秦二世时的23040钱赎死买的都是一条人命，购买力应视为持平，而高后二年（前186年）的金40两赎死则是对秦二世律令的直接照搬恢复。这就意味着，秦二世时代的"半两钱"购买力约为汉惠帝元年时的2.6倍。而岳麓书院藏秦简《数》中，算术用的米价就有1石50钱（另有"米一斗五钱"）、1石64钱等不同数字，[②]放大2.6倍，为130钱或166.4钱。

很明显，高帝七年醴阳令恢盗卖官米每石的平均价只有175钱，距平均值166.4钱不远，自然排除了273钱的可能性。这个数字也意味着1户至少520钱的货币税，相当于2.97石的米，稻出米的比例为10/5，则为5.94石稻。而"十五税一"的田租下，秦始皇末期洞庭郡迁陵县的户均土地为34.84亩，亩产1.5石稻，则田租约为3.48石稻；文景之交的南郡江陵县郑里的户均土地为24.68亩，田租约为2.47石稻，相加之后，前者占收成总量的18.02%，后者占收成总量的22.71%。数据表明，田地占有越多，田租在农民整体税负中占比就越高。

不仅如此，上述税收项目中，随着土地面积等比例增加的只有田租和田刍，这就意味着田租率减少，最大的受益者并不是少地、无地的贫民，而是占有大量土地的高爵们。但从另一个角度来说，无地或少地的贫民，在高爵的土地缺少劳动力的情况下，正可以出卖自身的劳动力

---

① 《二年律令·具律》："赎死，金二斤八两。"张家山二四七号汉墓竹简整理小组：《张家山汉墓竹简（二四七号墓）》，文物出版社，2006年，第25页。

② 王佳：《里耶秦简所见迁陵地区物价研究》，载《江汉论坛》，2015年第10期。

为其"佣耕",不需承担田地附带的田租、田刍,只缴纳货币化的"军赋""户赋"。

若四口之家垦田1顷,则田租为10石,田租、人头税、户赋、田刍占收入总量的比例约为10.63%。可若以"五五分租"计算,同样的四口之家,租佃1顷土地,其分租扣除田租为70石稻,另缴纳5.94石稻的赋税,税负占收入总量仅为8.48%。这就意味着,新兴的汉王朝在政策导向上,不再强调秦朝以徒隶官田耕作大生产为中心,以军功爵位授田"自耕农"小生产为辅助的耕战经济,而是积极鼓励大土地所有制下的大规模"佣耕"来恢复生产,并为人力资源进入市场成为"商品"创造了环境。

更宏观地说,取自于民的"田租"和"算赋",在收支性质上,替代了秦制下以刑徒劳动为基础的多层寻租、生产的人力、实物财政,初步具备了"公共化"和"货币化"的特征,甚至可以说,终于突破了秦制下"县城"复制"都城","离乡"复制"都乡"的细胞分裂式政权组织形式,向着真正科层化的官僚帝国迈出了最重要的一步,具备了我们熟悉的中央集权制国家的雏形,这也是短暂的汉惠帝时代最伟大的遗产。

第十一章

吕后的选择，保国还是保家

关于吕后时代的几个谬误

> "高后女主制政，不出房闼，而天下晏然，刑罚罕用，民务稼穑，衣食滋殖。"①
>
> ——《汉书·高后纪》

汉惠帝登基之后，即尊先皇后吕雉为皇太后。吕雉字娥姁，她既是中国历史上第一位皇太后，也是第一位"临朝称制"的太后。在吕后之前，秦始皇仅尊母为"秦始皇帝母太后"，秦二世根本没有尊母的记载，刘邦称帝后，也只是追尊生母媪为昭灵夫人，另尊太上皇正妻为太上皇后，皇太后之名恰恰是自吕后始。至于"临朝称制"，坊间多有文章将秦昭襄王之母宣太后称为"第一人"，实则大谬，因为这个词的含义是太后以皇帝独占的"制""诏"名义治政，这两个词都是秦始皇发明的，他的高祖母宣太后按照史书的记载，只是"自治"②。按照里耶秦简8-461简牍"更名方"记载，"以王令曰以皇帝诏。承命曰承制"③，宣太后只能称"命""王令曰"，无论如何不可能"临朝称制"。

正是这么一位划时代的女主，面对着前所未有的挑战，她的独子刘

---

① [汉] 班固：《汉书》卷三《高后纪》，"赞曰"条，中华书局，1962年，第104页。

② [汉] 司马迁：《史记》卷七十二《穰侯列传》："昭王少，宣太后自治，任魏冉为政。"中华书局，1959年，第2323页。

③ 何有祖、鲁家亮、凡国栋：《里耶秦简牍校释》（第1卷），武汉大学出版社，2012年，第156页。

盈在汉惠帝七年八月十二日（戊寅，前188年9月24日）驾崩于长安未央宫，年仅24岁。作为汉高祖的嫡长子，他的皇位有多方面的保障，内有"萧规曹随"的重臣辅佐，外有楚、齐、赵、代、燕、淮南、淮阳、梁、吴等同姓诸侯王为藩屏，其中除楚王刘交是"宗室长者"，其余诸王都是刘盈的同辈。所以，在齐王刘肥、赵王刘如意入朝时，惠帝都待以家人之礼，不仅因他本性仁厚，更重要的是政治合法性上的自信，只需要讲"亲亲之义"即可。然而，随着汉惠帝的故去，即位的两位少帝都是宫人子，并非吕后的外孙女张皇后所出，幼冲之主能否镇压同姓，在自己垂老之际，吕氏后人庸弱，母家富贵权柄能否延续[1]，都成为吕后不得不面对的难题。

事实上，汉惠帝在位时，吕后的权力存在往往只以"阴谋"出现，鸩杀赵王刘如意，险些毒杀齐王刘肥[2]，召赵相周昌至长安，骂他，你不知道我恨戚氏吗？还敢不让赵王来？[3]这个时候，看不出吕后对周昌的"敬惮"。在赵王被鸩杀后，周昌表达不满的方式，也不过是"称病不朝"罢了。反观齐王，作为刘邦的庶长子，与楚王一同朝天子之后，单独与吕后、惠帝宴饮，由于惠帝坚持用家人礼，要齐王居上座，惹怒了吕后，要不是惠帝回护，也险些遭到鸩杀，恐惧的齐王竟然提议尊自己的姊妹鲁元公主为齐王太后，并献城阳郡为汤沐邑，这才让吕后"喜而许之"，将他放归本国。前一事件发生在汉惠帝元年（前194年）十二月，后一事件发生在汉惠帝二年（前193年）十月，都发生在汉惠帝四年（前191

---

① ［汉］班固：《汉书》卷三十五《荆燕吴传》："太后春秋长，诸吕弱。"中华书局，1962年，第1901页。

② ［汉］班固：《汉书》卷三十八《高五王传》："太后怒，乃令人酌两卮鸩酒置前，令齐王为寿……高祖崩，吕太后征（赵）王到长安，鸩杀之。"中华书局，1962年，第1987、1988页。

③ ［汉］班固：《汉书》卷四十二《张周赵任申屠传》，"周昌"条："太后骂昌曰：'尔不知我之怨戚氏乎？而不遣赵王！'"中华书局，1962年，第2097页。

年）十月皇帝行冠礼之前；此时，刘盈在法理上还未亲政，应由吕后或相国代理国事。

所谓的"人彘"事件，非常值得讨论。依《史记·吕太后本纪》，汉惠帝元年（前194年）十二月，吕后鸩杀赵王刘如意，又迁淮阳王刘友为赵王。紧跟着提到，"夏，诏赐郦侯父追谥为令武侯。太后遂断戚夫人手足，去眼，煇耳，饮瘖药，使居厕中，命曰'人彘'"。这段记载很有深意，"郦侯"是吕台，他的父亲就是周吕侯吕泽，死后4年，方才"追"加谥号，还是"令"与"武"字结合的双谥。而"令"虽有美好之意，却并未纳入谥法之中，结合上下文，应该为"上谥法"[1]中的"灵"字的化用。所谓"死而志成曰灵"[2]，这恰恰与《史记·留侯世家》中司马迁写作"建成侯吕泽"的笔误相呼应。吕泽"劫"张良为太子画策，阻止了刘邦的易储之举。至此，赵王刘如意死，吕泽终于完成了扶保幼主之志。而以"令"代"灵"，概因"灵"字不足以彰显"今吕氏雅故本推毂高帝就天下，功至大，又亲戚太后之重"[3]的特殊地位，故而代之以美字。赏功之后，则是复仇，吕后将戚夫人的手脚砍掉，弄瞎、弄哑、弄聋，让她在厕中生活，因为汉代的厕所往往与猪圈相通，所以，才称其为"人猪"。

奇怪的是之后的记载，吕后让汉惠帝观看"人彘"。刘盈知道是戚夫人，大哭，病倒在床一年多，派人对吕后说："此非人所为。臣为太后子，终不能治天下。"此后，惠帝终日宴饮淫乐，不听政，所以有病了。[4]

① ［清］陈梦雷：《钦定古今图书集成·经济汇编·礼仪典》卷一百九《谥法部汇考五》，引《通志》"上谥法"条，中华书局，1934年影印本，第七百一三册之二十三叶。

② 黄怀信、张懋镕、田旭东：《逸周书汇校集注》卷六《谥法解第五十四》："死而志成曰灵，乱而不损曰灵，极知鬼神曰灵，不勤成名曰灵，死见神能曰灵，好祭鬼神曰灵。"李学勤审定，上海古籍出版社，1995年，第722~724页。

③ ［汉］司马迁：《史记》卷五十一《荆燕世家》，"燕王刘泽"条，中华书局，1959年，第1995页。

④ ［汉］司马迁：《史记》卷九《吕太后本纪》，中华书局，1959年，第397页。

看似因果清楚，但是，若"人彘"事件发生在惠帝元年（前194年）夏，即四、五、六月，病倒"岁余"，汉惠帝二年（前193年）十月，也就是四到六个月后与齐王刘肥的宴饮就很奇怪了。不仅如此，说"不听政"也没有道理。至汉惠帝二年七月廿七日（癸巳，前193年9月6日），曹参任相国[1]后，汉惠帝就曾派曹参之子，中大夫曹窋私下询问为何"无所请事"[2]。前文中也曾提及，汉惠帝三年（前192年）派出了御史监察天下，而御史本就归属于皇帝直辖，要向皇帝汇报，可见，刘盈并非终日宴饮淫乐，不理国事。那么，此处违背事实记载的混入，只能是为了两条信息：其一，"臣为太后子，终不能治天下"。其二，"故有病也"。前者，通过渲染吕后的残忍和合乎礼法的皇帝的自责，确定汉惠帝"不能治天下"的理由，"有病"则"无子"，为了诛除诸吕政变中废少帝，杀惠帝诸子的理由"少帝及梁、淮阳、常山王，皆非真孝惠子也"[3]做合理化的铺垫。

确定了以上事实之后，再来看吕后和惠帝的统治就能发现，惠帝在世时，吕后对朝政的干预并未走到前台，对刘姓诸侯王的诛杀，也只限于泄愤或说复仇，吕后更倾向于维护惠帝的权威，而非个人擅权。

分封诸吕的玄机

政治形势剧变发生在汉惠帝死后，才有了"太后哭，泣不下"的诡异景象，还是张良十五岁的儿子，侍中张辟彊劝解丞相，因为皇帝没有

---

① [汉] 司马迁：《史记》卷二十二《汉兴以来将相名臣年表》，"汉惠帝二年"条："七月癸巳，齐相平阳侯曹参为相国。"中华书局，1959年，第1122页。
② [汉] 司马迁：《史记》卷五十四《曹相国世家》，中华书局，1959年，第2030页。
③ [汉] 司马迁：《史记》卷九《吕太后本纪》，中华书局，1959年，第410页。按常山本恒山郡，避汉文帝讳改，此时本为恒山王。

成年的儿子，太后害怕你们这些功臣将相，要想免祸，就请求拜吕台、吕产、吕禄为将，统帅南北军，并让诸吕都入宫，在宫中掌权，太后才能心安。时任丞相为王陵、陈平，按照建议来，吕后才真哭。

张辟疆提到了"脱祸"，意味着吕后在惠帝死后，又一次威胁功臣们，可在诸吕没有掌握南北军的情况下，吕后凭什么威胁功臣们呢？在《汉书·惠帝纪》中有一处奇怪的记载，"七年冬十月，发车、骑、材官诣荥阳，太尉灌婴将"，车、骑和材官，实际上是车、骑、步三个兵种，即轻车士、骑士和材官蹶张、材官引强。在秦朝时称"中卒"，属"士"的身份，西汉初年差别不大，只是改称"正卒"，属于国中精锐，更是组建大军的基干力量。灌婴统属这部分力量屯驻荥阳，应该是为了震慑关东，同时，制衡、分散都中的南北军力量。

结合灌婴在吕后死后，曾被执政的诸吕派到荥阳对抗齐王刘襄、楚王刘交的大军，可知灌婴应该属于与诸吕关系密切的列侯。类似的还有郦商、郦寄，以及右丞相王陵、左丞相陈平、御史大夫任敖和太尉周勃，除任敖、王陵、周勃为沛县出身，其余权贵的共同点是都出身于魏地。任敖在秦时即曾护持吕后，并在起兵后守丰邑两岁；王陵则在加入汉军后，长期守丰邑，"奉孝惠、鲁元出睢水中"[1]；周勃家乡虽是沛县，先辈却是魏地的卷县人。反观曾经救汉惠帝一命的夏侯婴，虽然得到皇宫近侧的赐宅，在政坛上却没什么声音，直到吕后称制之后，才任命汉惠帝的亲信曹窋为御史大夫，这已经是沛县列侯的第二代了，曾经深得刘邦信赖的周昌，也遭投置闲散，称病不朝到死。可见，与汉惠帝时代"萧规曹随"，重用丰沛旧人的方针不同，吕后在称制之后，集中清理了"楚人"，重用"魏人"，并封亲族吕产为王、诸吕为侯。

---

[1]［汉］司马迁：《史记》卷十八《高祖功臣侯者年表》，"安国侯"条，中华书局，1959年，第924页。

汉惠帝七年九月初五（辛丑，前188年10月16日），汉惠帝葬于安陵①。按照《史记·吕太后本纪》的记载，紧跟着就提出了"议欲立诸吕为王，问右丞相王陵"。由于王陵的反对，在高后元年（前187年）十一月，也就是两个月后，拜王陵为帝太傅，空出了右丞相的相位给阿附自己的陈平。又任命自己的亲信审食其为左丞相，但"左丞相不治事，令监宫中，如郎中令"，也就是不负责日常公事，而是在宫中镇守。这个故事言之凿凿，似为信史，但在《史记·汉兴以来将相名臣年表》中将"大臣用张辟强计，吕氏权重，以吕台为吕王。立少帝"②置于"汉惠帝七年"条下，《史记·汉兴以来诸侯王年表》则在"孝惠七年"条下编列"初置鲁国""初置常山国（避文帝讳，当时应叫恒山国）""初置吕国""复置淮阳国"，其中鲁王为张偃，张耳之孙、张敖之子、张皇后的兄弟、吕后的外孙；恒山王、淮阳王则是惠帝之子；吕王为吕台，吕泽之子。他们真正立为王，已是高后元年四月廿八（辛卯，前187年6月3日）的事了。

由于汉惠帝驾崩的时间在汉惠帝七年八月，入葬安陵时间在九月初五，距离当年年底只有二十几天，"初置"诸国应与立少帝同时。至次年，方才封二异姓王、二同姓王，以汉惠帝的亲缘论，相当于封一母族外戚，封一妻族外戚，另封二子为王，而并非专封"诸吕"为王，里面只有一个"吕"。在"初置吕国"到"封吕王"之间，有四个多月的间隔，除王陵外，没有任何诸侯王、列侯、将相以"非刘氏而王者，若无功上所不置而侯者，天下共诛之"③的理由反对封建，反而"事已布告诸侯王，诸

---

① ［汉］班固：《汉书》卷二《惠帝纪》，中华书局，1962年，第92页。
② ［汉］司马迁：《史记》卷二十二《汉兴以来将相名臣年表》，"孝惠七年"条，中华书局，1959年，第1123页。
③ ［汉］司马迁：《史记》卷十七《汉兴以来诸侯王年表》，"太史公曰"条，中华书局，1959年，第801页。

侯王以为宜"①，全都同意。

结合诸多记载来看，要么是王陵反对封诸吕一事被过度发挥了，要么是天下诸侯王、列侯、重臣都慑于吕后的淫威，置高皇帝的誓约于不顾。从吕后死后齐王即起兵，并给各诸侯王写信，"寡人帅兵入诛不当为王者"②来看，"白马之盟"应是现实存在的，只不过对汉室宗亲的权贵们来说，死去的高皇帝砍不了他们的脑袋，夺不了他们的封地，吕太后却可以。只有王陵这样"少文任气，好直言"的倔老头，才愿意冒风险讲讲理。至于陈平、周勃所谓的"全社稷，定刘氏后"③，就有明显的破绽，好像早知道诸吕会作乱一样，应为诛除诸吕后修改的历史文本。

事实是吕后确实违背了刘邦的意志，但却经由大臣提议、讨论确认，她认可后布告诸侯王，又得到所有诸侯王同意，走完全套法定流程，并非擅权。所谓"王诸吕"也并不确切，在高后元年，她只立了一个吕姓王吕台，又封汶侯吕产、汉阳侯吕禄、扶柳侯吕平、赘其侯吕胜、滕侯吕更始、吕成侯吕忿等六人为侯，并恢复了汉惠帝七年因犯罪被免的建成侯国，让吕释之的儿子吕种继承④，奉吕宣王（即吕公）国，改封沛侯⑤。此后，一直到高后六年（前182年）吕氏家族都只有一个吕国，王位由吕台传儿子吕嘉，吕嘉被废，继以吕台之弟吕产。至高后七年（前181年），吕产徙封梁王，改称吕王，原吕国则转给了惠帝之子刘太，改称济川国，又封吕释之之子、胡陵侯吕禄为赵王。到了高后八年（前180年）十月，又封吕台之子、东平侯吕通为燕王。至此，刘氏有九王，吕

①［汉］班固：《汉书》卷三《高后纪》，中华书局，1962年，第101页。
②［汉］班固：《汉书》卷三十八《高五王传》，"齐哀王襄"条，中华书局，1962年，第1994页。
③［汉］班固：《汉书》卷四十《张陈王周传》，"王陵"条，中华书局，1962年，第2047页。
④［汉］班固：《汉书》卷十八《外戚恩泽侯表》，中华书局，1962年，第680页。
⑤［汉］司马迁：《史记》卷九《吕太后本纪》："乃封吕种为沛侯。"中华书局，1959年，第401页。

氏有三王。^①故此，史书将诸吕封王提前到惠帝刚刚驾崩至高后元年（前187年）并不公允，有倒果为因的嫌疑。王陵当时所反对的，应该不是封一个吕姓王，毕竟之前已有吴姓王（长沙王吴芮），又封了张姓王（鲁王张偃），就像陈平说的，刘邦称帝能封王，吕后称制当然也能封王，本就"无所不可"^②，所以，王陵的着眼点很可能与汉景帝朝周亚夫阻止封皇后兄王信为侯一样，是无功不侯。在此之后，无论吕后如何尊宠吕氏，封王、封侯都没有出现朝廷程序内的反对。之所以如此，一个相当重要的原因就是吕后在经济利益上的补偿和倾斜，方法就是货币改革。

"八铢钱"，改定币制赎买勋贵

高后二年（前186年）"行八铢钱"^③。由《二年律令·钱律》可知，高后二年的"行"，实则是规定了铜钱的使用规格，即只要钱径在0.8寸以上，哪怕有缺损，只要文字能够辨认，没有断裂或铅质，则可流通使用，黄金颜色只要非青、红，也可流通使用，凡是敢不收行钱、行金的，要罚黄金四两。^④在张家山汉简《算数书》中，曾提及当时的"金贾价"为315钱/两，米价包括粺米1.5钱/斗、粝米0.67钱/斗、米1.67钱/斗、

①［汉］司马迁：《史记》卷十七《汉兴以来诸侯王年表》，"高后八年"条，中华书局，1959年，第1125页。
②［汉］司马迁：《史记》卷九《吕太后本纪》，中华书局，1959年，第400页。
③［汉］司马迁：《史记》卷二十二《汉兴以来将相名臣年表》，"高后二年"条，中华书局，1959年，第1124页。
④《二年律令·钱律》："钱径十分寸八以上，虽缺铢，文章颇可智（知），而非殊折及铅钱也，皆为行钱。金不青赤者，为行金。敢择（一九七）不取行钱、金者，罚金四两。（一九八）"张家山二四七号汉墓竹简整理小组：《张家山汉墓竹简（二四七号墓）》，文物出版社，2006年，第35页。

黍1.5钱/斗。[①]粺米和粝米都是米，只是加工精细度的区别，故而价格有差。在前文中已经计算过，汉惠帝的6万钱赎死与秦二世时代的23040钱赎死在购买力上应基本持平。也就是说，秦二世时"半两钱"司法购买力约为汉惠帝元年时的2.6倍。高后二年延续了秦二世律法，暂不考虑金价变动因素，"半两钱"的购买力约为惠帝元年的4.35倍。

秦二世在位时间短暂，汉二年后又允许百姓放铸铜钱，加上战乱剧烈，人口减少，从秦二世元年（前209年）到汉惠帝元年（前194年），15年的时间，官定物价增长了2.6倍。8年后，高后二年（前186年）"行八铢钱"时，官定物价缩水至惠帝时代的23%左右，通货紧缩的剧烈甚至远甚于秦二世时代。这一点，可以从米价上得到印证。岳麓书院藏秦简《数》中，算术用的米价就有1石50钱（另有"米一斗五钱"）、1石64钱等不同价格。[②]而上述张家山汉简《算数书》中，不同规格的米，最贵者也不过1石16.7钱，最便宜的1石只有6.7钱。在《二年律令·田律》中，刍，也就是饲草，1石值15钱；稾，即禾秆，1石值5钱，[③]喂牲口的草料价格几乎赶上精加工的米价，看起来相当不合理。

之所以如此，在于秦朝和汉朝的物价管理体制不同。秦朝对于粮食价格和刍稾价格都以律令的形式进行确认，又有规模庞大的官营刑徒经济支撑物资生产，自然可以保障官定价格的平衡。而西汉初年刑徒经济解体，法律中的官定价格与市场供需决定的市场价出现冲突，并不奇怪。

以钱计价，秦朝米价是高后二年（前186年）的2.99/3.83倍。但从赎

---

① 张家山汉简《算数书》，"米出钱"条："粺米二斗三钱，粝米三斗二钱……米斗一钱三分钱二，黍斗一钱半钱。"张家山二四七号汉墓竹简整理小组：《张家山汉墓竹简（二四七号墓）》，文物出版社，2006年，第150页。
② 王佳：《里耶秦简所见迁陵地区物价研究》，载《江汉论坛》，2015年第10期。
③《二年律令·田律》："刍一石当十五钱，稾一石当五钱。（二四一）"张家山二四七号汉墓竹简整理小组：《张家山汉墓竹简（二四七号墓）》，文物出版社，2006年，第41页。

死购买力持平的角度来看，秦之40两黄金、23040钱可买米360石/460.8石。高后二年（前186年）理论米价应为35钱/27.34钱，但现实是，当时的米价为1石16.7钱，这就必须考虑"金贾价"的因素，秦之金价为汉之1.83倍，物价平衡后的理论米价为30.56钱，恰与睡虎地秦墓竹简中秦始皇时代的律定米价近似。这就意味着，《二年律令》推行时，吕后极有可能考虑"复秦"，希望将物价拉回到秦朝法律规定的"合理区间"。问题是，前文计算过高帝、惠帝时代普通百姓需要承担的货币税收，拥有"二力田"的四口之家至少每年需缴纳520钱。而汉初人口约1500万～1800万人，合户375万～450万，则每年约需缴纳19.5～23.4亿钱。也就是说，每年汉王朝通过税收货币回笼就达20亿钱左右，而自汉武帝元狩五年（前118年）铸五铢钱至汉平帝元始年间（1—5年），前后约120年，共铸钱280亿余枚，平均每年铸钱2.35亿枚，产量已经不算低了，每年货币回笼所需也是8.5年的铸钱总量。而"八铢钱"的铸造时间，将秦二世的3年计入，加上吕后施行后的4年，总共也不过7年时间。哪怕将秦国、秦朝曾经铸行的12铢"秦半两"中的"大钱"计入，民间流转的"八铢半两"很可能根本不足以满足货币税的需求，就别提日常交易了。

依照经济规律，"钱荒"会促使民间将"良币"储藏起来，从而形成恶性循环，金钱比价区间会不断缩小，反向压迫律令体系。在《二年律令》中，有"罚金"而无"罚甲、盾、马甲"，只有《兴律》中规定"乏徭"赀钱的罚则，也就是应参与徭役却未到岗，1天要缴12钱，同时补偿未到的徭日。这意味着在西汉基层行政中，主要货币尺度有所变化，并非钱或布，而是黄金，根本原因应该是之前以钱计价的通货膨胀。"行八铢钱"虽然改革了青铜铸币，人为制造了通货紧缩，却没有影响"行金"，甚至还对"行金"的成色模糊处理。哪怕是造"伪金"的，处罚也比"盗铸钱"要轻，等于是在鼓励"行金"在市场上的流通。流通中的铜钱越来越少，"金贱钱贵"的现象愈演愈烈。市场物价非但没有回到秦朝的"合理区间"，反而越走越远。"平贾价"虽有官府的干预，也需考虑市场价格的变动，那么，政府储备的财富也会随之缩水，新铸钱的数量也很难填平中间的差额。

出现这样的漏洞，吕后仍要施行货币改革的政策，根本原因就在于前文中计算的"520"的收入。以相国萧何的酂侯8000户为例，按《史记·平准书》记载，1户可得租税200钱，年入160万钱，高帝、惠帝年间米价为175钱，相当于9142.86石米，稻出米比为10/5，则约相当于12190.48亩总收成，五五分租，则为24380.96亩，即约243.81顷；以封户最少的500户临辕侯戚鳃为例[1]，则约等于15.24顷的收益。据《二年律令·户律》，关内侯授田95顷，农业收益超过3117户的食邑收入；没有规定授田数的彻侯，其中最少的只有500户食邑，实际收益尚不如第八级公乘的20顷田农业所得。但在货币改革过后，500户的彻侯却可以得到159.7顷的收益，远远超过了关内侯的95顷。

显而易见，在西汉初年物价节节攀升的背景下，列侯们的"食租税"收益受到了严重侵蚀，这些被刘邦要求强制居住在长安的功勋封君，本应居处豪奢、安享富贵，此时却不得不仰赖于皇帝下赐的"餐钱"[2]，如同官吏一般受到政权财政的钳制。而夺去列侯南北军兵权给予诸吕的吕后，想要安抚列侯们的情绪，获取他们的支持，实惠必须给到。当然，兴一利必生一弊，上述米价与饲料价的接近，就是一个典型的弊端，律令定价体系出现了与市场价的冲突。不过与吕后争取列侯、官吏对女主称制

---

[1]［汉］班固：《汉书》卷十六《高惠高后文功臣表》，"临辕坚侯"条，中华书局，1962年，第604页。
[2]［汉］班固：《汉书》卷三《高后纪》，"高后二年春"条："丞相臣平言：'谨与绛侯臣勃、曲周侯臣商、颍阴侯臣婴、安国侯臣陵等议：列侯幸得赐餐钱奉邑，陛下加惠，以功次定朝位，臣请臧高庙。'奏可。"中华书局，1962年，第96页。

支持的"大局"相比，或者说现实"过坎儿"相比，这些弊端只是萌芽。疥癣之疾，完全可以徐徐图之。

货币是身份等级收益制的枢纽

"分部悉捕诸吕男女，无少长皆斩之。"

——《汉书·高后纪》

在高后元年（前187年）、二年（前186年），史书可见的吕后施政举措，除了封建诸王、侯诸吕，还有除三族罪、妖言令，"初置孝弟力田"，以及"定列侯功次朝位"。其中，"三族罪"适用于谋反，本就不常用，而"妖言令"则延续自秦，为了钳制臣下的"非所宜言"而设置的惩罚措施，属于言论管制的手段，不涉及军国大政。反倒是"初置孝弟力田"与"定列侯功次朝位"有很现实的意义。前者是要求地方官举荐"孝悌"的道德表率和"力田"的先进典型；后者则是为已封的列侯们以功劳大小排序，决定朝见的站位顺序，并在祭祀刘邦的高庙中永久保存。可见，前者是为百姓树标杆，后者是为功臣、百官立榜样，定谁不定谁，谁靠前谁落后，自然取决于吕后。榜样立起来了，次序定好了，身份等级收益制也就确立了。

所谓的身份等级收益制与身份等级制密切相关，确切地说，是身份等级制的一种形式，脱胎于先秦时代的封建传统。这里的封建指的是分封建国的制度，而非一般理解的封建社会。在此制度之下，血统贵族被分为不同的等级，享有对等的权利和对主君的义务，身份等级收益体系的核心则是收益，货币利益就是其中重要一项。

在中国货币史上，《二年律令·钱律》无疑具有开创性的意义。在已知的战国、秦汉简牍材料中，这是第一次以《钱律》篇目统一规范货币的规格和使用，而非之前附属于《金布律》中。而"金布"得名源自政府财物出纳统计，"钱"与"金布"的分列，意味着"货币"与"财政"的分立，货币的流通性职能得到了法律层面的确认。不过必须指出的是，尽管史书中称"八铢钱"，律法中却仅规定了直径规格，没有量化的重量判定，以及铜、铅、锡成分比例的限定。"行金"的相关规定也存在类似问题，只有外观的颜色，没有具体的成色、重量、形状的标准。在此背景下，无论是官方铸钱者，还是民间持有者，都可以通过尽力扩大方孔部分的"钱穿"来获取铜材，只要保证钱廓的外径达标即可。至于黄金，完全可以在保证外观颜色前提下，掺入其他金属熔铸，获取差价，重量、形状虽有"一斤"的标准，交易时也完全可以通过剪裁当作称量货币使用。

这都意味着，高后二年（前186年）时，西汉王朝对货币的认识确实比秦朝进步，但仍没有制造、管理标准化铸币的意识。更严重的是，《钱律》中只提到了达标的铜钱，并没有涉及不达标的铜钱如何回收、兑换的问题。这意味着，"行八铢钱"是与秦二世"复行钱"一样的流通货币废止运动，在市场上流通多年的"荚钱"，一夜间不合法了。与之配套的是对"盗铸"的全面控制，除上述行钱、行金规定，现存《钱律》条目，大部分都是对"盗铸"的处罚和防范，就连为盗铸钱买铜、炭材料的，花钱出去的人都要处以死刑。[1]同时，告发、抓捕盗铸金钱的主谋、从犯也被列明了详细的赏格，不同身份等级的人可以得到升爵一级、复免劳役、免死罪、免罪为庶人等优厚的奖励。

---

[1]《二年律令·钱律》："盗铸钱及佐者，弃市（二零二）……智（知）人盗铸钱，为买铜、炭，及为行其新钱，若为通之，与同罪。（二零三）"张家山二四七号汉墓竹简整理小组：《张家山汉墓竹简（二四七号墓）》，文物出版社，2006年，第35页。

　　显而易见，在废止旧铜币的同时，禁止民间对新铜币的染指，才是吕后"行八铢钱"的真意。一大佐证就是，"盗铸钱"者处"弃市"死刑，而"为伪金者"则处"黥为城旦舂"。同样是变造货币，"盗铸钱"造出来的至少还是合乎规格的"真币"，否则就花不出去；"为伪金"造出来的就是纯"假币"了，处罚反而更轻，体现出的恰恰是当时朝廷对货币的认知。"伪金"是假币，进入流通受损的是百姓，因为官府可以识别和没收假币而不给百姓补偿；"盗铸钱"是真币，虽然无人受损失，可盗铸者获得了不当收益，破坏了政府主导下的等级收益秩序。两害相权，反而是盗铸铜钱罪更大。

　　这个等级收益秩序与货币改革的关系，就像陈平、王陵等人上言所说的，"列侯幸得赐餐钱奉邑"。这是列侯们的级别收益，服从政治导向的人，会得到更靠前的"朝位"，甚至传之子孙；官吏则依秩级获得俸禄和赏赐；百姓们依据爵位拥有土地，虽然靠自行耕种获得收益，但顺应朝廷道德导向的人会得到表彰和优免，负担减少了，实际收益自然也就增加了。在这个体系中，用以横绝上下的工具不再是周秦时代的血统身份。正如上文中述及的，无论是刑罚、爵位，还是官职在货币化后，都存在一个衡量、换算的客观尺度，那就是"货币"。汉制之下，周秦的绝对身份等级社会被置换成了身份等级收益社会，绝对尺度由身份高下置换为收益的高低。

　　之所以如此，根源在于秦汉国家逐步完成了对全社会的经济干预。上层阶级固然延续了绝对身份等级社会的"爵邑"之名，在现实收益上，却演变为依赖距皇权的关系远近分润经济收益。"奉邑"不再是先秦的"封邑"，而是类似于俸钱的食租税数量基准，餐钱、赐钱等收益更是仰赖于朝廷的恩典。至于普通百姓，虽有军功爵傍身，却要受到田宅限额的控制，以及官吏授田、均徭的挟制。整个社会无论上下阶级，都深陷皇权吏治国家的罗网之中，"凿井而饮，耕田而食，尧何等力"[1]的自由时代一去不复返了。在此条件下，收益的绝对尺度又被分为两层，以货币连接：

（1）上层阶级衡量皇权转授货币之多寡以定等次；

（2）下层阶级则以实物收益换取货币、上缴货币，剩余部分才用以维持生存，甚至挣扎在死亡线上。

这就意味着，上下阶级的连接处，必须存在货币化的商业，才能形成体系闭环。而这商业又必须为身份等级收益制服务，而非破坏它，这才是吕后"复行八铢钱"的目的所在。不过，吕后没有想到的是，一个意料之中的场外因素，最终促使她在短短四年后，就对社会做出了让步，尽管只有0.3寸。

权贵工商业的繁荣避免了亡秦之祸

前文述及，推行"八铢半两"是秦二世的旧政，与诸多政治举措合力之下，促成了秦帝国的经济总崩溃，而吕后再行"八铢半两"虽然出现了上文中所提及的一些问题，却并没有动乱的迹象，原因何在呢？严格的货币规格限制，令民间储蓄的不符合标准的半两钱变成废铜烂铁，又有《钱律》规定禁止熔铸，不亚于一次规模巨大的财富洗劫。但是，

---

[1] 黄晖：《论衡校释》第五卷《感虚第十九》："尧时五十之民，击壤于涂。观者曰：'大哉，尧之德也！'击壤者曰：'吾日出而作，日入而息，凿井而饮，耕田而食，尧何等力？'"中华书局，1990年，第253页。

《二年律令》中又延续了"复弛商贾之律"的政策，使得"山川园池市井租税之入，自天子以至于封君汤沐邑，皆各为私奉养焉"①，也就是曹参治齐"以齐狱市为寄，慎勿扰也"政策的延续，让诸侯王、列侯、公主在基本固定的"食租税"收入之外，得以扩张自己的收益来源。山、川、园、池、市井来源的工商收入，在秦朝完全归属于县廷。以里耶秦简8-454号中记录的迁陵县收入"考课"项目为例，租税类：园课、池课、市课、漆课；特产生产类：园栗、時竹；矿业生产类：采金、采铁；手工生产类：作务、铸段（锻）；特殊成品类（或制或买）：竹箭。②而在《史记·货殖列传》中，牛、马、羊、猪、鱼，材、枣、栗、橘、荻、漆、竹，桑、麻、卮茜、姜韭，均可为百姓私有经营，"此其人皆与千户侯等"。③

很明显，秦朝以"考课"方式全面控制的工商业经营，在西汉"弛商贾之律"后已对民间开放，拥有封地的诸侯王、列侯们远比普通百姓更具经营优先权，或与之合作，也就是刘邦质疑萧何说的"多受贾竖金"。正因如此，西汉初年的列侯、百姓虽然身处身份等级收益制的罗网中，却打开了工商致富之门，所谓"夫用贫求富，农不如工，工不如商，刺绣文不如倚市门，此言末业，贫者之资也"。工商业的爆发式增长，令"权贵"和"奸民"都有了广阔的容身之地，与体制共生共存，动荡自然消弭。

问题是，工商业发展需要人力，西汉王朝律令中规定的徭役、兵役也需要人力。在汉惠帝和吕后称制的大部分年头里，由于"君臣俱欲休息乎无为"④，几乎没有大兴作，也没有战争动员。又颁布了鼓励女子婚

---

① ［汉］司马迁：《史记》卷三十《平准书》，中华书局，1959年，第1418页。
② 参见拙作《秦砖：大秦帝国兴亡启示录》，北京联合出版公司，2020年，第490页。
③ ［汉］司马迁：《史记》卷一百二十九《货殖列传》，中华书局，1959年，第3272页。
④ ［汉］司马迁：《史记》卷九《吕太后本纪》，中华书局，1959年，第412页。

嫁、恢复人口的法令，"民务稼穑，衣食滋殖"。但是，一直到文帝即位，"时民近战国，皆背本趋末"①，无论政权如何引导，个体的"用贫求富"只会选择"末业"。在天下太平时，这种现象对王朝的危害并不迫切，待到高后五年（前183年）八月，吕后突然"令戍卒岁更"②。这个变化在"本纪"中悄无声息，在秦汉制度史上却是一枚不容忽视的"重磅炸弹"。

　　吕后"令戍卒岁更"，直接推翻了岳麓书院藏秦简《戍律》中规定的"戍者月更"的定制。在此之前，百姓服徭担任的"更戍卒"以月为单位。在秦朝，徭是普通编户齐民最基本的负担，但分为"常态"与"非常态"两种：一者为"徭戍"，常态以"月"为单位计数；一者为"发徭""兴徭"，属于"非常态"的负担，以国、郡的工时需求为依据，用"徭日"为单位计数，地方官吏必须"均徭日"。到了汉代，"非常态"负担走向了"常态化"，郡级政府会编制"卒更簿"统一规划人力供给，以上两种负担均走向以"月"为单位计数。月更之法，即以服徭者所在乡户籍为人力池，均平负担，轮番去服"更戍之徭"，自费赶赴戍所，接受当地政府安排"服徭"1个月。"戍"的任务未必是军事戍守，也可能是耕种或传送委输、修河治水等活动，在秦汉之际也称"外徭"。由于高后五年（前183年）八月"令戍卒岁更"的政策很快被汉文帝废除，汉文帝十三年（前167年）即"除戍卒令"③，再次回到"戍者月更"的老路上，所以吕后改革的细节并不清晰。但史书既然未提及变动《戍律》和《徭律》，而只是以"戍卒令"的形式补充，其改变的方式很可能是将编户民"已傅"后应服的"更月"凑足一年后，免除其"岁更"后的历年

---

① [汉] 班固：《汉书》卷二十四上《食货志上》，中华书局，1962年，第1127页。
② [汉] 司马迁：《史记》卷二十二《汉兴以来将相名臣年表》，"高后五年"条："八月……令戍卒岁更。"中华书局，1959年，第1124页。
③ [汉] 司马迁：《史记》卷二十二《汉兴以来将相名臣年表》，"孝文十三年"条："除肉刑及田租税律、戍卒令。"中华书局，1959年，第1127页。

"更戍"，从而使单个"更戍卒"在边疆保障戍守一年。[1]

吕后之所以做出这个改革决定，直接原因就是匈奴的进犯。按照刘敬对刘邦所说的，"匈奴河南白羊、楼烦王，去长安近者七百里，轻骑一日一夜可以至秦中"。白羊、楼烦王，所居住的地方就是蒙恬当年北逐匈奴所占领的河套地区，称为"新秦中"[2]。虽然这一年不见匈奴侵扰的记载，但仅仅一个月后的高后五年（前183年）九月，即"发河东、上党骑屯北地"[3]。新秦中地在北地郡与后来的朔方地之间，发骑兵屯驻北地郡，明显是为了对付匈奴部落的南下蚕食。

"五分钱"，敲响吕氏家族的丧钟

"令戍卒岁更"的间接原因就是面对外敌来袭时刑徒、罪犯不足。在秦朝的戍边体系中，以"年"为单位的戍卒（含罚戍、谪戍、亢募群戍卒、赀戍）与无固定期限的"屯戍"的结合，才是人力的主体。"更戍卒"本是小国寡民的周制遗存，以及一部分家贫黔首不得不亲自服役的补充。[4]可西汉王朝由于人口稀少和屡屡大赦，以"罚"为主要来源的众多刑徒、罪谪，不能维持规模。以"代役"获利的"募人"，在商品经济的机会大潮下，完全没有必要到边塞之地一住数年来赚这个卖命钱；而依赖"月更"的"更戍卒"，大量的时间被浪费在路途上，持续经营边地

---

① 参见拙作《秦砖：大秦帝国兴亡启示录》，北京联合出版公司，2020年，第50~51页。

② ［汉］司马迁：《史记》卷九十九《刘敬叔孙通列传》，《索隐》注"白羊、楼烦王"条："案张晏云白羊国名。二者并在河南。河南者，案在朔方之河南，旧并匈奴地也，今亦谓之新秦中。"中华书局，1959年，第2720页。

③ ［汉］班固：《汉书》卷三《高后纪》，中华书局，1962年，第99页。

④ 参见拙作《秦砖：大秦帝国兴亡启示录》，北京联合出版公司，2020年，第59页。

无从谈起。在匈奴步步逼近的背景下，人力资源陡然紧张，甚至只能从关中之外的河东、上党调动骑士屯驻北地。

第二年，也就是高后六年（前182年）六月，"匈奴寇狄道，攻阿阳"。狄道、阿阳地属陇西郡，其中狄道居于沟通河湟地区和陇右的枢纽，秦昭襄王时即修有长城，而阿阳县则居于陇山之口，是从陇西地区进入关中的防御枢纽，可见匈奴纵横寇略之深。短短6个月后，高后七年（前181年）十二月，匈奴再次进犯狄道，掳掠二千余人。狄道、阿阳所属陇西郡，与北地郡分属两个地理区块，在军事上也难以策应。而从记载上看，河西地区匈奴属浑邪王、休屠王管辖，新秦中匈奴属白羊王、楼烦王管辖，都在向关中骚扰，自汉惠帝年间开始的，通过和亲手段维持汉匈和平的局面一去不返了。

正是在高后六年（前182年），吕后做出了"行五分钱"的决定，一个原因是上文提及的"八铢半两"流通中存在的诸多问题需要解决，另一个原因则是军事防御需要造成的财政压力。

其一，边郡粮储、人口不足。仓储与人口在边疆地区互为因果，一直到汉武帝开边的时代，"胡降者皆衣食县官"[1]，招降的匈奴人需要官府供给，之后"乃徙贫民于关以西，及充朔方以南新秦中，七十余万口，衣食皆仰给县官"。[2]移民实边也需要官府供应，70多万口养活几年后，才能"假予产业"，也就是定居耕种。这个过程所费以亿计，以至于"县官大空"，汉武帝时充实的府库都能花光，何况吕后时？所以，在汉文帝时代晁错提出"入粟拜爵"的办法之前，边郡的人口和粮储，只能依赖内地服役的"更戍卒"。而后者短期内无法增加，行程也不能太远，只能就近在关中发徭。如果从关东大批量发卒，自带口粮负担过重，百姓纷

①［汉］司马迁：《史记》卷三十《平准书》，中华书局，1959年，第1425页。
②［汉］司马迁：《史记》卷三十《平准书》，中华书局，1959年，第1425页。

纷破产，很可能会重演秦末大乱的剧本。

其二，车骑马的维持。自战国秦至西汉初年，轻车与骑士一直是军队突击的关键，也是最精锐的野战兵种，却不是常备军，而是车在武库，马在官厩或民间，士在民间生活，享受"比吏"的待遇，战争发生时，再进行兵种动员编成军队。汉初经济凋敝，将相乘坐牛车，战马更是缺乏，所以"令民有车骑马一匹者，复卒三人"①，成效显著，汉高帝十一年（前196年）："发上郡、北地、陇西车骑，巴、蜀材官及中尉卒三万人为皇太子卫，军霸上。"②这支军队就是张良为刘盈请将的关中兵，整个关西所有精锐的"士"凑一起也就3万，还有一大部分是步兵射手。到了汉文帝三年（前177年），遣丞相灌婴率骑兵8.5万击匈奴③。汉文帝十四年（前166年），又发车1000乘、骑兵10万驻扎渭北。④当然，从冯唐当年被任命为车骑都尉，"主中尉及郡国车士"⑤来看，这支庞大的车骑部队应该来自内史和天下诸郡国，不只关中本地。但确实可以看到，西汉王朝经过20年的休养生息，车骑的爆发式增长。高后时代与汉文帝三年（前177年）时间相距不远，8.5万骑兵还是有的，所以才令河东、上党骑士屯北地郡，可车骑马越多，意味着"复卒"越多，陇西、北地、上郡等边郡本就是出车骑的地方，几十万人复免，谁来"更戍"？

所以，吕后一方面要"戍卒岁更"，将有限的人力充分利用起来，另一方面又要补偿吏卒，以缓解种田人，也就是兵源的经济压力。钱荒带

①［汉］班固：《汉书》卷二十四上《食货志上》，中华书局，1962年，第1133页。
②［汉］班固：《汉书》卷一下《高帝纪下》，中华书局，1962年，第73页。
③［汉］班固：《汉书》卷四十一《樊郦滕灌傅靳周传》，"灌婴"条："是岁，匈奴大入北地，上令丞相婴将骑八万五千击匈奴。"中华书局，1962年，第2085页。
④［汉］班固：《汉书》卷四《文帝纪》："十四年冬，匈奴寇边，杀北地都尉卬。遣三将军军陇西、北地、上郡，中尉周舍为卫将军，郎中令张武为车骑将军，军渭北，车千乘，骑卒十万人。"中华书局，1962年，第125页。
⑤［汉］班固：《汉书》卷五十《张冯汲郑传》，"冯唐"条，中华书局，1962年，第2314页。

来的最大的问题就是谷贱伤农。想要马儿跑就要让马儿吃草，所以，将
"八分"的行钱标准，放宽到"五分"，一次性释放社会存量货币，府库
之中旧存的、曾经不合格的半两钱，也可以重新启用，可谓公私两便，
却意味着吕后个人权力的全面失败，对重臣列侯的利益拉拢一次性归零。

第十二章

汉文帝的『阳谋』

贾生之论

> "寡人金钱在天下者往往而有，非必取于吴，诸王日夜用之弗能尽。"[1]

——《史记·吴王濞列传》

高后八年八月初一（辛巳，前180年8月15日），吕雉在未央宫中驾崩。作为汉王朝的"老祖母"，她既要为孙子的王朝殚精竭虑，又要为娘家安排后路，在用财政、货币手段争取功臣列侯支持失败后，于生命的最后时刻，尽力地编织了一张结合联姻与分封诸侯王的关系网，却完全没能奏效，反而为汉高祖刘邦的中子，毫无即位可能的代王刘恒创造了机会。

高后八年后九月廿九日（己酉，前180年11月12日）傍晚[2]，从代国轻车简从赶来的代王刘恒在重臣的簇拥下入居未央宫，连夜诛杀惠帝诸子之后，终于登上了皇位，是为汉文帝。汉文帝在秦汉之际的皇帝中相当特殊，不同于刘邦在陆贾的提示下才关心"秦所以失天下，吾所以

---

[1]［汉］司马迁：《史记》卷一百六《吴王濞列传》，中华书局，1959年，第2829页。

[2]［汉］司马迁：《史记》卷九《吕太后本纪》："代王即夕入未央宫。"中华书局，1959年，第411页。按"夕时"见于悬泉汉简载三十二时称：平旦、日出、二干、蚤食、食时、食坐、日未中、日中、日失、蚤铺、铺时、铺坐、下铺、夕时、日未入、日入、昏时、定昏、夜食、人定、几少半、夜少半、夜过少半、夜几半、夜半、过半、夜大半、大晨、鸡前鸣、中鸣、后鸣、几旦。转引自张德芳：《简论汉唐时期河西及敦煌地区的十二时制和十六时制》，载《考古与文物》，2005年第2期。

得之者"①，也不同于完全没有顾及这个问题的惠帝、高后。汉文帝曾主动询问张释之"秦之敝"②，贾山、贾谊、晁错上书都曾以秦亡汉兴为主题，可见汉文帝一直希望找出一条不同于秦朝速亡的长久之路。他本人的思想也非常复杂，《史记·儒林列传》中说"孝文帝本好刑名之言"③，《史记·礼书》中又说"孝文好道家之学，以为繁礼饰貌，无益于治"④，也就是说，汉文帝既喜欢法家，又喜欢道家的学说，但在人才征用上，又有不少文学之士列名儒林。⑤道、儒、法三家兼收并蓄，恰恰说明他惩亡秦之弊，对专任法术的政务实操非常关注，甚至可以说是警惕，希望能够有所弥补。

故此，贾谊事后为被告谋反下狱的周勃上书，指出："夫天子之所尝敬，众庶之所尝宠，死而死耳，贱人安宜得如此而顿辱之哉！"⑥从君臣关系的角度指出，人主到庶人的社会组织，需要有公卿大夫士至官师小吏的等级分明，给予大臣以符合等级身份的尊严感，就是维护天子的至尊地位，贵臣犯错，可以废之、退之、赐死、灭之，却绝不能捆绑、绳拽，送进监狱承受徒刑、肉刑，让守囚的小吏们侮辱鞭笞。⑦因为这相当于天子鼓励百姓无视尊卑等级，结果就是秦二世的望夷宫之变。

贾谊的议论，虽然立足点是"尊君"和强调"等级分明"，却恰恰

---

① [汉] 班固：《汉书》卷四十三《郦陆朱刘叔孙传》，"陆贾"条，中华书局，1962年，第2113页。

② [汉] 司马迁：《史记》卷一百二《张释之冯唐列传》，"张释之"条，中华书局，1959年，第2751页。

③ [汉] 司马迁：《史记》卷一百二十一《儒林列传》，中华书局，1959年，第3117页。

④ [汉] 司马迁：《史记》卷二十三《礼书》，中华书局，1959年，第1160页。

⑤ [汉] 司马迁：《史记》卷一百二十一《儒林列传》，《正义》注"孝文时颇征用"条："言孝文稍用文学之士居位。"中华书局，1959年，第3117页。

⑥ [汉] 班固：《汉书》卷四十八《贾谊传》，中华书局，1962年，第2256页。

⑦ [汉] 班固：《汉书》卷四十八《贾谊传》："今而有过，帝令废之可也，退之可也，赐之死可也，灭之可也；若夫束缚之，系绁之，输之司寇，编之徒官，司寇小吏詈骂而榜笞之，殆非所以令众庶见也。"中华书局，1962年，第2256页。

触及了秦制的命门，即专任法术的吏治国家，皇权无限扩张会破坏身份等级收益社会的结构，走向权力主导的绝对扁平化，这个过程中，皇权固然可以为所欲为，但整个"亲亲尊尊"的伦理体系也会随之崩溃。正如贾谊所举"投鼠忌器"的例子，以皇权之尊为器，公卿贵臣的违法为鼠，无所顾忌地灭鼠，任庶民践踏尊者尊严，也会削弱皇权的尊严，一旦庶民彻底丧失对尊者的敬畏，器就和鼠一起被打碎了。当汉文帝看到这份"讥上"之书，反应是"深纳其言，养臣下有节"，《汉书·贾谊传》中说，自此之后，大臣有罪，均允许其自杀，不受刑辱，一直到汉武帝时代，才自宁成开始，恢复了大臣收监制度。[1]当然，这并不符合事实，景帝时条侯周亚夫就曾被捕入廷尉，绝食五天，呕血而死。[2]正如周亚夫事例与史书总结的乖异，《史记》《汉书》中的汉文帝史事，确实重议论而轻事实。贾谊、张释之、贾山等人议论占据了这个时代历史的大半篇幅，涉及"尊尊""诸侯王""推恩""列侯就国""开言路""更定律令""平法""铸钱"和"改正朔""游猎""务本""积粟""备边""削藩"等诸多方面，合并同类项之后就是四个问题：①如何解决诸侯王威胁？②如何提升君权合法性？③如何防备匈奴入侵的边患？④如何面对商品经济的发展？命题贯穿了文帝时代，解决方案却表现出两个阶段的特征，在贾谊活跃的前元前期，"诸律令所更定，及列侯悉就国，其说皆自贾生发之"[3]。

---

① [汉] 班固：《汉书》卷四十八《贾谊传》："是时，丞相绛侯周勃免就国，人有告勃谋反，逮系长安狱治，卒亡事，复爵邑，故贾谊以此讥上。上深纳其言，养臣下有节。是后大臣有罪，皆自杀，不受刑。至武帝时，稍复入狱，自宁成始。"中华书局，1962年，第2260页。

② [汉] 司马迁：《史记》卷五十七《绛侯世家》，"周亚夫"条，中华书局，1959年，第2079页。

③ [汉] 司马迁：《史记》卷八十四《屈原贾生列传》，"贾谊"条，中华书局，1959年，第2492页。

正因为贾谊的思路与汉文帝的思路高度契合，汉文帝才提议给这位二十多岁的年轻人以"公卿之位"。哪怕在满朝权贵反对，让其出外之后，贾谊上书所言的众建诸侯而少其力、务本积贮、公卿不辱、封建诸子等建议全都被文帝采纳，改正朔、易服色在前元末年也已施行。就连班固评价为"施五饵三表以系单于，其术固以疏矣"的"德战"匈奴之术，除了在礼仪上的虚名争议之外，其他手段都被文帝采纳，与匈奴长期维持互市、赐物关系，力图潜移默化地影响匈奴的生活方式。汉文帝时代，匈奴老上单于已经"好汉缯絮食物"，到汉武帝时代的军臣单于，干脆是"匈奴自单于以下皆亲汉，往来长城下"。甚至在"马邑之谋"汉军引诱匈奴入塞伏击未果后，互市贸易仍在维持。①

与贾谊不同，贾山虽同为文学之士，所上《至言》着重于儒家传统的匡正君主行为的劝谏，缺少实操建议，并不为文帝所重视，结果也只是"终不加罚，所以广谏争之路也"②。二贾的不同命运，凸显出汉文帝的思想底色就是两个字，"实用"，繁文缛节和道德约束都必须展示实用性，才能在他的朝堂上有一席之地。贾山曾在汉文帝"除铸钱令"后上书进谏，认为"变先帝法，非是"，文帝见书后诘责，贾山回复说，钱是一种无用之器，却可以换来富贵，而富贵是人主的权柄，让民间制造钱，相当于与人主共操权柄，不能长久。③对此，文帝并未采纳。无独有偶，贾谊也曾进谏不可放铸，并提出了多方面的理由：其一是黥罪根本震慑不住掺杂铅铁制造伪钱的行为，反而制造出执法混乱；其二是各地方百姓用钱习惯不一样，法钱难立；其三是废农事、采铜者会越来越多，铜多

---

① [汉] 班固：《汉书》卷九十四上《匈奴传上》，中华书局，1962年，第3765页。

② [汉] 班固：《汉书》卷五十一《贾邹枚路传》，"贾山"条，中华书局，1962年，第2337页。

③ [汉] 班固：《汉书》卷五十一《贾邹枚路传》，"贾山"条："章下诘责，对以为：'钱者，亡用器也，而可以易富贵。富贵者，人主之操柄也，令民为之，是与人主共操柄，不可长也。'"中华书局，1962年，第2337页。

则哪怕禁铸钱也会出乱子。依据这三条，贾谊提出了自己的建议，由国家垄断铜资源，问题就解决了。结果是"上不听"。

上述劝谏的理由，包含"权力""轻刑""平法""务本"等，都占了之前对文帝谏言中能起作用的要素，但此次完全失效，原因何在？

西汉初年的铸币体系有多混乱

贾谊和贾山对汉文帝货币改革的反对，只涉及青铜铸币，不涉及黄金；只涉及放民自铸，不涉及更造四铢半两，个中原因与其说是经济考虑，毋宁说是政治考虑。无论是贾山所说的人主权柄旁落，还是贾谊指出的铜布天下难以管制，都是以"皇权独占"为根本出发点。但是，他们没有意识到，在官铸时代，黄金铸造也并非由官方垄断，铜钱铸造除了汉廷控制下的都城、诸郡，各诸侯国一样在经营。

早在惠帝、高后时，因为吴国境内的鄣郡有铜山，吴王刘濞"招致天下亡命者（益）［盗］铸钱，煮海水为盐，以故无赋，国用富饶"[1]，这里的"无赋"指的是"军赋"（算赋），开支项主要是吏俸和行政开支，吴国有铸钱、煮盐的官营产业，所得丰厚，不需要赋敛于民，所以称"无赋，国用富饶"。可见，早在惠帝、高后的"禁私铸"时期，吴王照样在经营铸钱业，这是他作为诸侯王的权利，并不是《史记·平准书》中行文暗示的，文帝"放铸"之后才有的产业和因果。[2]

从考古发现来看，目前可确认的汉初铸钱遗址较少，主要发现于西

---

①［汉］司马迁：《史记》卷一百六《吴王濞列传》，中华书局，1959年，第2822页。
②［汉］司马迁：《史记》卷三十《平准书》："至孝文时，荚钱益多，轻，乃更铸四铢钱，其文为'半两'，令民纵得自铸钱。故吴，诸侯也，以即山铸钱，富埒天子，其后卒以叛逆。"中华书局，1959年，第1419页。

汉河南县城、齐都临淄、河东郡治和赵都邯郸等地，河南县城和临淄还
发现不止一处作坊遗址。另外，山东博兴、临朐等钱范集中出土的地点
也可能存在铸钱作坊。综合钱范和遗址材料，西汉早期位于东方的齐国、
中原腹地的河南郡和都城关中地区是西汉早期全国铸钱生产的三大中心，
次为山西和河北两地。[1] 在这之中，今山东省内的铸钱遗址又可分为两地，
一为临淄；一为城阳国都莒县，地表1米下出土半两和五铢残石范百余
块。[2] 从出土的区域可知，在"放铸"时代前，除了长安、洛阳、河东等
明确为汉郡的铸钱中心，齐国、赵国、城阳国、常山国等诸侯王一直有
铸钱经营可为定论。

陈苏镇先生指出："在汉初共治局面下，王国不仅在政治、经济、军
事等方面具有相当独立性，在法律方面也处于半独立状态。汉朝在保证
其共主地位的前提下，限制其法律对王国事务的干预，为王国自治留下
了一定的法律空间。各王国则在汉朝及其法律允许的范围内，制定和颁
布本国的政策法令，依靠本国士人在一定程度上从俗而治。这一景象同
'奉汉法以治'的汉朝直辖郡县存在明显差异。"[3] 这就意味着，在货币铸
造和"行钱"标准上，诸侯王国可以在不违背汉律的前提下自行其是。

不过，虽然史书记载江浙一带的吴国在汉初铸造了大量钱币，但从
墓葬出土汉代半两钱的情况来看，江浙区域没有大量出土汉代半两钱。
该地区虽然是半两钱的主要生产地之一，但似乎并没有进行大规模的钱
币流通，其生产的钱币多数流通到江浙地区以外。反观其他地区墓葬出
土的半两钱，主要集中在黄河和长江之间的广大地域。就集中区域来看，
西汉长安所在的内史、洛阳所在的河南郡最为集中，以及成都所在的蜀
郡，南郡境内也有不少，陇西、太原、南阳、巴郡、东海、汝南等汉郡

① 黄娟：《西汉早期放铸政策下的钱币铸造》，载《华夏考古》，2020年第4期。
② 贺传芬：《汉初山东的铸钱业及相关问题研究》，载《中国钱币》，1998年第2期。
③ 陈苏镇：《汉初王国制度考述》，载《中国史研究》，2004年第3期。

则间有出土，边疆的雁门郡、涿郡、辽东郡偶有出土，其余墓葬则零散分布在济北国、楚国、淮阳国、吴国境内。整体来说，墓葬所见的半两钱分布很有限，尤其是与之后的五铢钱相比，区域明显要小得多，这从侧面印证了"汉法"的权威对汉初社会的渗透深度有限，有"余钱"入葬的情形主要集中在中心都邑，诸侯王、列侯随葬，边郡三种特殊地域，还都是权力中心。不过，权力中心级别不同，中心都邑是政治、经济中心，如长安、洛阳，既是都邑也是商业巨城，更是铸钱基地；蜀郡则因地近铜山，也是铸钱基地；诸侯王、列侯在汉初有资格建国、设官，并有专门的百工服务体系，这些地方比普通的郡、县的商业价值更高，如临淄、邯郸等地，同时也是铸钱的基地；边郡的军事开支往往是纯支出状态，所以汉朝在边郡设置了不少铸钱作坊。由于随葬财物与墓主人的生前生活息息相关，半两钱随葬情形的集中化、地域化，也在某种程度上说明它作为一种法定货币对社会的渗透程度，或者说充裕程度并不足够，尤其与汉墓出土五铢钱相比。

汉文帝允许百姓自由铸钱的假想敌

按照黑田明伸教授在《货币制度的世界史——解读"非对称性"》中的解释，只要存在哪怕最小的区域市场，也会自发形成交易媒介，但是，这只限于区域市场内认可，在区域与区域之间，进行物资交换和流动，还需要互相认可的媒介，所以，为了满足这种现实的需求，总会有一部分货币担当跨区域交换物资所用的资产，另外一部分专司满足市场的交易。[1]

①［日］黑田明伸：《货币制度的世界史——解读"非对称性"》，何平译，中国人民大学出版社，2007年，第57页。

具体到秦汉的货币背景下，由于各个青铜铸币的铸造、流通区有鲜明的地域性区隔，"重钱""轻钱"各异，地域间通货兑换在法律层面不存在统一机制，就意味着物资的跨区流动只能像秦朝一样仰赖实物，或是依靠中间货币来完成，如兑换黄金后跨区再兑换为铜钱，但这个过程中金价的差价、不同货币区的铜钱多少，都成为禁锢货币经济和财政的枷锁。这个枷锁也意味着半两钱并不足以担任地域间结算通货，只能担当地域通货，服务本地交易，这就使得百姓迫不及待地将获得的每一枚半两钱投放回市场流通，只将其看作短期的工具，用当时的词概括就是"民不宝用"。那么，在汉初的墓葬中，确实很难形成将"不宝用"的半两钱随葬地下的传统。

汉文帝即位后，开始在诸侯国全面"行汉法"，典型例子就是汉文帝六年（前174年）公卿对淮南王刘长议罪时，就提到了他"不用汉法"。也就是说，至迟此时，汉文帝已经对诸侯王提出了"用汉法"的明确要求。"立法钱"正是"用汉法"要求的一部分，行用新币也是王朝宣示统治者变更的常规手段。汉文帝更造四铢钱，完全不同于前代的钱法，不止约束了钱文，还用重量标准替代了高后时代的钱径标准，新标准的"刚性要求"彻底替代了汉初的弹性要求、底线规定，这就让汉郡和诸侯王国原本千差万别的"行钱"归于统一。所以，在汉文帝当时的认知视野下，"立法钱"是目标，"用汉法"是路线，允许百姓"放铸"是手段。

那么，站在后人的角度观察汉文帝的货币改革，就能理解他实际上是在蓬勃发展的市场经济中，以附着着汉家权力的"四铢半两"替代黄金或其他市场自发形成的地域通货和地域间结算通货。确立"法钱"的信用就是初步确立王朝对全国经济干预的权威。

汉文帝之所以允许百姓"放铸"，应是吸取了前代货币改革失败的教训。正如前文的计算，汉王朝1年通过货币税回笼的铜钱达到20亿枚，而汉武帝之后官铸五铢的产量平均每年有2.35亿枚，要达到1年回笼所

需，就要8.5年的铸钱总量满足。正因如此，秦二世和吕后的"八分钱
径"的改革导致了合格通货的严重短缺，依靠都城与各郡的新铸钱，需
要多年才能缓解。"钱荒"带来的钱币价格上涨，又势必刺激豪强"盗铸"
热情。为了维持日常交易，百姓也会自发地使用不合格的"私铸钱"，这
种情形蔓延后，整个"钱法"都会崩坏。黑田明伸就曾提到1606年明朝
泉州发生的诡异事件。当时由于旱灾导致米价暴涨，同时私钱横行，地
方官准备限制米价，并禁绝私钱，结果全城罢市。商人们向官员解释，
泉州的物资供应都仰赖于海商贩运，如果限制米价、禁绝私钱，则物价
看似降低，贩运物资的商人无利可图只能回返，物资输入就会断绝，最
终仍会缺少物资。可见，到了明朝末年，官员们或许依旧懵懂，商人们
已经非常清楚地域通货的重要性，若将补充地域通货的私钱毁灭，则本
地的通货不足将摧毁商品输入的循环。[1]

　　从贾谊的奏疏可知，在汉文帝货币改革之前，西汉王朝各地已经形
成了众多用币习惯迥异的"货币区"，如果只靠中央、郡、国官府铸钱来
满足地域通货，时间相当之长，最大的困难就是人力不足。按照汉元帝
时贡禹的说法："今汉家铸钱，及诸铁官皆置吏卒徒，攻山取铜铁，一岁
功十万人已上，中农食七人，是七十万人常受其饥也。"[2]这单单只是开采
铜矿、铁矿的人力，其中专司采铜者数目未知，但这个人数实得益于汉
武帝的"告缗"掠取的民间奴婢和苛法株连的刑徒增加，远非汉文帝时
刑徒、官奴大幅削减的状态可比。这意味着，汉文帝初年通过累加人力
在短时间内提高铜钱产量的可能性几近于无。那么，"放铸"就是唯一的
选择，汉文帝想"立法钱"，就必须容忍"放铸"。可这一规律对贾谊和

①［日］黑田明伸：《货币制度的世界史——解读"非对称性"》，何平译，中国人民大学出
版社，2007年，第49页。
②［汉］班固：《汉书》卷七十二《王贡两龚鲍传》，"贡禹"条，中华书局，1962年，第
3075页。

贾山而言，是非常陌生的知识，自然不可能说到点上，而汉文帝打击诸侯王的潜台词也不可能公然宣之于口，这就出现了双方的认知偏差。

中国历史上第一种标准铸币

> "正为市阳户人婴家称钱衡，以钱为累，刻曰四朱、两，疏第十。敢择轻重，衡及弗用，劾论，罚絷里家十日。《□黄律》"[①]
>
> ——湖北江陵凤凰山168号西汉墓"称钱衡"

汉文帝五年（前175年）四月，因为"荚钱"日益增多、泛滥，"更造四铢钱"。这个"四铢钱"在《汉书·食货志》中有详细解释，重4铢，钱文为"半两"，故而也称"四铢半两"。"四铢半两"的铸币形制替代了"荚钱""八铢半两"，一直到汉武帝建元元年（前140年）才更改为"三铢钱"[②]，行用时间超过了秦汉半两并行却又钱法屡变的32年。可以说，汉文帝的货币改革，令西汉王朝的货币制度进入了难得的稳定期。

汉文帝更造四铢钱，相比前代钱法最大的创新是用"重量标准"替代了"钱径标准"。1975年，湖北博物馆、荆州博物馆等单位对湖北江陵凤凰山168号西汉墓进行了科学发掘，墓中出土了一具保存完好的古尸。根据墓中简牍记载，古尸名为"遂"，江陵西乡市阳里人，生前爵位为五大夫，下葬时间为西汉文帝十三年（前167年）。随葬品中有一根竹质天平衡杆，写有"称钱衡"三字，并标明用法为"以钱为累，刻曰四朱"，同出铜权1枚，实测为10.75克，约为汉制16铢。

---

① 汪圣铎：《中国钱币史话》，中华书局，1998年，第84页。
② "四铢半两"彻底罢废要到汉武帝元狩五年（前118年）。

天平衡杆上还录有汉律律文，"敢择轻重，衡及弗用，劾论，罚缭里家十日"，侧面有律名"□黄律"字样，文法与《二年律令·钱律》中对"行钱"的规定类似，意思是不使用或不按规定使用"称钱衡"，就要罚增10天的徭日。[①]该墓主下葬在汉文帝货币改革8年之后，"称钱衡"的服务对象当然是"四铢半两"，以钱币的枚数叠加，每个4铢重，也佐证了这一点，使用方法也很简单，就是一侧放16铢砝码，另一侧放置4枚"四铢半两"。至于"罚缭里家十日"之说，则意味着"称钱衡"属于强制推行至"里"一级的官器，而不是某个贵族自备的私器。对于它的使用，有"□黄律"的法律保障，人们使用的"行钱"，必须符合重量标准。

所以，四铢半两的重量标准与强制到"里"一级使用的"称钱衡"，以及明确罚则的"□黄律"是环环相扣的保障体系，目标指向就是树立四铢半两"行钱"的重量标准。汉文帝改革货币之后，贾谊曾上书反对："又民用钱，郡县不同，或用轻钱，百加若干；或用重钱，平称不受。"[②]结合上下文可知，这段话并非对"四铢半两"行用之后问题的叙述，而是对"四铢半两"流通全国即将面临的现实矛盾的描述，"轻""重"二字，既有重量的性质，也有物价的性质，如"钱重物轻"就是说货币价值过高或货币量不足导致低物价。通俗的解释就是，汉初32年间货币政策屡屡变化，与区域封闭市场的交易习惯长期碰撞，人为制造了若干以郡县为单位的独立货币区，由于货币量的多少与货币价值不同，产生了不同的区域物价。

汉文帝的"四铢半两"最大特点是以重量为标准，100枚4铢钱重1斤16铢，去掉4枚4铢钱，96枚正好是汉制1斤，这就在早已入法统一

---

① 陈振裕：《江陵凤凰山一六八号汉墓》，载《考古学报》，1993年第4期。
②［汉］班固：《汉书》卷二十四下《食货志下》，中华书局，1962年，第1154页。

的衡制与行钱制度之间建立了联系，故而称之为"法钱"。正因为"法钱"既有数量标准，又有重量标准，进入独立货币区后，会产生两种情况：①在原本"用轻钱"的郡、县，物价特点是钱轻物重，用同等重量的"四铢半两"购买商品，枚数就比轻钱少，卖家就会要求追加钱数，故而说"百加若干"；②在原本"用重钱"的郡、县，物价特点是钱重物轻，同等数量的"四铢半两"购买商品，重量就减少了许多，卖家认为自己吃亏了，哪怕有"称钱衡"，也不愿接受"法钱"。这种矛盾之下，导致"法钱不立"，只能依靠官吏的推动效率，如果急切地替换本地货币，就涉及干预一笔笔的交易，烦苛混乱；如果不急着执行，市场上旧钱与新钱杂用，也会乱套。

贾谊所言，恰恰揭示了汉初货币流通的窘境。由上文可知，这也是春秋战国以来的常态，曾经的货贝作为地域通货与担当地域间结算通货的行政货币并存，而汉初则不存在青铜铸造的行政货币，半两钱一肩挑，这就让它本身发生了分化。一部分地区用比"四铢半两"轻的轻钱，实重低于4铢；一部分地区则相反，实重高于4铢，同时，又混杂着标准的4铢重"法钱"。这恰恰与前文中不同分型的半两钱重量不一现象吻合。不仅如此，《半两钱研究与发现》的数据还显示，平均重量超过2.6克（4铢）的分型总数为430枚，不足者为75枚；《半两考》中的数据显示，其中超过标准的分型总数为184枚，接近者48枚，不足者50枚。由于《半两考》的样本选择有明确的发掘背景限定，其分期可以作为下限参考，其中标识为文景时代的半两钱分型平均重量都超过2.6克，确定为武帝时代的则相反。

粗略的结论是"重钱"多于"轻钱"，那么，这是否意味着货币流通的现实呢？恐怕也不尽然。从秦始皇三十七年（前210年）至汉文帝五年（前175年）35年间一直执行钱径标准，只有7年的"八铢半两"时期算作普遍"重钱"时代，其余28年都是无标准或五分钱的普遍"轻钱"时代。但无论标准松紧,"大钱"都可持续流通,"小钱"则会因尺度而作废。同理,行用重量标准之后,轻于4铢者应被淘汰,变成新铸币的币材或退出流通成为冥币①;重于4铢者虽然仍可流通,但依据"格雷欣法则",含铜量更高的"良币"理应被"劣币"驱逐出市场流通,只不过,这个过程会比较长。所以,在墓葬、窖藏中才会出现前期"重钱"多、后期"轻钱"多的景象。当然,这并不影响货币的流通,而是并行不悖,"法钱"真正的作用其实是对地域间结算通货的统一,实现货币层面的国家调度。只要在财政层面完成统一,地方交易究竟使用"轻钱"还是"重钱",或是"盗铸""放铸"与否,对汉文帝而言只是末节。

钱文分型法确定铜币年代的局限

一个非常吊诡的现象是,如上文表8-2所示,文景时代的"四铢半两"的实测重量符合率达到了111.15%,难道说,重量标准确立后,出现了货币增重的现象?

对此,钱币学研究者往往是认可的。如陈彦良依据《半两钱研究与发现》②和《半两考》③二书所进行的计算,得出了"不管原因为何,我们已有充分理由推断文帝时代的货币制度是西汉二百年(或两汉四百年)中最好的制度"④。但是,必须指出的是,依据上述分型法,观察近几十

---

① 王雪农:《中国的冥币瘗钱及其演变过程》,见《中国钱币论文集》(第三辑),1998年,第343~351页。
② 王学农、刘建民:《半两钱研究与发现》,中华书局,2005年,第338~435页。
③ 杜维善:《半两考》,上海书画出版社,2000年,第4页。
④ 陈彦良:《四铢钱制与西汉文帝的铸币改革——以出土钱币实物实测数据为中心的考察》,载《清华学报》,2007,37(2):321~360。

年山东省境内所出土的汉半两钱范存在一个非常矛盾的情况。这些钱范大体仅有"荚钱"和"四铢半两"两种。"荚钱"范中钱径多样，最大1件为14毫米，其余分别为12毫米、11毫米、8毫米、6毫米、4毫米，四铢半两范最小钱径为20毫米，最大为26毫米，比较多见的是23毫米、24毫米。[①]西汉1尺合今制23.1厘米[②]，则上述"荚钱"最大者约0.61寸，其余依次约为0.52寸、0.48寸、0.35寸、0.26寸、0.17寸；"四铢半两"最大者约1.13寸，其余依次为1.04寸、1寸、0.87寸。很明显，所谓的"荚钱"一部分是"五分钱"的标准，也就是约0.5寸及以上，而"四铢半两"钱径都大于0.8寸，极有可能是"八铢半两"。也就是说，陈彦良所引用的"分型实测"数据，很有可能是混入了"八铢半两"之后所得的平均值，那么，他所引用的更详尽的分型，自然有重新讨论的必要。

《半两钱研究与发现》中的"四铢半两"被分为"文景四铢"和"武帝四铢"两个大类。"文景四铢"又分为双人两式、连山两式、十字两式、有郭、蛇目、蟾目、星文、决文、纪数、字符、异文、缺笔、凸块，总计430枚，平均重量2.84克，合汉制4.36铢。"武帝四铢"又分为有郭、无郭、纪数、纪文，总计75枚，平均重量2.32克，合汉制3.56铢。

《半两考》中的"四铢半两"分类更为复杂，不过基于考古报告，出土年份相对清晰，也分成了12组。其中，确定为文帝时代的有3组，平均重量分别为2.87克、2.8克、3.26克；确定为景帝时代的有2组，平均重量分别为2.85克、2.66克；确定为武帝时代的有3组，平均重量分别为2.43克、2.57克、1.71克；应为文、景两朝，无法区分的有3组，平均重量为2.87克、2.4克、2.57克；应为景、武两朝，无法区分的有2组，平均重量分别为2.88克、2.43克；贯穿文、景、武三朝的有3组（其中有

---

① 贺传芬：《汉初山东的铸钱业及相关问题研究》，载《中国钱币》，1998年第2期。

② 白云翔：《汉代尺度的考古发现及相关问题研究》，载《东南文化》，2014年第2期。

1组为铁钱，不计入)，平均重量分别为2.76克、0.28克。

很明显，钱币学家对存世的半两钱做了详细分型，重量各异，且"按古币的钱文书法的风格断代及分类，是杜著该书的特点，可信度也相当高"。但是，这存在两个问题。其一，墓葬、窖藏的入土时间，能否等同于钱币的"铸行"时间？答案是否定的，入土时间仅能标明随葬、窖藏钱币的铸行时间下限，并不能确认金属铸币的铸行时间上限。其二，金属铸币的钱文书法取决于钱范制作风格，能否标识钱币的铸行时间？答案还是否定的，哪怕在同一时间点，不同地区的钱范可能有不同的制作风格，也就意味着，同一制造地，长期沿用钱范，文字风格很可能也是延续下来的。

也就是说，"钱文"作为一种钱币断代的标识，最科学的用法是对确定为同一铸造地的半两钱进行对照分型，再来研究前后相继的变化脉络，从而进行断代。但是，对无法确认铸造地的半两钱来说，200年前铸造的秦半两在符合钱径标准的情况下，完全可以一直流通到汉文帝五年（前175年），也可能从它的铸造地流通或被抢掠出境，在数千里之外的某个汉初墓葬、窖藏中入藏，直至被现代人发现。也就是说，"钱文分型法"是有意义的，不过并非针对半两钱的时间断代，而是分析其铸造地和钱范。所以，上述分型的数据，并不能视为"四铢半两"现实存在的变化脉络，也并不能说明汉初货币在"四铢半两"时代出现了自发增重，只能作为史料中记载的汉初货币流通状况的参考。

铸钱不是暴利行业，垄断铜山才是

事实上，《史记·货殖列传》中提及的巨商，在蜀地发家的有两位，卓氏、程郑，都是在临邛以冶铁致富。其他如宛县孔氏、鲁县曹邴氏，也是依托本地的铁矿特产，冶铁致富，还有专门贩运的洛阳师史、种粮养畜的宣曲任氏、养马牛羊积粮的桥姚、放贷获息的无盐氏。这群巨富之中，就是没有开铜山、铸钱致富的。

对此，贾谊在谏书中做出了解释："然铸钱之情，非殽杂为巧，则不可得赢。"铸钱要赚钱就不可能不减少铜的比例，掺入其他金属，尽管"法使天下公得顾租铸铜锡为钱，敢杂以铅铁为它巧者，其罪黥"。这个文法明显是引用律文，意思是允许私铸钱却禁止掺入铅、铁，违者处黥刑。贾谊认为在利益驱使下，这些禁令不具实操性。不过，由于有"称钱衡"的存在，新钱掺入铁、铅之后，金属密度不同，颜色也不同，在满足重量的情况下，仅凭钱的外观就可大体识别真伪，反而不易造假。所以，在法律约束了青铜铸币的重量、规格和金属成分的条件下，铸钱的利润并没有想象的那么高。

铸钱利润低，自然也就遏制了盗铸行为的蔓延，按照《史记·平准书》的说法就是，"计其费不能相当，唯真工大奸乃盗为之"[1]。这也正是宫泽知之总结的中国古代货币制度的特点之一："政府有效地实施了对铜钱铸造的垄断，低微的利润防止了私铸。"当铸钱的利润被压缩，吴王濞仍敢于"卒践更，辄与平贾……如此者四十余年"。所谓"卒践更"即百姓为"卒"有"更徭"，至汉武帝时的《南郡卒更簿》中，南郡17个县（侯国）有10个是"三更"，也就是说每个戍卒要服役1个月、休2个月，即1年轮4次，共服役4个月，休8个月。汉代"更赋"（代役钱）为300钱/更，无钱缴纳的"卒"只能自备口粮，亲自奔赴。[2]吴王濞的"平贾"实则是给这些无钱缴纳更赋的百姓对应的报酬，总数是1200钱/卒/年。吴国人口虽不足50万，但持续40多年的支付，所花费的财富也是海量

---

① [汉] 司马迁：《史记》卷三十《平准书》，中华书局，1959年，第1435页。
② 参见拙作《秦砖：大秦帝国兴亡启示录》，北京联合出版公司，2020年，第30、31页。

的；而邓通在汉文帝时才开始铸钱，很快就富比王侯，两人的利润来源又是哪里呢？

后世谈论汉文帝的"放铸"政策时，吴王刘濞和邓通都是绕不过去的角色。前者作为诸侯王，封地有铜山；后者作为汉文帝的宠臣，被赐予严道铜山，"得自铸钱，邓氏钱布天下"①。注意，"铜山"是文帝所赐，与吴王刘濞的情况类似，都是因权力而获得铜矿石的产地，并非单纯因铸钱、冶铜致富。考察《史记·货殖列传》就可以发现，在司马迁的视野之下，出产铜铁的大山比比皆是，但能以铜为特产的，只提及了两处，一为巴蜀邛都②，一为吴地章（鄣）山③，恰恰是邓通与吴王刘濞铸钱之地。"故吴、邓氏钱布天下"④的根本原因是权力带来的原材料垄断，而不是"放铸"政策。

如表8-2所示，文景时代"四铢半两"与其他类别的青铜铸币情况类似，在平均含铜量上没有一定之规。这也就意味着，含铜量多少与货币本身的价值并无关联，只与铸钱者的成本收益相关。就连货币的购买力，也并不存在全国统一的标准，而是受不同货币区供需变化影响的。正因为这个现实，汉文帝推动树立"四铢半两"的"法钱"权威，并不能理解为现代意义上的货币发行，而只是物质层面的移风易俗，或者说国家权力对基层社会的逐步渗透。

在此之前，无论是秦二世还是吕后，以律令的形式推广高标准铜钱，

---

① [汉] 司马迁：《史记》卷一百二十五《佞幸列传》，中华书局，1959年，第3192页。
② [汉] 司马迁：《史记》卷一百二十九《货殖列传》："巴蜀亦沃野，地饶卮、姜、丹沙、石、铜、铁、竹、木之器。"《集解》引徐广注："邛都出铜，临邛出铁。"中华书局，1959年，第3261、3262页。
③ [汉] 司马迁：《史记》卷一百二十九《货殖列传》："夫吴自阖庐、春申、王濞三人招致天下之喜游子弟，东有海盐之饶，章山之铜，三江、五湖之利，亦江东一都会也。"中华书局，1959年，第3267页。
④ [汉] 司马迁：《史记》卷三十《平准书》，中华书局，1959年，第1419页。

都在这个移风易俗的过程中折戟沉沙，最主要的原因就是货币供应量严重不足，导致物价的异常暴跌，甚至造成民间财富的大规模蒸发，人为制造了经济危机。"通货紧缩"导致的经济危机又向本就规模有限的市场交易蔓延，冲击政府的财政收入。之所以问题相同结局迥异，就在于秦朝以实物、人力为主体的财政支出，在秦二世末年规模过于巨大且刚性，任何收入项目的萎缩都会带来连锁反应，引发统治危机。反观高后时代，自惠帝时代开始休养生息，改革财政体系，随着刑徒经济的瓦解、身份等级收益的货币化、日常财政支出的货币化，实物、人力的支出都被限制在极小的范围，一旦开始出现大规模的刚性支出，吕后即废八铢钱，行五分钱，尽管政治上受到了挫败，却有效缓解了经济危机，避免了二世而亡的命运。反观汉文帝，他避免重蹈前人覆辙的最重要工具，就是"民纵得自铸钱"。

体制内寻租新模式

假设文帝固守"官铸"政策，在刑徒经济解体的背景下，哪怕是官营铜山可以集中大量人力铸造出海量的新币，考虑到铜山至长安的距离，运输的劳役，分发至各郡、县的支线运输，都会衍生出巨大的管理成本，根本得不偿失。而各个诸侯王，尤其是吴、赵、齐三国，吴国有章山之铜，占着原料优势，赵有邯郸，齐有临淄。后两个都是名列西汉末年"五都"的巨城①。邯郸也应有10万户左右，也曾出土过半两钱的铜

---

① [汉]班固：《汉书》卷二十四下《食货志下》："遂于长安及五都立五均官，更名长安东、西市令及洛阳、邯郸、临淄、宛、成都市长皆为五均司市师。东市称京，西市称畿，洛阳称中，余四都各用东、西、南、北为称，皆置交易丞五人，钱府丞一人。"中华书局，1962年，第1180页。

范①，都会之中人力充足、材料富裕，占着生产力的优势。临淄在汉武帝时，人口从战国时代的7万户，上升到10万户，市场日租千金，更是超过长安的巨城②。这三家的铸币能力都可能会超过汉廷中央，最终的结果很可能是中央疲敝，而诸侯王获利。

贾谊恰恰是看到了这一点，才在谏书中提出："上挟铜积以御轻重，钱轻则以术敛之，重则以术散之，货物必平。"③手里有铜，心里不慌，市场上物价高了，就卖铜换钱；物价低了，就用铜铸钱散出去，这样物价就稳定了。当然，前提是掌握铜资源完全收归中央，这当然是汉文帝所期待的，却也是当下无法实现的，所以汉文帝采取了更高明的方案。允许百姓自铸，定好"法钱"标准，海量的材料需求必然会推高铜矿、铜锭的价格，进一步压缩铸钱的利润空间，此时拥有特权的铸钱者一方面可以利用铜料获利，另一方面可以铸钱获利。汉文帝先放水养鱼，让民间铸钱规模扩大，于铸钱百姓有利；借助民间力量快速增加货币投放量，解决钱荒，于财政、市场都有利；天子"私奉养"的铜山出产铜锭迎来更广阔的市场，出铜多，少府的私房钱增加，于己有利，正好是利国、利民、利己。

正因为如此，《史记·平准书》中的民间富商固然没有铸钱致富的，在大宗商品中却提到了"铜器千钧"，1钧为30斤，则千钧为30000斤。可见到汉武帝时仍有相当规模的民间冶铜行业，这也是时代的遗产。

除此之外，随着民间铸钱规模的扩大，货币短缺的时间被压缩，各郡、诸侯国铸钱的利润被稀释。原本依靠资源垄断而大量输出铜钱的诸侯国，比如吴王濞招诱天下逃犯、亡命所建立的冶铜、铸钱产业规模就

---

① 孙继民、郝良真：《西汉邯郸经济试探》，载《中国经济史研究》，1991年第1期。
②［汉］司马迁：《史记》卷五十二《齐悼惠王世家》："主父偃方幸于天子，用事，因言：'齐临菑十万户，市租千金，人众殷富，巨于长安，此非天子亲弟爱子不得王此。'"中华书局，1959年，第2008页。
③［汉］班固：《汉书》卷二十四下《食货志下》，中华书局，1962年，第1156页。

显得小巫见大巫，毕竟到他反叛时，上至62岁、下至14岁的男子举国发
兵，也才只有20余万人。[1]对照一下，汉武帝时代盗铸金钱"赦自出者
百余万人。然不能半自出"[2]，自首者达100余万，只占犯法人数的不到一
半，则应有200多万人从事盗铸金钱，还不算之前5年间因同一罪名被杀
的数十万人，而合法的"放铸"时代，天下各地的铸钱者纵然利润稍少，
但没有杀头的成本，人力规模超过吴国的10倍，也就不足为怪了。所
以，汉文帝的"放铸"相当于变相削弱诸侯王的优势，尤其是天子"私
奉养"中的铜山数量众多，拥有超过所有诸侯王总和的规模，只是由于
人力不足难以发挥全部生产潜力。只要市场需求足够，开足马力生产，
吴王根本不足与之匹敌，这也是汉文帝与诸侯王经济竞争的"阳谋"。

更重要的是，"铜山"原本是依赖吏徒开采的天子"私奉养"，也就
是由少府主管。而汉文帝将蜀地的铜山赐予邓通，以供他铸钱，并说：
"能富（邓）通者在我，何说贫？"[3]很明显，汉文帝对铸钱事业中的铜山
资源的重要性心知肚明，真正制造巨富的不是铸钱行为本身，而是拥有
铜山。当然，真正经营矿山的也不是邓通，他这个人除了媚上，没有任
何能力。所以，"汉文帝时，以铁铜赐侍郎邓通，通假民卓王孙，岁取千
匹；故王孙赀累巨万，邓通钱亦尽天下"。[4]也就是说，垄断经营权被邓
通出租给了商人卓王孙，每年交1000匹绢帛即可。故此，卓王孙家赀达
1亿钱，邓通钱也流布天下。

卓王孙女儿卓文君与司马相如的故事且不说。他本人是临邛卓氏之

---

①［汉］班固：《汉书》卷三十五《荆燕吴传》，"吴王濞"条："七国之发也，吴王悉其士
卒，下令国中曰：'寡人年六十二，身自将。少子年十四，亦为士卒先。诸年上与寡人同，
下与少子等，皆发！'二十余万人。"中华书局，1962年，第1909页。
②［汉］班固：《汉书》卷二十四下《食货志下》，中华书局，1962年，第1168页。
③［汉］班固：《汉书》卷九十三《佞幸传》，"邓通"条，中华书局，1962年，第3723页。
④［晋］常璩：《华阳国志校补图注》卷三《蜀志》，任乃强校注，上海古籍出版社，1987
年，第157页。

后，在《史记·货殖列传》中列名。他家本为赵人，是秦朝的"迁虏"，到了临邛之后，"即铁山鼓铸，运筹策，倾滇蜀之民，富至僮千人"①。这里"僮"应该是家内奴婢，《汉书·货殖传》即作八百人。②可见，卓氏是冶铁致富在先，邓通出租铜、铁山在后，矿山经营权应在卓王孙手中，但铸钱事业未必与卓王孙有关，因为邓通破家的罪名就是在边关塞外铸钱，汉景帝派官吏核验属实，没收了他的全部财产，还欠了官府几亿钱的债务。③此事之后，卓王孙依旧是蜀中巨富，家业一直保持到了汉武帝朝，说明并未受到牵连。由此可知，汉文帝赐铜山的同时，实则也开放了民间对矿山开采的经营权，邓通的盈利模式，恰恰是汉文帝创造的体制内寻租新模式的缩影。

---

① [汉] 司马迁：《史记》卷一百二十九《货殖列传》，中华书局，1959年，第3277页。
② [汉] 班固：《汉书》卷九十一《货殖传》，中华书局，1962年，第3690页。
③ [汉] 班固：《汉书》卷九十三《佞幸传》，"邓通"条："人有告通盗出徼外铸钱，下吏验问，颇有，遂竟案，尽没入之，通家尚负责（债）数巨万。"中华书局，1962年，第3723页。

第十三章

恐惧自己不得善终的仁君

汉文帝的成功是宣传的胜利吗

"吾农民甚苦，而吏莫之省，将何以劝焉？" [1]

——《汉书·文帝纪》

汉文帝后七年六月初一（己亥，前157年7月4日），汉文帝刘恒驾崩于长安未央宫。他在去世之前，预备了一份详尽到烦琐的遗诏，要求丧事从简，"其令天下吏民，令到出临三日，皆释服"。不要禁止民间娶妻、嫁女、祭祀、喝酒和吃肉。中国历史上，在生命的最后时刻，仍在关心自己的丧礼会妨碍百姓生活的皇帝，汉文帝是第一位，他的理由也相当"非儒"，"世咸嘉生而恶死，厚葬以破业，重服以伤生，吾甚不取"。在他看来，自己对百姓生活的改善并不够，再以繁文缛节来加重百姓负担，影响百姓的生活，是加重自己的"不德"。[2]中国政治人物讲究盖棺定论。到底"德"还是"不德"，自己说了不算，所以有子议父、臣议君的谥号以为后人警示，有史笔的褒贬作为定论；但在秦汉之际，儒家礼制并未恢复，秦始皇尊君抑臣的传统长期持续，"谥号"与"史笔"在权力的威压之下，难言公允。

---

① ［汉］班固：《汉书》卷四《文帝纪》，"汉文帝十二年三月"条，中华书局，1962年，第124页。
② ［汉］司马迁：《史记》卷十《孝文本纪》："且朕既不德，无以佐百姓；今崩，又使重服久临，以离寒暑之数，哀人之父子，伤长幼之志，损其饮食，绝鬼神之祭祀，以重吾不德也，谓天下何！"中华书局，1959年，第434页。

汉文帝后七年六月初七（乙巳，前157年7月10日）汉文帝刘恒长埋于霸陵。自崩至葬只有7天，在丧礼之上，"群臣皆顿首上尊号曰孝文皇帝"①。当日，太子刘启在高庙继天子位，汉文帝后七年六月初九（丁未，前157年7月12日）刘启袭皇帝号，②后世称之为汉景帝。很明显，"孝文皇帝"是"尊号"，而非秦始皇废除的"谥号"，"孝"字延续了孝惠皇帝的传统，讲的是孝子善于继承父亲的遗志③，"文"字则采自谥法，"慈惠爱民曰文"④。值得注意的是，惠帝的"惠"字取的是谥法中"柔质慈民曰惠"⑤，"慈""惠""民"三字重合，区别就是，惠帝强调了"柔质"，而文帝则等于是惠帝"慈民"的升级版。更全面的阐释是在汉景帝元年十月（前157年10月30日至前157年11月27日），新帝下诏，要求为文帝立太宗之庙，理由是"孝文皇帝临天下，通关梁，不异远方；除诽谤，去肉刑，赏赐长老，收恤孤独，以育群生。减嗜欲，不受献，不私其利也。罪人不帑（孥），不诛无罪。除刑，出美人，重绝人之世。朕既不敏，不能识。此皆上古之所不及，而孝文皇帝亲行之"⑥。

这份诏书按理说照录不应该有问题，但《汉书·景帝纪》里的文字确实和《史记·孝文本纪》有细微不同：一处是"不私其利"的位置，挪到了"不诛无罪"的后面；一处是"上古"改成了"上世"。前者的改动应该与文字有关，兹不赘述。重点说说后一个，作为儒家大兴时代的

---

① [汉] 司马迁：《史记》卷十《孝文本纪》，中华书局，1959年，第435页。
② [汉] 司马迁：《史记》卷十《孝文本纪》，中华书局，1959年，第436页。
③ [汉] 班固：《汉书》卷二《惠帝纪》，"孝惠皇帝"条，颜师古注："孝子善述父之志，故汉家之谥，自惠帝已下皆称孝也。"中华书局，1962年，第86页。
④ [汉] 班固：《汉书》卷四《文帝纪》，"孝文皇帝"条，颜师古注引应劭："谥法'慈惠爱民曰文'。"中华书局，1962年，第105页。
⑤ [汉] 班固：《汉书》卷二《惠帝纪》，"孝惠皇帝"条，颜师古注引应劭："礼谥法'柔质慈民曰惠'。"中华书局，1962年，第86页。
⑥ [汉] 司马迁：《史记》卷十《孝文本纪》，中华书局，1959年，第436页。

学者，班固肯定不会坐视西汉帝室的自我吹嘘盖过上古、三代，那可是儒家的理想治世，哪儿那么容易超越。不过这个宣传口径由来已久，争议也早已有之。

功业并不完美的帝王

汉文帝崩逝130多年后，喜好诗书、遍览古今，尤其熟悉西汉历代法度故事的汉成帝刘骜曾经询问楚元王玄孙、当世大儒、步兵校尉刘向[1]，世俗多传孝文皇帝治理天下"致升平"，其德堪比周成王，一年断狱三百，粟一升一钱（1石100钱），有这事儿吗？刘向的回复是"皆不然"，传言全是假的。刘向说，文帝即位后"轻刑事少，与之休息"，丰年无灾，百姓能混个温饱，但是之后十余年，由于匈奴犯塞，北方边郡设屯待战，兵连不解，加之天灾不断，谷价常常要到1石500钱。至于断狱，文帝时法令比宣帝时更严苛，宣帝地节元年，天下断狱还有47000余人，前代断狱都是以"万"为单位的，根本不可能只有三四百人。[2]

刘向指出，汉文帝即位后的十余年间，五谷丰熟、百姓足、仓廪实、蓄积有余，如果说能以"温饱"结束他的时代，还算得上是"治安之国"，但是，匈奴屡屡侵犯边塞，又天灾频仍，"文帝即位二十三年，日月薄蚀，地数震动，毁坏民庐舍，关东二十九山同日崩溃，水出，河决

---

[1] 刘向于汉成帝阳朔二年（前23年）任中垒校尉，至汉哀帝建平元年（前6年）去世。

[2] ［汉］应劭撰，王利器校注：《风俗通义校注》第二《正失》，"孝文帝"条："由是北边置屯待战，设备备胡，兵连不解，转输骆驿，费损虚耗，因以年岁谷不登，百姓饥乏，谷籴常至石五百，时不升一钱……案太宗时民重犯法，治理不能过中宗之世，地节元年，天下断狱四万七千余人，如捐之言，复不类，前世断狱，皆以万数，不三百人。"中华书局，1981年，第97页。

酸枣，大风坏都，雨雹如桃李，深者厚三尺，狗马及人皆生角，大雪蝗虫"。①依照春秋公羊学的"天人感应"理论，灾异频繁就是天子治政失序的过失，不仅不足以与周成王比肩，甚至相比"霸王道杂之"的汉宣帝都有差距。因为汉文帝"本修黄老之言，不甚好儒术"②，所以，礼乐庠序不修，民俗未能大化，在儒家的评价体系里，最重要的任务没有完成。宣帝时代则完全符合儒家治世的标准，政教清明、法令通行、边境安定、四夷亲慕，单于称臣款塞，天下殷富、百姓康乐，治理远超文帝，当然，也是宣帝赶上了匈奴臣服、四夷和亲的好时候。③

不过，《史记·律书》中确曾提到汉文帝时"天下殷富，粟至十余钱"④。东汉桓谭《新论》也记载当时"谷至石数十钱"，来源是"世俗咸曰"，人人都说汉文帝行节俭、修道德，教化天下，故而国富民丰，道德好，老百姓就都富裕了，这个低谷价就是证据。⑤至于断狱的问题，汉元帝初即位时，贾谊的曾孙贾捐之对策提及"至孝文皇帝……则断狱数百"⑥。在《汉书·刑法志》中，班固也写道："是以刑罚大省，至于断狱四百，有刑错之风。"⑦可见，世俗传说在史书中皆有所本。

————————

①［汉］应劭撰，王利器校注：《风俗通义校注》第二《正失》，"孝文帝"条，中华书局，1981年，第97页。

②［汉］应劭撰，王利器校注：《风俗通义校注》第二《正失》，"孝文帝"条，中华书局，1981年，第96页。

③［汉］应劭撰，王利器校注：《风俗通义校注》第二《正失》，"孝文帝"条："中宗之世，政教明，法令行，边境安，四夷亲，单于款塞，天下殷富，百姓康乐，其治过于太宗之时，亦以遭遇匈奴宾服，四夷和亲也。"中华书局，1981年，第98页。

④［汉］司马迁：《史记》卷二十五《律书》，中华书局，1959年，第1242页。

⑤［宋］李昉：《太平御览》卷三十五《时序部二十》引《桓子新论》："世俗咸曰，汉文帝躬俭约，修道德以先天下，天下化之。故致充实殷富，泽加黎庶，谷至石数十钱，上下饶羡。"中华书局，1960年，第164页。

⑥［汉］班固：《汉书》卷六十四下《严朱吾丘主父徐严终王贾传下》，"贾捐之"条，中华书局，1962年，第2832页。

⑦［汉］班固：《汉书》卷二十三《刑法志》，中华书局，1962年，第1097页。

只不过，谷价1石数十钱到1石100钱差不多，而司马迁说的粟至十余钱，应该是石还是斗呢？回溯一下前文提及的米价，高帝、惠帝时米价为175钱/石，高后二年（前186年）时米价为16.7钱/石、黍价为15钱，依记载来看，似应与高后二年时相近。但必须注意时代背景，汉文帝五年（前175年）才铸行"四铢半两"，之前民间行用的是"五分钱"。汉文帝改革币制的原因是"为钱益多而轻"[①]。这里的"轻"不是指重量，而是指价值，意为以"五分钱"标识的物价越来越高，必须进行干预。若十余钱单位为斗，则1石粟价在100钱以上，这就远远超过了数十钱到100钱的标准，也不符合司马迁盛赞文帝时代的初衷，更别说"致太平"的民间评价了。那么，这个十余钱的单位应该为石，与高后二年（前186年）初行八铢钱时，通货紧缩造成的极低物价差相仿佛。按此，这个价格应该出现在汉文帝五年（前175年）更造"四铢半两"后不久，通货紧缩导致物价的非正常下跌，随着"放铸"带来的通货补充，粮价最终稳定在"数十钱"。

要知道，司马迁《史记·货殖列传》引用的"计然之策"和《管子》的相关讨论都显示出，汉初政权对利用商业、货币手段调控物价、引导经济发展，已经有相当的研究。"计然之策"明确指出："夫粜，二十病农，九十病末。"粜就是卖米，米价低于20钱则谷贱伤农，高于90钱则害商；伤农则垦田没有积极性，害商则市场交易停滞、财富不出，所以，米价上不超80钱，下不低于30钱，可以"农末俱利"，这才是治国之道。[②]由于明知改革货币的背景，司马迁方才搁置了谷贱伤农的考虑，集中记录了汉文帝令人民乐业、从民所欲而不去扰乱百姓的生活，所以社

---

① ［汉］班固：《汉书》卷二十四下《食货志下》，中华书局，1962年，第1153页。
② ［汉］司马迁：《史记》卷一百二十九《货殖列传》："夫粜，二十病农，九十病末。末病则财不出，农病则草不辟矣。上不过八十，下不减三十，则农末俱利，平粜齐物，关市不乏，治国之道也。"中华书局，1959年，第3256页。

会安定，哪怕是六七十岁的老翁，一生中都没去过市井，仍能像小孩一样自由单纯，这种统治者应该就是孔子所说的"有德君子"吧！①

这里强调的是"因其欲然"，换个说法就是自由放任、减少干预，甚至无所干预，正是"道家者流"的理想境界。不过，谷贱的问题，似乎一直没能解决。汉文帝十一年（前169年）六月至汉文帝十二年（前168年）三月间，晁错上书建议以入粟拜爵的方式"贵粟"，并保证三年内"塞下之粟必多"。可见，当时的粟价并没有达到刘向所说的1石500钱，而是处于相对低位，甚至就是十余钱到数十钱之间，达不到"计然之策"的要求。故而，粟才需要"贵"，也就是说，《史记》《汉书》《新论》对汉文帝的赞誉确实是事实，至少在汉文帝十二年（前168年）前，没有问题。但是，刘向认为，汉文帝的令名来自"言事"。因为文帝礼遇进谏者，大小群臣、任何场合都可以开口言事，文帝都会停下车辇倾听，说得好的称赞，说得不好的嬉笑而过，所以言事者多褒扬文帝，后人看到这些文字就会视为事实。实则"世之毁誉，莫能得实，审形者少，随声者多，或至以无为有"。不过，文帝躬行节俭，又能约束自身，虚心纳谏，容让臣子之短，这些都是常人难及的优秀品质，就算是治国成果更优异的汉宣帝也难以匹敌。②直白地说，刘向认为汉文帝的令誉靠文本流传吹捧，固然有一些高贵的品质，却没能让天下"致太平"，根据何在？

---

①［汉］司马迁：《史记》卷二十五《律书》："太史公曰：文帝时，会天下新去汤火，人民乐业，因其欲然，能不扰乱，故百姓遂安。自年六七十翁亦未尝至市井，游敖嬉戏如小儿状。孔子所称有德君子者邪！"中华书局，1959年，第1242页。
②［汉］应劭撰，王利器校注：《风俗通义校注》第二《正失》，"孝文帝"条："然文帝之节俭约身，以率先天下，忍容言者，含咽臣子之短，此亦通人难及，似出于孝宣皇帝者也。"中华书局，1981年，第99页。

第一位把人视为人的皇帝

在发布的汉文帝遗诏中，除了不给百姓添麻烦的善心，还可以感受到他自己说的，在位23年间"常畏过行"。他说道："维年之久长，惧于不终。今乃幸以天年，得复供养于高庙。"①一种发自内心的庆幸跃然纸上，这种戒惧的源头，正是他以外藩入继的"原罪"。这并不是他第一次表达自己的恐惧。《史记·律书》记载，汉文帝刚刚即位时，将军陈武（即柴武）等人议论说，南越和朝鲜在秦朝时就是内附的臣子，之后反而据险自守，高祖时天下刚刚安定，不宜出兵，现在皇帝抚慰百姓，恩泽四海，应该趁着吏民拥戴的好时机，出兵统一天下。汉文帝的答复有三层意思：首先，强调自己的帝位来自"功臣、宗室"的拥戴，源自"吕氏之乱"的拨乱反正，而他本人的态度就是"误居正位"，所以"恐事之不终"；其次，"先帝知劳民不可烦"，大政方针延续"先帝"开辟的休养生息之路，这个先帝所指明显不是生命最后一年还在镇压叛乱的汉高祖，而是汉惠帝；最后，匈奴内侵，北方边境兵连不解，所以最好能够固守边塞，遣使和解。②这段对话的时间，应该在汉文帝四年（前176年）六月，匈奴冒顿单于遣使约和亲，公卿讨论开战还是和亲的廷议，最终的结论是"且无议军"。

汉文帝第一次公开表达"恐事之不终"，正是他即位之后，屡屡加惠于民，却突然遭遇一系列危机的时刻。汉文帝三年（前177年）十二

---

① [汉] 司马迁：《史记》卷十《孝文本纪》，中华书局，1959年，第434页。
② [汉] 司马迁：《史记》卷二十五《律书》："孝文曰：'朕能任衣冠，念不到此。会吕氏之乱，功臣宗室共不羞耻，误居正位，常战战栗栗，恐事之不终。且兵凶器，虽克所原，动亦耗病，谓百姓远方何？又先帝知劳民不可烦，故不以为意。朕岂自谓能？今匈奴内侵，军吏无功，边民父子荷兵日久，朕常为动心伤痛，无日忘之。今未能销距，原且坚边设候，结和通使，休宁北陲，为功多矣。且无议军。'"中华书局，1959年，第1242页。

月，周勃罢相，遣返就国，灌婴继任丞相，罢太尉官归丞相，在长安威胁汉文帝的芒刺被拔除，似乎可以略微伸伸脚了。可几个月后，汉文帝三年（前177年）四月，淮南王刘长入朝时，与文帝出猎，常称呼皇帝为"大兄"，又公然以为母报仇的名义，杀死了辟阳侯审食其，文帝无奈之下只能赦免他，"当是时，自薄太后及太子诸大臣皆惮厉王"①。淮南王刘长已经成为倾动朝野的隐患。仅仅一个月后，匈奴右贤王迁徙进了河套地区的"河南地"，势力深入北地郡为寇，相当于背弃了高后时代重申的和约，边患又起。文帝亲自下诏，发边地车骑八万至上郡高奴，由丞相灌婴为将，文帝本人也北上甘泉宫，准备北击匈奴，右贤王见势退去。但文帝并没有放弃打击匈奴的念头，又发中尉卒属卫将军，在长安驻扎，而文帝本人则行幸晋阳，也就是今天的山西太原，明显是要亲自将关东诸侯兵自代地雁门郡出塞，与灌婴的上郡兵，两路齐发，亲征包抄单于庭。不想，济北王刘兴居得知皇帝即将亲征，竟然起兵欲偷袭荥阳，文帝遂罢北征之军，令棘蒲侯柴武为大将军，率昌侯卢卿、共侯卢罢师、宁侯遫、深泽侯将夜等4将军10万兵攻济北，另以祁侯缯贺为将军，屯荥阳。济北王五月反，八月即被俘虏、自杀，叛乱迅速结束。汉文帝四年（前176年）十二月，丞相灌婴薨。当年又遣安丘侯张说为将军，出代地击匈奴，六月，匈奴冒顿单于使者携书约和亲，汉廷议和亲还是开战，公卿都说，还是和亲为好。②从《史记·律书》的记载来看，这次集议并不是异口同声，功臣主战派仍想拿起武器博得军功，而汉文帝用三个层面的理由，说服了公卿们与匈奴重申和约，也稳定了自己的帝位。

简略总结这一年多的变故就是，功臣列侯专政时代结束，匈奴却入

①［汉］班固：《汉书》卷四十四《淮南衡山济北王传》，中华书局，1962年，第2136页。

②［汉］班固：《汉书》卷九十四上《匈奴传上》："六月中，来至新望之地。书至，汉议击与和亲孰便，公卿皆曰：'单于新破月氏，乘胜，不可击也。且得匈奴地，泽卤非可居也，和亲甚便。'汉许之。"中华书局，1962年，第3757页。

塞寇边，刘姓诸侯王也蠢蠢欲动，如果汉文帝处置失当，很可能会遭遇内外双方面的夹击。尤其是对内的恐惧，正是在汉文帝四年（前176年）九月，绛侯周勃被人告发谋反，汉文帝也毫不犹豫地将这位恩人投入监狱，朝廷上下噤若寒蝉，只有爰盎、薄太后和贾谊从各自的角度为周勃美言才得以脱罪。看似汉文帝完全掌握了主动，可若是换个角度想想，若是没有3个月之前汉文帝对战争的压制，兵连祸结之下，周勃的谋反还会只是有名无实吗？这不是无根据的臆测。事实上，至汉文帝六年（前174年）废淮南王刘长时，罪名就包括"与棘蒲侯太子奇谋反，遣人使闽越及匈奴，发其兵"①。淮南王的反叛，拉上了功臣列侯的太子，还要发匈奴、闽越兵，已经出现了内外勾结之势，同案被夺侯的还有厌次侯元（爰）贺②，几方势力由各自孤立开始走向合流。

　　究其根本，在于汉文帝皇位来自功臣、宗室的拥戴，当汉文帝二次罢免周勃相位，遣列侯就国之后，他的权力合法性来源之一已经渐行渐远，所以才有了周勃在封地每逢太守行郡，披甲持兵接见的防备。同时，参与扶立或反对汉文帝即位的诸侯王，燕王刘泽已死，城阳王刘章已死，济北王刘兴居反叛自杀，楚王刘交、齐王刘襄早早薨逝，只剩下吴王刘濞和淮南王刘长没有参与过"诸吕之乱"，既无劣迹也无功绩，但淮南王诛杀吕后宠臣审食其的举动说明他一直耿耿于怀，这就意味着汉文帝权力合法性的来源之二，刘姓诸侯王的支持也近乎无。

　　所以，当汉文帝表态"且无议军"之后，既断绝了功臣列侯们在旷日持久的战争中窃取武器的念想，也彻底与拥戴自己即位的盟友们划清了界限，又以谋反嫌疑拘捕了周勃，汉文帝手中的皇权几乎全面重演了

---

① ［汉］司马迁：《史记》卷十《孝文本纪》，"汉文帝六年"条，中华书局，1959年，第426页。

② ［汉］班固：《汉书》卷十六《高惠高后文功臣表》，"厌次侯"条："孝文元年，侯贺嗣，五年，谋反，诛。"中华书局，1962年，第577页。

汉高祖的旧剧本。要知道，刘邦在程序上是靠楚王韩信、韩王信、淮南王英布、梁王彭越、故衡山王吴芮、赵王张敖、燕王臧荼等诸侯王一致推举，才由汉王上皇帝尊号。严格来说，汉皇帝统治天下的权力合法性就来自诸王拥戴。然而，在汉高祖的手上，这些诸侯王几乎全灭，意味着刘邦的帝位已经处于"理论不自洽"的境地。待到汉文帝以旁支入继，又将这种"理论不自洽"推向了新阶段，用他的话说就是"误居正位，常战战栗栗，恐事之不终"。

不过，正是汉文帝对内、外权贵反对者的恐惧，让他对王朝的角色认知有了天翻地覆的变化。在汉惠帝即位诏书中，有涉及全民的田租，有宦皇帝者，有太子属官，有会葬的官吏，有官吏、故吏，甚至刑徒，就是对"民"的福祉无一字着墨，这种态度，在汉高祖、高后的诏书上多有表现，"民"是被治理的对象，"安、定、息、便、疾"就是他们的宿命。可在汉文帝时代的诏书中，"民"的形象具体起来，他们需要"惬志"[1]、需要说话[2]；其中的"鳏、寡、孤、独、穷困之人"需要赈贷；"老者"需要奉养，要有肉饱腹，有帛取暖，鬻米被以次充好，需要整治，[3]"民"还需要谋生、务本。[4]他关心"吾农民甚苦"[5]，"何其民食之寡乏也！"[6]无论汉文帝这些表述是不是官样文章，他所表露的关注都是关

①［汉］班固：《汉书》卷四《文帝纪》，"汉文帝元年正月"条，中华书局，1962年，第111页。

②［汉］班固：《汉书》卷四《文帝纪》，"汉文帝二年五月"条，中华书局，1962年，第118页。

③［汉］班固：《汉书》卷四《文帝纪》，"汉文帝元年三月"条，中华书局，1962年，第113页。

④［汉］班固：《汉书》卷四《文帝纪》，"汉文帝元年三月"条，中华书局，1962年，第113页。

⑤［汉］班固：《汉书》卷四《文帝纪》，"汉文帝十二年三月"条，中华书局，1962年，第124页。

⑥［汉］班固：《汉书》卷四《文帝纪》，"汉文帝后元年三月"条，中华书局，1962年，第128页。

于"人"的细节，他把"民"当作"人"，他由家族的家长、小集团的首领升格为天下的共主、所有汉朝人的皇帝。

"财富搬运工"的短暂胜利

> "又边人奴婢愁苦，欲亡者多，曰：'闻匈奴中乐，无奈候望急何！'"[1]
>
> ——《汉书·匈奴传下》

贾谊指出"务本积贮"的重要和"民风趋利"的危害后，汉文帝深以为然，多次亲开籍田以劝课农桑，甚至在汉文帝十二年（前168年）三月的诏书中，罕见地表达了对前10年劝农务本无效的沮丧："朕亲率天下农，十年于今，而野不加辟。"[2]正是在这份诏书中，文帝宣布减免田租税之半。因为依照晁错的建议，只要施行"入粟拜爵"的贵粟之法，令边郡仓食足用5年，内郡、县仓储足用1年，皇帝就可免除"田之租税"以鼓励百姓开垦土地。[3]结果民间海量的存粮远远超出了晁错的想象，他原定3年的计划，只用了不到2年时间就达成，故此，汉文帝十三年（前167年）六月，彻底废除了"田租税律"以及"戍卒令"。很明显，皇帝的劝农与否和农业生产没多大关系，汉文帝时代的核心问题不是缺少粮食、农业不发达，而是在财政收入中，最重要的实物——粮食占比太少。因为西汉自秦朝继承的财政系统中，"十五税一"的田租获取

---

①［汉］班固：《汉书》卷九十四下《匈奴传下》，中华书局，1962年，第3804页。
②［汉］班固：《汉书》卷四《文帝纪》，"汉文帝二年九月"条、"汉文帝十二年三月"条、"汉文帝十三年六月"条，中华书局，1962年，第118、124、125页。
③［汉］班固：《汉书》卷二十四上《食货志上》，中华书局，1962年，第1135页。

效率并不高，大部分粮食支出本应由刑徒经济的重要部门"田官"满足。问题是，汉初以来刑徒、官田双重紧缺，以至"田官"在《二年律令》时代已消失，官府获取粮食的渠道，一为田租，一为籴米，即花钱外购。这两个来源，在人口密集、田地广阔的内郡勉强够用，可依托关中平原的帝都长安的粮食需要从关东转漕，"漕转山东粟，以给中都官，岁不过数十万石"[①]。边郡粮食的短缺就更明显，由于开发程度有限，人口稀少，仅靠百姓缴纳的田租，只能勉强供应和维持内郡兴卒戍边的人力转移支付，由内郡委输粮食，耗费的人力和途中虚耗的粮食还会给沿途的郡县造成巨大的负担，结果就是边郡不得开发，内郡百姓不得耕种，两边受害。在此背景下，允许百姓"入粟拜爵"，就成为破局的关键。

晁错关于"贵粟"的立论相当现实，明确指出，"今法律贱商人，商人已富贵矣；尊农夫，农夫已贫贱矣"，正是身份等级收益社会的命门。尽管商人和农夫都是被统治者，但由于商人是权力组织获取财富的工具人，可以不承受农夫的辛苦，却有千百倍的所得，并"因其富厚，交通王侯，力过吏势，以利相倾"，所以无论法律、帝王如何困辱、贬损他们的身份，在世俗生活中，他们的财富都可以抬升实际的地位，所谓"俗之所贵，主之所贱也；吏之所卑，法之所尊也"[②]。正因为"上下相反，好恶乖迕，而欲国富法立，不可得也"，汉文帝只有抗拒现实和顺应现实两个选择。贾谊、贾山，甚至张释之给汉文帝开出的药方，都是节制欲望、以身作则的常规手段。晁错虽然治刑名之学，却希望汉文帝能够顺应民众的欲望，解决当前最紧要的问题，"方今之务，莫若使民务农而已矣"。要令百姓乐于务农垦草，根本在于"贵粟"，说白了就是利诱。用权力"贵粟"，除了抬高货币化的粮价之外，还要增加置换身份等级的附加值，

吸引百姓将粮食运到边郡仓库，入六百石者拜上造爵，入四千石者拜五大夫爵，入一万二千石者拜大庶长，分级标价。政策施行后不久，边郡仓储即可支5年。此时，大规模供养实边移民也就成了可能。

在此条件下，汉文帝废除"戍卒令"是对吕后时代"令戍卒岁更"制度的更张。内郡有限的人力资源要求戍卒岁更，以"年"为单位转移支付人力，抽离壮劳力则戍卒家庭极可能破产。这些并不熟悉边塞生活的内郡人，除了到边疆耕地，很难形成战斗力。所以，晁错建议"不如选常居者，家室田作，且以备之"，要边民守边，人力不足就从内地"募"。当然，秦汉所谓的"募"不是雇佣兵，而是"召集、募集"之意，将有罪的囚徒或有罪减刑在官府中计日劳作的人赦免，移民边地；还不够，就允许富人将他们的私家奴婢，送到边郡求赎罪或拜爵；还不够的话，就以高爵和复免待遇吸引普通百姓移居边郡。所有移民都由官府提供城塞、住房、农具，给予冬夏衣装，一直供应伙食到移民能够耕种自给自足为止。同时，允许内郡百姓购买边地人的爵位，最高可达卿爵。这其实是为边郡移民提供致富的办法，至于边民里没有丈夫、妻子的人，则由官府买人与之婚配。[1]

总之一句话，为了移民实边，官府提供一切物质条件。行之有效后，汉文帝就废除了"戍卒令"，停止内郡人力资源的大规模转移支付，改由边民荷戈守边郡，内地百姓专心务农，朝廷再以爵赏为工具，引导内地粮食输往边郡补充仓储，供养边地兵民，形成了一个分工明确的财政循环。有了稳定的常住人口，开垦土地、建设居民点，以本地戍卒逐步替

---

① [汉] 班固：《汉书》卷四十九《爰盎晁错传》："要害之处，通川之道，调立城邑，毋下千家，为中周虎落。先为室屋，具田器，乃募罪人及免徒复作令居之；不足，募以丁奴婢赎罪及输奴婢欲以拜爵者；不足，乃募民之欲往者。皆赐高爵，复其家。予冬夏衣，廪食，能自给而止。郡县之民得买其爵，以自增至卿。其亡夫若妻者，县官买予之。"中华书局，1962年，第2286页。

代内郡的远戍，就能够形成边郡生产的良性循环。

对于内郡的安排，文帝也没有忘记"劝农"，按户口设置"孝、悌、力田"常员。其中"力田"享受复免待遇，相当于给个体农户一个努力的方向和希望，耕种优异者也可改变命运。废除田租税律则是对秦制基层财政体系的根本变革。晁错提出的政策是国家以爵位换富人的粮食，足够国用就可以对农夫免赋，赋税少，农民种粮的积极性会增强；富人以货币换农民的粮食，粮价上涨，农民种粮积极性也会增强，双管齐下引导百姓务本。[①]相比秦朝旧制，这个流程中多了两个交易环节，其一为爵位换粮，其二为货币换粮，国家获取粮食的直接交易对手变成富人，可以省略多个管理环节，包括县、乡收粮入仓，内郡转输边郡的成本都可以转嫁给入粟的富人，这就让废除秦制下的农业管理部门"田部"、刑徒农业经营部门"田官"及"乡部"之下县廷主官派出的一系列经营性的"离官"(仓、库、田、亭等)[②]成为可能。一方面，废除了基层政权的经营性职能，确立了政府的管理性责任；另一方面，真正承认农民的个体经营才是农业生产力的源泉。

系统性残酷下的人民只能"忘恩负义"

看似一切都通向完美的结果。可汉文帝十四年（前166年）至后二年（前162年）间的4年，移民实边、入粟拜爵和废戍卒令、田租税律等

---

①［汉］班固：《汉书》卷二十四上《食货志上》："欲民务农，在于贵粟；贵粟之道，在于使民以粟为赏罚。今募天下入粟县官，得以拜爵，得以除罪。如此，富人有爵，农民有钱，粟有所渫。夫能入粟以受爵，皆有余者也；取于有余，以供上用，则贫民之赋可损，所谓损有余补不足，令出而民利者也，顺于民心，所补者三：一曰主用足，二曰民赋少，三曰劝农功。"中华书局，1962年，第1133页。
② 参见拙作《秦砖：大秦帝国兴亡启示录》，北京联合出版公司，2020年，第325页。

新政纷纷施行，匈奴单于竟集中了14万骑兵，入萧关，杀北地校尉印，火烧回中宫，候骑进入关中平原，至甘泉宫和雍。这次进攻的规模和后果，是西汉建国以来，仅次于刘邦白登之围的大挫败。更重要的是，移民实边的成果，面对匈奴集中兵力的进犯根本不堪一击。"匈奴日以骄，岁入边，杀略人民甚众，云中、辽东最甚，郡万余人。"①要知道，一直到150多年后的西汉末年，云中郡只有173270口，辽东郡则有272539口，西汉初总人口不过西汉末的1/4左右，边郡尤其人口稀少，"万余人"的损失约达到云中郡在籍人口的1/4，辽东郡在籍人口的1/7，这种创伤相当巨大。

可是匈奴疯狂寇塞的缘起是什么？《史记·匈奴列传》和《汉书·匈奴传》都提到了一个人——中行说，被任命为和亲公主的陪嫁宦者，本不愿意远行，"汉强使之"。到了匈奴后，中行说投降单于，为其出谋划策，并传授实用的管理技术，进而与汉使辩论、勒索绢帛粮食。在中行说与使者的辩论中提到，匈奴"急则人习骑射，宽则人乐无事，其约束轻，易行也"。与汉朝的"夫力耕桑以求衣食，筑城郭以自备，故其民急则不习战功，缓则罢于作业"两相对比，尤其指出"且礼义之敝，上下交怨望，而室屋之极，生力必屈"。通俗地解释，就是匈奴的生活方式宽松、约束少，而汉朝的生活方式，百姓战时不习战阵，平时则因为各种徭役疲于奔命，汉朝的统治方式看似重视礼义，败坏后就是上层与下层互相痛恨；盖房造屋极尽工巧，反而营生的气力衰竭。简言之，匈奴的生活、统治简易实用，汉朝的生活困苦、统治烦苛。

至汉文帝与匈奴单于重申和约时也曾在诏书中提到："今闻渫恶民贪降其进取之利，倍义绝约，忘万民之命，离两主之驩，然其事已在前矣。"所谓"渫"就是流出、泄漏的污秽，用以贬低逃亡者，意思是责任

---

① ［汉］班固：《汉书》卷九十四上《匈奴传上》，中华书局，1962年，第3762页。

都在这些逃亡者的挑拨离间，并明确点出解决方案是"俱去前事：朕释逃虏民，单于无言章尼等"①。这就意味着，汉朝其实接纳了匈奴的"逃虏民"，如"章尼"等人即事迹不详。在匈奴单于约定和亲之后，汉文帝又下诏书，转述单于的来信中说："亡人不足以益众广地，匈奴无入塞，汉无出塞，犯约者杀之，可以久亲。"言下之意，接纳逃亡者不足以增加人口和领土，所以匈奴人不入边塞，汉人不出边塞，违反禁令者处以死刑，双方可以长久亲近。汉文帝也说："朕已许之。"

由此可见，大量出现"亡人"的应该是汉朝，根源恰恰是汉文帝施行的"和亲互市"与"移民实边"的政策。在此之前，也就是汉文帝三年（前177年）五月，匈奴右贤王入居河南地。此处并非汉境，但与汉朝的上郡边塞相邻，他的举动是"侵盗上郡葆塞蛮夷"。可见，汉朝在边塞附近安置了"蛮夷"部落，也就是秦朝的"属邦"、汉朝的"属国"作为缓冲区和边塞守卫。此次冲突的起因，冒顿单于给汉文帝的书信解释道，由于汉朝的边郡"小吏"欺负了匈奴右贤王，所以右贤王在没有得到单于允许的情况下，对汉报复。现在虽然是汉朝的"小吏"破坏了合约，但单于也已经惩罚右贤王进攻月氏赎罪。②匈奴单于还明确提出要求，汉皇帝既然不希望匈奴逼近边塞，那么请诏令本国人远离边塞居住。③简言之，留出缓冲地。

实事求是地讲，边境纠纷只是表象，匈奴的大入塞绝不仅仅是受到"亡人"的挑拨，而是对汉朝边郡的军事存在感到紧张。而匈奴的生活方

①［汉］司马迁：《史记》卷一百一十《匈奴列传》，中华书局，1959年，第2903页。
②［汉］司马迁：《史记》卷一百一十《匈奴列传》："汉边吏侵侮右贤王，右贤王不请，听后义卢侯难氏等计，与汉吏相距……今以小吏之败约故，罚右贤王，使之西求月氏击之。"中华书局，1959年，第2896页。
③［汉］司马迁：《史记》卷一百一十《匈奴列传》："皇帝即不欲匈奴近塞，则且诏吏民远舍。"中华书局，1959年，第2896页。

式又决定了他们不可能在边塞充实人口和兵力，所以就采取了更加暴戾的方式，逐渐走向繁荣的汉朝边郡入侵掳掠，这一系列的战争都是政治行为，而非偶发事件。不过，随着边郡移民的增加，烦苛汉法带来的赋、徭、役与"乐无事"的匈奴统治相比，本就出自社会下层的奴婢、刑徒的募民当然更向往后者。故此，因匈奴入寇导致社会秩序暂时崩溃，就给了逃亡者可乘之机，双方的君主最终达成的协议，也不过是保持现状，各自约束不接纳对方的逃亡者。可以说，汉文帝的宽松政策换来的恰恰是社会各阶层的"忘恩负义"。

大灾荒之下的人性闪光

更不幸的是，汉王朝又面临连年的歉收。汉文帝后元年（前163年）二月诏中说："间者数年比不登，又有水旱疾疫之灾，朕甚忧之。"如果说这4年靠着之前积攒的5年边食还能支撑，至汉文帝后六年（158年）就绝对是祸不单行了。冬天匈奴大入上郡、云中，烽火通长安，派三将军屯边，又三将军屯京师；夏四月，天下大旱、蝗灾接踵而至。

当大灾荒来临时，汉高祖、汉惠帝的对策只是允许百姓"就食巴、蜀"或是"卖爵""卖子"，而汉文帝却"弛山泽，减诸服御，损郎吏员，发仓庾以振民，民得卖爵"①，最大的区别就是汉文帝的父兄只是减少禁令，允许百姓自救，皇家的利益一毛不拔，而汉文帝却愿意损害自己的"私奉养"，弛山泽之禁，允许百姓进入谋生，又俭省自己的生活待遇，缩减身边官吏的编制，打开公家的仓库赈济百姓。此时的汉文帝固然可

---

① ［汉］班固：《汉书》卷四《文帝纪》，"汉文帝后六年四月"条，中华书局，1962年，第131页。

以称得上一个"仁"字，但社会经济的现实，仍旧是刘向所说的谷1石500钱，确实是汉文帝时代的事实，也是汉文帝临终前发出生命感慨的原因所在。虽然他用尽全力，大灾之下，没有重蹈汉二年"米斛万钱，人相食"的惨剧，可他"致太平"的神话依然宛如泡沫。

这个结果应该让汉文帝非常痛苦，因为他本质上是一个很感性的人。他在即位之初，带宠妃慎夫人出行经过霸陵，在山坡上指着新丰道对慎夫人说，这就是通往你家乡邯郸的道路啊！于是，让慎夫人鼓瑟，自己合着瑟声高歌，"意惨凄悲怀"，之后对群臣说的话也很有玄机。看似是讨论在山上建造陵墓可以长久安眠，却只有张释之听懂了深意，回答说，如果墓中有人们贪图的东西，哪怕是将南山用铜铁浇铸，也会有缝隙，如果墓中没有人们觊觎的财物，哪怕没有石头为椁，又有什么可担心的？汉文帝非常赞许他的话，不久后就提拔他为廷尉，时间在汉文帝三年（前177年）。

也就是说，汉文帝登位之初，就对权力充满着恐惧，唱歌也是凄凉悲切。他明着说陵墓棺椁，实则说的是帝位。他关心的是"恐事之不终"，张释之所说的也是比喻，如果以天下为私产，肆无忌惮地攫取，人人只看到利益，哪怕你是铜浇铁铸的防备，也难保长久，可若是居帝位而不私天下，帝位就会变成了无人贪图的"公器"，自然不用费心防备也坚固不摇。汉文帝的一生都被"戒惧"纠缠，令他的治政迥异于父兄子孙，无愧于"仁者"之名。但他的"善政"也变成持续兵祸的起因，表面上看就是"好心没好报"，甚至影响了汉文帝身后的名声，这一点从《史记·孝文本纪》记录的详略就可以看出端倪。作为汉文帝的同道中人，崇尚道家的司马迁[①]对于政通人和的"前元时代"叙述甚详，天灾人祸的

---

① ［汉］司马迁：《史记》卷一百三十《太史公自序》："太史公学天官于唐都，受易于杨何，习道论于黄子。"中华书局，1959年，第3288页。

"后元时代"则用笔寥寥，直到东汉初年的班固才在《汉书·文帝纪》中予以补缺。

那么，汉朝的百姓真的是"忘恩负义"吗？答案当然是否定的。新莽末年，赤眉军攻入长安火烧200年帝都，百姓饥饿相食，死者数十万，宗庙园陵都被盗掘，只剩下霸陵、杜陵完好。[1]霸陵正是汉文帝的陵寝，杜陵则是刘向口中另一位治世明君汉宣帝的坟茔，可见百姓并没有遗忘仁君的好处。只不过，这种好处是与吕后、汉武帝对比得出的结论，而真正在汉文帝"仁政"治下的人们，更向往的还是"日出而作，日入而息，凿井而饮，耕田而食，尧何等力？"[2]的自由生活。这是选择，更是人性。

---

① ［汉］班固：《汉书》卷九十九下《王莽传下》："赤眉遂烧长安宫室市里，害更始。民饥饿相食，死者数十万，长安为虚，城中无人行。宗庙园陵皆发掘，唯霸陵、杜陵完。"中华书局，1962年，第4193页。
② 黄晖：《论衡校释》第五卷《感虚第十九》，中华书局，1990年，第253页。

第十四章

拜金主义盛宴的高潮

功利主义主导下的丛林社会

> "吴楚七国兵起时,长安中列侯封君行从军旅,赍贷子钱,子钱家以为侯邑国在关东,关东成败未决,莫肯与。"[1]
>
> ——《史记·货殖列传》

《史记·平准书》中对汉武帝即位初年"奢靡成风""违法僭越""豪强肆虐""兼并横行"状态的描述,在汉文帝初年贾谊的上疏中已有体现。经济上,由于从惠帝、吕后时代开始施行的放松商品经济管制措施的持续施行,整个汉初奢侈、混乱的世风一直延续未改,原因很简单,"网疏而民富"。惠帝、吕后、文帝均以"刑罚罕用"闻名,自然法网粗疏,民间活跃,以至于犯法者、僭越者横行。[2]西汉的司法、行政体系都延续了秦朝的旧制,只是在具体的执行中有所缓和,起点就是"参见人之有细过,专掩匿覆盖之"[3],曹参的"萧规曹随"并非摒弃秦制,而是在执行之中不用汉法。《汉书·刑法志》中说:"萧、曹为相,填以无为,从民之欲而不扰乱,是以衣食滋殖,刑罚用稀。"[4]这种政治方针在汉文帝时代得到了延续,由于将相都是旧功臣"少文多质",说白了就是没文化,对于公事的判断出发点就两条,其一,是否合乎道德;其二,是否合乎流程。

---

① [汉]司马迁:《史记》卷一百二十九《货殖列传》,中华书局,1959年,第3280、3281页。
② 参见拙作《汉瓦:西汉王朝洪业启示录》,北京科学技术出版社,2021年,第788页。
③ [汉]司马迁:《史记》卷五十四《曹相国世家》,中华书局,1959年,第2030页。
④ [汉]班固:《汉书》卷二十三《刑法志》,中华书局,1962年,第1097页。

以道德为先，表现是"论议务在宽厚，耻言人之过失"，秦朝的互相举报之风一直被诟病为秦亡的重要教训。因此，自皇帝、功臣、公卿以下讲求人性和容忍，从根本上净化了政治风气，"化行天下，告讦之俗易"①。重视流程，表现就是大臣们只对文书、会议的合规当回事，而对风俗、世道的败坏视若无睹。②要知道，秦制行政之中，"告奸""连坐"是最重要的管理手段，前者可以实现组织信息的病态透明化，后者则刻意强化了职务责任制，都是当时技术条件下维持文书程序运作的手段基石。当二者均被废止之后，行政体制不得不适应惯例化运行，用人性化、利益化的潜规则架空不合时宜的、残酷无情的成文法。

这种现状，就是《史记·酷吏列传》中指出的，"网漏于吞舟之鱼，而吏治烝烝，不至于奸，黎民艾安"。所谓"烝烝"意为德行宽厚，用现代的话讲，就是讲人性、讲人情。尽管原本致密烦苛的律法在执行中漏洞百出，但由于"潜规则"讲人性、讲道德，不至于奸恶，从而不扰乱百姓的生活，尊重底层社会的自发秩序。问题是，一个社会中不可能存在只有善没有恶的自发秩序，像《史记·平准书》中说的"故人人自爱而重犯法，先行义而后绌耻辱焉"③固然是现实，但贾谊所说的"曩之为秦者，今转而为汉矣。然其遗风余俗，犹尚未改"一样是事实。所谓秦之旧俗，归结起来是"众掩寡，智欺愚，勇威怯，壮陵衰"，用今天的话讲，就是弱肉强食的丛林社会。可见，汉代秦之后，风俗人情并未改变，仍旧是只看利益，不顾德行。④贾谊为了佐证观点，举出了好几个案例，

---

① [汉]班固：《汉书》卷二十三《刑法志》，中华书局，1962年，第1079页。
② [汉]班固：《汉书》卷四十八《贾谊传》："而大臣特以簿书不报，期会之间，以为大故。至于俗流失，世坏败，因恬而不知怪，虑不动于耳目，以为是适然耳。"中华书局，1962年，第2244、2245页。
③ [汉]司马迁：《史记》卷三十《平准书》，中华书局，1959年，第1420页。
④ [汉]班固：《汉书》卷四十八《贾谊传》，中华书局，1962年，第2244页。

即杀死父兄；盗窃者割去内寝的门帘，偷走汉高祖庙、汉惠帝庙中的器物；光天化日之下抢劫官吏手中的黄金；骗子乘坐国家的传车行走郡国，骗去数十万石粟，征税六百多万钱，行径恶劣至极。

贾谊固然指出了问题，汉文帝也重视了问题，汉初君臣却根本没办法解决问题，因为秦政的基本出发点就是功利主义，利出一孔也好，趋利避害也好，都是围绕"利"为百姓所设的牢笼手段。西汉初年的社会，经历了惠帝、高后时代的种种干预，由周秦时代的绝对身份等级社会逐步置换为身份等级收益社会，军功爵仍旧是身份标识，其所承载的收益特权，如封邑、子弟入仕、礼仪班次等，都被吏治国家侵蚀殆尽。除了列侯、关内侯，其余的军功爵身份的主要价值已经被置换为货币收益，这种利益远比之前仅限于高爵阶层享受的等级待遇更加直观和赤裸。也就是说，"利"在汉初社会中的重要性非但没有下降，甚至彻底摧毁了血统身份的区隔，成为最重要的价值衡量准则。对此，司马迁的总结非常精当："故曰：'天下熙熙，皆为利来；天下攘攘，皆为利往。'夫千乘之王，万家之侯，百室之君，尚犹患贫，而况匹夫编户之民乎？"①

"弛"，可以随时关门的自由放任政策

王侯、封君有封户租税，有山川园池市井收入作为"私奉养"，又有皇帝赐予的"餐钱"为补贴，就像汉文帝说的："能富（邓）通者在我也。何谓贫乎？"反过来说，与皇权的亲近程度而非爵位等级的高低，决定了获取货币的权力大小，也决定了奢侈享受的限度和能力。与之相对，社会的下层阶级则分为两个部分。

———————————

① ［汉］司马迁：《史记》卷一百二十九《货殖列传》，中华书局，1959年，第3256页。

（1）一部分编户民，勠力稼穑，却被迫将大部分产出换取货币纳税，维持在权力重压下的基本生存。偶有余财，则要用货币赎买权力，以减轻政治权力对日常生活的横加干涉，最典型的例子就是买爵以获取徭役复免的权利。由于西汉王朝基本废除了秦朝以徒隶官田耕作大生产为中心、以军功爵位授田自耕农小生产为辅助的耕战经济，反而积极鼓励大土地所有制下的大规模佣耕。这些大土地所有者又多是跟随汉高祖定天下的高爵之家，以及六国的旧贵族后裔①，按照《二年律令·田律》的规定："田不可田者，勿行，当受田者欲受，许之。"不可耕种的土地在正常条件下不予授田，如果应当受田者愿意接受，也允许授予。言下之意是允许百姓耕地份额置换为非耕地，如山林沼泽之类能够提供手工业原料的土地。而从《史记·货殖列传》中鱼、材、枣、栗、橘、荻、漆、竹等诸多商品来看，这种置换应该相当普遍，这些原料、商品无疑是"末业"的基础，这是方式之一。

当然，上述编户民虽然在汉王朝的权力体系中处于"下层"，却不是整个社会的"下层"。西汉初年曾大量任命立功军吏担任地方官吏，这些人正是王朝深入社会各层级的管理触角。久而久之，哪怕是里正、里监门这等由官方任命，却不食俸禄的里吏（守闾阎者），手里只有监视人口流动的微末权力，已经可以换来"粱肉"这种旧时贵族的饮食。担任官吏的人物，由于长期久任，子孙长大无缺转职，甚至官职近似于世袭，以至于以职务名作姓氏，如仓氏、庾氏等等。②这就导致社会阶层固化，为了保证家族固化的利益，"故人人自爱而重犯法，先行义而后绌耻辱

---

① [汉] 班固：《汉书》卷一下《高帝纪下》，"汉高帝八年十一月"条："徙齐、楚大族昭氏、屈氏、景氏、怀氏、田氏五姓关中，与利田宅。"中华书局，1962年，第66页。
② [汉] 司马迁：《史记》卷三十《平准书》："守闾阎者食粱肉，为吏者长子孙，居官者以为姓号。"中华书局，1959年，第1420页。

焉"①。通俗地解释就是违法成本高，所以慎重。但是当官吏地方化、世袭化，甚至以官为氏，也就走向了贵族化，形成了与皇权吏治分庭抗礼的隐权力。当隐权力与法权相安无事时，当然是"重犯法"，但如果代表皇权意志的法权有所更张，地方头面人物的公开化对抗，就是"兼并豪党之徒，以武断于乡曲"②。

（2）另一部分编户民，也就是所谓的"末技游食之民"③，不仅有工商业者，也包括倡优、游侠之流，则选择直接获取货币，依托商品经济繁荣带来的社会分工多元化，尤其是上层阶级的权力变现和奢靡享乐的需求，这部分人甚至可以"与王者埒富"④。这部分人的生存环境与前一部分编户民不同，集中于工商业发达的城市和资源产地，这从《二年律令·金布律》中关于煮私盐、采银、采铁、铸铁、采铅、采丹砂的租税记载可见一斑。原本应属于"山泽之禁"的资源只需完税即允许民间开采、生产、销售。这部分人群完全依附于权力主导的商品经济寻租体制生存。

正如《史记·货殖列传》中记载的，关中地区"地重，重为邪"，但其中的长安和诸陵县则是"四方辐凑并至而会，地小人众，故其民益玩巧而事末也"。而三河地区的河东、河南、河内，"其俗纤俭习事"。⑤作为秦国变法之后统治时间较长，秦法渗透较深的地区——关中、三河的风俗，有明显的城乡区别，核心的都邑往往"多大贾"，百姓更活跃，甚至奸猾，完全不同于周边重稼穑不敢犯法或是节俭明事理的农业区风俗。可见，"末技游食之民"与他们所在的大地理区域的联系相当有限，原因就是环境不同带来的生活方式不同。秦汉的商业都会多位于交通枢纽，

---

① ［汉］司马迁：《史记》卷三十《平准书》，中华书局，1959年，第1420页。

② ［汉］司马迁：《史记》卷三十《平准书》，中华书局，1959年，第1420页。

③ ［汉］班固：《汉书》卷二十四上《食货志上》，中华书局，1962年，第1130页。

④ ［汉］司马迁：《史记》卷一百二十九《货殖列传》，中华书局，1959年，第3259页。

⑤ ［汉］司马迁：《史记》卷一百二十九《货殖列传》，中华书局，1959年，第3263页。

尤其是河流交汇处，又有政治权力的加持，有大批工商业人口支撑大市场，获取"利"的方式迥异于农村乡间，这也塑造了"末技游食之民"对"利"的理解，陈陈相因之下即为风俗。

面对全民求利的局面，汉初历代君主一直积极地让利，以换取乡曲之间散居的老兄弟们的支持。由于秦朝治下，百姓生计存在诸多禁令，哪怕是"三人聚饮""妖言""挟书"都是重罪，从事工商业也没有资源可以利用，所以，自惠帝、吕后开始就重视一个"弛"字，从"弛商贾之律"，到汉文帝"令民纵得自铸钱"，乃至于"弛山泽"，依班固的赞词，"有不便，辄弛以利民"。[1]反过来看，分明是西汉王朝从秦朝继承的货币、财政体制有无数"不利民"的内容，而汉帝酌情予以"弛"。注意这个字，并不是"废""除"，而是"弛"，也就是松懈，所有权仍旧是皇帝的，需要的时候可以松懈，在需要的时候当然也可以严格、严禁，这就事先留好了制度的后门。哪怕如此，百姓也得以衣食滋殖、悠游市井，处于一个政权和社会相安无事的状态。

汉景帝初即位时，依旧延续了汉文帝的思路，以"弛"为主，汉景帝元年（前156年）正月即下诏，"其议民欲徙宽大地者，听之"。[2]此时上承汉文帝后六年（前158年）的大灾荒，正是经济的恢复期，汉景帝允许百姓自人多地少的地区迁徙到地广人稀的区域，自然是善政。汉景帝元年（前156年）五月又"令田半租"，也就是田租"三十税一"，也算是继承文帝之政。七月，对"吏"的腐败行为惩处的法令做调整，指出接受主管单位的饮食就被罢免，处罚过重，接受财物或是低买高卖的惩罚却太轻，要求廷尉与丞相重新讨论法令。汉景帝二年（前155年）

---

[1]［汉］班固：《汉书》卷四《文帝纪》，"赞曰"条，中华书局，1962年，第134页。
[2]［汉］班固：《汉书》卷五《景帝纪》，"汉景帝元年正月"条，中华书局，1962年，第139页。

十二月，又"令天下男子年二十始傅"。傅籍的年龄决定了百姓服役的起始时间，过往一直被赞为"休养生息"的善举，但结合《二年律令·傅律》来看，才能明白，原本平民就是二十乃傅，只有"大夫爵"和"卿爵"有特权，为22岁、24岁傅。汉景帝实际上是取消了这两大群体"傅籍"的特权，究其原因应该是服役人力不足。这从侧面说明，汉文帝采取的入粟拜爵政策将军功爵位商品化存在后遗症。爵位并非真的"出于口而亡穷"[①]，它所附着的豁免特权才是它的价值所在，豁免特权授予多了，合格的服役人口越来越少，问题也就暴露了。

七国之乱，汉景帝遭遇"信任危机"

汉景帝二年八月初二（丁巳，前155年9月10日）颍川人晁错由左内史升任御史大夫，不久后就搜集了诸侯王的罪状，要削减他们的封地。结果是，"错所更令三十章，诸侯讙哗"[②]。之后，吴楚七国反叛，至汉景帝三年正月廿九（壬子，前154年3月3日）晁错被汉景帝以朝衣斩于长安东市，以谢诸侯。其实，七国之乱本身对汉景帝的威胁并不大，主导者吴王刘濞的战略目标的极限也不过是占领洛阳与汉廷东西对峙[③]。曾经担任过吴相的爰盎告诉汉景帝，吴楚反叛不足忧虑，很容易消灭。汉景帝还有疑虑，认为吴王招诱天下豪杰，"白头起事"，一把年纪举旗造反肯定已有万全之策。爰盎则反驳说，吴王是有铜盐之利，可哪儿来的豪杰，能被金钱利诱的都是一些"无赖子弟，亡命铸钱奸人"。待到

---

① [汉]班固：《汉书》卷二十四上《食货志上》，中华书局，1962年，第1134页。
② [汉]班固：《汉书》卷四十九《爰盎晁错传》，中华书局，1962年，第2300页。
③ [汉]司马迁：《史记》卷一百六《吴王濞列传》："齐诸王与赵王定河间、河内，或入临晋关，或与寡人会雒阳。"中华书局，1959年，第2828页。

爰盎带着晁错的死讯，游说吴王时，对方笑着回复："我已为东帝，尚何谁拜？"①言下之意分明是说自己不承认汉景帝的皇位。之后又接连拒绝了大将军田禄伯的分兵建议、少将桓将军的急进雒阳之策，反而在与楚王合兵后，拼命围攻梁国都城。汉军出击后，至当年二月中吴王大军即败走。

"初，吴王首反，并将楚兵，连齐、赵。正月起兵，三月皆破，独赵后下。"②这里的赵是赵王遂，抵抗时间最久，困守邯郸10个月，城破身死。很明显，仅就战争而言，七国之乱的参与者和汉景帝的指挥都很拙劣，他们都忘了战争应该是什么样子，所以汉廷是惊慌失措，吴楚是骄横无谋。更有意思的是，在平叛大军出征前，丞相、中尉、廷尉在汉景帝授意下弹劾晁错的内容是，御史大夫晁错提议，现在有兵数百万，皇帝交给大臣率领不可信，不如亲征领兵，由我来守卫后方。③无独有偶，吴王濞出征时，大将军田禄伯提议分他5万兵，沿江淮西上，自武关道会攻长安，结果吴王太子出来阻拦，你是造反的，兵马不可以给人，若是给了他，反你怎么办呢？④两边的最高决策者最担心的竟然都不是能不能赢，而是自己的手下能否信任。结果的区别就是吴王兵少，只好全都带在身边，汉景帝兵多，可以将大军一分为四："中尉条侯周亚夫为太尉，击吴楚；曲周侯郦寄为大将军，击赵；窦婴为大将军，屯荥阳；栾布为大将军，击齐。"⑤其中，窦婴是窦太后的族人，身份最亲，所以屯驻

---

①〔汉〕司马迁：《史记》卷一百六《吴王濞列传》，中华书局，1959年，第2831页。
②〔汉〕司马迁：《史记》卷一百六《吴王濞列传》，中华书局，1959年，第2836页。
③〔汉〕班固：《汉书》卷四十九《爰盎晁错传》，"晁错"条，中华书局，1962年，第2300、2301页。
④〔汉〕司马迁：《史记》卷一百六《吴王濞列传》："王以反为名，此兵难以藉人，藉人亦且反王，奈何？"中华书局，1959年，第2832页。
⑤〔汉〕司马迁：《史记》卷二十二《汉兴以来将相名臣年表》，"孝景三年"条，中华书局，1959年，第1130页。

在敖仓、洛阳旁边的荥阳，"监齐、赵兵"①，既是监督者，也是汉郡的最外围防线。

也就是说，当汉王朝走过50个年头之后，爆发了前所未有的"信任危机"。皇帝对诸侯王、列侯、群臣，诸侯王对皇帝、将吏，都有疑虑，这就与史书中对汉初民间状态的描述大相径庭，为什么会出现这种矛盾呢？

在《史记·酷吏列传》中已经给出了答案，"是时民朴，畏罪自重"之后，还有后话，"而都'独'先严酷，致行法不避贵戚"②。百姓确实质朴，害怕犯法，但还有不怕犯法的，那就是"贵戚"。汉文帝时代有"刑错之风"，对各种违法行为往往睁一只眼闭一只眼，这就导致"行法"之时，总会有各种减免。郅都的"独"字，恰恰说明在文景时代，"行法不避贵戚"是一件稀罕事，这才让他得以进入《酷吏列传》，成为一众酷吏记载的起点。

到了汉景帝时代，朝堂上的功臣列侯多数已经传至第二代，甚至第三代，他们与皇帝的关系既不是高祖、高后时代的畏威怀德，也不是文帝时代的恩威并施。在"列侯之国"政策施行20多年后，只有一小部分得到皇帝信任、亲近的列侯子弟得以进入新皇帝的社交圈，大部分列侯在失去了常朝机会后，已经与普通的郡县流官相去不远。所以，当七国之乱爆发时，有不少功臣列侯都参与了反叛，如魏其侯周定之子周闲、下相庄侯冷耳之子冷慎、高陵圉侯王周之孙王行、纪信匡侯陈仓之孙陈阳、台定侯戴野之子戴才、辟阳幽侯审食其之子审平、昌圉侯卢卿之子卢通均遭除国。也就无怪乎汉景帝在派兵时，会对群臣有疑虑，因为他

①［汉］司马迁：《史记》卷一百七《魏其武安侯列传》，"窦婴"条，中华书局，1959年，第2840页。
②［汉］司马迁：《史记》卷一百二十二《酷吏列传》，中华书局，1959年，第3133页。

派出的将校也以功臣列侯为主。除了列名大将的几位列侯，其他在长安的列侯也有参军，为了置办装备，找"子钱家"借贷。这些商人竟然认为战争成败未知，这些列侯的封国都在关东，不愿意借钱。只有无盐氏愿意出千金借贷，只是利息10倍。三月中平定吴楚，无盐氏所得利息10倍，由此"富埒关中"。[①]可见，对战争胜负心怀忐忑的并不只是汉景帝和晁错，还有功臣列侯和"子钱家"为代表的富商巨贾们。

在周亚夫出兵之际，赵涉劝说他，吴王一直非常有钱，蓄养死士许久，知道你要出兵，一定会派出间谍在崤山、渑池一带的险阻地带潜伏，你何不走蓝田，出武关道，直抵洛阳，时间不过差一两天，直入武库可以取得神兵天降的效果。周亚夫听取他的建议，到洛阳后，派出官吏搜索崤山、渑池一带，果然捕获了吴国的伏兵。[②]周亚夫抵达洛阳之后，见到游侠剧孟后说，我原本以为诸侯已经占领了洛阳，没想到得到了保全，又担心诸侯得到剧孟支援，现在看剧孟并没有附逆，让我占据了荥阳，那么荥阳以东已经没什么可担心的了。[③]对此，司马迁的评价是，"天下骚动，宰相得之若得一敌国云"。[④]

至此，《货殖列传》《游侠列传》，还有没能伏击刺杀周亚夫成功的《刺客列传》，再加上之前提及的以镇压权贵、游侠、豪强显名的郅都所

---

① [汉] 司马迁：《史记》卷一百二十九《货殖列传》，中华书局，1959年，第3281页。

② [汉] 班固：《汉书》卷四十《张陈王周传》，"周亚夫"条："亚夫既发，至霸上，赵涉遮说亚夫曰：'将军东诛吴、楚，胜则宗庙安，不胜则天下危，能用臣之言乎？'亚夫下车，礼而问之。涉曰：'吴王素富，怀辑死士久矣。此知将军且行，必置间人于殽、黾厄陜之间。且兵事上神密，将军何不从此右去，走蓝田，出武关，抵雒阳，间不过差一二日，直入武库，击鸣鼓。诸侯闻之，以为将军从天而下也。'太尉如其计。至雒阳，使吏搜殽、黾间，果得吴伏兵。"中华书局，1962年，第2059页。

③ [汉] 司马迁：《史记》卷一百六《吴王濞列传》："条侯将乘六乘传，会兵荥阳。至雒阳，见剧孟，喜曰：'七国反，吾乘传至此，不自意全。又以为诸侯已得剧孟，剧孟今无动。吾据荥阳，以东无足忧者。'"中华书局，1959年，第2831页。

④ [汉] 司马迁：《史记》卷一百二十四《游侠列传》，中华书局，1959年，第3184页。

属的《酷吏列传》，几乎覆盖了《史记》《汉书》中除王侯将相外的所有平民专章。可以说，七国之乱对汉王朝最大的震撼绝不是吴、楚、齐、赵等诸侯拙劣的军事行动，而是以它为背景，整个社会的上上下下都表现出了对汉景帝的"不支持"。

汉景帝终结了对民间的让利

> "乡愿，德之贼也。"
>
> ——《论语·阳货》

都城之中，上层阶级的丞相、重臣们力主斩杀晁错，本质上是归咎于汉景帝的孟浪削藩，让他抛出替罪羊来承担责任。中层阶级的"子钱家"认为战争成败未可知，拒绝借钱给平叛的列侯将校。都城之外，上层阶级的同姓诸侯王参与反叛自不必说，就连封国在交通要冲，本有守土之责的功臣列侯，也纷纷附逆反叛。下层阶级的死士潜入汉郡，埋伏在崤函谷地要伏击朝廷的大将，就连下邳县的一介亡命徒周丘，只凭一根汉节就诱杀了下邳县令，拉着"昆弟所善豪吏"造反，一夜得兵3万人，北上城阳国，收兵10余万。周亚夫得之如得一国的洛阳游侠剧孟，也只是因为吴国没有事先联络，才没从逆罢了，谈不上对汉景帝的支持。

要知道，汉文帝在清理把持朝政的功臣列侯、扫清对抗中枢的诸侯王之后，一直在千方百计地寻求天下各个阶层的支持，可当吴王刘濞的反旗一举，大部分人的态度也不过是"不反对"，这不啻为第二个"贵粟之策"。皇权对社会的各种让利，没有得到正向的反馈，就像《史记·平准书》谈及令民铸钱的政策之后紧跟着提吴国铸钱，"其后卒以叛逆"①，仿佛没有汉文帝放铸政策，就不会有吴王铸钱反叛一样。这其实透露出的是朝廷的立场，向社会让利的"弛禁"政策，增强了潜在反叛者的力量，故此，"铸钱之禁生焉"。

由于恐惧，汉景帝废弃了惠帝、吕后、文帝以来的"省禁"原则，开始对治政方针，尤其是经济政策"做减法"。晁错在汉文帝十五年（前165年）的贤良文学对策中痛夸明君的政绩与汉景帝为文帝立庙诏书中称颂的丰功伟绩，在汉景帝时代被一一废除：①"农人不租"变成了"三十税一"；②"罪人亡帑"变成了"帑输在官"，直到汉武帝时才赦免；③"铸钱者除"变成了"铸钱者死"；④"通关去塞"变成了"出入用传"并"战马禁运"；⑤"除宫刑"变成了"欲腐者，许之"；⑥"罪人有期"倒是没变，就是把已经没多少的徒隶又捡回来了，而徒隶，其实就是汉代律令中隶臣妾、城旦舂、鬼薪白粲、司寇的统称，是包含官奴婢和不得与庶民混住的刑徒的总概念。可以说，汉文帝一朝一步步"绝秦之迹"，到汉景帝手中又给请了回来。这个结果看着荒诞，却是一次意义深远的大变动。②

贾谊说："汉之为汉几四十年矣，公私之积犹可哀痛。"③到了汉武帝即位时，已经是"非遇水旱之灾，民则人给家足，都鄙廪庾皆满，而府库余货财"④。两者之间恰恰隔了一个"文景之治"，这部分余财，在汉武帝屡屡兴事的情况下，甚至一直使用到了元朔六年（前123年），这也意味着"文景之治"最大的功绩之一，就是从根本上解决了西汉王朝的财政储备问题。

---

①［汉］司马迁：《史记》卷三十《平准书》："令民纵得自铸钱。故吴，诸侯也，以即山铸钱，富埒天子，其后卒以叛逆。"中华书局，1959年，第1419页。
② 参见拙作《汉瓦：西汉王朝洪业启示录》，北京科学技术出版社，2021年，第786页。
③［汉］班固：《汉书》卷二十四上《食货志上》，中华书局，1962年，第1128页。
④［汉］司马迁：《史记》卷三十《平准书》，中华书局，1959年，第1420页。

文景之治的最大功绩：货币财政终于成形

贾捐之曾指出："至孝文皇帝，闵中国未安，偃武行文，则断狱数百，民赋四十，丁男三年而一事。"[①]前文已经说明，断狱数百并非虚美，民赋四十，也就是每口交军赋40钱，应该也是曾经存在的制度现实。尽管前文所引湖北江陵凤凰山10号墓中西乡所辖市阳、当利、郑里"算簿"的算钱总数远超40钱，[②]但是，该墓主下葬为汉景帝四年（前153年），与汉景帝平定七国之乱的战争时间接近。也就是说，如果将"口赋钱"理解为"入少府"的20钱定额，"给吏俸"的也在20钱左右，去掉"传送委输"和"治库兵车马"的"军事特别费"，文帝时代天下平静，"民赋四十"不无可能。[③]反过来说，汉景帝时代，市阳里2月至6月共收钱14次，每算合计收227钱；郑里2月收钱3次，每算合计收53钱；当利里1月至3月收钱11次，每算合计收149钱，意味着汉景帝时代收取"算赋"的总额完全可以突破40钱，甚至超过西汉中晚期的规定额度120钱，而这个数目与大农的"陈藏钱"有直接的关系。

据桓谭《新论》载："汉宣以来，百姓赋敛一岁为四十余万万。吏俸用其半，余二十万万，藏于都内为禁钱。"[④]赋敛即"算赋"，共40多亿钱，按照120钱/算的标准粗略计算，就需要3333万"算"来缴纳，官吏工资用掉一半，剩下20亿钱，藏在"都内"，即大司农所属的都内令治下为"禁钱"，也就是大司农的藏钱。据《汉书·百官公卿表》的统计，

---

① ［汉］班固：《汉书》卷六十四下《严朱吾丘主父徐严终王贾传下》，"贾捐之"条，中华书局，1962年，第2832页。

② 裘锡圭：《湖北江陵凤凰山十号汉墓出土简牍考释》，载《文物》，1974年第4期。

③ 参见拙作《秦砖：大秦帝国兴亡启示录》，北京联合出版公司，2020年，第433页。

④ ［宋］李昉：《太平御览》卷六百二十七《治道部八》，"赋敛"条，中华书局，1960年，第2810页。

西汉中晚期自丞相至佐史的官吏总数为120285人[①]。从尹湾汉简所见的西汉晚期东海郡"吏簿"[②]来看，西汉中晚期的官僚组织有很大数量的"自辟"岗位不计入编制，而其正式编制又将《二年律令·秩律》中仍在的"田部""发弩""校长""执法"，以及绝大部分的"生产经营"岗位和"令史"岗位都俭省掉了。[③]考虑到这些业务序列的编制规模，则汉初的官吏总数应该远超西汉中晚期。那么，假设前后官吏总数不变，汉文帝时民赋40钱全部"给吏俸"，20亿钱需要5000万"算"，若是每算只收20钱，就需要1亿"算"，这完全不可能，因为汉宣帝时无论是人口还是垦田都比汉初要多，税基当然也比汉文帝时更大。

这就意味着，哪怕"民赋四十"只是汉文帝时代某一年偶然的情况，也折射出当时的"吏俸"的货币支出规模，远少于西汉末年。这一结论与西汉初期官吏编制数量超过西汉晚期的事实明显矛盾，而官吏的秩级整体上变化有限，那么，就存在两个可能性：①以若干石米标识的秩级，由于粮价变动而影响了折算钱币的数量；②汉代官吏发放俸禄时的钱、谷分配比例变化较大。至于何者为是，还需分析史料。

在汉元帝时大臣贡禹的自述中，提到了两个秩级的确切俸钱："拜为谏大夫，秩八百石，俸钱月九千二百。廪食太官，又蒙赏赐四时杂缯、绵絮、衣服、酒肉、诸果物，德厚甚深……又拜为光禄大夫，秩二千石，俸钱月万二千。"也就是说，当时秩比八百石的中都官（即中央官）俸钱是9200钱/月，还可廪食太官，即享受皇家厨房的统一供应，并有各色赏赐；秩比二千石的中都官俸钱是12000钱/月。由于西汉比二千石月俸

---

① ［汉］班固：《汉书》卷十九上《百官公卿表上》："吏员自佐史至丞相，十二万二百八十五人。"中华书局，1962年，第743页。
② 周群：《尹湾汉简所载东海郡吏员总额考》，载《南都学坛》，2011年第5期。
③ 参见拙作《秦砖：大秦帝国兴亡启示录》，北京联合出版公司，2020年，第440页。

谷百斛①，而比八百石无记载，则可知秩石折算俸钱的参考谷价应为120钱/斛。

　　另见《汉官旧仪》记载："元朔三年，以上郡、西河为万骑太守，月奉二万。"②此万骑太守高于普通太守的二千石秩级，而汉律中规定，真二千石俸为月二万③。两者实为一事，注家虽指二万单位为斗，应为误会，以谷价120钱/斛计，月俸2万钱，则1年恰为2000斛，而中二千石为2160斛/年、二千石为1440斛/年，可知真二千石之"真"字之意正是二千石"整"。由此，可以推知至迟到汉武帝元朔三年（前126年）已经以120钱/斛作为发放俸钱的标准谷价。这一年恰恰是汉武帝与公卿大臣议论"改币"的时候。更让人奇怪的是，这一标准竟然延续到了汉元帝时代，历经"四铢半两"与"三铢钱"并行时期，又经历了"白金三品"和"赤仄钱""郡国五铢"的考验，终于到了"五铢钱"的稳定时代。而在这之间，汉宣帝时代"今张掖以东粟石百余"④，汉元帝初年则是"岁比不登，京师谷石二百余，边郡四百，关东五百"⑤，可见谷价120钱绝不是市场价，那么从财政记账的角度考虑，这个数字最大的可能是与120钱/算的算赋定额征收有关，当然，这仅仅是猜测。

　　不过，以上信息已经足以解答上面的问题，从贡禹提到的比二千石、比八百石和文献所见的真二千石秩级俸钱来看，至少汉武帝之后的吏俸

①［汉］班固：《汉书》卷十九上《百官公卿表上》，颜师古注："比二千石者百斛。"中华书局，1962年，第721页。
②［汉］卫宏：《汉官旧仪二卷补遗一卷》卷下，清乾隆武英殿活字印武英殿聚珍版书一百三十八种本。
③［汉］司马迁：《史记》卷四十九《外戚世家》，"容华秩比二千石"条，《索隐》注："如淳云：'诸侯王相在郡守上，秩真二千石。汉律真二千石俸月二万。'按是二万斗也，则二万斗亦是二千石也。"中华书局，1959年，第1984页。
④［汉］班固：《汉书》卷六十九《赵充国辛庆忌传》，"赵充国"条，中华书局，1962年，第2979、2980页。
⑤［汉］班固：《汉书》卷七十九《冯奉世传》，中华书局，1962年，第3296页。

是以全钱发放的。那么，就只剩下一个可能，就是谷价的变化缩减了汉初吏俸支出的规模，在谷价十余钱（20钱以下）的情况下，全部吏俸也就缩减了6倍，民赋40钱中一半给吏俸，依汉文帝时代的人口完全可能。也就是说，"量吏禄"的根本出发点，仍旧是谷价。当谷价上涨时，全民分摊的"算赋"也会相应提升，这也是西汉初年反复变动"钱径标准"以调控流通货币总量，进而干预物价的重要原因。

"民赋四十"的现实存在，与"量吏禄，度官用，以赋于民"综合在一起，也就意味着不同谷价的年份，需要重订吏俸的总额，必须重新计算赋敛的总额，再以"算"为单位向百姓摊派。但这就带来了全新的问题，即由于各地税基的不同，人口稠密、经济发达的郡县将会缴纳更多的算赋，但其官吏员额总数固定，发放本地吏俸之后，仍有大量的货币盈余，而帝都长安由于有大批中都官的编制，且集中了全国绝大部分的高官，吏俸的需求应远超过长安及内史本地的算赋，那么，自然会存在地方货币盈余转运长安或委输他郡的情况。

这种状况相比秦朝财政制度，既有延续也有变化。秦朝的财政以实物为主，年末结余随同上计吏输送大内的也是官物，而皇帝的私财"禁钱"则储存在各县之中，并没有常态地输送。汉朝的财政收支以货币为主，年末结余随同上交的，除了律令规定的官物，应有大量的盈余货币，其中应该就包括"禁钱"，这从"都内钱"的另一个称谓"禁钱"可见一斑。

汉王朝的"自己人"重新洗牌

汉景帝后元年（前143年）改"掌谷货"的治粟内史为大农令，这两个职务都不见于《二年律令·秩律》。治粟内史虽称"秦官"，在秦朝文献中并无踪迹，最早出现是汉元年（前206年），棘丘侯襄"破秦，以

治粟内史入汉，以上郡守击定西魏地"①。韩信定西魏地时间在汉二年（前
205年）底，可知棘丘侯襄当时已任上郡守，此后无资料记载该官职，
《二年律令》中治粟内史的相关职任也归属于内史，直到汉文帝元年（前
179年），皇帝与丞相周勃、陈平问对时，已经提及"问钱谷，责治粟内
史"②。由上可知，此职务应设于高后二年（前186年）至汉文帝元年（前
179年）之间。此职的执掌，为"掌谷货""钱谷"，《汉书·百官公卿表》
中记载："属官有太仓、均输、平准、都内、籍田五令丞，斡官、铁市两
长丞。又郡国诸仓农监、都水六十五官长丞皆属焉。"③其中的太仓、都
内、籍田可以确定为治粟内史属官，斡官、均输为汉武帝时转隶，平准、
铁市均为秦官，所属未知，从执掌来看，平准"掌知物价及主练染，作
彩色"④，铁市则应为管理铁器流通、买卖之官⑤，或原属少府。

　　太仓管理仓储、转漕；都内则管理都内"禁钱"，相当于汉朝的国
库；籍田的业务最清晰，汉文帝开籍田设令、丞主管皇帝亲耕的田地，
主要是礼仪工作。此外，郡国仓官、农监、都水也归治粟内史管理，相
当于官田屯垦、灌溉水利、漕运水路、郡国仓储、钱币积蓄，都在治粟
内史的职责范围内，尤其是荥阳敖仓归属于太仓令。自秦朝建仓，敖仓
就是关东漕粮的枢纽，也意味着汉惠帝、吕后时代关东向关中转漕数
十万石粮食，极有可能是秦朝旧制，但是，散于各县的"禁钱"转入
"都内"，却应该是西汉的变革。从秦朝时的"禁钱"藏于县；到汉高祖
时以郡、国为主体贡"献费"（以口计数）；到惠帝、吕后时延续献费，"不

---

①［汉］班固：《汉书》卷十六《高惠高后文功臣表》，"棘丘侯襄"条，中华书局，1962年，
第566、567页。

②［汉］司马迁：《史记》卷五十六《陈丞相世家》，中华书局，1959年，第2061页。

③［汉］班固：《汉书》卷十九上《百官公卿表上》，中华书局，1962年，第731页。

④［唐］杜佑：《通典》卷二十六《职官八》，"平准署"条，王文锦等点校，中华书局，1988
年，第167页。

⑤汤超：《秦铁官体系与冶铁业新识》，载《江汉考古》，2019年第2期。

领于天下之经费"①；再到文帝"省献费"，"算赋"中的"口钱"入"都内"；再到宣帝、元帝时算赋给吏俸之余送京师入藏"都内"。很明显，西汉中央对货币化人头税的控制力越来越强。

这种控制与吏治国家的强化息息相关。汉景帝中六年（前144年）十二月，"改诸官名"的同时"定铸钱伪黄金弃市律"。当年五月，又下诏，厘定了各级官吏的车驾、官服的待遇，原因是"先是，吏多军功，车、服尚轻，故为设禁"。后元年（前143年）三月，赐中二千石、诸侯相等官"右庶长"爵位。后二年（前142年）十月，"省彻侯之国"。②其中，改定官名也就意味着对官吏编制进行调整，正是上述变革的时间节点。同时废除钱币放铸政策，则是在诸侯王已经完全纳入"汉法"管辖体系之后的一个必然之举。曾经需要汉文帝发动全民"放铸"来竞争的对手已被收服，将铸币的利权收归朝廷，可以有效增加财政收入。而车、服问题，需要结合赐中二千石、诸侯相爵位的政策来看。

西汉建国之初，不只有县令以大庶长担任的情况，就连百廿石的校长、髳长、发弩啬夫，都有大庶长担任者，普赐爵位后还升为关内侯。③再往上看，丞相且不论，御史大夫、内史、郡守等二千石官，主要由功臣列侯担任，爵级普遍高于官职，在此条件下，"官位"的礼仪尊荣要让位于"爵位"。可到了汉景帝后元年（前143年）间，中二千石秩级的列卿与诸侯就连第11级的"右庶长"爵位都需要皇帝特别赐予，说明任职者本来爵位之低。这就意味着，汉景帝时代的高官只剩下丞相和御史大夫、太尉（已省）还在维持功臣列侯子弟的存在。哪怕这些人物早已是匍匐在皇权下的应声虫，所谓"娖娖廉谨，为丞相备员而已"④，其他的列

①［汉］司马迁：《史记》卷三十《平准书》，中华书局，1959年，第1418页。
②［汉］班固：《汉书》卷五《景帝纪》，中华书局，1962年，第150页。
③参见拙作《汉瓦：西汉王朝洪业启示录》，北京科学技术出版社，2021年，第510页。
④［汉］司马迁：《史记》卷九十六《张丞相列传》，中华书局，1959年，第2685页。

卿高官则干脆替换为了"圈外人"。

正因如此，汉景帝才废止了汉文帝要求彻侯回到封地生活的法令，因为功臣列侯群体在朝廷、郡国已经不再具有政治影响力，哪怕在封国，他们也不过是一个较大的特权豪强，聚集在长安，只是一群富家翁罢了。说得直白些，汉初军功阶层在汉景帝时代已经边缘化。最顶层的执政列侯被驯服，其下担任廷臣、守相的列侯则被替换，郡县之下的地方高爵，变身成为地方豪强。曾经同气连枝的"自己人"群体已经分崩离析，不再具备与皇权讨价还价的能力。最鲜活的事例就是周亚夫之死，他作为周勃之子、平定七国之乱的主将，可谓是双料功臣，却在两次反对汉景帝封侯后遭到罢免。[①]周亚夫贵为丞相，有"高皇帝约"为后盾，都不能劝止汉景帝随意扩充列侯，只能称病，后遭免职。

可见，经历了七国之乱，汉景帝重新划定了"自己人"的圈子。以他为圆心，向外是核心家庭的后妃、诸子；再外是他的近幸之臣；再外是核心家庭亲密联系的外戚、姐弟及亲信大臣；最外圈才是官僚组织。由他的祖父、父亲分封的功臣之家，只有一小部分个人关系亲密者进入了汉景帝的小圈子。至于那些常居长安的富家翁和地方郡国的强宗豪右们，很自然地被逐出了"自己人"的行列。那么，这部分人在身份等级收益体制下依靠身份攫取财富的不法行为，也就需要重新审视。这正是汉景帝一朝突然出现"酷吏"这个特殊人群的根本原因，他们只是皇权对社会态度转变的一个标志罢了。

---

① [汉] 司马迁：《史记》卷五十七《绛侯周勃世家》，"周亚夫"条："亚夫曰：'高皇帝约非刘氏不得王，非有功不得侯。不如约，天下共击之。今信虽皇后兄，无功，侯之，非约也。'景帝默然而止。其后匈奴王徐卢等五人降，景帝欲侯之以劝后。丞相亚夫曰：'彼背其主降陛下，陛下侯之，则何以责人臣不守节者乎？'景帝曰：'丞相议不可用。'乃悉封徐卢等为列侯。亚夫因谢病。景帝中三年，以病免相。"中华书局，1959年，第2078页。

第十五章

汉武帝的三、四、五

"三铢钱"的秘密

> "当此之时，网疏而民富，役财骄溢，或至兼并豪党之徒，以武断于乡曲。"[1]
>
> ——《史记·平准书》

汉文帝立法钱成功之后，经历了汉景帝中六年（前144年）由"放铸"到"禁铸"的制度切换，汉王朝的钱法稳定了35年。直到年轻的汉武帝刘彻即位，才终结了长达218年的半两钱时代，开启了绵延739年的五铢钱时代。[2]在《汉书·武帝纪》的记载中，这位年仅17岁的少年天子，在即位13个月后，就对货币制度下手，"行三铢钱"。[3]这个"三铢钱"最大的特点并不是比"四铢半两"少1铢的重量，而是"钱文"，颜师古注释为"重如其文"[4]，顾名思义就是1枚重3铢，钱文为"三铢"的新钱，淘汰了早已名不副实的"半两"。

如果此记载属实，就意味着长达200多年的半两钱时代在汉武帝建元元年（前140年）已经敲响了丧钟，颜师古的注释也留了个尾巴——"见《食货志》"。《汉书·食货志》中确有三铢钱的记载："令县官销半两

---

[1]［汉］司马迁：《史记》卷三十《平准书》，中华书局，1959年，第1420页。

[2] 半两钱兴于秦惠文君二年（前336年），终于汉武帝元狩五年（前118年）；五铢钱起于汉武帝元狩五年（前118年），终于唐高祖武德四年（621年）。

[3]［汉］班固：《汉书》卷六《武帝纪》，中华书局，1962年，第156页。

[4]［汉］班固：《汉书》卷六《武帝纪》，"行三铢钱"条，颜师古注："新坏四铢钱造此钱也，重如其文。见《食货志》。"中华书局，1962年，第156页。

钱，更铸三铢钱，重如其文。"①问题是，这句话与汉武帝造"白金三品"前后相继，所指时间绝无可能是建元元年（前140年），而应是元狩四年（前119年）之事。次年，即元狩五年（前118年）②，有关部门上言汉武帝，"三铢钱"重量过轻，易生奸诈，申请让各郡国另行铸造"五铢钱"。③也就是说，按照《史记·平准书》和《汉书·食货志》的记载，钱文为"三铢"的三铢钱确实存在，却只铸行了1年左右就被五铢钱替代。

对史书记载的矛盾，清人王先谦、蔡云均有讨论解释，此后，对该问题的讨论形成了三派意见，即：①元狩年间铸造说，代表人物为加藤繁、王献唐、刘森、石俊志等；②建元年间铸造说，代表人物为陈铁卿、彭信威、吴荣曾、蒋若是、唐石父等；③两次铸造说，即建元元年至五年（前140—前136年）为第一次，元狩四年至五年（前119—前118年）为第二次，代表人物为王裕巽。

前两种观点的主要依据是对文献的解读，考古与钱币学界则多认为三铢钱曾两兴两废，主要根据就是山东临沂银雀山一号墓出土过一枚三铢钱。"一号墓发掘时，有一考古学上十分重视的'原始配置现象'，考古报告特地作了记录：'在竹简上，有两枚半两钱和一枚三株钱，可能当时是缀在竹简的绳上作装饰用的。'这一'原始配置现象'至少证明墓主在系编简册时，武帝已铸行背平素、面无外轮的三株钱。"④尽管对该墓的断代和解读仍有争议，但从三铢钱的考古发现入手解读这一问题，确为破题的关窍。

---

①［汉］班固：《汉书》卷二十四下《食货志下》，中华书局，1962年，第1164页。
②［汉］荀悦：《前汉纪》卷十三《前汉孝武皇帝纪四》，"元狩五年"条，《钦定四库全书荟要》卷六千九百三十八。
③［汉］司马迁：《史记》卷三十《平准书》："有司言三铢钱轻，易奸诈，乃更请诸郡国铸五铢钱。"中华书局，1959年，第1429页。
④ 王裕巽：《西汉武帝建元年间初行三铢钱考》，载《中国钱币》，2000年第2期。

黄娟在《关于汉代三铢钱的铸行年代问题》一文中对考古发现三铢钱的情况进行了梳理：除馆藏所属信息不明者外，共有墓葬出土3处、窖藏出土10余处，分布于河南、陕西、山东、江苏、甘肃、山西、湖北以及安徽、广西等地，其中以河南、陕西为多。这些三铢钱依据钱径等特点，大致可分为两型。A型：钱径1~1.5厘米，钱体轻薄，重仅0.2~0.5克。B型：钱径2.2~2.4厘米。B型是目前发现数量较多的一类，尤以钱径在2.2~2.3厘米最多，重2~2.2克，穿径大小略有差异。目前发现的三铢钱以钱面有外郭者占多数，无外郭者仅发现4枚。不过，文帝四铢半两即存面有外郭者，被确认为武帝半两钱中也有无郭之品，如陕西神木和山西绛县就有出土，因此，有郭与否并非三铢钱的标志。另外，从考古材料看，两种情况三铢钱也有同出之例，如南阳窖藏。[1]

可见，三铢钱出土不仅分布在9个省，且绝大多数为窖藏，如1993年河南南阳文物队在工地发现的钱币窖藏中，有半两钱2000多枚，含三铢钱3枚；1999年河南偃师市西石坝砖厂出土的窖藏钱币中，保存完好的有1920多枚，含三铢钱3枚。可以说，无论是与半两钱，还是与五铢钱同出，三铢钱在数量上是绝对少数。不仅如此，在上述10余处出土地，三铢钱多与半两钱同出，唯有两处同出五铢，即1982年陕西兴平砖厂西汉墓出土半两、三铢和五铢等钱币518枚，其中有三铢钱1枚；20世纪50年代洛阳涧西柴油机厂工地发现的钱币窖藏，出土半两钱、三铢钱和五铢钱3类，其中有三铢钱1枚。

支持"元狩年间铸造说"和"两次铸造说"的学者，一般认为元狩四年（前119年）至元狩五年（前118年）曾铸行"三铢钱"，可前后只有1年甚至不到1年的时间，钱币流通范围竟达9个省，固然有西汉郡国铸钱的旧制支撑，但作为一种昙花一现的新币，快速地进入了民间窖藏、

---

[1] 黄娟：《关于汉代三铢钱的铸行年代问题》，载《考古与文物》，2014年第3期。

墓葬，着实令人疑惑。更奇怪的是，三铢钱在钱文、重量上，都与前后行钱不同。若仅行用不到1年，总不可能所有的窖藏、墓葬时间都在这1年之中，若在元狩四年（前119年）前入藏，则半两钱的窖藏中绝不会出现三铢钱。若在元狩五年（前118年）后入藏，半两钱与三铢钱都已丧失货币功能，又无新旧币兑换机制，只能算是金属片，那么，入藏的目的只能是集中作废，等待再利用，作为1年间的垄断性行钱，三铢钱也不应只有个位数。不仅如此，《汉书·武帝纪》中明确记载，元狩五年（前118年）"罢半两钱，行五铢钱"①，这就与《史记·平准书》中"有司言三铢钱轻，易奸诈，乃更请诸郡国铸五铢钱"②的说法产生了矛盾，行五铢钱的年份是确定的，可到底罢废的是半两钱，还是三铢钱呢？

答案就在《史记·平准书》里。司马迁说，自汉文帝造四铢钱到这一年已有40多年③，可汉文帝五年（前175年）铸四铢半两至汉武帝元狩四年（前119年），间隔已达56年；至建元元年（前140年）、建元五年（前136年），间隔各为35年、39年，要么太多，要么太少，而且，紧随此句的是"从建元以来"，若所述事件本在建元年间，何来"以来"？可见，"四十余年"绝非自建元年间回溯。事实上，这段话的背景是天子和公卿召开的集议，讨论更钱造币以供国用，同时打击商贾巨富的大政方针。④这是一次制定纲领的会议，而并非政策实施的年份。事实上，相关政策落实的时间跨度相当之大。

---

①［汉］班固：《汉书》卷六《武帝纪》，中华书局，1962年，第179页。
②［汉］司马迁：《史记》卷三十《平准书》，中华书局，1959年，第1429页。
③［汉］司马迁：《史记》卷三十《平准书》："自孝文更造四铢钱，至是岁四十余年。"中华书局，1959年，第1425页。
④［汉］司马迁：《史记》卷三十《平准书》："于是天子与公卿议，更钱造币以赡用，而摧浮淫并兼之徒。"中华书局，1959年，第1425页。

"三铢钱"和"三分钱"：由重量到钱径的回头路

据《史记·封禅书》记载，"天子苑有白鹿，以其皮为币，以发瑞应，造白金焉。"次年，"锡诸侯白金，风符应合于天也"。[①]"赐白金"时间甚明，在元狩元年（前122年）汉武帝"获白麟"后。整个事件的逻辑是汉武帝元朔六年（前123年）造"白鹿皮币"，又造"白金三品"，这是"符"；元狩元年（前122年）就有白色麒麟祥瑞见于西方，依五行学说，西方属金，色为白，这是"应"，则"白金三品"与"白鹿皮币"之造，至迟不超过元朔六年（前123年）。天子与公卿的议论只能在此之前，而符合"四十余年"，即41~49年的年份，是元光元年（前134年）至元朔三年（前126年）。元光六年（前129年）"穿漕渠通渭"见于《史记·平准书》所述背景，可知此议时间必在元朔元年（前128年）至元朔三年（前126年）间。

政策的推行又有先后，元朔六年（前123年）汉武帝造"白鹿皮币"与"白金三品"，用途并非流通货币。白鹿皮币是诸侯王、列侯、宗室在朝觐、聘享等礼仪活动中使用的"币"，[②]也就是规定的礼品，"白金三品"则只是单纯的赐物。直到元狩四年（前119年），由于国用不足，才由有司上言"请收银、锡造白金及皮币以足用"[③]，此时的"白金"和"皮币"明显已经成为一种货币，至少是有兑换价格的财政支付手段，才能应付财政支出。那么，有司同一时间提议的，由"盗铸诸金钱罪皆死"的严刑峻法与"造白金"共同保障的"更铸三铢钱"，当是到元狩四年（前

---

① [汉]司马迁：《史记》卷二十八《封禅书》，中华书局，1959年，第1387页。

② [汉]司马迁：《史记》卷三十《平准书》："王侯宗室朝觐聘享，必以皮币荐璧，然后得行。"中华书局，1959年，第1426页。

③ [汉]班固：《汉书》卷六《武帝纪》，"元狩四年"条："县官衣食振业，用度不足，请收银、锡造白金及皮币以足用。"中华书局，1962年，第178页。

119年）才施行。

之所以《汉书·武帝纪》中说元狩五年（前118年）"罢半两钱，行五铢钱"，无涉三铢钱，根本原因在于班固被三铢钱和三分钱的关系迷惑了。在《汉书·武帝纪》中，涉及钱法变迁的表述有："（建元元年）行三铢钱。""（建元五年）罢三铢钱，行半两钱。""（元狩五年）罢半两钱，行五铢钱。"很明显，在班固的认知中，三种钱的更迭是非此即彼的关系，顺序是：三铢钱、半两钱、五铢钱。之所以写作半两钱而非《史记·汉兴以来将相名臣年表》中"（建元五年）行三分钱"①，盖因依西汉惯例，三分钱等于三铢钱，而《史记·平准书》《汉书·食货志》又都提及"今半两钱法重四铢"②，一种钱不可能有两个重量，所以班固以"半两钱"概括之。

反观后世学者，恰恰没有被这个"惯例"所迷惑，这才莫衷一是。其实，建元元年（前140年）"行三铢钱"重点在一个"行"字，即当年铸行三铢钱时，四铢半两并未废止，两个币种都以重量标准行钱，上述B型三铢钱正符合这一标准。待到建元五年（前136年）"罢三铢钱，行半两钱"③，结合《史记·汉兴以来将相名臣年表》中的记载，此次钱法之变重点在"废三铢钱"的流通，同时废除行钱的重量标准，代之以钱径标准，以0.3汉寸为界，五分钱（榆荚半两）、四铢半两、八铢半两都可以进入流通，此时市场上最多的，依然还是重4铢的文景二帝时铸造的四铢半两。

确定了建元年间的钱法变化脉络，就不难理解"今半两钱法重四铢"的表述。行半两钱和行三分钱的核心都是"行"，并非官铸铜钱的

---

①［汉］司马迁：《史记》卷二十二《汉兴以来将相名臣年表》，"建元五年"条，中华书局，1959年，第1134页。
②［汉］司马迁：《史记》卷三十《平准书》，中华书局，1959年，第1426页。
③［汉］班固：《汉书》卷六《武帝纪》，中华书局，1962年，第159页。

直径改为0.3寸或3铢重量，中央、郡国新铸铜钱的"法重"仍然是4铢。但在有司的眼中，现实却是"而奸或盗摩钱里取鋊"[①]，不法之徒锉下铜钱上的铜料冶铸铜器，导致铜钱越来越轻、薄，进而物价上涨，让京城之外采用铜钱的财政支付愈发浩繁。[②]这完全是财政、物价的视角。

司马迁以货币视角看到的则是自建元年间以来，财政收入不足，官府依赖国有铜山大量铸钱，民间也有盗铸钱，总量不可胜数，钱越来越多，价值越来越低，商品越来越少而价格腾贵。[③]着眼点不同，因为身份立场不同。有司绝不会在庙堂之上指斥汉武帝用度浩繁、肆意铸币，只能讳言诿过于"奸民"，最终提出的解决方案是元狩四年（前119年）的"令县官销半两钱，更铸三铢钱，文如其重"[④]。县官即官府，"销半两钱"并非"罢半两钱"，而是熔销半两钱另铸三铢钱。至少从文意上看，半两钱仍是行钱，只不过此时的三铢钱不再是重量标准的3铢了，而是钱径标准的0.3寸。故此，考古发现的A型"三铢钱"重量虽不足1铢，钱径却达0.43～0.65汉寸，完全符合标准，这也是"有司言三铢钱轻，易奸诈"[⑤]的原因所在。

正因为三铢钱在建元元年（前140年）至元狩五年（前118年）的流通中一直是增项，从未废止过四铢半两。甚至由于钱径标准的恢复，官府库存和民间窖藏的荚钱也重见天日，只是四铢半两的流通量更大。所以，在考古发现中，三铢钱多与四铢半两同出，在特定环境下，如1954

①［汉］司马迁：《史记》卷三十《平准书》，中华书局，1959年，第1426页。

②［汉］司马迁：《史记》卷三十《平准书》："钱益轻薄而物贵，则远方用币烦费不省。"中华书局，1959年，第1426页。

③［汉］司马迁：《史记》卷三十《平准书》："从建元以来，用少，县官往往即多铜山而铸钱，民亦间盗铸钱，不可胜数。钱益多而轻，物益少而贵。"中华书局，1959年，第1425、1426页。

④［汉］司马迁：《史记》卷三十《平准书》，中华书局，1959年，第1427页。

⑤［汉］司马迁：《史记》卷三十《平准书》，中华书局，1959年，第1429页。

年湖南衡阳公行山 65 号墓，三铢钱也曾与榆荚半两同出，[①]原因就在于此。至于三铢钱与五铢钱同出的问题，实则是在半两钱、三铢钱废止之后，百姓出于钱法屡变的疑虑所作的预备，尽管这些铜币已经不是行钱，但西汉建国之后，钱法更迭实在太过频繁，仅汉武帝即位后 22 年间就四易钱法，没有人能预知钱法会不会走回头路，所以，在窖藏和事死如生的墓葬中，放入一些过去的积蓄预备，应不难理解。

综上所述，汉武帝时代三铢钱只能是"两兴两废"。之所以在《史记·平准书》中只记录了第二次元狩年间的兴废，并为《汉书·食货志》所沿袭，甚至与《汉书·武帝纪》中的记载产生诸多抵牾，令后世学者各持一端，最终形成三派观点，其根本原因就是行文的尴尬。如上文所述，司马迁对汉武帝时代货币问题的看法是，官府由于财政紧张而滥发货币和部分民间盗铸，共同导致了通货膨胀，直接的后果就是由半两钱改铸三铢钱，乃至于"白金三品"和"白鹿皮币"的滥发。

四铢半两钱的末日

正如黄娟在《关于汉代三铢钱的铸行年代问题》中指出的："建元元年改铸三铢钱'事出无因'的意见，过去一直是'元狩说'方反驳的重点。据《史记·平准书》载，武帝即位初期'京师之钱累巨万，贯朽而不可校。太仓之粟陈陈相因，充溢露积于外，至腐败不可食。'有学者据此认为当时国家在财政上没有问题，且窦太后影响力大，主张无为而治，

---

① 周世荣：《长沙衡阳出土西汉货币研究》，见《中国钱币论文集》，中国金融出版社，1985 年，第 205 页。

因此武帝此时没有改铸的条件和必要。"[1]司马迁作为当世人会意识不到这种矛盾吗？答案当然是否定的。

从考古发现来看，B型"三铢钱"多数重2~2.2克，即3.07~3.37铢，并非减重产品，很难说是财政困难滥发货币的产物，恰恰相反，三铢钱的"重如其文"明显是要树立新的"法钱"，以代替四铢半两。然而，这一尝试最终却以行三分钱落幕，意味着重量标准让位于钱径标准。前文中已经详细介绍过，汉文帝朝能够确立重量标准的根本原因是"称钱衡"的全面推行。而汉武帝初年行钱向钱径标准的倒退，意味着当时流通中的四铢半两重量普遍减轻，已然没法上秤了，甚至"称钱衡"的制度都名存实亡，这才有了建元五年（前136年）的一并废止。

短短4年间，当然不会让好好的货币制度发生巨大的逆转，只能是四铢半两流通30多年间，随着"法钱"概念深入人心，逐步建立了货币信用。深入"里"中的"称钱衡"操作又过于烦琐，钱币铸造过程中的自发减重现象愈演愈烈，流通中的钱币也有人刮取铜屑熔铸铜器、新币。久而久之，四铢半两的重量远低于"法重四铢"的标准值。这一现象，在汉景帝时代已经初露端倪。汉景帝中元六年（前144年）即"定铸钱伪黄金弃市律"[2]，通俗地解释就是以"律"的形式，确定私人铸钱、伪造黄金，都要判处"弃市"的死刑，恢复了《二年律令·钱律》中"盗铸钱及佐者，弃市"的规定。仅仅4年后，也就是汉武帝建元元年（前140年）即开始新铸"三铢钱"，很难想象这种大事出自甫登皇位的少年天子手笔，更大的可能是窦太后完成儿子汉景帝未竟的事业。这种史事也有先例，高后元年（前187年）正月，刚刚临朝称制的高后就下诏，罢废"三族罪""妖言令"，并明确说明是汉惠帝的意图，只是"议未决

---

① 黄娟：《关于汉代三铢钱的铸行年代问题》，载《考古与文物》，2014年第3期。
② [汉]班固：《汉书》卷五《景帝纪》，中华书局，1962年，第148页。

而崩"，才拖到此时施行。[①]

建元年间足重甚至超重的三铢钱并不是财政困难的产物，而是咸与维新的尝试，以新法钱替代旧法钱的更张举措。按汉制1斤为16两，1两为24铢，故1斤为96枚"四铢半两"，改制之后，1斤为128枚三铢钱，均能被整除，意味着三铢钱铸行之初一定考虑到了维护重量标准的以"枚"为单位的钱法体系，从而以律令的形式重新启用"称钱衡"，在与四铢半两并行的过程中，逐步建立新法钱的信用。

不过，30多年来的稳定局面，不但让京师的府库充盈，穿钱的绳子朽烂，太仓里的粮食陈陈相因、满溢于外，而且让曾经支撑四铢半两的律令体系出现了缝隙，恰如司马迁所说："当此之时，网疏而民富，役财骄溢，或至兼并豪党之徒，以武断于乡曲。"[②]汉王朝对基层社会的控制由于网疏而松动，地方的豪强兼并之家崛起，甚至把持了地方统治，那么本应深入"里"中的"称钱衡"和"□黄律"自然不再奏效，市场交易的主导者悄然易手。在此条件下，非但三铢钱未能征服普遍减重的四铢半两，反而让盗铸者们寻觅到了巨大的商机，将1枚四铢半两熔铸为三铢钱，再换回1枚四铢半两的套利行为，一出一进就是33%的毛利润。越是足重的四铢半两就越受欢迎，毕竟利润更大，这就导致市场流通中的足重四铢半两越来越少，而剩余的减重四铢半两也越来越小，三铢钱当然越来越多。在缺少重量标准约束的情况下，三铢钱的减重也是意料中事。最终的结果是，市场流通的三铢钱和半两钱变得越来越轻薄，物价进一步上涨，而足重的三铢钱和四铢半两则不断从官府府库中流出，百姓、官府都受到高物价的盘剥，获利的只有权贵豪强担当的盗铸者们。

---

①［汉］班固：《汉书》卷三《高后纪》，"高后元年正月"条："诏曰：'前日孝惠皇帝言欲除三族罪、妖言令，议未决而崩。今除之。'"中华书局，1962年，第96页。
②［汉］司马迁：《史记》卷三十《平准书》，中华书局，1959年，第1420页。

建元五年（前136年）罢废三铢钱，行三分钱（半两），也未必是汉武帝的意志，而是执政的窦太后对之前错误政策的修正。通过重申钱径标准，默认市场上四铢半两大肆减重的事实，同时罢三铢钱，对盗铸者套利行为釜底抽薪，一定程度上减少了市场上的通货数量，又为盗铸者熔大钱铸小钱的行为设置了底线，短期内可以有效平抑物价。正因为建元年间的货币改革并非出自汉武帝的手笔，也并不成功，《史记·平准书》中的一系列议论，完全忽略了建元年间，直接进入了元朔、元狩时代，因为建元年间相关政策出台的背景、意图和举措，根本与元狩年间的改革如出一辙，没必要重述。

司马迁只靠寥寥数语，就将汉初由黄金、四铢半两组成的货币体系到三铢钱、白鹿皮币、白金三品与黄金共同组成的货币体系，再到五铢钱、黄金与白鹿皮币、白金三品一道组成的货币体系的因果脉络展示出来，虽有以文害意之嫌，却完全可以理解。毕竟《史记·平准书》对汉初货币变革的几个节点也并没有解释因果，如汉高祖放铸之后的"禁铸"、高后二年（前186年）改"八铢半两"、高后六年（前182年）行"五分钱"，全都被省略，只是因为它们没那么重要罢了。

汉武帝为什么改革钱法

　　"令天下非三官钱不得行，诸郡国所前铸钱皆废销之，输其铜三官。民之铸钱益少，计其费不能相当，唯真工大奸乃盗为之。"

——《史记·平准书》

不同于对汉初钱法之变的惜墨如金，司马迁详细记录了汉武帝元狩年间的一系列货币改革举措，并明确指出原因是财政支出过大导致国用不足，但是改革最终的方向，却不是货币减重，而是走向了增重。正如上文所述，在汉武帝时代曾经有一个由重量标准走向钱径标准的回头路，最终以罢废三分钱径以上的三铢钱和半两钱作为终结，又从钱径标准走回汉文帝时代确立的重量标准。只不过，这个标准的确立过程远比前代曲折。

2009年1月，荆州博物馆对湖北荆州高台秦汉墓地中的M46号墓葬进行了抢救性发掘，并指出"墓葬特点与高台秦汉墓二期四段相近，墓葬年代应为西汉早期后段，即元狩五年（公元前118年）以前的武帝初年"①。这个时间点，正是废三铢钱、行五铢钱的关键时期，而墓中出土的记钱木牍，恰好可以展示变革前西汉基层社会钱币流通的一些特征。在M46：12-2木牍上，有墨书字一行，释文是："五月堵，计重钱千三百一十一、轻钱千八百一十二。"对于简文的句读，有不同的解释，范常喜认为"堵计"即"都计"，也就是"合计、总计"之意，而寸木则认为"堵"即墙垣，计为"统计、计量"之意，应以后者为是。②简单解释，五月修墙总成本为"重钱"1311，"轻钱"1812。基层社会钱币使用、计量分"轻、重"的方法与贾谊的谏书吻合，时间上却相差40多年，所指难说一致，却印证了上文中对五铢钱行用前背景的讨论。"重钱"所指为四铢半两、"轻钱"为三铢钱，钱径都符合三分标准，前者法重4铢，为2.604克，后者法重3铢，为1.953克，属于肉眼可见的轻重之别。也就是说，汉武帝元狩年间货币改革前，已经面临汉文帝货币改革前钱分轻重的局面。

黑田明伸教授曾根据中国古代铜钱行用的例子总结了一条规律："具

---

① 刘祖梅、陈方林、刘宏昊、金陵、余长慎、李亮：《湖北荆州高台墓地M46发掘简报》，载《江汉考古》，2014年第5期。

② 石洋：《荆州高台M46出土记钱木牍考释》，载《江汉考古》，2019年第2期。

有货币功能的地域内流动性和地域间兑换性的矛盾，不只是承担前者的媒介物资，而应另行组织作为资产保有的物资或与地域外交易用的物资。即使在只有钱币的情况下，将具有特定年号的钱币作为资产来使用，而将其他的用于交易，这样的差别化在各个地域经济中都存在着。即使在以同样一文作为面额的铜钱和铁钱之间，也是可以的。"[1]这段话很拗口，简单地解释就是，尽管全国法定流通一样的铜钱，但由于存在区域市场交易和区域外的交易两大需求，区域经济往往会在本地交易中选择一种铜钱，而在区域外交易或储蓄中选择另一种铜钱，哪怕两者只有"年号"的细微区别。

这种情况产生的原因也不复杂，更适合担当地域间结算和储蓄功能的货币，往往具有更高的"适销性"，如纳税。钱法的限制会将大量的劣币卡在政权交易、跨区交易之外。这部分劣币不会凭空消失，而是在不与政权产生直接关系的民间交易中继续流通。直观的结果就是，钱分"轻重"，"一物多价"，也就是黑田明伸教授一直强调的"非对称性"。举例来说，假设5本书与1双鞋子等价，300元钱买1双鞋，那5本书也应价值300元，这就是"对称交易"；若5本书被强制要求用5张代金券购买，1张代金券价值80元钱，则购买5本书实际需要400元钱，而1双鞋仍值300元，整个交易过程就变成了"非对称交易"，代金券的介入，令购买价值300元的商品多花了100元。

这种现象在汉初货币体系中同样存在。之所以前文章节没有展开，在于"代金券"的介入案例较少，史料记载也只有贾谊的议论。而汉武帝货币改革实验中，创造了一系列的"代金券"，且各自功能侧重不同，恰可作为这个问题最佳的实证。

---

①［日］黑田明伸：《货币制度的世界史——解读"非对称性"》，何平译，中国人民大学出版社，2007年，第57页。

前述武帝朝钱法变化的脉络为：①建元元年（前140年），新铸三铢钱，以重量标准重3铢，三铢钱与半两钱并行；②建元五年（前136年），罢三铢钱，维持钱径标准0.3寸（三分），行半两钱；③元狩四年（前119年），再铸三铢钱，以钱径标准为0.3寸，三铢钱与半两钱并行；④元狩五年（前118年），废三铢钱、半两钱，行五铢钱（郡国五铢）。

显而易见，汉武帝从新铸重量标准"三铢钱"到钱径标准"三分钱"的政策变化，正是在不废除旧币前提下铸行新币导致钱法崩坏的结果。个中的逻辑是，政权垄断铸造足重的"三铢钱"，意味着地方向中央输送的赋税要以3铢或以上重量的钱币缴纳，因为足重"三铢钱"不足，人为制造的适销性在短期内暴增，就让足重"三铢钱"的价格上升。在行政实操中，钱币的数量和重量又存在对应关系，即1斤96枚"四铢半两"或1斤128枚"三铢钱"，大额钱币的计量、输送极有可能以重量为单位。那么，地方郡国拣选铜钱上缴"都内"的业务实操大概率会执行最低标准，直接铸造新钱输送朝廷。地方赚取熔炼旧钱变造新钱的铸币税，结果就是"三铢钱"刚刚投放市场，甚至根本不进入市场即回流为中央库藏，地方通货仍旧是"旧钱"，用当时的术语来说，就是"难行"。

这个结果肯定不是汉朝中央希望看到的。所以，修改钱法为"三分"钱径标准，最大的影响是对数量、重量对应关系的废弃，官吏不再以重量计量钱币多少，只能回到汉初一枚一枚核实直径的旧路。看似更加烦琐和严格，实操中却恰恰相反，实则是变相放松对钱币质量的约束，默许恶钱的上缴。前文提到，汉文帝货币改革的利器是"称钱衡"，通过控制交易行为实现四铢半两的推广，汉武帝货币改革是否沿用了这个手段呢？明显没有。道理很简单，五铢钱法重5铢，汉制24铢1两，16两1斤，根本无法整除，也就是说，"称钱衡"的"以钱为累"就做不到，除非重做天平刻度。况且，相关实物在考古发现中从未得见，文献记载中也无佐证。

围绕五铢钱的考古争论

那么，有无可能五铢只是名义重量？毕竟在《史记·平准书》和《汉书·食货志》中并无重如其文的表述，如其实重为4.8铢，即3.1248克，则80枚"五铢钱"恰为汉制1斤。从考古发现来看，出土"五铢钱"绝大多数远重于此，甚至多于5铢，迥异于秦至汉初以来的普遍减重现象，这意味着五铢确实是标准重量，汉文帝赖以建立货币信用的"称钱衡"制度无法复制、沿用。

不久前，江西南昌海昏侯墓出土了多达300万枚以上的铜钱，堪称是钱币研究的宝库，遗憾的是数量太大，至今还在清点、整理阶段，相关的计量研究较少。黄今言、钟宇声在《西汉海昏侯墓出土铜钱问题祛疑》中提及了一部分"五铢钱"的信息，并分型为"元狩五铢（郡国五铢）""元鼎五铢（三官五铢）""元凤五铢"和"本始五铢"。其中，"元狩五铢（郡国五铢）"直径2.5厘米，重量为3.5~4克；"元鼎五铢（三官五铢）"直径2.5厘米，重量约3.5克；"元凤五铢"为昭帝时所铸，直径2.5厘米，重量约3.4克；"本始五铢"为宣帝时所铸，直径约为2.5厘米，重量约3.4克。[1]

相比之下，河北满城陵山西汉中山靖王刘胜及其妻窦绾墓中出土的铜钱总数要少得多，但相关研究更丰富。刘胜墓共出土铜钱2317枚，除1枚为文帝时所铸的半两外，其余皆为五铢钱。窦绾墓共出土铜钱1891枚，也有1枚文帝半两，其余为五铢钱。《满城汉墓钱币新探》一文中将这些五铢钱分为4型，并各自归于"郡国五铢""三官五铢"两大类。其中："郡国五铢钱径多数在2.5~2.6厘米之间，但相当一部分钱不合此制，最大的达2.77厘米，最小的仅2.39厘米；重量上，最重的7.5克，最轻的仅2.5克，重量相差3倍，但普遍重量超过3.25克，平均重量为3.956克。

---

[1] 黄今言、钟宇声：《西汉海昏侯墓出土铜钱问题祛疑》，载《秦汉研究》，2021年第2期。

三官五铢仅189枚，钱径在2.55厘米左右，最大的2.57厘米，最小的2.48厘米，相差不到0.1厘米；重量上，4~4.5克的最多，最重的5.2克，最轻的3.4克，平均重量4.196克。"[1]

值得注意的是，上述学者对五铢钱的分型，仍以钱文、标记等因素为基本考虑，对钱径、钱重的着墨不多。但仅从相关数字来看，就能发现，无论何种五铢钱，其钱径基本都在2.5厘米上下浮动，这一点也为其他汉墓出土的五铢钱所印证。湖北宜昌前坪汉墓出土的五铢钱，钱径为2.5厘米；成都市青白江区跃进村汉墓出土的五铢钱，直径2.5厘米；北京大葆台西汉木椁墓出土五铢钱，钱径约2.5厘米；甘肃武威磨嘴子汉墓出土的五铢钱，直径2.6厘米；宝鸡市谭家村四号汉墓出土五铢钱，钱径约2.5厘米；河南杞县许村岗一号汉墓出土的五铢钱，直径2.6厘米；广西柳州市九头村一号汉墓出土的五铢钱，直径在2.5厘米左右；扬州西汉"妾莫书"木椁墓出土的五铢钱，直径2.5厘米；山西侯马西汉墓出土五铢钱，钱径2.55~2.6厘米；河北定县北庄汉墓出土的五铢钱，钱径约2.6厘米；河南陕县刘家渠汉墓M57出土的五铢钱，钱径2.6厘米，重量约2.83克；宁夏海原石砚子汉墓M7出土的五铢钱，钱径2.6厘米，重量3.33克；河南偃师东汉姚孝经墓出土的五铢钱，外径2.6厘米；河南陕县刘家渠汉墓M8出土的五铢钱，钱径2.6厘米，重量2.6克；河南陕县刘家渠汉墓M158出土的五铢钱，钱径2.6厘米，重量2.75克；四川成都市西郊砖室墓M19出土的五铢钱，直径2.5厘米；重庆市忠县罗家桥战国秦汉墓地M12和M512出土的五铢钱，钱径2.5厘米；河南洛阳烧沟汉墓M148出土的五铢钱，直径2.6厘米，重量2.4克；甘肃武威雷台汉墓出土的五铢钱，直径2.5~2.6厘米；河南洛阳烧沟汉墓M147出土的五铢钱，直径2.55厘米，重量3.6克。

---

[1] 李建丽、赵卫平、陈丽凤：《满城汉墓钱币新探》，载《中国钱币》，1991年第2期。

　　按汉代1寸约为2.31厘米，则误差0.23厘米才满0.1寸，以西汉时代的技术条件，批量铸造件基本可以忽略不计，故此，满城汉墓中钱径最大者2.77厘米和最小者2.39厘米，完全可以视为制造中产生的误差，或因铸造地点不同所用重钱钱范的特殊表现。相比之下，重量差距之大，完全不能用误差解释，汉制5铢应为3.255克，上述绝大部分的五铢钱都超过了这个标准。海昏侯墓中的四种分型，最轻的3.4克，也有5.22铢，最重的4克，则达到了6.14铢。满城汉墓中所谓的"三官五铢"，最轻的3.4克，即5.22铢，最重的5.2克，约为7.99铢，大多数为4~4.5克即6.14~6.91铢；所谓的"郡国五铢"最轻的2.5克，即3.84铢，最重的7.5克，即11.52铢。

　　从时间上看，满城汉墓的主人，中山靖王刘胜下葬于汉武帝元鼎四年（前113年）。而其妻窦绾下葬时间无记载，《满城汉墓发掘报告》作者认为应为武帝太初元年（前104年）之前，但比刘胜墓晚。海昏侯墓主人刘贺死于汉宣帝神爵三年（前59年），与刘胜下葬时间相差54年。更重要的是，此时的西汉王朝货币制度已进入稳定期，与刘胜去世时，汉武帝统治末期的钱法多变状态完全不同，这种多变的后果，导致多年来学界对中山靖王刘胜墓中是否存在"三官五铢"一直未达成共识。

　　这一争论的核心就是废止赤侧钱（也称赤仄钱、赤侧五铢），并禁止郡国铸钱，专令上林三官铸钱的时间标志为张汤死后2年，而史书中对张汤自杀之年（也是始铸赤侧钱之年）有两个不同记载，一为元鼎二年，一为元鼎三年。部分学者认为若三官铸钱始自元鼎五年，则元鼎四年下葬的中山靖王刘胜墓绝无可能入藏"三官五铢"。另一部分学者则持元鼎四年的观点，结论自然相反。蒋若是先生认为中山靖王刘胜墓后室（即前引文中所谓"三官五铢"位置）主要是"赤侧五铢"。[1] 日本学者关道

---

① 蒋若是：《郡国、赤仄与三官五铢之考古学验证》，载《文物》，1989年第4期。

雄则认为满城汉墓中的部分五铢分型本就是"郡国五铢"和"赤侧五铢"的混合。[①]方成军则在考察诸说之后，提出与蒋若是类似的意见，即将某一分型的五铢钱视为"赤侧五铢"。[②]

三官五铢，开启两千余年的铜钱时代

赤侧钱，按照如淳的解说，就是用赤铜为钱郭（外圈），东汉末年的钱还有赤侧的，[③]就是轮郭侧面经过垂直修整，在侧面可以看到带状露铜，所以又称为赤仄钱。[④]对应"赤金"，铸行时规定1枚当5枚郡国五铢，专用于赋税官用。

考虑到"钱既多，而令天下非三官钱不得行"的表述，上林三官铸钱之年，确系郡国五铢停铸之年，却并不是三官五铢替代郡国五铢之年。"铸"和"行"完全是两回事，"钱既多"的概念是能够满足天下郡国需要，这才废止郡国五铢的流通。自上林三官铸钱至汉平帝元始元年（公元1年），119年间铸钱280亿余枚[⑤]，平均每年铸2.35亿枚，而天下所需的钱币，市场需求未知，仅汉宣帝时官府所收算赋已达40余亿钱。[⑥]

---

①［日］关道雄、周丙启：《中山王刘胜墓五铢钱——郡国、赤仄、三官五铢诸问题》，载《中国钱币》，1990年第3期。

② 方成军：《从满城汉墓探寻赤仄五铢钱》，载《华夏考古》，2000年第2期。

③［汉］司马迁：《史记》卷三十《平准书》，"钟官赤侧"条，《集解》注引如淳曰："以赤铜为其郭也。今钱见有赤侧者。"中华书局，1959年，第1433页。

④［日］关道雄、周丙启：《中山王刘胜墓五铢钱——郡国、赤仄、三官五铢诸问题》，载《中国钱币》，1990年第3期。

⑤［汉］班固：《汉书》卷二十四下《食货志下》："自孝武元狩五年三官初铸五铢钱，至平帝元始中，成钱二百八十亿万余云。"中华书局，1962年，第1177页。

⑥［宋］李昉：《太平御览》卷六百二十七《治道部八》，"赋敛"条引桓谭《新论》："汉宣以来，百姓赋敛一岁为四十余万万。吏俸用其半，余二十万万，藏于都内为禁钱。少府所领园地作务之八十三万万，以给宫室供养诸赏赐。"中华书局，1960年，第2810页。

可见，哪怕平均铸钱量翻倍，要满足每年百姓缴纳人头税所需的货币量，也要累积10年左右的时间，就算武帝末年人口少于宣帝之后，三官五铢由铸造到行用，也绝非一两年之功。不过，元鼎四年时，少量制作精美的三官钱作为赐物出现在诸侯王身边，并非不可理解。所以，将这一无法证实也无法证伪的时间点视为墓中是否存在三官五铢的核心论据实在意义有限，对于考察汉武帝时代铸币制度变革的母题，更是毫无意义。

甚至可以说，由于上述器物分型对重量、钱径的考虑远少于钱文风格和铸造工艺，思路更近似于对艺术品、器物的分析，而忽略了货币作为权力工具、市场工具的功能特性，忽视了制度经济学逻辑下的成本收益考量，从根本上颠倒了手段和目的。

现实是，郡国五铢、钟官赤侧均被废止后的海昏侯墓，与两者并行时代的满城汉墓出土钱币最大的区别不是钱径，而是重量。海昏侯墓中出土的五铢钱重量变化幅度很小，而满城汉墓与上述汉墓中出土五铢，既有轻至2.5克的，也有重至7.5克的。最圆通的解释绝不是铸造工艺的差距，而是其中的重钱是"以一当五"的赤侧钱，轻钱和标准钱才是"多轻"的郡国五铢，而中央铸钱反常增重的原因，也正在其中。

据《史记·平准书》的记载，元狩五年（前118年）废三铢钱、行五铢钱之后，汉朝仍旧延续了官铸钱由中央与郡国各自铸造的传统。结果是郡国所铸钱"多轻"，低于重量标准。元鼎二年（前115年），公卿请求皇帝下令在京师长安铸造钟官赤侧（《汉书·食货志》作"赤仄"），以一当五，赋税、官用，必须使用赤侧（赤仄），不得用行钱。此时，市场中流通的应是郡国自行铸造的减重五铢钱。不过，元鼎四年（前113年），因"赤侧钱贱"[①]又废止了赤侧钱，同时收回了郡国铸钱的权力，改

---

① ［汉］司马迁：《史记》卷三十《平准书》："郡国多奸铸钱，钱多轻，而公卿请令京师铸钟官赤侧，一当五，赋官用非赤侧不得行。"中华书局，1959年，第1434页。

由上林三官铸造五铢钱。待积攒到一定数量后，又废止了郡国五铢，将其运送到长安作为铸造新钱的币材。至此，三官五铢终于一统天下。

日本学者宫泽知之曾指出，铜钱的本质应属国家权力性质的财政货币，而非市场货币。[1]两种不同类型的货币有截然不同的流通范围。针对古代中国的货币制度，宫泽知之特别总结了四个基本特征：①帝国政府从一开始就确立了以廉价的铜而非贵金属如金或银为本位的货币制度；②政府有效地实施了对铜钱铸造的垄断，低微的利润防止了私铸；③货币主要用于纳税而不是市场交换；④铜钱是名义货币，也就是说，它的价值并非由它的含铜量而是由政府法令所决定。[2]

一个重要的事实是，以上所有特征都由汉武帝的三官五铢开创。

如前文所述，汉武帝之前的战国、秦、汉货币制度并不完全符合上述特征。对铸币权的垄断，在西汉建国之初和文帝时代都曾被短暂放弃。多层级的货币体系，尤其是黄金的市场价格机制，令私铸的利润一直存在。身份货币的特性令黄金主要用于阶层内流动，次要用于市场交易，纳税主要由铜钱、布来完成。战国时代和汉武帝时代都曾特别铸造过货币担当地域间结算通货（刀、布与赤侧钱），与专用于本地纳税、交易的地域通货（货贝与郡国五铢）并存。这一切，在汉武帝货币改革后，彻底终结。

汉武帝元鼎年间最大的变化在于完全收回了郡国铸造钱币的权力，代之以中央官署集中铸造。从出土的三官五铢实物来看，非但没有减重，反而有一定增重。这意味着，压缩盗铸的利润，从根本上打垮民间盗铸，确立全新的法钱地位，是铸造五铢钱时的优先考虑。故而"民之铸钱益

---

① 吴承翰：《重绘中古史的可能性（笔谈）》，载《文史哲》，2020年第6期。
② 万志英、周星辉：《宋代货币史研究的创新——评宫泽知之〈宋代中国的国家与经济〉及高聪明〈宋代货币与货币流通研究〉》，载《宋史研究论丛》，2012年。

少，计其费不能相当，唯真工大奸乃盗为之"。与此同时，汉武帝还在一定程度上完成了对货币定价体系的改革，锁定了五铢钱的币值以及黄金的价格，使得三官五铢成为真正的"本位货币"，补齐了宫泽知之依据北宋货币制度总结的中国古代货币制度的基本特征。自元鼎四年（前113年）开始铸造，一直到1914年北洋政府颁布《国币条例》《国币条例施行细则》明确规定允许合法熔毁制钱、改铸铜圆，废除圆形方孔钱法定货币地位，前后两千余年的铜钱时代，由汉武帝开创。

第十六章

为什么金银货币之路走不通

黄金参与"非对称交易"寻租的模式

> "俭则金贱,金贱则事不成,故伤事。侈则金贵,金贵则货贱,故伤货。"[1]
>
> ——《管子·乘马》

《管子·国蓄》指出,"黄金刀币,民之通施也",意味着黄金和刀币都是交易的手段。没有提及"珠玉",说明珠玉没有通货的功能,只是由于它在天子、诸侯等精英阶层内部的朝觐聘享交往中不可或缺,才在阶层中具有极高的适销性。而这种行为又被覆盖了一层礼尚往来的面纱,它不仅与民无关,也不能视为通货,只是一种特殊功能的"币"。

黄金与刀币也有功能区分。所谓"黄金者用之量也"[2],"刀币者,沟渎也"[3],说明黄金的主要作用是计量财用,刀币主要在民间交易中流通,如同川流,流转不息,并且可以沟通货物的运输。更具体的解释是,"巨家以金,小家以币"[4]。所谓巨家,由于有"宫室",指拥有宗邑的封建主;小家为"室庐",为编户百姓。[5] 在先秦国家形态中,"国用"并非现

---

① 黎翔凤:《管子校注》卷一《乘马第五》,梁运华整理,中华书局,2004年,第88、89页。

② 黎翔凤:《管子校注》卷一《乘马第五》,梁运华整理,中华书局,2004年,第88页。

③ 黎翔凤:《管子校注》卷二十三《揆度第七十八》,梁运华整理,中华书局,2004年,第1382页。

④ 黎翔凤:《管子校注》卷二十二《山国轨第七十四》,梁运华整理,中华书局,2004年,第1294页。

⑤ 黎翔凤:《管子校注》卷二十二《山国轨第七十四》:"巨家美修其宫室者服重租,小家为室庐者服小租。"梁运华整理,中华书局,2004年,第1297页。

代财政概念，而是各级封建主家用与所统治区域的公共财政的统称，两者之间只有名义的区分。所以，有宗邑的封建主以黄金量度"用"，也让黄金成为各级封建主之间货币交流的纽带。就如上文中"菁茅谋"中诸侯求购菁茅所用的正是黄金，当然，要经贾人之手。而小家则是没有治民权力的小贵族和庶民，他们受户籍束缚，受封建主统治，与国君、封建主的货币交流有两种：一是用铜钱缴纳赋税；一是用铜钱在国君、封建主控制的城邑的市场购买生活所需的商品，都是在指定场景中使用货币工具完成财富的转移。

简言之，封建主之间通过贾人完成交易，所用的通货是黄金；百姓与国君、封建主的交易主要用铜钱，并不必须由贾人担任中介。《管子》的"轻重之术"本质上是国君这个最大的封建主，借助上述的双重交易身份，居间操控"非对称交易"，即利用"一物多价"的价格机制，通过调节黄金、刀币的流通量来操纵物价，获取超额利润，直白地说就是权力寻租。基础条件需要两点：①黄金价格市场化；②国君手中掌握大量黄金。

事实表明，西汉初年就行进在这条轨道上。据张家山汉简《算数书》记载："金贾价两三百一十五钱。"[①]即高后二年（前186年）时，金贾价应为1两315钱，1斤5040钱。同出的《二年律令·金布律》有明确规定："各以其二千石官治所县十月金平贾（价）予钱。"可见，前述金贾价确为市场价无疑，同时，又有不同县域的"平贾价"。在《九章算术》中也有习题涉及金价，一为"今有人持金十二斤出关，关税之，十分而取一。今关取金二斤，偿钱五千。问金一斤值钱几何？答曰：六千二百五十"；[②]

---

① 张家山汉简《算数书》，"金贾"条，张家山二四七号汉墓竹简整理小组：《张家山汉墓竹简（二四七号墓）》，文物出版社，2006年，第138页。
② ［汉］张苍等：《九章算术》卷六《均输》，钱宝琮点校，中华书局，2021年，第193页。

一为："今有共买金，人出四百，盈三千四百；人出三百，盈一百。问人数、金价各几何？答曰：三十三人。金价九千八百。"①也就是说，一者金价作1斤6250钱，一者作1斤9800钱。关于《九章算术》的断代，曹魏人刘徽在《九章算术注》的序言中提到"汉北平侯张苍、大司农中丞耿寿昌皆以善算命世。苍等因旧文之遗残，各称删补"②。张苍在汉高祖时为计相，在相府中掌管郡国上计的统计工作，至汉文帝时担任丞相；耿寿昌在汉宣帝时任大司农中丞；可知该书最终删定时间当在汉宣帝朝，时间跨度长达百年，上述金价应该就落在这中间的某个时间点。

汉武帝之后，黄金、铜钱、粮食价格已锁定

不过，居延汉简记载："□期会，皆坐辨其官事，不辨，论罚金各四两，直二千五百。"③该简文难以准确断代，大略在西汉宣帝至王莽时代之间，则这一阶段中黄金已存在"官价"，4两值2500钱，1斤即10000钱。汉平帝元始三年（3年），聘王莽之女为皇后，有司奏："故事，聘皇后黄金二万斤，为钱二万万。"④所谓"故事"即前朝的合理惯例，此处的源头实为汉惠帝聘后的先例。⑤可见，迟至汉平帝朝，金价1斤10000钱已为定制，延续至新莽时，黄金1斤仍值10000钱。⑥

① ［汉］张苍等：《九章算术》卷七《盈不足》，钱宝琮点校，中华书局，2021年，第207页。
② 郭书春：《九章算术译注》，上海古籍出版社，2009年，第1页。
③ 甘肃省文物考古研究所、甘肃省博物馆、中国文物研究所、中国社会科学院历史研究所编：《居延新简》（上），中华书局，1994年，第147页。
④ ［汉］班固：《汉书》卷九十九上《王莽传上》，中华书局，1962年，第4052页。
⑤ ［南朝宋］范晔：《后汉书》卷十下《皇后纪下》，"桓帝懿献梁皇后讳女莹"条："于是悉依孝惠皇帝纳后故事，聘黄金二万斤。"中华书局，1965年，第443页。
⑥ ［汉］班固：《汉书》卷二十四下《食货志下》："黄金重一斤，直钱万。"中华书局，1962年，第1178页。

也就是说，在西汉初年，司法、交易所涉及的黄金价格均为可浮动的平贾价或市价，到了宣帝至新莽时代，司法所及的金价已有固定官价，大体上可以排除耿寿昌补入市价的可能性。不过，限于资料，除《二年律令》中确定为平贾价、市价并存外，汉武帝时代究竟是平贾价、市价、官价三者并存，还是官价替代了平贾价，或官价一统天下，仍旧存疑。从趋势上看，黄金平贾价制定的基础仍是地域市价，而官价则完全取决于法令、权力，市场定价机制已被抛弃，前后区别鲜明，汉武帝朝应该已在变化之后。

元朔三年（前126年），官吏的秩石数与俸钱的对应关系，已经明确为120钱/石，并长期维持不变。作为西汉初年最大规模的财政货币支出项目，官俸的标准对建立粮食与货币的价值联系至关重要。120钱这个数字与西汉中后期每人每算的定额等同。从财政实操的角度，将每算的算赋与官俸挂钩，无疑实现了收支的单位统一，等式是：120钱=1石米=1算。等式建立后，米价浮动后，算钱即可反比变化，保证无论物价如何变化，官吏的实际收入不缩水。相应地，虽然没有定义铜钱的绝对价值，却实现了相对价值的定义和锚定。在此条件下，大概率已经将黄金价格与铜钱的兑换比锁定，设为金1斤10000钱。如此，也就完成了对黄金相对价值的定义，形成一个基本稳固、相对浮动的货币价格体系。

汉初的黄金仍是上层阶级与商品经济间的屏障

至于国家手中的藏金，西汉前期长期积蓄财富，到汉武帝即位前，已经达到"京师之钱累巨万，贯朽而不可校"的程度。同期的梁孝王"府库金钱且百巨万，珠玉宝器多于京师"，"及死，藏府余黄金尚四十余万斤，他财物称是"。①所谓"巨万"，韦昭解释为万万②，也就是亿，梁孝王府库金钱价值近100亿钱，其中含黄金40多万斤，只说珠玉、宝器多过中央朝廷，金钱却未提及，则汉景帝的中央府库积蓄极有可能超百亿。而汉景帝对于黄金的支出堪称俭省，"遗诏赐……吏二千石黄金二斤"③，虽然是普遍赏赐，但汉惠帝赏赐为汉高祖开土为冢的与事官吏，"二千石二十金……五百石以下至佐史二金"④，佐史是最基层的小吏，秩禄还低于斗食，参与工程就有2斤黄金，而汉景帝朝的二千石以上官也不过百余，总共也就不到300斤黄金。正因如此，汉景帝为汉武帝积攒了大量的黄金，才能支撑日后多达数十万金的赏赐。

也就是说，"轻重之术"，即黄金、刀币组成的双层货币流通体系所需的两个条件，在西汉初年齐备，不过，随着黄金对铜钱的兑换比锁定，黄金的财政调节功能基本丧失，"币"的角色日益凸显。傅筑夫先生就曾从7个方面归纳了西汉黄金的用途，包括：价值尺度、馈赠、赏赐、贿赂、购求、罚赎、贮藏。⑤徐承泰则补充了陪葬、买卖支付、资财、献、聘、借贷、佣金、对外贸易，合计15个方面的功能。归结起来有3种作用：其一，礼仪功能，包括馈赠、赏赐、贿赂、陪葬、献、聘及对外贸易（实为"国礼"概念）；其二，司法功能，包括购求、罚赎；其三，货币功能，包括价值尺度、贮藏、买卖支付、资财、借贷、佣金。

其中，礼仪功能是黄金最基础、最广泛的功能，包含徐承泰钩稽的绝大多数记载，最能体现黄金身份特权属性的礼仪行为是"酎金"。西汉

①［汉］班固：《汉书》卷四十七《文三王传》，"梁孝王"条，中华书局，1962年，第2211页。
②［汉］司马迁：《史记》卷三十《平准书》，"巨万"条，《集解》注引韦昭曰："巨万，今万万。"中华书局，1959年，第1420页。
③［汉］班固：《汉书》卷五《景帝纪》，中华书局，1962年，第153页。
④［汉］班固：《汉书》卷二《惠帝纪》，中华书局，1962年，第86页。
⑤傅筑夫：《中国封建社会经济史》（第2卷），人民出版社，1982年，第479~485页。

王朝早在汉文帝时代就制定了《酎金律》，正月初一开始酿"酎酒"，八月成酒后，需于宗庙中行"饮酎礼"，参与祭祀的王侯必须上贡黄金助祭，这部分黄金就被称为"酎金"。在海昏侯墓中就发现了墨书"南海海昏侯臣贺元康三年酎金一斤"字样的金饼，可知其形状与"行金"并无差别。至于数量，《金布令》有规定，诸侯王和列侯，按照自己封地的人口数，每1000口要上供黄金4两，多于500口少于1000口的，也要按4两缴纳，最终由皇帝小金库的管理部门少府接纳。[1]以高后二年（前186年）的金价315钱/两计算，4两黄金就是1260钱，口均1.26钱。看起来不多，但"饮酎礼"每年八月都要举行，就变成了一种针对诸侯王、列侯的定期"贡献"，而且指明要贡黄金，唯有食邑在九真、日南、交趾、郁林等边地的，可以用高等级的犀角、玳瑁、象牙、翡翠替代。汉廷又立法规定禁止黄金流出关中，偏偏诸侯王、列侯的封地都在关中之外，这就意味着，每年都会有大量黄金从关东单向流入少府，有学者估计总量为1600斤/年。[2]

　　这个数字与汉武帝动辄赏赐数十万金的手笔相比，当然不值一提。但根据秦晖先生统计："所谓西汉一朝赐金总额，实际上91%是武帝一朝所赐，而且主要是武帝时间隔不久的三次大赏金。如果把这视为特例，则西汉一朝在为期不短于东汉的绝大部分时间内的赐金总量仅9万斤左右（即东汉为西汉的四分之一左右），平均每次赐金量不过943斤，即东汉是西汉的2倍多（东汉平均每次赐金2415斤）。因此，我们与其说东西汉赐金之差'判若霄壤'，毋宁说是武帝一朝（严格地说只是武帝一朝中

①［晋］司马彪：《续汉书》志第四《礼仪上》，"八月饮酎"条，李贤注引丁孚《汉仪》曰："《酎金律》，文帝所加，以正月旦作酒，八月成，名酎酒。因令诸侯助祭贡金。"李贤注引《汉律金布令》曰："皇帝斋宿，亲帅群臣承祠宗庙，群臣宜分奉请。诸侯、列侯各以民口数，率千口奉金四两，奇不满千口至五百口亦四两，皆会酎，少府受。"见［南朝宋］范晔：《后汉书》，中华书局，1965年，第3103、3104页。
②王刚：《从西汉黄金问题看抑商》，载《安徽史学》，2000年第3期。

的数年间）赐金特多，而与两汉400年的一般情况'判若霄壤'。"①也就是说，仅1年的"酎金"数量，足以覆盖1次西汉平均水平的赐金还有余裕，尤其在文景时代，连续积攒40多年后，少府存金的数量超过除汉武帝时期外，整个西汉王朝赐金总量的一半，这恰恰印证了，在皇室与贵族、官僚之间存在一个"赐""献"黄金的往复循环。

至于黄金的司法功能和货币功能，归根结底都是礼仪功能的延伸，只是表现不同。正如前文所述，秦朝的"金布"只是沿袭传统名称，在购求、罚赎等项目上，秦律只是以"金"表述，实操时完全可以用钱替代，《二年律令》并无不同。也就是说，黄金的司法功能实则是一种价值尺度概念，这又属于货币功能的一部分。徐承泰罗列的黄金货币功能的相关史料，其中的黄金持有者，无一例外的是皇帝、显贵、高官、巨商，数额的下限也达"百金"，例外者如"佣金"一项中，仅有刺客受梁王金、刺杀爰盎的记载，数额缺载。②可依汉初游侠刺客的行事作风，所谓"受金"很难视为佣金，而应该算是礼品、贿赂，刺杀行为也不是雇佣交易，而是完成人情请托，所以，黄金的交易范围很难说比前代更广泛。

综上所述，黄金在西汉初年虽称行金，是法定流通货币，流通范围仍残留着上古时代的印记，具有隐性的身份限定。行使货币功能时的主体与行使礼仪功能时的主体基本重合，就是皇帝、显贵、高官和巨商，按照《史记·货殖列传》中的说法就是"千金之家比一都之君，巨万者乃与王者同乐。岂所谓'素封'者邪？"。③千金也好，巨万也好，都是资财、价值衡量的概念，财富的拥有者可以与列侯封君比肩，可以和诸侯王者同乐，恰恰为上述黄金的往复循环扩大了范围，成为上层阶级与

---

① 秦晖：《汉"金"新论》，载《历史研究》，1993年第5期。
② [汉]班固：《汉书》卷四十九《爰盎晁错传》，"爰盎"条："臣受梁王金刺君，君长者，不忍刺君。"中华书局，1962年，第2276页。
③ [汉]司马迁：《史记》卷一百二十九《货殖列传》，中华书局，1959年，第3282、3283页。

商品经济之间的代理、枢纽和屏障，零散的、小额的、频繁的市场交易
被隔绝在上层阶级之外，从而维持上层阶级内部礼尚往来的关系伦理不
被等价交换的交易逻辑所侵蚀，而黄金正是区隔内外的重要工具。

汉武帝之后，黄金仍有阶级属性

　　问题是，这种区隔在商品经济发展的过程中逐步虚化。自高后二年
（前186年）的《二年律令·钱律》中确定"金不青赤者，为行金"之
后，历次货币改革均未触及黄金，就连形状也一直相当稳定，"饼状，底
面微凹，背面隆起，往往有冷却过程中形成的波状纹。据重量大小约可
分为四个等级，重者约215～319克，其次100余克，再次者重60余克，
小者重约12～21克"。其中大部分重量在250克左右，也就是汉制1斤，
满城汉墓出土的数十个重12～21克的小金饼则约合汉制1两，考古中也
曾发现剪碎的碎金块。[1]这也说明，西汉的"行金"对形状、标重并无硬
性规定，也可称量使用，也就是说，与战国时代楚国类似，出现了黄金
流通兼容下层社会的情况。

　　从黄金的后续发展来看，这种兼容并不是汉武帝的本意。太始三年
（前94年），汉武帝为了配合"白麟""天马""泰山见黄金"三大祥瑞现
世而铸造了麟趾金、褭蹄金。因其形似马蹄，也曾被称为"马蹄金"，是
一种做工相当精美的工艺品，主要用以"班赐诸侯王"[2]，在海昏侯墓和
中山靖王墓中都有出土。此时，麟趾金、褭蹄金的作用已经接近于珠玉。

---

[1] 李祖德：《试论秦汉的黄金货币》，载《中国史研究》，1997年第1期。
[2] [汉]班固：《汉书》卷六《武帝纪》，"太始三年"条："三月，诏曰：'有司议曰，往者
朕郊见上帝，西登陇首，获白麟以馈宗庙，渥洼水出天马，泰山见黄金，宜改故名。今更
黄金为麟趾褭蹄以协瑞焉。'因以班赐诸侯王。"中华书局，1962年，第206页。

珠玉仍是天子的收藏，却不再被视为"币"的一种，归根结底是信仰层面礼品价值的消解。具象来说就是礼仪中的各种器物，如白鹿皮币，汉武帝赋予的作用就是作为垫子承托玉璧，而诸侯朝贺所献的苍璧才价值几千钱，垫子却要四十万钱，"本末不相称"。同理，在汉惠帝的"聘皇后礼"中，依据礼制需用七寸的"谷圭"，也就是纹饰像粟一样的玉质礼器，却只是"一如旧典"，[1] 价值与苍璧差相仿佛，但为表隆重，却在黄金上做文章，由一般的聘皇后黄金1万斤，[2] 提升到2万斤，所谓"特优其礼"。可见，黄金的多寡在礼仪层面，早在西汉初年压倒了"珠玉"，成为上层阶级最重要的考虑。这种心理在"饮酎礼"中同样有鲜明的表现。汉文帝时定"酎金"助祭的制度，并未关注黄金本身的多寡、善恶。至汉武帝时开始因酎金夺侯，多达106人，[3] 理由就是不足斤两或成色不佳。[4] 在此条件下，"黄金"与"珠玉"的本末不相称自然会走向以末代本，也就是一种意识上的置换。

　　这种共识的置换相沿成俗，就成了"文化"。汉元帝时，"白金三品"已经罢废，贡禹却仍将银和珠玉与金、钱同列，视为"币"。到汉哀帝时，则将钱与龟贝视同为"币"。直至王莽改制时，萃集了"龟贝金银钱布"等多种复古元素，却没有把珠玉置于"币"中。这一变化说明，西

---

① [南朝宋] 范晔：《后汉书》卷十下《皇后纪下》，"纳采雁璧乘马束帛，一如旧典"条，李贤注："《周礼》：'王者谷圭以聘女。'郑玄注云：'士大夫已上，乃以玄纁束帛，天子加以谷圭，诸侯加以大璋。'然《礼》称以圭，此云用璧，形制虽异，为玉同也。"中华书局，1965年，第444页。

② [南朝宋] 范晔：《后汉书》卷十下《皇后纪下》，"悉依孝惠皇帝纳后故事"条，李贤注："《汉旧仪》：'娉皇后，黄金万斤。'吕后为惠帝娶鲁元公主女，故特优其礼也。"中华书局，1965年，第444页。

③ [汉] 班固：《汉书》卷六《武帝纪》，"元鼎五年九月"条："列侯坐献黄金酎祭宗庙不如法夺爵者百六人。"中华书局，1962年，第187页。

④ [汉] 司马迁：《史记》卷三十《平准书》，"列侯坐酎金失侯者百余人"条，《集解》注引如淳曰："汉仪注王子为侯，侯岁以户口酎黄金于汉庙，皇帝临受献金以助祭。大祀日饮酎，饮酎受金。金少不如斤两，色恶，王削县，侯免国。"中华书局，1959年，第1439页。

汉财富观念的演变中，珠玉为"币"的意识逐渐淡化，至西汉末年已经式微，代之而起的是"金有三等"，尤以金银为贵的财富观念。

金有三等，黄金、白金、赤金

> "淮海维扬州……厥贡惟金三品。"
>
> ——《尚书·禹贡》

《史记·平准书》记载："有司言曰：'古者皮币，诸侯以聘享。金有三等，黄金为上，白金为中，赤金为下。'"前文曾有考证，这次讨论的时间在元朔三年（前126年）左右，不但没有立刻以白鹿皮币、白金三品为货币，就连分赐诸侯的名义也没有，当然，也没有现实的财政危机。所以，这一稽古的讨论实质上是为"宝货"的价值定调和宣传。这之中，黄金自无异议，白金对应白金三品，赤金在几年后的赤侧钱（赤仄钱）身上也应验了。

可见，早在元朔三年（前126年），汉武帝就在酝酿"金有三等"的货币改革，而到元鼎二年（前115年）铸行赤侧钱，才算黄金、白金、赤金齐备。在这个货币体系规划中，本就有明确的身份分层，即上、中、下三等"金"与"钱"的区分，黄金为皇室、诸侯王、列侯所用，白金为民间"宝用"，赤金（赤侧钱）为官府"赋、官用"，百姓交易用"行钱"（郡国五铢），形成一个分级各自循环的"四层货币体系"。以币值分档，则是：黄金（当10000钱），白金（龙币当3000钱、马币500钱、龟币300钱），赤金（当5钱），钱（1枚郡国五铢）。

这一复古思路，略可与以复古改制为名的新莽货币体系进行对照。"莽即真，以为书'刘'字有'金''刀'，乃罢错刀、契刀及五铢钱，而更作金、银、龟、贝、钱、布之品，名曰'宝货'。"①在这个体系中，"黄金、银货二品和布货十品、钱货六品"的价值衡量标准都是"小钱"，"龟宝四品"的价值衡量标准有二：一为"小钱若干枚"，一为"贝若干朋"。"贝货五品"的基础单位是2枚"贝"组成的"朋"，"朋"的价值衡量标准才是小钱若干枚。可见，青铜铸币小钱才是以上所有宝货币值的基础。

龟、贝作为天然物，几乎纯为复古凑数，排除之后再排列币值如下：列侯以上才能占有的黄金（当10000钱），白银（当1580钱、1000钱），青铜布（当1000钱、900钱、800钱、700钱、600钱、500钱、400钱、300钱、200钱、100钱），大钱（当50钱、40钱、30钱、20钱、10钱），小钱（1枚1铢圜钱）。每一币种占"个、十、百、千、万"中的一个数量级，正是"五层货币体系"。

确定事实的关联性后，一个问题呼之欲出，那就是为什么相隔135年②两位以稽古著称的帝王都选择了建立多层货币体系？答案很简单，当时人固然不知道"币"发源于礼品经济，却很清楚"币"的价值来源于价值共识。既然是共识，就可以被利用，也可以被创造，既然"先王"可以制造"币"，"今王"当然也可以制造新的"币"，尤其在传说中还有上古"金三品"存在的情况下，复古并非什么不可思议的事情。

白鹿皮币在元朔六年（前123年）创制之初，就不是流通货币，而是一种赐物、礼品，直到元狩四年（前119年）才进入流通领域，并被赋予币值。它的行用范围，仍旧被约束在诸侯王、列侯、宗室的朝觐、聘享等典礼中，强令以它为垫子，承托玉璧。③从外观来看，"以白鹿皮方尺，缘以藻缋"，就是个皮垫子的样式，所以，大司农颜异才说，王侯朝贺时贡献的苍璧不过价值数千钱，垫子却要四十万钱，本末不相称，

---

① ［汉］班固：《汉书》卷二十四下《食货志下》，中华书局，1962年，第1177页。
② 汉武帝元朔三年（前126年）至新莽始建国元年（9年）。
③ ［汉］司马迁：《史记》卷三十《平准书》，中华书局，1959年，第1426页。

惹得汉武帝不悦。[1]很明显，白鹿皮币只有定向使用的价值，属于更纯粹的"币"，汉武帝人为赋予这种完全垄断的物品高价值，目的只是为了收割王、侯、宗室手中的财富，买卖双方既然只有上林苑所属的少府和王、侯、宗室，就算少府通过政府采购，强迫市场主体接受白鹿皮币，这种"币"也会被固定消费人群收购、使用，不能算流通货币，史书上甚至没有记录它的废止时间。

　　"白金三品"略有不同，虽然和"白鹿皮币"一样，都是汉武帝获白麟之前"发瑞应"的工具；得到瑞兽之后，则"锡（通"赐"）诸侯白金"，既担当了赐物，也在若干年后进入了流通。"白金三品"以银锡铸造，形状分别是圆形、方形、椭圆形，其纹饰分别为龙、马、龟。其中龙币称"白选"（《汉书·食货志》作"撰"），重8两，值钱3000枚，[2]也有值3200枚的说法[3]；马币与龟币重量无记载，分别值钱500枚、300枚。上文已有考证，"白金三品"铸造时间为元朔六年（前123年），与"白鹿皮币"同造。次年，即元狩元年（前122年），以庆贺、展示祥瑞的理由，分赐诸侯王。此时的功用，仍是上古的"币"，即财物礼品。直到元狩四年（前119年）冬，有关部门申请，由于迁徙关东贫民72.5万口的安置费用浩大，用度不足，申请收缴民间银、锡铸造白金币及白鹿皮币，以满足国用。[4]至此，"白金三品"才成为市场流通的货币。

---

①［汉］司马迁：《史记》卷三十《平准书》："上与张汤既造白鹿皮币，问异。异曰：'今王侯朝贺以苍璧，直数千，而其皮荐反四十万，本末不相称。'天子不说。"中华书局，1959年，第1433页。

②［汉］司马迁：《史记》卷三十《平准书》："故白金三品：其一曰重八两，圜之，其文龙，名曰'白选'，直三千；二曰以重差小，方之，其文马，直五百；三曰复小，撱之，其文龟，直三百。"中华书局，1959年，第1427页。

③［汉］司马迁：《史记》卷三十《平准书》，"直三千"条，《索隐》注引晋灼按："《黄图》：直三千二百。"中华书局，1959年，第1427页。

④［汉］班固：《汉书》卷六《武帝纪》，"（元狩）四年冬"条："有司言关东贫民徙陇西、北地、西河、上郡、会稽凡七十二万五千口，县官衣食振业，用度不足，请收银、锡造白金及皮币以足用。"中华书局，1962年，第178页。

白金三品不是足值货币

表 16-1　出土白金三品货币相关数据统计表 [①]

名称	数量（枚）	尺寸	史书记载面值	面值比	实物重量（铅质）	重量比	备注
龙币	341	直径 5.4~5.6厘米	三千	1	125~138克	1	6枚铜质，其他铅质
马币	16	边长 3.2~3.3厘米	五百	1:6	20.8~22克	1:6	2枚银质，1枚铜质，其他铅质
龟币	11	长4.3~4.4厘米、宽2.1~2.2厘米	三百	1:10	12.5~14.5克	约1:10	1枚银质，其他铅质

　　如表 16-1 所示，"龙币"重 8 两，应该是"白金三品"的重量基准，依次等比例缩小重量以对应面值。汉武帝时的银、锡价格并无确切记载，《汉书·食货志》中记录了王莽时代的"银货二品"，其中"朱提银"，即产自犍为郡朱提县的"善银"，每 8 两作 1 流，值 1580 钱，其他类型的银，每 8 两值 1000 钱。[②] 不考虑流通铜钱的大小、成色，以及时代变迁等因素，则"龙币"若全为银质，也只值 1000~1580 钱，却被赋予了 3000 钱/3200 钱的面值。考虑到王莽时代的货币量比汉武帝时多，货币重量却比汉武帝时轻，白银存量却不会暴增，价格只有上涨的趋势。那么，汉武帝时代的银价只会远低于王莽时代，可能根本达不到 1000 钱。至于存世的铜质、铅质的"白金币"，价值只会更低，这也意味着"白金三品"

---

① 姜宝莲：《汉代"白金三品"货币及其相关问题》，载《考古》，2020年第10期。
② ［汉］班固：《汉书》卷二十四下《食货志下》："朱提银重八两为一流，直一千五百八十。它银一流直千。"中华书局，1962年，第1178页。

就不可能是足值货币。

正因如此，在"白金三品"面世之后，立刻面临着盗铸，哪怕按律要处死，官吏、百姓仍旧盗铸不绝。[1]元鼎四年（前113年），也就是禁止郡国铸钱，改由上林三官铸钱的年份，赦免官吏、百姓因盗铸金钱而犯死罪者达数十万人，说明到这一年，货币问题到了必须解决的时候，在下令收回郡国铸币权限的同时，汉武帝下达了赦令。那么，在元狩四年（前119年）至元鼎四年（前113年）之间因此罪而死者，才是司马迁所说的"其不发觉相杀者，不可胜计"。同时，赦令中应该还包括自首不论的内容，这才有了"赦自出者百余万人"的情况，赦免了100多万人，按司马迁的说法是自首赦免的人占不到总人数的一半，实则天下人基本上不想别的事，全都盗铸金钱去了，这就导致了各级官吏根本抓不过来，杀不胜杀。[2]

"白金三品"虽然遭遇了前所未有的盗铸冲击，可真正造成它废弃的，却是"赤金"的行用，司马迁在赤侧钱铸行之后提及，"白金稍贱，民不宝用，县官以令禁之，无益。岁余，白金终废不行"[3]。因为赤侧钱铸行，白金"稍贱"，且"民不宝用"，说明它的价格下跌，且百姓不愿意作为财富储藏，官府法令强迫的结果是"无益"，在对赤侧钱废弃的表述上，则是"其后二岁，赤侧钱贱，民巧法用之，不便，又废"。共同点在于"贱"的状态，"贱"不同于"轻"，与重量无关，意味着"白金三品"和"赤侧钱"的罢废与"郡国五铢"的"多轻"完全不同，个中缘由，引人深思。

---

① [汉] 司马迁:《史记》卷三十《平准书》:"盗铸诸金钱罪皆死，而吏民之盗铸白金者不可胜数。"中华书局，1959年，第1427页。

② [汉] 司马迁:《史记》卷三十《平准书》:"然不能半自出，天下大抵无虑皆铸金钱矣，犯者众，吏不能尽诛取。"中华书局，1959年，第1433页。

③ [汉] 司马迁:《史记》卷三十《平准书》，中华书局，1959年，第1434页。

从时间上看，元鼎二年（前115年）必然已铸赤侧钱，因当年曲成围侯虫达（《史记》表作：盅逢）之孙虫皇柔（《史记》表作：盅皋柔）就因赤侧钱被罚为鬼薪，之后1年多，"白金终废不行"[①]。也就是说，"白金三品"之废，当在元鼎三年（前114年）左右，距离汉武帝赦免盗铸者的诏令约1年。

综上所述，"白金三品"和"赤侧钱"的"贱"是同一种货币现象。而它们都是不足值货币，法定以1个赤侧钱顶5个行钱，含铜量自然应该画等号才能等价，可前述墓葬出土的赤侧钱最重者不过11.52铢，相当于标准五铢钱2枚，不计工费，2枚行钱就可改铸1枚赤侧钱，赤侧钱与白金三品一样，币材价值远低于法定面值。

赤侧钱，不足值的行政货币

相对白金三品，赤侧钱新增了明确的行用范围保障，即"赋官用非赤侧不得行"，并附加了严厉的惩罚措施，强迫中央和地方的官吏执行政策。在《汉书·高惠高后文功臣表》中就记载了两位开国功臣后人因赤侧钱除国。其一是郿成制侯周缫的孙子郓侯周仲居，元鼎三年（前114年）"坐为太常收赤侧钱不收，完为城旦"。其二是曲成围侯虫达之孙虫皇柔在元鼎二年（前115年，《史记》表作：元鼎三年[②]）"坐为汝南太守知民不用赤侧钱为赋，为鬼薪"。[③]周仲居的罪名记载并不清晰，另

①[汉]司马迁：《史记》卷三十《平准书》："王侯宗室朝觐聘享，必以皮币荐璧，然后得行。"中华书局，1959年，第1426页。
②[汉]司马迁：《史记》卷十八《高祖功臣侯者年表》，"曲城"条，中华书局，1959年，第911、912页。
③[汉]班固：《汉书》卷十六《高惠高后文功臣表》，"曲成围侯虫达"条、"郿成制侯周缫"条，中华书局，1962年，第560页。

见《汉书·百官公卿表》补充："郸侯周仲居为太常，坐不收赤侧钱收行钱论。"[1]

可见，所谓"赋、官用"是两个项目：①百姓需以赤侧钱缴纳赋税，地方二千石有监督的责任，明知而不作为，就要罚为鬼薪；②官府支出和各部门间的支付，也必须用赤侧钱，不得收取行钱，也就是郡国五铢，违反者，尊如列卿、列侯也要罚为城旦。城旦比鬼薪刑罚更重，意味着部门长官不收赤侧钱比地方官未能强制百姓"用赤侧钱为赋"罪责更重，说明法令保障赤侧钱的主要应用场景是官府部门间支付。这也从侧面说明，元鼎二年、三年之际，汝南郡百姓已经不再以赤侧钱交赋税，太守明知如此也不镇压，列卿之一的太常宁可收取行钱，也不用赤侧钱进行部门间支付，严刑峻法并不奏效。

原因在于赤侧钱并不是一个独立的币种，相对币值完全依托于郡国五铢标识，白金三品也是如此（曾是三铢钱、半两钱标识）。由于西汉绝大多数百姓对法钱的最大需求就是完税，市场流通所需的行钱货币量相对固定。一种可以纳税的劣币，当然是成本收益比最佳的盗铸选择。白金三品铸行之后，发挥的是劣币驱逐良币的作用，大量郡国五铢被驱逐出流通领域，郡国五铢因此价格上涨，盗铸利润持续增加，就算是死刑也挡不住百姓参与的热情。不过，在制度允许白金三品完税的前提下，白金三品的价值可以得到一定的保障，所以只是"不宝用"，通俗地说，百姓不想留在手里，都寻求快速脱手，最终大量回流到政府税收中，此时受损的反而是政府的利益。

所以，汉武帝铸造赤侧钱专用于赋税和行政开支，就剥夺了白金三品回流的渠道。可当白金三品失去了完税功能后，立刻出现了"稍贱"

---

[1]［汉］班固：《汉书》卷十九下《百官公卿表下》，"元鼎三年"条，中华书局，1962年，第778页。

的局面，因为在区域市场之中，它的面额过大，没法当作手交货币使用，兑换行钱价格又处于下跌区间，没有人愿意做最后的接盘者，自然会持续降价卖出，对于这种主动的"割肉"导致的价格下跌，朝廷的禁令当然毫无用处。说到底是朝廷自己都"不宝用"，凭什么要求百姓呢？

赤侧钱推行的第一年，面对的就是这样的局面：郡国五铢相对白金三品的价格持续上涨，百姓在市场上出卖商品只能得到郡国五铢，纳税时要用郡国五铢换取专用的赤侧钱，每5枚郡国五铢当1枚赤侧钱，与市场释放的白金三品一起在区域市场中抽离通货，进一步助推郡国五铢价格上涨。在此背景下，百姓的"赋"和官府的"官用"都需要兑换，赤侧钱就变成了一个迫不得已的兑换环节，"民巧法用之"就很简单，官吏、商贾将2枚郡国五铢变造为1枚赤侧钱，再将赤侧钱以低于官价的价格卖给民间需要完税的百姓，即可循环套利。从百姓的角度，宁可脱离朝廷设定好的、政府主导的货币兑换循环，选择市场上的货币兑换渠道。如果这个循环中再增加白金三品的角色，以权力获得官价兑换，利润明显更高。

所以，赤侧钱的铸行不但不能改变郡国五铢"多轻"的问题，甚至在助推这一态势，因为郡国五铢的短缺，使得减重铸造更加有利可图，哪怕它的币材价值下降，与白金三品和赤侧钱相比，相对价值仍在上涨。整个进程中，只要郡国还在铸造郡国五铢，就会获利。不仅如此，由于赤侧钱由中央机构钟官铸造，分发各郡、国的过程又有先后、有多少，既不可能及时，也不可能充足，在官府实操层面，赤侧钱变成记账货币，甚至是虚化的、无实物的记账单位就是必然之举。只需要在跨区域调拨赋税时使用积存的赤侧钱，而在实际收支中使用郡国五铢，既省去了烦琐的流程，又可以赚取差价，各级政府又何乐而不为呢？正因如此，几乎脱离于流通之外的赤侧钱寿命甚至比白金三品还要短，只有区区2年时间。不过，对汉武帝而言，已经足够了。

汉武帝的贵金属铸币："非对称交易"寻租的工具

从白金三品和赤侧钱的诞生时间来看，白鹿皮币、白金和赤金的推出，本质上是一种过渡。因为汉武帝正面临着严重的府库空竭。元朔六年（前123年），卫青率六将军破匈奴，斩首19000余级，"捕斩首虏之士受赐黄金二十余万斤"。此时，大农令管辖的"陈藏钱"消耗殆尽，赋税空竭，仍不足以供养将士。所谓"陈藏钱"正是汉文帝时代留下的积蓄。这恰好与元朔三年（前126年）公卿议论改币时只提及了"钱益轻薄而物贵，则远方用币烦费不省"的理由契合。此时长安的库藏仍旧充裕，只是由于盗铸而钱币轻薄，物价上涨，导致"远方用币"的增加。当时施行"委输"制度，物资或钱币需要点对点输送，目的地、出发地物价上涨都直接影响汉武帝的大计。正如《管子·乘马》所说的"金贱则事不成"，"金"泛指货币，货币价值下跌则物价上涨，就会导致办不成事。用现代的话讲，就是由于物价上涨因素而"超出预算"。直至此时，汉武帝才将文景时代留下的积蓄用尽。

为了解决赏赐问题，汉武帝创制了"武功爵"供百姓买爵入仕、减罪，武功爵共11级[1]，合计187万钱。古人就在注释中表达了疑惑：《汉书·食货志》中说，1金折1万钱，自然是187万金，司马迁为什么写作"直（值）三十余万金"？所以，两个数字必有一误。[2]其实，这明显是算错账了。按此算法，187万钱也应是187金。"凡直三十余万金"应

---

[1]［汉］司马迁：《史记》卷三十《平准书》，"武功爵"条，《索隐》注引瓒曰："茂陵中书有武功爵：一级曰造士，二级曰闲舆卫，三级曰良士，四级曰元戎士，五级曰官首，六级曰秉铎，七级曰千夫，八级曰乐卿，九级曰执戎，十级曰左庶长，十一级曰军卫。此武帝所制以宠军功。"中华书局，1959年，第1423页。

[2]［汉］司马迁：《史记》卷三十《平准书》，"凡直三十余万金"条，《索隐》注引大颜云："一金，万钱也。计十一级，级十七万，合百八十七万金。而此云'三十余万金'，其数必有误者。"中华书局，1959年，第1423页。

是汉武帝通过卖爵所得的黄金总数，可见民间藏金之多，也应付过了元朔六年（前123年）的第一次财政危机，这才推迟了更币的时间。不过，也开始了准备，正是在这一年汉武帝开始用少府所藏的银、锡制造白金三品，用上林苑中的白鹿皮制造皮币，这要比"获白麟"的时间还早一年。汉武帝当然不能未卜先知，只能理解为他在用"祥瑞"信仰制造新的价值共识——"制币"。

元狩四年（前119年），卫青、霍去病再次出塞，赏赐达50万金，结果是，"是时财匮，战士颇不得禄矣"。一次性赏赐达到了之前库藏和卖爵所得的总和，此次赏功彻底掏空了汉武帝的家底，以至于开始拖欠将士的俸禄。此时的京师库藏之中，既没有黄金，也没有铜钱，白金三品和白鹿皮币的出山，正好替代了两方面的作用。白金三品以支付国用的方式进入流通，代行的是黄金的功能。白鹿皮币以诸侯王、列侯购买的方式在少府、王侯之间循环，代行的是珠玉的职能。仅仅过了一年，元狩五年（前118年），面对府库空竭、旧钱花用殆尽的窘境，汉武帝直接作废了半两钱、三铢钱，改行郡国五铢，可以推测意在通过铸造新钱的时间差带来的通货短缺，抬升五铢钱的价格，稳定白金三品的币值。

这一举措，看似只是恢复了上古时代的"多层货币体系"，增加了两级，实质上是在政府手中没有存量货币的情况下，滥发地域间结算通货。而区域经济流通的地域通货，根本无力干预，结果就是"一物多价"的悬殊越来越大，套利空间也越来越大。民间优先以新币完税，保留旧币，甚至干脆只用地域通货来交易，弃用新币，当新币发行量超过百姓完税、回笼货币的总量，新币的信用也就快速瓦解，相对价格只会越来越低，货币的"非对称性"越来越严重。恶性循环之下，新币作为持续贬值的劣币，更会将地域间结算用的黄金、五铢钱驱离，政府本就无法控制的旧币价值日益高昂。

赤侧钱推出后的命运并无不同，归根结底是汉王朝货币制度的"非对称性"在作祟。区域市场按照经济规律能够自行创造通货，秦二世到汉文帝的数十年间，只是推动着王朝"法钱"进入区域市场，替代了旧的地域通货，并担当地域间结算通货的角色，一物多价的"非对称交易"自始至终没有消失。汉武帝的货币改革，一直在力图制造价值共识，进而在承认"非对称交易"存在的前提下，将两种通货置换为他所制造的新币。所以，无论他使用的是白金、赤金，或是黄金、白银，本质并无区别，贵金属的货币意义和发展路径，根本点在于单一通货和集中价格的相辅相成，而非操纵"非对称交易"寻租获利的期待。

故此，黄金和白银都失败了，汉武帝却成功了。

第十七章

失败的货币经济，成功的社会变革

汉武帝的敌人

> "天子与公卿议，更钱造币以赡用，而摧浮淫并兼之徒。"[①]
>
> ——《史记·平准书》

元狩四年（前119年），汉武帝开始收民间银、锡，铸行白金三品，正是这一年"初算缗钱"。元狩五年（前118年），废三铢钱、半两钱，行五铢钱（郡国五铢）。元鼎二年（前115年）又推出了赤侧钱。与白金三品并行一年后，白金三品废止。正是这一年，元鼎三年（前114年），"令民告缗者以其半与之"[②]。又过了一年，元鼎四年（前113年）禁止郡国铸钱，改由上林三官铸钱，待钱多后推行全国，三官五铢至此稳定行用，一直延续到西汉灭亡。

上述改革看似是由于国用不足而一步步推进，尤其是创造"金有三等"的复古制度，让"商贾以币之变，多积货逐利"，对市场秩序造成了极大的破坏，甚至给予国民经济毁灭性的打击。但是，必须考虑到"改币"的最初议论，是在元朔三年（前126年），也就是卫青出击匈奴大胜之前3年，汉武帝"金分三等""改铸铜钱"的改革计划已经酝酿成型。当时，西汉王朝的财政危机还未出现，府库所藏的金钱数以百亿计，所以，将汉武帝货币改革计划视为财政困乏之际的应急之举并不妥当。反

---

① [汉] 司马迁：《史记》卷三十《平准书》，中华书局，1959年，第1425页。
② [汉] 班固：《汉书》卷六《武帝纪》，中华书局，1962年，第183页。

而是司马迁在《史记·平准书》中早已点明了汉廷的用意，那就是"天子与公卿议，更钱造币以赡用，而摧浮淫并兼之徒"。

由于西汉初年继承了秦朝的货币制度，却没能复制秦朝的财政体系，使得"国用"必须求诸货币，其大宗就是算赋，人头税。在此条件下，秦朝所推行的"一般债务凭证"性质的本地通货和贵族间往来，尤其是皇室垄断的黄金结合的货币制度，由于并没有货币化转移支付的制度化安排，只保留了"形"，也就是半两钱和称量黄金，制度内核则发生了巨大的变化。战国时代曾经广泛应用于关东五国（楚国以外）的地域通货（货贝）、地域间结算通货（铸币）两分的钱法，在与秦二世、楚国的称量黄金行政、司法体系结合之后，形成了全新的西汉货币制度。

以钱径大小为底线的"行钱"制度，实则为地域通货的区域流通留出了自由空间，合格者进入委输都内的地域间结算通货，不合格者则作为本地通货继续行用，可谓各安其位。得益于西汉初年四方无事、帝王节制的统治，人力和钱币的大规模跨区域流通相当罕见，从而基本满足了区域市场的通货需求，当然，物价仍处于上升趋势。而汉初诸帝、后保留了调控物价的权力和工具，那就是调整合格通货的标准，影响货币量，确切地说，就是调节进入委输都内的地域间结算通货的供应量。

理论上，严格约束标准铸币应该符合钱法的要求，在地域通货上缴"都内"后补充失去的通货，形成"郡国铸币（或民间铸币）—市场流通—郡国赋税—上缴都内"的流动链条。可理论不等于现实，正如前文所计算的，汉王朝每年最大宗的货币流动就是货币税，规模远超官方铸币能力，这意味着秦汉市场交易所需的通货大部分时间处于短缺状态。其间有限的例外正是商品经济的爆发期，即汉元年（前206年）十一月到汉高帝五年六月初三（前202年6月23日）之间4年零6个月的"汉高祖放铸时期"和汉文帝五年（前175年）四月到汉景帝中六年（前144年）十二月间的"文景放铸时期"。值得注意的是，每次"放铸"之后，都会有翻覆多次的货币改革，且都是改变流通货币标准，以达到调节通货量的目的，这绝非偶然。

前文述及，第一次放铸期内出现了一石米万钱的极端物价[1]，以及让汉高祖恐惧的贾人叛将；第二次放铸期则造就了汉武帝初年仓库漫溢，众多巨商大贾列名《货殖列传》的盛况，随之而来的就是统治秩序的混乱。贾人叛将的出现与"兼并豪党之徒，以武断于乡曲"实质是一回事，只是财富转化为暴力的不同层次；"宗室有士公卿大夫以下，争于奢侈，室庐舆服僭于上，无限度"则是对身份等级收益制度的破坏，拥有财富后无视权力、等级的禁令，破坏了"利出于一孔"的社会管理基本原则，同时也是在践踏法律，践踏帝王的权威。

如果说建元元年（前140年）、建元五年（前136年）的"三铢钱"改革的着眼点还是通货的多寡、法钱的行用，元朔三年（前126年）汉武帝与公卿议论改币时，着眼点已经彻底转移到了打击巨商、豪强上来。毕竟前一次"放铸"时间短，惠帝、吕后时代重申律令之后，政策还可以决定物价，而第二次文景"放铸"时间相当长，建元年间的同类改革措施，收效甚微。最显著的表现就是"盗铸"无法遏制，甚至开始与政权"躲猫猫"。实例就是政权让步采取"钱径"标准行钱之后，"而奸或盗摩钱里取鋊"，一边维持直径不变，一边刮下钱上的铜料，这可是相当细致的手工活儿。这侧面说明了三个问题：①汉朝的钱法行之有效，在家里熔旧钱铸新钱的简单粗暴盗铸已无利可图；②耗费人工刮取有限的铜料，仍然有利可图，说明某种铜制品与铜钱之间存在"非对称交易"的套利空间；③人力成本奇低，故而可以通过这种高工时的机械劳动获利。

---

[1] 石米万钱起因并非通货膨胀，而是极端环境下的囤积居奇，但通货的充裕助推了极端价格的出现，如果通货短缺则相对价格应该低得多。

当然，汉初活跃的商品经济和拜金主义世风是不言而喻的背景，但在极度逼仄的政策空间之下，仍能通过压榨人力资源获利，颇有"鹬鹬腿上刮精肉"的感觉。

汉武帝货币改革的核心目标是调用社会资源

这种世风，在政权眼中的形象就是："富商大贾或蹛财役贫，转毂百数，废居居邑，封君皆低首仰给。冶铸煮盐，财或累万金，而不佐国家之急，黎民重困。"[1] 逐句解释一下，富商大贾或是靠积蓄财富役使贫民，或是有数以百计的车辆往来行商，或是在邑中买卖，正好是商业行为的三种分工：①生产；②物流；③销售。封君都要低头靠商贾供养，这是经济行为商品化后的必然。如前文提及的邓通将铜山转包给临邛卓氏经营，代价是每年1000匹绢帛；还有"山川园池市井租税之人"，既然是封君的"私奉养"，也都与商贾有关，只是随着财富差距的拉大，以及财富对政治权力的赎买，竟然出现了主客异位，封君要向商贾低头混饭吃。而原本靠着皇室的"私奉养"，归属于少府的盐、铁资源，长期授权给商贾使用，让他们牟取了暴利，家产达到万斤黄金，却一不帮助纾解国家财政困难，二不体恤百姓贫苦。

那么，这些商贾与从铜钱上刮铜屑的人有关吗？刮铜屑的行为与物价暴涨、财政成本增加的结果有关吗？

司马迁的表述很清楚，物价暴涨的原因是"建元以来，用少，县官往往即多铜山而铸钱，民亦间盗铸钱，不可胜数"。大量的通货涌入市场，不只是民间盗铸，更重要的是官府将铸钱当作解决财政困难的手段。

---

①［汉］司马迁：《史记》卷三十《平准书》，中华书局，1959年，第1425页。

尤其值得注意的是"即多铜山"，这得到了出土钱币、钱范的印证，即西汉初年虽然是郡国铸钱制度，但并非四面开花，而是在铜矿、封君所在开炉。前文已有详述，中原地区铜矿稀少，人口最集中的地区一直缺少通货，而汉武帝四面开边，货币开支大量集中于边地和都城。如西南夷方向，发兵开道，"悉巴蜀租赋不足以更之"，只能招募富户在前线种地供粮，在长安都内领卖粮钱。这是一种制度性变通，常规状态则是拨付货币予边地，所以才有"远方用币烦费不省"之说。

综合以上信息可知，当时的货币问题只是表象，根本问题和秦朝末年一样，都是部分地区集中了大量的钱币，却缺少物资完成"一般债务凭证"的偿债，只不过汉武帝时的商品经济更发达，财政货币化程度更高，大量的货币或因行政原因，或因商业原因集中在边郡支出地和都城长安，造成物价飞涨。按理说，物价的抬升可以吸引商贾贩运物资来补充当地所需，可正如司马迁引用的谚语，"千里不贩籴，百里不贩樵"，生产、贩运军国大事所需的粮食、军资的利润率远远低于"钱生钱"的利润率。

道理很简单，长安、边地集中货币是一个长期的趋势，其他区域的货币抽离也是不变的趋势，意味着在汉朝的大部分地区，变造一枚钱币之后，它的价格必然上涨，哪怕是囤积货币，时间就会实现它的增值，根本没有任何成本。反之，任何物资生产都面临持续的跌价，那么，唯一值得贩运的反而是钱币本身，过程中的风险和成本又非豪商大贾不能承担。也就是说，汉武帝的政策导向并非无效，只是门槛过高，参与者少，而逆政策导向的"钱生钱"，门槛低，参与者多，这才有了"吏民之盗铸白金者不可胜数"和"天下大抵无虑皆铸金钱矣"。

作为经济系统的一部分，巨商富贾们确实参与了盗铸金钱和助推通货膨胀，但作为群体而言，他们一直是汉王朝经济管理体系中的一部分，更是政策的执行者和拥护者。汉武帝对此心知肚明，所以才任用东郭咸

阳、孔仅、桑弘羊三个商人子弟加强商业管理，分工也很明确。东郭咸
阳是齐地煮盐出身，孔仅是南阳冶铁出身，二人管理盐铁事，桑弘羊是
洛阳贾人子，才13岁就在皇帝身边担任侍中，负责谋划计算。

　　当然，三人之中也有高低，东郭咸阳和孔仅都是经商成功者，做官
后也不忘延揽同道，"除故盐铁家富者为吏"。简言之，将之前承包少府
盐铁经营的"富者"任命为官，继续负责官营事务，换了个帽子，人还
是那些人，只是"贫者"不再有资格参与了。桑弘羊则不同。作为偏爱
行商的洛阳人，他对物流、价差更敏感，且只是贾人子弟，不是真正的
商人，汉武帝明显偏爱，亲自带在身边培养，最终由他替代孔仅管理天
下盐铁事。与孔仅任用商贾为官不一样，桑弘羊要求官吏亲自到市场上
做买卖。由于孔仅旧部的商人本性，各自恶性竞争，以至于物价暴涨，
导致运输的赋物不足以偿付运费。桑弘羊彻底改弦更张，不但用官吏行
商贾事，还建立了一套价格响应系统，以长安的平准为中心，在郡国下
的县设置盐、铁、均输官，"大农之诸官尽笼天下之货物，贵即卖之，贱
则买之"①。

　　显而易见，汉武帝并没有消灭商贾群体的兴趣和计划，也并不像秦
朝的皇帝一样，力图以暴力和律令维持一个遵循周代传统的，静态的、
农本的、点对点的县域聚合体，与他的祖父汉文帝近似，汉武帝更希望
能够调用社会资源来完成更宏大的社会目标。

汉文帝的悲悯　秦始皇的野心

　　元狩三年（前120年），山东水灾，"天子遣使者虚郡国仓廥以振贫

---

①［汉］司马迁：《史记》卷三十《平准书》，中华书局，1959年，第1441页。

民，犹不足，又募豪富吏民能假贷贫民者以名闻，尚不能相救"。①在救荒上，汉武帝的真诚程度与汉文帝不相上下，开仓放粮之外，又募集富户借贷救灾，并要求上报名字以备嘉奖，仍然不足以度荒，于是将70余万口贫民迁徙到新秦中，由官府供给衣食，几年后才授予田宅，在当地耕种乐业。仅此一项，花费即以亿计，至元狩四年（前119年）冬，也就是几个月后，因用度不足，收天下银锡造白金、皮币，并初算缗钱。

此时，汉武帝面临的主要困难是手中具备价值共识的黄金已经赏赐殆尽，地方郡国交上来的恶钱越来越多，通过创造价值共识来发明可以在精英阶层赏赐中顶替黄金的新"币"，以及铸造在不同地域兑换时不会发生价值损耗的新"币"，就成为最符合汉武帝权力性格的选项。只是他没意识到，讲求收入大于支出的"耕战之术"和依靠货币操纵经济的"轻重之术"，都是建立在点对点的简单经济关系基础上的管理模型。这些经验理论适用的是算术级增长的交易行为，而汉王朝的交易主体已遍布全国，地域间贸易与本地交易之间的关联性已然形成，交易规模和货币需求随着交易主体增加呈几何级增长。

战国时代的列国，控制住都城的富商巨贾，就可以完成对都城辐射各邑的贸易线的控制，掌握若干黄金则可以用静态的经济总量计算来完成"非对称交易"中的寻租和调控，引导"巨家"和"小家"跟着权力的指挥棒运筹物资。秦朝时，则只需要一纸诏令和一介御史就可以在多个县之间进行货币的调剂和物资的委输。可到了汉武帝时代，商业行为不但突破了"市"的空间限制，甚至突破了"贾人"的身份限制。算缗令的施行，本质上就是响应这些突破，如"及商以取利者，虽无市籍，各以其物自占"②。这就说明在有"市籍"的贾人之外，还有大量人口从事

---

①［宋］司马光：《资治通鉴》卷十九《汉纪十一》，"元狩三年秋"条，中华书局，1956年，第635页。
②［汉］司马迁：《史记》卷三十《平准书》，中华书局，1959年，第1430页。

商业经营，故而要求他们自行申报商品。注意，算缗确实是财产税，但并不是针对全部财产征收的税目，而是以经商本钱为税基。至于轺车、五丈以上船只和货物，都是经营性资产，如"缗钱二千而一算……轺车二算"里的"算"在汉初并非定值，而是区域内确定算赋总数后，以算数平摊，如前文所述，汉武之世已有 1 算 = 1 石米 = 120 钱之对应关系，则税率并不算重，坐商是 6%，手工业商人则是 3%，相对于"什二之利"[①]并不算多。

问题是"是时富豪皆争匿财"，在长期的"网疏而民富"环境下，尤其是可以用财富"役使"权力的幻觉支撑下，经营工商的富户对汉王朝的威力，尤其是汉高祖时代的困辱已经淡忘，或者说已经习惯于宽松的社会管理状态，结果是"百姓终莫分财佐县官，于是告缗钱纵矣"。所谓告缗令，是针对藏匿缗钱的行为，查实后其人罚戍边 1 年，缗钱没收入官府，百姓"有能告者，以其半畀之"[②]。这种配套的措施，属于利益驱使，尽管在秦朝也有"匿訾""举告"的情况，却并没有分一半的奖励，而是以事发后连坐的威胁来驱动，是一种强制性的义务，可见汉武帝施政与秦政之间的区别。

简言之，他的价值观与秦朝有天壤之别，对于百姓有他祖父一样的悲悯，却又迷恋于移山填海的功业，这种深入骨髓的矛盾，正是汲黯所诟病的："陛下内多欲而外施仁义，奈何欲效唐虞之治乎！"[③]

[①]［汉］司马迁：《史记》卷六十九《苏秦列传》："周人之俗，治产业，力工商，逐什二以为务。"［汉］司马迁：《史记》卷一百二十九《货殖列传》："佗杂业不中什二，则非吾财也。"中华书局，1959 年，第 2241、3274 页。

[②]［汉］司马迁：《史记》卷三十《平准书》，中华书局，1959 年，第 1430 页。

[③]［汉］司马迁：《史记》卷一百二十《汲郑列传》，"汲黯"条，中华书局，1959 年，第 3106 页。

汉武帝为什么总在大灾之际征伐匈奴

"利出于一孔者，其国无敌；出二孔者，其兵不诎；出三孔者，不可以举兵；出四孔者，其国必亡。先王知其然，故塞民之羡，隘其利途。故予之在君，夺之在君，贫之在君，富之在君。故民之戴上如日月，亲君若父母。"[1]

——《管子·国蓄》

汉武帝一朝的"政治理想"或者说"蓝图"，其实在《汉书·武帝纪》中记录的元光元年五月诏书中早已披露无疑。他听说上古圣王的德政，可以让四夷臣服，天灾不生，祥瑞排队现世，"何行而可以章先帝之洪业休德，上参尧、舜，下配三王？"简言之，他希望选举的贤良可以告诉他，怎样才能达到尧、舜、禹、商汤、周文王的境界，并明确提到了指标："教通四海，海外肃慎，北发渠搜，氏羌徕服；星辰不孛，日月不蚀，山陵不崩，川谷不塞；麟、凤在郊薮，河、洛出图书。"[2]

这之中，最容易实现的恰恰是四夷宾服。司马迁深知汉武帝的雄心，所以《史记·平准书》的汉武开边之事，自"事两越"写起，接着就是"开路西南夷"，彭吴灭朝鲜"置沧海之郡"，王恢在马邑设伏，与匈奴持续的战争开始。总结一下，就是南、西、东、北四面出击。在很长一段时间里，战争只是增加成本，结果却是节节胜利。所以，汉武帝在元朔六年（前123年）的诏书中说，我听说五帝三代的治道不同，"建德"却是殊途同归的目的，所以孔子对鲁定公、哀公、景公有不同的说

---

[1] 黎翔凤：《管子校注》卷二十二《国蓄第七十三》，梁运华整理，中华书局，2004年，第1262、1263页。
[2] [汉]班固：《汉书》卷六《武帝纪》，中华书局，1962年，第160页。

法，因为治国的急务不同，所以，我现在一统中国，却坐视北方边境不安定，很痛心。①汉武帝说"今中国一统而北边未安"，特指的是北方边境，战争的理由则是安民。结合孔子"建德"之说，他的逻辑已经很清楚，这场战争就是他"建德"的一部分，是急务。

到了元狩六年（前117年），受到重创的匈奴单于请求和亲，丞相长史任敞提议："匈奴新困，宜使为外臣，朝请于边。"汉武帝认可了他的意见，命他为使臣招徕单于，结果单于大怒，扣押了任敞。元封元年（前110年），汉武帝巡行北疆时发诏书给匈奴单于："单于能战，天子自将待边。不能，亟来臣服。"直接喊话要求臣服了。又过了几年，汉武帝对单于臣服的期待更加迫切。只是因为单于对使者王乌说，要入见天子，当面结为兄弟，汉武帝就在长安给他建好了邸，这是比照诸侯王的规格安排长安的住处。当然，单于没有来，也没有臣服这回事。

一直到汉武帝晚年的太初四年（前101年），汉军远征大宛胜利，汉武帝动念要"困胡"，于是下诏提到了汉高祖的平城之围，吕后被冒顿单于写信羞辱的旧事，声称要秉持春秋大义，复九世之仇，至于到底是为先祖复仇，还是为匈奴一直不配合他的"四夷宾服"理想而报复，就不得而知了。不过可以确定的是，对匈奴的战争在汉武帝的眼中，并没有后人想象的那么重要。据《汉书·外戚传上》记载："召其（卫子夫）兄卫长君、弟青侍中……先是，卫长君死，乃以青为将军。"②由于尊宠卫子夫而重用其兄弟，若非卫长君早卒，出征匈奴为将的应该是这位血缘关系更近的兄长（卫青为卫子夫同母异父弟）。

类似的"一举两得"还有很多，如《汉书·五行志》中记载："武帝元光六年夏，大旱。是岁，四将军征匈奴。元朔五年春，大旱。是岁，

①［汉］班固：《汉书》卷六《武帝纪》，中华书局，1962年，第173页。
②［汉］班固：《汉书》卷九十七上《外戚传上》，中华书局，1962年，第3950页。

六将军众十余万征匈奴。元狩三年夏，大旱。是岁，发天下故吏伐棘上林，穿昆明池。天汉元年夏，大旱；其三年夏，大旱。先是，贰师将军征大宛还。天汉元年，发适民。二年夏，三将军征匈奴，李陵没不还。"[1]对班固而言，这些旱灾是天人感应的证明。对后人而言，这却是理解汉武帝行为动机的钥匙。

其实，大旱之余还有水灾，汉武帝前期开边四夷的活动，几乎都是在天灾之际，这种决策绝非偶然。与秦朝的戍边苦役不同，西汉的边郡用兵和屯田，往往有货币的转移支付，并有天下转漕。从零散的记载来看，这种输送并非无偿的强迫，而是引导性的交易。也就是说，在边郡发动战争之后，内郡的百姓服役、转输可以得到财政的支持，也就意味着灾荒之下的贫民可以通过以役代赈的方式予以安置。除非是元狩三年（前120年）关东水灾的规模，仅迁徙的贫民就达到72.5万口，则受灾百姓应达到百万之众，郡国仓廪耗竭也不足以安置，才走到迁徙屯田的一步。

汉武帝元光年间，黄河在瓠子河决口，向东南汇入巨野泽，通于淮河、泗水，水患不断。丞相田蚡的封邑在黄河以北的鄃县，黄河决口向南则鄃县无水患，他的收入增加，故此提出江河决口都是天数，没必要强堵缺口。此后20多年由于水患，关东长期歉收，梁、楚之地尤其严重。汉武帝于是调动数万卒塞河，并亲临决河，"令群臣从官自将军以下皆负薪寘决河"，最终堵塞决口，筑宣防宫于其上。至此，梁楚之地无水灾。[2]汉武帝和田蚡的态度区别，清楚地展示出当时高官贵戚的心理状态，就如七国之乱前汉景帝所面临的信任危机一样，哪怕是丞相之尊、舅氏之亲，国计民生也不如他自家的封地收益。

---

①［汉］班固：《汉书》卷二十七中之上《五行志中之上》，中华书局，1962年，第1392页。
②［汉］班固：《汉书》卷二十九《沟洫志》，中华书局，1962年，第1684页。

汉武帝为什么对繁荣的商品经济不满

　　正因如此，司马迁在讨论财政、货币的《史记·平准书》中，记录了一系列奇怪的信息："入羊为郎，始于此……军功多用越等……吏道杂而多端，则官职耗废……除故盐铁家富者为吏。吏道益杂，不选，而多贾人矣……入财者得补郎，郎选衰矣。"[①] 反复强调汉武帝众多财政、军事举措对选官制度的破坏，逻辑何在呢？

　　联系前文中对周秦制度的分析，可知司马迁所固守的，一直是以自然结构家庭为基础的伦理等级秩序。汉武帝虽然改币、算缗、酎金、封禅等几乎所有政策都冠以"复古"之名，具体措施却几乎全是对身份体系的破坏，或者说是对身份等级收益社会的全面改造。他对"故吏皆谪令伐棘上林"[②]"发谪吏穿昆明池"[③]等处置，对列侯以酎金律夺爵106家的打击；对地方豪强的屠灭，以至于单次连坐千余家，流血十余里[④]；对富户的剥夺，以至于商贾中产以上大多破家[⑤]；对董仲舒这样儒臣的折辱，旧的军功爵位、官僚体系中所有既得利益者都是他打击的对象。但他又热衷于对卜式[⑥]、汲黯[⑦]等敦厚君子的褒奖，对关东贫民的赈济，乃至于移民安置所有用度全部由县官承担，甚至供养连年。

---

① [汉] 司马迁：《史记》卷三十《平准书》，中华书局，1959年，第1431~1437页。

② [汉] 司马迁：《史记》卷三十《平准书》，中华书局，1959年，第1428页。

③ [汉] 班固：《汉书》卷六《武帝纪》，中华书局，1962年，第177页。

④ [汉] 司马迁：《史记》卷一百二十二《酷吏列传》，"王温舒"条，中华书局，1959年，第3148页。

⑤ [汉] 班固：《汉书》卷二十四下《食货志下》："杨可告缗遍天下，中家以上大氐皆遇告……于是商贾中家以上大氐破。"中华书局，1962年，第1170页。

⑥ [汉] 班固：《汉书》卷五十八《公孙弘卜式儿宽传》，"卜式"条："上于是以式终长者，乃召拜式为中郎，赐爵左庶长，田十顷，布告天下，尊显以风百姓。"中华书局，1962年，第2625页。

⑦ [汉] 班固：《汉书》卷五十《张冯汲郑传》，"汲黯"条："上尝坐武帐，黯前奏事，上不冠，望见黯，避帷中，使人可其奏。其见敬礼如此。"中华书局，1962年，第2318页。

　　归根结底，在汉武帝的价值观念中，西汉建立以来流俗日久的货币经济传统，乃至于社会分配机制，以及所有司马迁在《史记·平准书》中盛赞的文景之治的盛况，都是问题本身。

　　为了实现摧折豪富的核心目标，汉武帝推出了将"更造钱币""算缗""告缗"等搭配使用的政策组合拳。正如《管子》所说的："不通于轨数而欲为国，不可。"汉武帝所面对的货币流通现状和经济发展现状是大量"浮淫并兼之徒"依靠财富脱离了编户齐民旧制的掌握，《管子》警惕的"下制其上"局面已然形成。对于这一现状，司马迁的描述非常精当，"网疏而民富"[1]。"网疏"落点在社会管理层面，并不是说真的"无为"。实际上，文景之治施政固然可称为"仁"，却是在秦汉王朝制度性暴虐的基础上降低执行力的权宜之举。[2]当权宜之计长期持续，"繁于秋荼，密于凝脂"的秦汉社会管制就出现了裂缝，使得强民多了两条出路，一是役财骄溢的商贾道路，一是武断乡曲的兼并之徒。前者是通过财富赎买权力、利用权力；后者则是依靠暴力把持地方。

　　值得注意的是，能够选择这两条出路的家族，绝大多数是汉高祖当年的军功授爵群体，以及受到优待的六国旧族。他们属于汉初既得利益集团的下半部分。与他们同类的，还有长期居官无处升迁的地方官吏，以至于父子相继，以官为氏。还有就是在闾里间把持权力的里吏们，一样能食先秦贵族的食物"粱肉"，他们是汉初既得利益集团的中间部分。而这个集团的上半部分，诸侯王、封君、高官们肆意无度地奢侈享乐，逾越制度，形成了一个生机勃勃的社会上层消费群体。现实是，这些既得利益集团的成员，自上而下地缔造了一个以身份等级收益制为基础的、畸形繁荣的商品经济。

---

① [汉] 司马迁：《史记》卷三十《平准书》，中华书局，1959年，第1420页。
② 参见拙作《汉瓦：西汉王朝洪业启示录》，北京科学技术出版社，2021年，第808页。

为他们服务、连缀成网的，正是前文说到的，控制着生产、物流、销售全流程的商贾群体。这条循环线路几乎完全独立于王朝的生产、赋税、委输、支出的物流、金钱流，他们固然还需要赎买权力，与权力共生，却破坏了"利出于一孔"的格局。在此条件下，汉武帝施行善政、仁政，都不足以收回权力，更不可能在维持商品经济畸形繁荣的前提下，完成对社会运行规则的理想化改造。现实最令他愤怒的是富商巨贾们"冶铸煮盐，财或累万金，而不佐国家之急，黎民重困"。元狩三年（前120年），张汤在汉武帝的推动下，请求"笼天下盐铁"，即将自少府私房钱划归大农的"山海，天地之藏"收回，不再施行授权经营的方式，改为直接经营，从源头垄断工商业原料产地，增加收入。这一年，正是关东大水，汉武帝迁徙70多万灾民的年份，紧随其后的是造白金、皮币和施行算缗令。可惜，"天子既下缗钱令而尊卜式，百姓终莫分财佐县官，于是告缗钱纵矣"。简言之，因商品经济繁荣而巨富者对汉武帝一系列大业的需求、百姓的疾苦熟视无睹，汉武帝先是采取了奖励引导的方式，厚赏自愿捐出家产贴补国家的典型人物卜式，结果富户还是不愿意按照法律缴纳缗钱的财产税，引导之后就是刑罚，并一步步升级。杨可主持告缗在元狩六年（前117年），但告缗分一半财产的诏令发布在元鼎三年（前114年），至元封元年（前110年）"不复告缗"，同时接收富户入粟补吏和赎罪，可见，告缗之后仍旧有富户存在。

7年间，白金三品被废、赤侧钱行而又废，郡国五铢钱被废，开铸三官五铢钱，是否全面行用未可知。告缗令下达后，朝廷却在天下郡国没收了大量资产，由水衡都尉管理上林财物，并组织没收来的奴婢经营全国各地同样没收来的田地生产生利。也正是在元封元年（前110年），桑弘羊替代孔仅主持天下均输。

最早的统一大市场

汉武帝最终敲定的市场形态是桑弘羊主持的，对整个国家物流体系的重塑。在郡国派驻大农部丞数十人，在县中设置均输、盐、铁官，又在京师设置平准官，形成一个以京师为中心的信息网络。各郡国应缴的贡物，按市价购置当地的特产，交给均输官将其中一部分运往京师。除供官需外，剩余交平准在京师出售，另外部分则运往其他价格较高的地区出售。由于均输官由工官制造车辆器具，实则代替了之前转毂天下的行商，这是在物流上垄断。"大农之诸官尽笼天下之货物"①，这是在货源上垄断。平准官掌握天下郡县的价格信息，这是在信息上垄断。系统建成之后，终于停止了告缗。在桑弘羊居中运筹之下，这个系统也确实获利颇丰，实现了"民不益赋而天下用饶"。

最终的货币形态，则是三官五铢+黄金的二元结构。黄金以五铢钱计价，1斤10000钱，西汉的算赋也稳定在了120钱/算。也就是说，三铢钱、半两钱是1石米=120钱=1算，五铢钱照旧。青铜币材的多少根本不影响铸币的定值，而以五铢钱计价的黄金，相应也被定义了价值。稳定、固定的状态是基础，数量级的增加依靠的是"算"的数量的增加，也就是遵循"算术级增长"的原则。曾经昙花一现的"几何级增长"，重新被拉回了可控的轨道。汉武帝也不再热衷于"非对称交易"的寻租，而是建立起一套基于行政货币的单一通货，过高面值的黄金则悬置于日常交易之外，货币终于和市场形态相称了。

以现代的标准来看，汉武帝的一系列改革措施，已经造成了整个国民经济的总崩溃，甚至在北宋史家司马光的眼中，已经是"有亡秦之失

①［汉］司马迁：《史记》卷三十《平准书》，中华书局，1959年，第1441页。

而免亡秦之祸"①。前后的货币改易政策自然也是失败之举，但财政的现实
是汉武帝渡过了元狩三年、四年的窘迫时期之后，一直处于财用丰饶的
状态；货币的现实则是自三官铸钱之后，五铢钱持续行用，直至西汉灭
亡，再未改易。

　　之所以会出现这一看似矛盾的现象，归根结底在于西汉商品经济的
形态与现代意义上的市场经济有着本质的不同，进而导致了货币和财政
的逻辑也不尽相同。正如前文中述及的，战国时代的商品经济不断发展，
却仍旧是地域通货占据统治地位，频繁、小额、季节性的交易统治着一
个个分割的区域市场。而政权铸造的行政货币，最大的作用不是担当地
域间结算通货，而是作为税收的票证担当地方政府与中央政府之间的中
介。而黄金则是政权手中控制的调节性货币，通过与商人的往来交易，
调节市场流通的地域通货规模，并干预物价，甚至寻租获利。故而，商
人在这个经济体系中既是不可或缺的中介环节，又是政治权力的卑微工
具，就连他们的财产权都是不完整的。因此，当汉武帝只是摧折商人群
体，劫夺他们的财富，却吸纳一部分成功者进入官营经济之中，参与新
商业组织的升级时，整个经济体系非但不会崩溃，反而会因为交易分工
的专业化而更加活跃。

　　这个过程中，铜钱正是变化的见证者。汉武帝时代三官五铢从中央
到地方的运输之路开辟，彻底改变了钱币的区域循环格局。单方面的吸
纳，变成了双向循环，重塑了中央与地方的财政关系，辅以平准、均输
的勃兴，大幅度降低了中央与地方、地方与地方之间的物流成本。各个
商业枢纽由官吏直接参与的坐贾定价是平准的基础，官营的跨区域"行
商"则是均输的基础，两者结合之后，令汉王朝终于重新垄断了全国范

①［宋］司马光：《资治通鉴》卷二十二《汉纪十四》，"后元二年"条，中华书局，1956年，
第748页。

围内的商业物流和商品定价权，做到了哪怕小国寡民的西周王朝都无法完全实现的全域商业覆盖。同时，庞大疆域孳生的商业需求，也成为商业物流的利润源泉，官商的身份和中央平准的指令，让官商们不再如私商一样单纯逐利，而倾向于维护经济秩序。当区域货币量出现波动时，官商们会根据物价的奇赢介入转运买卖，从而平抑物价，维护区域货币稳定，避免汉武帝初年的货币灾难发生。更重要的是，尽管三官五铢是一种行政货币，但在上述制度变革之后，确实完成了单一通货和集中价格的初步塑造。封建中国晚期没有建立起来的，基于"一价原理"支配的均衡市场的经济体系在汉武帝时代却早有雏形。

可以说，汉武帝通过一系列手段，终于在中国历史上第一次建立起连缀全国各个独立经济区域的商品物流网络；第一次完成了财政收支体系的实质一体化；也是中国历史上第一次实现货币的真正大一统；更是中国历史上第一次建立起统一的大市场。就此而言，汉武帝的开创之功，未必不能与夏、商、周三代比侔。

结　语

　　本书自始至终在回答一个问题，铜钱的世界和金银币的世界为何如此不同。

　　早在殷商时代，人们的生活方式之中就包含着农闲时驾着牛车，载着商品互通有无。但在西周征服之后，这种权利成了周公的宽大与恩赐，因为周人对此并不习惯，包括殷商遗族们喜欢的闪着奇异光彩的海贝，在周人眼中也没有多大的吸引力。

　　周人的生活方式是聚族而居，哪怕他们成了天下的主人，分封了众多昆弟子侄到天涯海角，家人的关系仍是他们最紧密的联系。周天子就是一位大族长，得到了青铜铸造成器皿，会按照家庭关系的亲疏，分赐给各地的诸侯；从江南交换来的原始瓷器，也会配成套，分配给他远方的家人们。这些诸侯也会载着各自封疆内的特产，常回家看看，与族长一起祭祀他们共同的祖先，庄严地奉献和取悦在天上与主神"帝"同在的周文王。他也是整个周王朝所有天命权力的根源。

　　天命的转授让文王的后人们拥有统治天之下、海之涯的资格。回到自己的国度里，天子和诸侯仍旧是自己"族"的族长，权力由一个族长向子弟伸展，由国都向族邑伸展，族邑再向邑伸展，就像水母的触手按住一个点，又出来一个点。而物资则由最细小的触手向上输送，变成贡赋，一级一级地传递到天子的手中。剩余的部分留够祭祀所需之后，在族中平均分配，每个人都只是族中的一个小小的单元，哪怕是结婚生子，耕种、收获都是一族的共同事业，私有财产？那是什么？

显而易见，周人的财产权利发育有限，区域性的交易也被配给制的生活所遏制，真正引导着商业变迁的是殷商遗民和周边的蛮夷戎狄，边疆的诸侯国为了生存，一边要军事镇守，一边又要与蛮夷贸易，在诸夏的地域内交易新鲜的商品。而这个任务也是由商人的"族"甚至贵族来担任，秦汉时代"贾人"的源头就在这里。

远途的贸易，只有一件商品，对于周人和殷人同样不可或缺，那就是制作礼器、兵器的青铜。自商朝已经开辟的"金道锡行"，将大江之南的铜料输送到诸夏的地界，由周王分配。它既是权力的象征物，也是权力本身。不幸的是，如此热衷青铜的族群，在统治区内却绝少矿脉资源，只能求之于外，强盛时可以武力胁迫贡献，衰弱时就只能仰人鼻息地贸易，获得的数量只够铸造一些礼器、兵器，连造农具都太奢侈了。青铜本身就是财富，根本不需要铸成这样或那样的货币。当然，贵族们以物易物的交换，往往只需要一个标识价值的中介物，根本就不需要真正的货币。

匮乏，是这个时代的主题。直到春秋时代，芈姓楚国吸纳了楚蛮，成为南方的巨无霸，北上争霸的战车、舟楫，带来了运河和巨量的青铜。周道上疾驰的马车无法比拟的运力，与河、济、淮、泗、江、汉的全面贯通，让诸夏世界的视野扩张了好几倍。远方的羽毛、玉石、明珠、犀角、玳瑁与青铜和黄金纷至沓来，礼崩乐坏近在眼前，贵族和庶民开始寻求更好的生活。"族"的瓦解，让古老的诸侯国开始重新审视统治本身，也让一个个小家庭拥有了自己的财产。商业，伴随着货贝的复兴，悄无声息地渗透着河济之间的广阔土地。

　　四面八方，到处是用骨头、蚌壳甚至石头磨制的"海贝"，承载着一次又一次卑微而又坚定的交换。人终于为人，不再是某个"族"的附庸，频繁的交易终于激发了青铜铸造的铜贝，成为日常交易中的小额通货。与此同时，一个个政权也不再满足于坐视商业的发展，国中居民缴纳的麻布，就成了最早的"货币税"，封建主们垄断的纺织业，就成了他们最早的"铸币厂"，与"货贝"的世界并行不悖。

　　直到有一天，封建主们开始要求远方的城邑奉上贡献时，发现麻布虽然实用，终究体积太大、价值太低。于是，开炉鼓铸造出了全新的镌刻着地名的"大钱"，代替"布"，也被叫作"布"，如空首布、平首布等。都城的商人或是远方的贡献者带着这些"布"到那个远方的城邑换取大量的货物，回到都城发卖，最早的行政货币由此产生。

　　随着时间来到战国，政权对民间交易的兴趣越来越大，开始铸造代替货贝的铜币，成为区域交易的通货。城邑与都邑之间的交易规模也越发扩大，原本的青铜铸币不足以支撑，就需要新的货币介入。黄金也就羞羞答答地来了，只是它的产地仍旧被楚人垄断。直到更加偏远的秦国征服了巴蜀，临邛的铜、金沙江的黄金源源不断地流入咸阳，成为贿赂列国豪臣、名士的养料。黄金终于成了七国王室、贵族们最喜爱的"币"。

　　不同于秦人热衷于垄断下的上层路线，楚人的黄金深入到了交易之中，成为铜贝之上的重要货币。但是，东亚大地的分裂时代已经进入倒计时，秦人的铁蹄在黄金的润滑之下，踏破了六国宫阙，历史上第一个皇帝诞生了。不过，如同他的祖先一样，他对货币的兴趣有限，反而热衷于人力的调拨和物资的控制，实现他移山填海的梦想。直到沙丘梦碎，甩下了无数的半两钱和六国旧币承载的物资债务，留给秦二世偿还。

　　秦二世没有还债的打算，也没有还债的物资。所以，在维持他父亲众多伟大工程的基础上，他进行了一次雄心勃勃的货币改革，将天下货币归于一统，创造了八铢半两，并定下了钱径八分的行钱标准。随之而来的货币危机和债务危机，席卷了关中故地，协助自关东起兵的豪杰们，摧毁了曾经不可一世的秦帝国。

为了争夺天下，出身卑微的刘邦祭出允许百姓自由铸钱的大旗，在与项羽的经济战争中摧枯拉朽，可他自己培养出来的商品经济怪兽，又孕育出了一个个挑战权威的"贾人"。他为了平天下而反复大赦，带来的是秦王朝赖以支撑财政的"刑徒经济"的崩溃。重建财政体系的尝试，在刘邦父子手中，走向了财政货币化。官吏的薪水不再是粮食，而是一枚枚的半两钱，甚至整个帝国的爵位、身份、权柄，全都与货币挂钩，开启了又一次商品经济的高潮。始作俑者就是汉惠帝、吕后和汉文帝。

一直沿用的以钱币直径大小标准调节货币量的方法，在汉文帝手中终结。称重标准钱和铜山垄断下的民间放铸，让他在与诸侯王的经济竞争中胜出，更是输送了无与伦比的货币供应量，促成了空前的繁荣，但也给汉景帝埋下了无数隐患。在拜金主义世风之下，帝王之尊不再有可信的臣下，人力、物力、疆域超越吴楚10倍的帝国的掌舵者却在担心失败，汉景帝恐惧的不是有形的力量，而是无形的财富魔力。所以，在生命接近结束时，他终结了放铸政策，将汉文帝一系列的宽松措施全面收紧。

汉武帝所面对的，就是这样一个漫长历史的沉淀。"非对称交易"的存在，让盗铸充斥着整个国家，货币必须改革，可如何改？像前代一样小修小补，坐视区域市场中使用一种货币，在地域间结算中，尤其是赋税转输都内的过程中换用另一种货币？汉武帝定立的改革主基调并非如此，而是要从根本上消除"非对称交易"产生的土壤，甚至要摧折造成世风败坏的人群——为富不仁的富商巨贾们。

伴随着财政困难的改币历程，实际上是与商贾赛跑的推波助澜。政权在改币的过程中，利用"非对称交易"攫取利润，什么白金三品、赤侧钱，虽然早有计划，又有上古圣王背书，实则是获取超额利润的工具。

汉武帝真正的入手点，是要统一货币的标准，甚至统一市场本身。

所以，在用钟官赤侧试水了京师到郡国的铸币输送渠道之后，仅仅2年时间就废黜了赤侧钱和郡国五铢，改为中央集中铸造的三官五铢，彻底统一了青铜铸币的规格、制式，建立起了与"算赋"的价值对应关系，并定义1斤黄金价值1万钱，形成了一套完整的币值体系。由于黄金面值过高，实际的交易中以五铢钱为主，最终实现了"单一通货"体系的构建。平准、均输体系的建立，则完成了对全国主要区域的交易物流全覆盖，也为"集中价格"的产生奠定了基础。

既然与"世界经济"的距离如此之近，"集中价格"和"单一通货"体系都已建立，为什么东西方的市场经济如此不同呢？

答案很简单，由于周、秦、汉是一脉相承的统治模式，周人的"族"内统治，在秦人手中变成了分户析产的原子化核心家庭面向政权，而政权则直接置换了"族长"的角色，周制的财产所有权的虚化和不完整性，在秦、汉王朝都得到了继承。在此条件下，小生产者成为政权面对的主要角色，并以律令的形式予以约束，从根本上限制了商业组织的自我进化。由于市场交易的参与主体规模巨大，在区域市场中，会有数量惊人的、小额的、季节性活跃的交易同时发生，经济规模却只能算术级增长。而跨区域的、大额的、复杂的常态化交易却只能在身份等级收益社会的最上层发生，并随着上层阶级通过权力攫取财富能力的波动而浮动。看似繁花似锦、总量巨大的商品经济，实则截然两分，上半部分面临着参与者数量基本限定（权力结构限定塔尖人数）的规模瓶颈，商业沦为权力的附庸；下半部分则面临着交易规模和专业化程度无法自发进化的技术瓶颈，商业成为农业的补充。双管齐下后，货币体系的主体，长期只能以低面值的青铜铸币来担当地域通货，为经济组织的下半部分服务；高面值的黄金和近代的白银一样，要么成为商业社会上层阶级蓄积财富的禁脔，要么成为"非对称交易"的参与者，将一物一价的原则砸得粉碎，价格革命基本不可能发生。当算术级增长达到一定程度，不足以支撑上层阶级通过权力搜刮的效率时，整个系统就会快速坍缩。随着王朝的灭亡，再次从维持生命所需的物资开始积累，"挣扎在死亡线上"即此之谓也。

　　真正不幸的是，这个循环持续了2000年。